사회복지학개론

사회복지학개론

오봉욱 · 이태희 · 박서영 · 한주빈 · 김상용 공저

dm 동문사

머 리 말

사회복지에 대한 기본적인 이해는 예비 사회복지사에게 매우 중요한 부분이다. 특히 전통적 사회적 위험과 새로운 사회적 위험 속에 다양한 실천현장이 만들어지고, 인간의 삶의 질, 즉 인간다운 삶의 질에 대한 관심이 높아지면서 사회복지에 대한 지향성이 높아지고, 복지국가를 지향하면서 사회복지 전문인력인 사회복지사의 활동에 국가적 관심이 높아졌다.

사회복지 실천현장은 개인, 집단과 가족, 지역사회에서 행정과 정책에 이르기까지 매우 폭넓게 증가된다는 점에서 사회복지 기본서에 전부 제시하지는 못하지만 중요한 부분은 꼭 제시하면서 책의 구성을 면밀히 분석하지 않을 수 없었다.

본서의 집필진들은 사회변화에 맞는 사회복지 환경과 교육환경을 고려하여 예비 사회복지사들에게 사회복지에 대한 기본적인 이해에 도움이 되고자 한국사회복지교육협의회에서 제시한 「2020 사회복지학 교과목지침서」를 근거로 사회복지학개론 교재의 내용을 구성하게 되었다. 특히, 사회복지 관련 대학에서 사회복지학 개론을 수업하는 교수와 학습을 해야 하는 학생들이 쉽게 이해할 수 있도록 만들었다.

본 교재의 주요 내용은 다음과 같다.

제1장은 인간의 삶과 사회복지에 대해서 인간의 욕구와 사회적 위험, 생애주기별 욕구와 사회문제, 사회적 위험에 대해 살펴보았다. 제2장은 사회복지의 개념에 대해서 사회의 기능과 제도, 사회복지의 주요 개념, 사회과학과 사회복지학으로 구분하여 살펴보았다. 제3장은 사회복지의 동기와 가치, 이념과 윤리에 대해서 살펴보고자 사회복지의 동기, 사회복지의 가치와 윤리, 사회복지의 이념으로 나눠 살펴보았다. 제4장은 사회복지와 인권이라는 주제로 인권과 정의, 권리로서의 사회복지, 인권과 사회복지로 나눠 살펴보았다. 제5장은 사회복지의

머리말

구성요소로 사회복지 대상과 욕구, 사회복지의 주체, 사회복지의 전달체계와 방법, 사회복지의 재원조달로 나눠 살펴보았다. 제6장은 사회복지의 역사로 사회복지 역사연구의 중요성과 서양과 한국의 사회복지의 역사로 나눠 살펴보았다. 제7장은 사회복지와 복지국가로 복지국가 발전론과 복지국가 유형론, 복지국가 위기와 재편으로 나눠 살펴보았다. 제8장은 사회복지의 실천대상과 공급자로 사회복지의 실천대상을 개인과 사회체계로 나눴고, 욕구의 주체와 권리의 주체로서 사회복지대상자, 국가와 민간의 역할 관계로 나눠 살펴보았다. 제9장은 사회복지의 미시적 실천방법으로 실천가치와 이론, 실천과정과 기술, 사례관리를 살펴보았다. 제10장은 사회복지의 중범위 거시적 실천방법으로 지역사회복지, 사회복지행정과 사회복지정책으로 나눠 살펴보았다. 제11장은 사회복지의 정책분야로 사회보험, 공공부조, 사회서비스 전자바우처를 살펴보았다. 제12장은 사회복지의 실천영역으로 대상별 실천영역과 직능별 실천영역을 살펴보았다. 제13장은 사회복지 실천의 쟁점으로 시설보호와 커뮤니티 케어, 개인의 변화와 사회개혁, 당사자주의와 사회복지실천으로 나눠 살펴보았다. 제14장은 전문직으로서의 사회복지로 전문직의 개념, 사회복지사의 활동과 전문성, 사회복지사의 노동조건과 처우, 사회복지사 윤리강령을 살펴보았다. 마지막으로 제15장은 사회복지의 전망으로 사회적 가치와 제도의 변화, 4차 산업혁명시대의 사회복지, 사회복지의 대응이라는 주제로 살펴보았다.

특히, 각 장마다 중요하고 핵심적인 부분에 대한 핵심 용어(key point)를 선정하였고, 학습 실천과제와 각 장마다 학습문제를 제시하여 시험을 대비한 마무리 학습에 도움을 주고자 하였다. 저자들은 사회복지에 대한 관심으로 처음 공부하는 학생들이 쉽게 이해하고, 관심을 가질 수 있도록 사회복지개론 교재가 만들어져야 한다는 필요성을 느꼈다. 이러한 관심과 열정으로 만들어진 이 책이 사회복지를 배우고자 하는 예비 사회복지사들에게 조금이라도 도움이 되는 전공

서적이 되었으면 한다. 또한, 집필상 부족한 부분과 한계점 등에 대해서는 아낌없는 충고를 바라면서 앞으로도 사회적 욕구와 현실의 변화에 맞게 수정·보완을 위해 최선을 다하는 낮은 자세로 보답할 것을 다짐한다.

끝으로 바쁘신 일정 가운데 집필에 애써 주신 집필진에게 감사의 말씀을 드리며, 본서의 발간을 위해 적극 지원해 주시고 수고해 주신 도서출판 동문사 이중수 사장님과 직원분들에게 감사드리며, 세심한 배려를 끝까지 해주신 편집부 관계자의 노고에 특별히 감사의 말씀을 전한다.

2024년 3월

저자 일동

차 례

차 례

사회복지사 선서문

나는 모든 사람들이 **인간다운 삶**을 누릴 수 있도록,
인간존엄성과 **사회정의**의 신념을 바탕으로,
개인 · 가족 · 집단 · 조직 · 지역사회 · 전체 사회와 함께한다.

나는 언제나 소외되고 고통받는 사람들의 편에 서서,
저들의 **인권과 권익**을 지키며,
사회의 불의와 부정을 거부하고,
개인이익보다 **공공이익**을 앞세운다.

나는 **사회복지사 윤리강령**을 준수함으로써,
도덕성과 **책임성**을 갖춘 사회복지사로 헌신한다.

나는 나의 **자유의지**에 따라 **명예**를 걸고
이를 엄숙하게 선서합니다.

출처: 한국사회복지사협회.

CHAPTER

01

인간의 삶과 사회복지

학/습/목/표

- 인간의 욕구와 사회적 위험의 관계에 대해 생각할 수 있다.
- 생애주기별 욕구와 사회문제, 사회적 위험에 대해 논의할 수 있다.

1. 인간의 욕구와 사회적 위험

1) 인간의 욕구

인간의 욕구는 클라이언트에게 서비스를 제공하는 전문적인 사회사업의 실무에서뿐만 아니라 사회복지정책을 수립하는 데 있어서도 사용되는 중요한 개념이다. 인간이 스스로 자신의 욕구를 충족시킬 수 없을 때 외부로부터 도움을 받아야 충족이 가능하며, 이러한 외부의 도움을 사회제도와 정책에 의한 접근이 사회복지라는 점에서 사회복지를 이해하기 위해 욕구에 대한 이해가 필요하다(남세진·조흥식, 1995:33). 인간의 생존과 성장발전에 있어서 무엇인가의 결핍상태이며 이로 인해 불만족과 불편함 혹은 고통을 겪는 경우를 뜻한다. 또한 상대적 개념으로 현재보다 더 나은 상태에 대한 갈망이나 괴리로부터 오는 문제들로 볼 수 있다(이경남, 2007; 오봉욱 외, 2015).

(1) 욕구의 의미

사회복지에 대한 학습과 사회복지실천현장에서 활동하는 사회복지사가 가장 많이 사용하는 단어가 욕구이다. 욕구는 인간의 생존을 위해 필요하여 구하는 것이며, 이러한 욕구는 충족되어야 결핍되지 않은 삶이 가능하다. 욕구(needs)는 "생존이나 안녕, 충족을 위한 신체적, 심리적, 경제적, 사회적 필요"라고 사회사업사전에 명시되어 있다.

① 기본적 욕구

기본적 욕구는 인간의 욕구 중에서도 누구에게나 공통적이면서 필수적인 것들의 최저 수준에만 적용되는 욕구를 의미하며, 인간행동의 원동력으로써 존재하는 여러 욕구 중에서 가장 기본이 되는 중요한 욕구이다. 이를 생리적·생물학적 욕구와 사회적·심리적 욕구로 나눠 살펴보면 다음과 같다(두산백과, 2022).

가. 생리적·생물학적 욕구

생리적·생물학적 욕구는 생물학적 존재로서의 인간이 생명 유지와 종족 보존을 위한 욕구를 말한다. 즉, 음식물·물·성(性)·공기·온도·휴식·배설 등에 대한 욕구를 말한다. 이것은 가장 기본적인 것이어서 1차적 욕구라고도 한다.

나. 사회적·심리적 욕구

사회적·심리적 욕구는 사회적 존재로서의 누군가로부터 사랑을 받고 싶은 애정의 욕구, 집단 속에서 어떤 위치를 차지해 보고 싶은 소속의 욕구, 무엇인가 가치 있는 일을 해보고 싶은 성취의 욕구, 자신이 결정해서 그 결과에 대하여 책임을 져 보고 싶은 독립의 욕구, 사람들로부터 인정 및 칭찬을 받고 싶은 사회적 승인의 욕구, 새로운 경험을 찾는 욕구, 우월감을 느껴보고 싶은 욕구 등을 들 수 있다. 이것들을 통틀어 2차적 욕구라고도 한다. 이는 인간의 삶에 많은 영향을 미친다.

② 기본적 욕구의 특성

기본적 욕구의 특성은 세 가지로 제시되었다(현외성 외, 1998). 첫째, 모든 사람에게 공통적으로 존재하는 욕구이다. 이는 인종, 종교, 성별, 교육과 소득 수준과 상관없이 인간으로서 동일하게 지니는 욕구를 말한다. 둘째, 모든 사람에게 필수불가결한 욕구이다. 이에 욕구가 충족되지 않으면 인간다운 생활이 보장될 수 없다. 셋째, 모든 사람에게 최소한의 수준으로 있어야 하는 욕구이다. 즉, 한 사회에서 인간의 욕구가 기본욕구로 채택되기 위해서는 그 사회에서 인간다운 생활을 할 수 있는 수준이면서 동시에 그 최소한에 그친다는 점이다.

(2) 욕구의 구분

욕구를 심리적 욕구, 사회적 욕구로 구분하여 살펴보면 다음과 같다. 에이브러함 매슬로(Abraham Maslow)는 1943년 인간 욕구에 관한 학설을 제안했다. 즉, '매슬로의 인간 욕구 5단계 이론(Maslow's hierarchy of needs)'으로 심리적 욕구를 소개하고자 한다. 이 이론에 의하면 사람은 누구나 다섯 가지 욕구를 가지고 태어나는데 이들 다섯 가지 욕구에는 우선순위가 있어서 단계가 구분된다는 것이다. 다음으로는 브래드쇼는 「사회적 니드의 개념(A taxonomy of social need)」(1972)에서 인간의 욕구를 네 가지로 구분하여 제시하였다. 이를 사회적 욕구로 소개하고자 한다.

① 심리적 욕구

매슬로(Maslow)의 욕구 5단계(〈표 1-1〉 참조)는 인간이 지닌 욕구의 내용을 적절히 제시하고 있는데, 그의 욕구단계설이 사회복지에 주는 시사점은 다음과 같다(박용순, 2002).

첫째, 인간의 욕구는 위계적인 특성을 지니므로 욕구 충족을 위한 사회복지 서비스는 낮은 수준의 욕구 충족에서 시작하여 높은 수준의 욕구 충족을 위해 진행된다는 점이다. 둘째, 사회복지서비스를 비교할 수 있는 비교·연구의 기준이 될 수 있다. 셋째, 인간의 욕구는 현실사회에서 완전히 충족될 수 없고 보다 높은 수준의 욕구를 충족하기 위해서는 개인마다 일생 동안 노력해야 충족될 수 있다.

가. 생리적 욕구

사람은 숨 쉬고, 먹고, 자고, 입는 등 우리 생활에 있어서 가장 기본적인 요소들이 포함된 생명을 유지해가기 위한 욕구이다. 사람이 하루 세끼 밥을 먹는 것, 때마다 화장실에 가는 것, 그리고 종족 번식 본능 등이 이 단계에 해당된다. 비교적 상호독립적이며, 육체의 특정 부위와 연관되어 있고 짧은 시간 내에 반복적으로 충족시켜야 하는 특징이 있다.

나. 안전의 욕구

사람은 신체적인 위험에 대한 공포로부터 벗어나 안전과 보호를 유지하려는 욕구이다. 거주공간을 선택할 때 중요한 요인 중 안전한지 살펴보거나 일상생활 중 안전을 고려하는 욕구, 신체의 위험으로부터의 보호, 심리적 위협의 감소, 경제적 안정, 질서 등이 단계에 해당된다.

다. 소속과 애정의 욕구

사람은 사회적 존재로 여러 집단에 소속하고 싶어 하는 욕구와 여러 집단에 의해 받아들여지고 싶은 욕구를 가진다. 누군가를 사랑하고 싶은 욕구, 어느 집단에 소속되어 활동하고 싶은 욕구, 친구들과 함께 어울리고 싶은 욕구 등이 이 단계에 해당된다.

라. 존경(자기존중)의 욕구

사람은 소속단체의 구성원으로 명예나 권력을 누리려는 욕구를 갖는다. 내부적인 존경요인으로는 자아존중감, 자율, 성취 등이 있고, 외부적인 존경요인으로는 지위, 신분, 인정, 관심의 대상이 되는 것 등이 있다. 이를 충족시킨 사람은 자신의 능력과 가치에 대해 확신을 가지나, 그렇지 못하면 열등감, 무력감, 나약함을 느끼게 된다.

마. 자아실현의 욕구

앞의 모든 욕구가 다 충족되어도 자신에게 맞지 않은 일을 하고 있다면 종종 불만족과 불안감을 느끼게 된다. 자신의 재능과 잠재력을 충분히 발휘해서 자기가 이룰 수 있는 모든 것을 성취하려는 가장 높은 수준의 욕구로 성장욕구, 자기완성 욕구 등이 해당된다. 이 단계는 모든 단계들이 기본적으로 충족돼야만 이뤄질 수 있는 마지막 단계로 자기 발전을 이루고 자신의 잠재력을 끌어내어 극대화할 수 있는 단계에 해당된다. 자아발전, 창조성과 깊이 연관되어 있으며 자신에게 성취감과 자아만족의 결과를 가져다준다.

▼ 표 1-1 매슬로(Maslow)의 욕구 5단계

욕구단계	결핍상태	충족 예
생리적 욕구	배고픔, 성적인 좌절, 피로, 질병	좋은 음식을 누리는 만족
안전의 욕구	주거의 결핍, 불안, 상실감, 두려움	안정된 직업에서 갖는 안정감
소속과 애정의 욕구	바라지 않는 느낌, 공허함, 고립, 불완전함	사랑의 관계에서 전체적인 수용의 경험
존경의 욕구	무능력한 감정, 열등감	어떤 일을 성취시킴에 대한 보상을 받음
자아실현의 욕구	소외, 삶의 의미상실, 권태, 일상적인 생활, 한정된 활동	깊은 통찰력을 경험함

출처: 이용교(2007). 디지털사회복지개론.

② 사회적 욕구

브래드쇼(J. Bradshaw)의 네 가지 욕구 유형을 살펴보면, 다음과 같다(〈표 1-2〉 참조). 이 접근방법은 특히 사회복지프로그램의 대상이 되는 문제영역을 나눌 때 유용하다(남일재·양정하, 2008).

가. 규범적 욕구(normative need)

바람직한 욕구충족 수준과 실제로 충족된 정도 간 차이를 욕구로 보는 방식이다. 보통 기준이 되는 수준은 해당 분야의 전문가들이 설정한다. 예를 들어, 최저생계비 미만 가구의 수를 파악하는 방법이 규범적 욕구를 파악하는 방법에 속한다.

나. 인지된(체감적 혹은 느끼는) 욕구(felt need)

당사자가 느끼고 인식하는 욕구를 말한다. 인지된 욕구의 파악은 표적대상 집단에게 직접 무엇이 필요하다고 생각하는가를 묻는 방식에 의해 진행된다. 예를 들어, 지역주민 대상의 욕구조사에서 특정 서비스가 필요하다고 응답한 사람들의 수로 욕구를 파악한다면 이는 인지된 욕구를 조사하는 경우에 해당된다.

다. 표현된 욕구(expressed need)

단순히 생각하고 느끼는 수준을 넘어 실제로 그것을 충족하기 위해 구체적인 행동으로 표현(표출)된 욕구를 말한다. 예를 들어, 특정 서비스 신청자나 대기자 수를 파악하는 방식은 표현된 욕구를 조사하는 경우에 해당된다.

라. 비교적(상대적) 욕구(comparative need)

어떤 서비스를 받는 사람들과 비슷한 특성을 갖고 있으면서도 서비스를 받지 않는 사람들을 욕구 상태에 있는 것으로 보는 것이다. 즉, 비슷한 조건에서 상대적으로 서비스를 못 받고 있는 상태를 말한다. 다시 말해서 집단 A와 집단 B의 상황이 크게 다를 바 없는데도 특정 서비스를 A만 받고 있거나 수혜 비율이 A에서 더 높을 때 상대적으로 B가 해당 서비스를 더 필요로 하는 욕구 상태에 있다고 보는 방식이다.

▼ 표 1-2 브래드쇼(Bradshaw)의 사회적 욕구

욕구	내용
규범적 욕구	• 일정한 기준을 정하여 실제가 이에 미치지 못하는 것 • 절대빈곤수준 / 최저임금수준
인지된 욕구	• 개인이 지각하는 욕구 / 개인의 바람 • 전문가의 판단과 개개인의 인식 사이의 균형유지 중요함
표현된 욕구	• 수요에 의해 느껴진 욕구가 실제의 행동으로 표현된 것 • 개인이 실제로 서비스를 얻기 위해 무엇에 관심을 갖는지에 중점을 둠
비교적 욕구	지역 간의 서비스 수준 차이 비교하여 상대적으로 낮은 지역의 서비스 보완

출처: 남일재 외(2008). 사회복지개론.

2) 사회적 위험

사회적 위험(social risk)은 개인의 인간다운 생존을 위협하는 현상이 사회구성원들에게 보편적으로 발생할 가능성이 있는 경우를 일컫는다. 즉, 노동력을

사용할 수 없는 상태가 되거나 일할 수 있는 기회, 자리가 주어지지 않게 되면 곧 소득의 중단 및 상실을 가져오게 되며, 결국 인간다운 생존이 어렵게 된다. 따라서 사회적 위험은 결과를 개인에게 전가할 수 없고 공동체적 차원에서 대처할 필요가 있으며 이를 위한 제도로써 사회보장제도가 있다. 국가마다 차이가 있을 수 있지만 대표적인 사회적 위험으로는 질병, 노령, 실업, 사녀의 탄생과 양육, 사망 등이 있으며, 이 외에도 타인의 도움이 없이는 생존이 어려운 장애인, 부양의무자가 없는 가정, 빈민, 심신의 미성숙자 등의 요보호상태에 대해서도 사회적 위험과 마찬가지로 취급한다(이경남, 2007).

빈곤 등의 사회적 위험은 어느 사회에서나 과거, 현재, 미래에도 존재할 수 있으며, 전통적인 사회에서도 국가나 개인은 이러한 위험을 대처하기 위한 노력을 해야 한다. 하지만 홀츠만과 요겐센(Holzmann and Jogensen, 2001)은 산업화와 도시화가 중요한 변화를 가져왔다고 설명한다. 첫째는 전통적이고 비공식적인 위험대처 기제가 붕괴되었다는 점이다. 둘째는 근대적 고용과 관련된 새로운 형태의 위험이 나타나게 되었다는 점이다. 특히 퇴직은 농업사회에 없었던 개념이며(Myles, 1984), 노동과 관련된 사고나 실업이 중요하게 다루어진 것도 산업화의 영향을 매우 크다. 결국, 퇴직, 빈곤, 실업, 산업재해와 장애 등에 대해 전통적인 위험 대처 기제였던 가족이나 비공식 네트워크는 도시화나 일자리를 찾아 이동하게 되면서 급속히 해체되었고, 이를 해결하기 위한 대책으로 서구에서 19세기 후반과 20세기 초에 사회보험이 도입된 것으로 볼 수 있다(최영준, 2011).

(1) 전통적 사회적 위험

전통적 사회적 위험은 산업화에 기반을 둔다. 산업화와 인구변화, 가구구조의 변화는 국가가 복지를 담당하게 하였고, 베버리지 보고서에서는 산업화 시기의 주요 사회적 위험을 결핍, 질병, 무지, 불결 그리고 나태로 보았고, 이를 해결하기 위한 복지정책을 펼쳤다. 1942년 베버리지 보고서는 국가가 5개의 사회적 위험과 이에 대응하기 위해 결핍-소득, 무지-교육, 질병-의료, 불결-주거, 나태-완전고용 등을 통해 막아야 한다고 주장했다. 전통적 사회적 위험 대처에 있어 핵심적인 사회적 집단은 전통적 육체노동자, 공공영역의 노동자, 민간영역의 안정된 노동자 등이었다. 특히 전통적 사회적 위험으로부터 보호해 주려고 했던 대상은 고용관계에 있는 남성부양자였으며, 이들이 사회적 위험에 노출되었을 때, 현금 이전을 통해 해결하려는 경향이 강했다(Taylor-Gooby, 2005).

(2) 새로운 사회적 위험

새로운 사회적 위험은 탈산업화 시기의 사회경제적 변화에 기반을 둔다. 특히, 젠더 관계의 변화와 노동시장의 불안정에 주목하였다. 보놀리(Bonoli, 2005)는 새로운 사회적 위험은 완전고용 노동시장과 지속적 경제성장의 종언과 함께 대량의 여성 노동자가 노동시장에 참여하면서 발생되며, 그중 일가족 양립의 어려움, 한부모가족의 증가, 돌봄이 필요한 가족과 친지의 증가, 저숙련이나 오래된 기술을 가진 이들의 증가, 마지막으로 불충분한 사회보장 적용이 새로운 사회적 위험의 대표적인 모습이라고 설명하였다. 돌봄은 돌봄을 필요로 하는 것과 더불어 돌봄을 제공해야 하기 때문에 고용을 지속할 수 없거나 단절을 경험하는 사회적 위험, 그리고 고용에 참여하지 못하기 때문에 발생하는 사회적 권리의 제약도 포함한다(Nathalies, 2006). 새로운 사회적 위험 대처에 있어 핵심적인 사회적 집단은 청년, 실업자, 저숙련 노동자, 여성 그리고 비정규직 노동자가 복지국가의 정책집단으로 부상하였고(Ebbinghaus, 2006) 이들에 대해 현금 이전보다는 이들이 유급노동을 통해 스스로 자립할 수 있도록 돕는 것을 목표로 한다.

(3) 사회적 위험에서 위험사회로의 확장

벡(Beck, 1999)은 현대사회는 산업사회에서 위험사회(Risk society)로 변화하면서 사회적 위험과는 다른 형태의 위험들이 발생할 수 있다고 주장하였다. 다시 말해서 위험이 시간과 공간을 초월하는 특징을 갖고 동시에 책임성의 소재가 불분명하고 예측성이 매우 약하다.

이를 구체적으로 세 가지 차원으로 특징을 살펴보면 다음과 같다(Beck, 2006). 첫째, 위험의 탈지역화로서, 위험이 한 지역에만 국한되지 않는다. 둘째, 산업사회에서의 위험이 측정 가능했다면, 위험의 결과를 계산하는 것이 매우 힘들게 된다. 셋째, 위험에 대한 보상이 불가능해진다. 즉, 위험 자체가 복잡하고 다양한 원인과 경로를 통해 생성되어 위험의 책임 소재를 밝히는 것이 어렵고, 결과적으로 위험에 대한 보상을 제공하는 것조차 쉽지 않게 된다는 것이다. 이는 위험이 산업사회에 비해 양적으로 증가한다는 것을 의미하는 것이 아니다(이재열, 2005). 그리고 위험사회와 함께 '불확실성(uncertainties)의 일상화'에 관심이 요구된다. 즉, 자신이 설계한 내로 삶의 경로를 밟아가는 이들이 점차 줄어들고 있다. 이는 자신이 10년 후에 어떠한 직장에서 어떠한 일을 하고 있을지에 대한 확신이 줄어든다는 것이다. 가장 불확실성이 약한 집단은 역설적이게도 중첩된 위험에 노출되어 있는 이들이며, 이들은 상향 이동의 가능성이 매우 낮기 때문에 지속적으로 위험에 노출된 환경에서 벗어날 가능성이 낮아진다.

2. 생애주기별 욕구와 사회문제, 사회적 위험

1) 생애주기별 욕구

생애주기별 욕구를 이해하기 위해 생애주기와 생애주기별 특징 및 서비스 욕구를 살펴보면 다음과 같다.

(1) 생애주기

모든 개인은 출생에서 사망으로 삶을 구성한다. 출생과 사망의 시간적 간격을 생애기간(life span)이라고 한다. 「웹스터 사전」에 의하면 생애주기(life cycle)란 '유기체가 그 최초의 단계에서 다음의 세대와 같은 단계의 재현에 이르기까지 나타나는 일련의 발달상의 모든 변화'라고 정의한다. 즉, 생애주기란 개인의 출생에서 사망까지의 전 과정을 의미하며, 그 과정에는 개인이 공통으로 반복하는 발달상의 모든 변화 유형이 내재되어 있다. 그리고 생애주기를 도식적으로 표현하면 생애 기간의 중요한 생애사건(life events)이 연령단계별로 수직적 선으로 연결된다(김종인, 2001).

따라서 생애주기에 대한 관심은 모든 세대 혹은 개인의 전 생애에 영향을 미치는 사회적 이슈와 과제에 대해 고찰할 수 있는 기회를 제공한다. 생애주기에 접하는 과업은 단순히 개인 차원의 문제가 아니라 동시대를 살아가는 동년배 집단의 문제일 수 있고, 그러한 맥락에서 모든 세대, 모든 사람들과 관련된 주제이다(양희택·박종엽, 2012).

(2) 생애주기별 특징 및 서비스 욕구

인간발달단계는 학자에 따라 다르다. 본 교재에서는 에릭슨과 마스의 전 생애에 걸친 발달이론을 기초로 출생에서 노년기까지의 단계를 태아기, 영아기, 학령전기(영유아기), 아동기(6, 7~12세), 청소년기(12, 13~18, 19세), 청년기(18, 19~ 29세), 장년기(30~65세), 노년기(65세 이상)의 단계로 분류하여 생애주기별(발달단계별) 특징과 발생될 수 있는 서비스 욕구(주요 문제) 등을 살펴보고자 한다. 물론, 각 생애주기별로 제시된 문제가 꼭 발생하지는 않지만 발생될 수 있으므로 관심이 요구되는 발달과업이기도 하다. 발달단계에 대한 이해는 생애주기별로 개인이 수행해야 할 과제를 제시해 주고, 단계의 발달과정에서 발달에 기여하는 요소에 대한 이해와 출생부터 사망에 이르기까지 변화하거나 지속되는 과정을 제시해 주고, 이전 단계의 결과가 각 발달단계의 성공이나 실패에 미치는 영향을 사회복지사가 고려할 수 있도록 도와준다.

▼ 표 1-3 발달단계별 주요 특징과 서비스 욕구

발달단계	주요 특징	서비스 욕구(문제)
대이기 (임신~출산)	• 임산부의 영양상태 • 약물 복용과 치료 • 알코올, 흡연 • 임산부의 나이 • 질병 등에 대한 관심이 필요함	• 유전적 결함에 의한 장애 • 저체중아
영아기 (출생~1.5, 2세)	• 제1성장 급등기 • 감각운동을 통한 지능발달	• 지적장애 • 자폐증
걸음마기 학령전기 (4~6세)	• 신체발달 • 인지발달: 직관적 사고 • 상징적 사고와 가상놀이 • 자기중심적 사고 • 물활론적 사고 • 인공론적 사고 • 전환적 추론	• 언어장애 • 수면장애 • 야뇨증
아동기 (6, 7~12세)	• 신체발달 • 인지발달: 구체적 조작기, 보존개념 확립, 분류화 가능, 서열화 가능, 탈중심화, 조합기술 획득	• 학교 공포증 • 행동장애 • 학습장애 • 주의력결핍 과잉행동장애 • 반응성 애착장애 • 아동학대
청소년기 (12, 13~18, 19세)	• 제2반항기 • 질풍노도의 시기 • 제2성장 급등기 • 주변인, 중간인, 사춘기 • 심리적 이유기 • 심리사회적 유예기 • 생식기, 형식적 조작기	• 청소년 비행 • 우울증 • 자살 • 섭식장애 • 성정체감 장애 • 집단 따돌림 • 청소년 가출 • 약물남용

발달단계	주요 특징	서비스 욕구(문제)
청년기 (18, 19~29세)	• 가족으로부터 독립준비기 • 성역할 정체감 완성기 • 직업과 배우자 선택 • 성적 사회화	• 군대 내 부적응 문제 • 이혼 • 청년실업
장년기 (30~65세)	• 인생의 황금기 • 지휘하는 세대 • 위기의 시기 • 샌드위치 세대 • 갱년기와 폐경기 • 빈 둥지 시기	• 배우자 학대 • 이혼 • 실업 • 갱년기장애
노년기 (65세 이후)	• 기능손상과 만성질환 • 반응속도 저하 • 자신의 삶 수용 • 자아통합의 시기 • 사회적 역할변화 경험 • 고독과 소외	• 우울 • 노인성치매 • 노인학대

(3) 생애주기와 사회복지 실천

인간발달 및 생애주기에 따라 발생되는 욕구와 필요한 서비스에는 분명 유사성과 차이성을 동시에 갖는다. 그러나 인구구조의 변화, 사회경제적 변화와 도시화와 산업화 등의 급격한 변화는 기존의 인간발달 및 생애주기에 큰 영향을 미치게 되었고, 사람이 경험하게 되는 시기에도 변화를 가져왔다. 물론 개인적인 차이는 있으나 개인과 가족단위의 생활주기 속에서 경험하게 되는 유사한 점을 고려할 때, 생애주기별로 필요로 하는 사회복지 실천과 서비스는 사회복지 전문가에게 매우 중요한 지식이 된다.

2) 사회문제와 사회적 위험

(1) 사회문제

문제를 개인문제(private troubles)와 사회문제(social issue)로 구분하면 개인문제는 사람의 성격과 타인과의 당면한 관계의 범위 내에서 발생한 문제를 말한다. 반면 사회문제는 첫째, 사회적 가치 혹은 규범에서 벗어나고 둘째, 상당수의 사람들이 그 현상으로 인하여 부정적인 영향을 받고 있으며, 셋째, 그 원인이 사회적인 것이며, 넷째, 다수의 사람들이나 영향력 있는 일부의 사람들이 문제로 판단하고 있고, 다섯째, 사회가 그 개선을 원하며, 여섯째, 집단적 사회적 행동이 요청되는 것으로 사회문제의 내용은 <표 1-4>에 나타나 있다(최일섭 외, 1996).

▼ 표 1-4 사회문제의 분류

구 분	내용
사회변동 사회해체	가족문제, 환경문제, 노인문제
사회적 불평등	빈곤문제, 성차별문제, 노사문제
사회적 일탈	청소년비행문제, 범죄문제, 성폭력문제, 약물중독문제, 정신건강문제

출처: 최일섭 외(1996). 사회문제와 사회복지.

(2) 사회적 위험

생애주기적 관점에서 산업사회 시기에 교육이 핵심이 되는 아동기와 전일제 근로가 핵심인 성인기 그리고 은퇴 후 근로가 없는 노령기로 일반적으로 구분하였다. 그러나 '전일제 완전고용'이라는 개념이나 이를 바탕으로 한 '자립'의 개념은 남성생계부양모델을 중심으로 나온 것이다. 사회경제적 변화에 따라서 남성 중심의 생애주기 모델이 약화되고 있으며, 여성의 경우 교육과 노동, 그리고 은퇴 사이에 일가족 양립이라는 핵심적 변수가 존재하며, 결과적으로 매우 복잡한 생애경로를 경험하고 있다. 또한 탈산업화나 지구화로 인한 산업사회에서 '사회적으로 생성된 시간표'가 더 이상 작동하지 않으면서 노동중심의 생애주기 모델은 그 유용성을 잃어가고 있다. 오히려 개인에 따라 다양하게 나타나고 있고, 개인화된 다양성이 불확실성과 불안정성과 결합하면서 위험사회의 근간을 형성하고 있다(최영준, 2011). 전통적 사회적 위험 중에는 생애주기별로 정형화되어 있고, 빈곤이나 실업 혹은 질병과 같은 위험들에 대한 관리는 지속적으로 준비하여 문제가 발생했을 때 단기적 효과를 거둘 수 있었다. 그러나 새로운 사회적 위험은 정책개입의 시간이 단기적이기보다 장기적이며, 그 효과도 단기적이기보다는 장기적이다. 예를 들어, 저출산 정책이나 아동에 대한 사회투자 혹은 평생직업 훈련 등을 볼 때 이해가 된다.

핵심 용어

욕구, 심리적 욕구, 사회적 욕구, 사회적 위험, 사회문제

학습 실천과제

- 인간의 욕구에는 무엇이 있는지 토론해 봅시다.
- 인간의 생애주기별 욕구와 사회적 위험 간의 관계에 대해 논의해 봅시다.
- 사회문제와 사회적 위험에 대해 기술해 봅시다.

CHAPTER 01 학습문제

01 다음 욕구에 대한 설명 중 옳지 않은 것은?

① 인간의 욕구를 이해하는 것은 사회복지 실천에 매우 중요하다.
② 욕구는 인간의 생존을 위해 필요하여 구하는 것이다.
③ 욕구는 충족될 수 없으므로 무시해도 된다.
④ 기본적인 욕구는 인간의 욕구 중 공통적이면서 가장 기본이 되는 중요한 욕구이다.
⑤ 기본적인 욕구는 모든 사람에게 필수불가결한 욕구이다.

정답 ③

해설

욕구가 충족되어야 결핍되지 않은 삶이 가능하므로 충족하기 위해 노력해야 한다.

02 다음 매슬로의 욕구가 아닌 것은?

① 생리적 욕구
② 안전의 욕구
③ 고독의 욕구
④ 존경의 욕구
⑤ 자아실현의 욕구

정답 ③

해설

고독의 욕구가 아닌 소속의 욕구로 사람들과 친하게 지내고 싶은 인간의 기본 욕구를 말한다. 즉, 가족·친구·직장 동료·이웃 등과 친교를 맺고, 원하는 집단에 귀속되어 귀속감을 느끼고 싶어 하는 욕구를 말한다. 사회적 욕구·친교욕구 또는 애정욕구라고도 한다.

03 매슬로의 욕구 중 가장 상위의 욕구는 무엇인가?

① 생리적 욕구
② 안전의 욕구
③ 소속의 욕구
④ 존경의 욕구
⑤ 자아실현의 욕구

정답 ⑤

해설

매슬로의 욕구 중 자아실현의 욕구가 가장 상위의 욕구에 해당된다. 자아실현의 욕구는 개인이 잠재력을 실현하려는 욕구와 능력을 완전히 활용하려는 욕구이다.

04 브래드쇼(Bradshaw)가 제시한 욕구 중 단순히 생각하고 느끼는 수준을 넘어 실제로 그것을 충족하기 위해 구체적인 행동으로 제시된 욕구는 무엇인가?

① 규범적 욕구
② 인지된 욕구
③ 표현된 욕구
④ 비교적 욕구
⑤ 기본적 욕구

정답 ③

해설
표현된 욕구는 단순히 생각하고 느끼는 수준을 넘어 실제로 그것을 충족하기 위해 구체적인 행동으로 표현(표출)된 욕구를 말한다.

05 다음 개인의 출생에서 사망까지의 전 과정을 의미하며, 그 과정에는 개인이 공동으로 반복하는 발달상의 모든 변화 유형이 내재된 것을 무엇이라고 말하는가?

① 역동성
② 생애주기
③ 욕구
④ 항상성
⑤ 가족조각

정답 ②

해설
생애주기는 개인의 출생에서 사망까지의 전 과정을 의미하며, 그 과정에는 개인이 공동으로 반복하는 발달상의 모든 변화 유형이 내재된 것을 말한다.

CHAPTER

02

사회복지의 개념

학/습/목/표

- 사회의 기능과 제도에 대해 설명할 수 있다.
- 사회복지의 주요 개념에 대해 이해할 수 있다.
- 사회과학과 사회복지학의 관계에 대해 이해할 수 있다.

1. 사회의 기능과 제도

1) 사회 기능의 역할

국가와 사회의 존립요건으로는 국가와 사회의 구성원들이 근심 없이 살아갈 수 있도록 수많은 기능이 사회로부터 제공되어야 하며, 그러한 기능을 수행하기 위한 사회제도가 함께 마련되어야 한다. 국가와 사회가 그 구성원들에게 제공해야 할 기능 속에는 자녀양육, 생산과 분배, 교육, 여가 등 인간다운 삶을 살기 위한 인간 활동의 대부분이 포함되어 있다.

2) 사회의 기능과 제도

길버트와 스펙트(Gilbert & Specht, 1974)는 존슨과 워렌(Johnson & Warren)의 서술을 요약하여 사회존속의 필수적 기능을 생산-분배-소비(경제제도), 사회화(가족제도), 사회통제(정치제도), 사회통합(종교제도), 상부상조(사회복지제도)의 다섯 가지로 나눠 살펴보면 다음과 같다(오봉욱 외, 2015a).

(1) 생산-분배-소비의 기능

일상생활을 영위하는 데 필요한 재화(goods)와 서비스를 생산하고 분배하고 소비하는 과정과 관련된 기능을 말한다.

(2) 사회화의 기능

사회가 그 구성원들에게 일반적인 지식, 사회가치, 행동양식을 전달하는 과정으로서 어떤 사회화의 과정을 거치느냐에 따라 그 사람의 사회적응이 결정된다. 따라서 사회화 기능을 수행하는 일차적인 제도는 가족제도이다.

(3) 사회통제의 기능

사회가 그 구성원들에게 사회의 규범(norms)에 순응하게 하는 것을 말하는데 법, 도덕, 규칙 등의 규범을 가지고 있다.

(4) 사회통합의 기능

사회구성원들이 상호 간의 신뢰를 바탕으로 사기를 진작시킴으로써 사회에 대한 충성심을 불러일으켜 사회존속을 유지하는 과정과 관계가 있다.

(5) 상부상조의 기능

상부상조란 이상의 주요 사회제도가 제대로 된 기능을 발휘하지 못할 때 필요하게 되는 사회적 기능을 말한다.

사회제도		기능
경제	———	생산-분배-소비
가족	———	사회화
정치	———	사회통제
종교	———	사회통합
사회복지	———	상부상조

▲ 그림 2-1 사회제도의 기능

3) 사회복지의 기능

사회복지의 기능을 크게 사회적 기능과 복지적 기능으로 나눠 볼 수 있다.

(1) 사회적 기능

사회적 기능을 살펴보면 사회통제와 사회통합의 두 가지 측면을 포함하고 있다. 사회적 위험이 발생할 경우 사회적 공동현상과 무질서에 대한 사회통제의 해결책으로 기능하고 있음을 알 수 있다. 즉, 역사적으로 사회복지는 노동의 강제, 구제의 억제, 열등처우, 도덕적 감화, 시설수용 등 다양한 시책, 수단에 의해 사회적 질서의 안정, 사회적 불안과 불만의 완화, 노동력의 보전, 육성 또는 자본주의체제의 유지·존속 등 시대와 사회의 요청에 대응하여 사회통제적 기능을 수행하여 왔다는 점이다. 이러한 측면에서 보면 사회복지는 분명히 사회를 일정한 방향으로 통제하는 도구적 수단으로써의 기능을 하였으며, 오늘날에도 사회복지의 일면은 이와 같은 기능이 있다고 할 수 있다.

사회복지의 또 하나의 주요한 사회적 기능은 사회통합이다. 사회통합의 기능은 사회복지를 매개로 사회구성원 간의 결합 관계를 강화하고 사회적 구심력을 높이는 기능이다. 제2차 세계대전 후 복지국가 체제가 성립함과 함께 사회통합의 기능은 전면으로 대두되게 되었다. 복지국가 정책의 골격인 사회보장과 사회복지는 공동체 사회에 기초한 상부상조 활동이 더욱 조직화되고 제도화된 형태라고 할 수 있다.

(2) 복지적 기능

복지적 기능으로서 자립을 촉진하기 위한 지원활동과 자립생활을 유지하기 위한 지원활동이 포함된다. 그리고 사회복지 서비스 이용자의 사회참여와 통합을 지원하고 이를 위한 환경개선을 할 수 있다.

2. 사회복지의 주요 개념

1) 사회복지의 법적 개념

사회복지의 법적 개념을 살펴보기 위해 사회복지법이 하나의 법전으로 제시된 것은 없으나, 일반적으로 사회복지에 대한 이해를 위해 법적 개념으로 살펴보면, 「헌법」을 근거로 설명한다. 우리나라의 헌법의 주요 기본권 중 포괄적 기본권으로서 모든 국민은 인간으로서의 존엄과 가치를 가지며 행복을 추구할 권리를 가진다. 그리고 국가는 개인이 가지는 불가침의 기본적 인권을 확인하고 이를 보장할 의무를 진다고 명시하고 있다(「헌법」 제10조).

(1) 「헌법」 제34조는 다음과 같다.

「헌법」 제34조는 기본권 중에서 사회복지법상 규범적으로 가장 중심이 되는 권리는 인간다운 생활을 할 권리이다. 이 권리는 보다 넓은 범주인 사회권적 기본권 또는 사회적 기본권에 포함된다. 이는 국민의 권리, 국가의 의무, 여자, 노인과 청소년에 대한 별도 규정, 국가 보호의 대상, 재해 예방과 보호로 구분된다.

① 모든 국민은 인간다운 생활을 할 권리를 가진다.
② 국가는 사회보장·사회복지의 증진에 노력할 의무를 진다.
③ 국가는 여자의 복지와 권익의 향상을 위하여 노력하여야 한다.
④ 국가는 노인과 청소년의 복지향상을 위한 정책을 실시할 의무를 진다.
⑤ 신체장애자 및 질병·노령 기타의 사유로 생활능력이 없는 국민은 법률이 정하는 바에 의하여 국가의 보호를 받는다.
⑥ 국가는 재해를 예방하고 그 위험으로부터 국민을 보호하기 위하여 노력하여야 한다.

(2) 「헌법」 제35조 제1항에서 제3항까지는 다음과 같다.

「헌법」 제35조도 사회적 기본권에 포함된다.

① 모든 국민은 건강하고 쾌적한 환경에서 생활할 권리를 가지며, 국가와 국민은 환경보전을 위하여 노력하여야 한다.

② 환경권의 내용과 행사에 관하여는 법률로 정한다.

③ 국가는 주택개발정책 등을 통하여 모든 국민이 쾌적한 주거생활을 할 수 있도록 노력하여야 한다.

(3) 「사회보장기본법」 제3조(정의)는 다음과 같다.

사회보장에 관한 국민의 권리와 국가 및 지방자치단체의 책임을 정하고 사회보장제도에 관한 기본적인 사항을 규정함으로써 국민의 복지증진에 기여함을 목적으로 한다. 사회보장은 모든 국민이 인간다운 생활을 할 수 있도록 최저생활을 보장하고 국민 개개인이 생활의 수준을 향상시킬 수 있도록 제도와 여건을 조성하여, 그 시행에 있어 형평과 효율의 조화를 기함으로써 복지사회를 실현하는 것을 기본이념으로 한다.

① '사회보장'이란 출산, 양육, 실업, 노령, 장애, 질병, 빈곤 및 사망 등의 사회적 위험으로부터 모든 국민을 보호하고 국민 삶의 질을 향상시키는 데 필요한 소득·서비스를 보장하는 사회보험, 공공부조, 사회서비스를 말한다.

② '사회보험'이란 국민에게 발생하는 사회적 위험을 보험의 방식으로 대처함으로써 국민의 건강과 소득을 보장하는 제도를 말한다.

③ '공공부조'(公共扶助)란 국가와 지방자치단체의 책임하에 생활 유지 능력이 없거나 생활이 어려운 국민의 최저생활을 보장하고 자립을 지원하는 제도를 말한다.

④ '사회서비스'란 국가·지방자치단체 및 민간부문의 도움이 필요한 모든 국민에게 복지, 보건의료, 교육, 고용, 주거, 문화, 환경 등의 분야에서

인간다운 생활을 보장하고 상담, 재활, 돌봄, 정보의 제공, 관련 시설의 이용, 역량 개발, 사회참여 지원 등을 통하여 국민의 삶의 질이 향상되도록 지원하는 제도를 말한다.

⑤ '평생사회안전망'이란 생애주기에 걸쳐 보편적으로 충족되어야 하는 기본욕구와 특정한 사회위험에 의하여 발생하는 특수욕구를 동시에 고려하여 소득·서비스를 보장하는 맞춤형 사회보장제도를 말한다.

⑥ '사회보장 행정데이터'란 국가, 지방자치단체, 공공기관 및 법인이 법령에 따라 생성 또는 취득하여 관리하고 있는 자료 또는 정보로서 사회보장 정책 수행에 필요한 자료 또는 정보를 말한다.

2) 사회복지의 다양한 개념

사회복지의 개념은 너무나 광범위하고 다양하며 관점에 따라 다르다. 그러므로 어원적 의미, 학술적 의미, 범위적 의미, 기능적 의미, 이념적 의미를 기준으로 사회복지 개념을 살펴보고자 한다. 어원적 의미로는 영어와 한자를 통해 사회복지의 말뜻을 살펴보고, 학술적 의미로는 학자들의 개념 정의를 살펴볼 것이다. 범위적 의미로는 협의의 사회복지, 광의의 사회복지, 최광의의 사회복지에 대해서 살펴보고 기능적 의미로는 윌렌스키와 르보(Wilensky & Lebeaux)의 분류를 통한 잔여적 개념, 제도적 개념에 대해 살펴볼 것이며 마지막으로 이념적 의미로는 선별주의와 보편주의에 대해 살펴보기로 한다(오봉욱 외, 2015 재인용).

(1) 사회복지의 어원적 의미

'사회복지'는 영어의 'social welfare'로서 어원적 의미로 볼 때 '사회적(social)'이라는 개념과 '복지(welfare)'라는 개념의 복합체이므로 '사회적으로 편안하고 만족스런 상태'를 의미한다고 볼 수 있다. 웹스터 사전에 의하면 '복지(welfare)'는 안락하고 만족한 생활상태 또는 인간의 건강과 번영, 안녕

(well-being)의 상태를 의미하고 있다.

좀 더 구체적으로 '사회적(social)'이라는 형용사는 사회(society)에서 그 어원을 찾을 수 있는데 사람과 사람 사이의 관계성이 강조된 개념이다. 사회란 일정한 경계가 설정된 영토에서 종교·가치관·규범·언어·문화 등을 공유하면서 공동생활을 영위하는 인간집단을 의미한다. 따라서 사회적이란 사회 안에서의 삶과 사회 내적 관계를 통해 서로 상호의존적인 관계를 맺은 사회구성원들이 비영리적이며 이타주의적인 관계를 통해 삶에 필요한 요소를 충족하며 살아가는 것을 말한다.

'복지(welfare)'라는 명사를 문자 그대로 해석하면 '잘(well) 지낸다(fare)'는 뜻으로서 만족함과 행복을 느끼며 살아간다는 의미이다. 다시 말하면 신체적 건강, 정서적 안정, 경제적 보장의 상태를 유지할 수 있는 상태가 유지됨으로써 행복의 전제조건이 되는 안녕(well-being)의 상태에 가까운 삶을 영위하는 것을 말한다. 이 두 가지의 복합개념을 보면 사회복지는 만족스럽고 안락한 상태를 누리기 위한 사회구성원들의 집합적인 노력이라고 해석할 수 있다.

'사회복지'의 개념을 종합해 보면 '사람들과 어울려 살면서 물질적 풍요와 정신적 안정이 확보된 만족스러운 삶을 영위하는 상태, 또는 이를 실현해나가는 공동의 노력'이라고 할 수 있다(권중돈 외, 2011: 25).

즉, 사회복지란 인간이 만족스러운 삶을 영위할 수 있도록 하는 개인적 차원의 노력과 인간다운 생활을 하는 데 필요한 조건을 형성해 주고, 만족스럽고 행복하게 살기 위한 사회적 서비스를 제공해 주는 제도적인 차원에서의 원조를 모두 포괄하는 의미를 갖는다.

(2) 사회복지의 학술적 의미

로웬버그(Lowenberg, 1974)는 사회복지를 "인간의 정서적·지적·신체적·사회적 기능을 향상시키고 유지하는 것을 일차적 임무로 하는 사회제도"라고 했고, 벨(Bell, 1983)은 사회복지란 "인간의 기본적 욕구를 충족시키는 데 필요한 대책으로서 법, 프로그램, 급여 및 서비스를 말한다."고 정의했다. 전미사회복지사 협회(NASW, 1987)에서는 사회복지를 '사회문제의 예방, 경감 및 해결 또는 개인, 집단, 지역사회의 복리를 증진시키고자 하는 민간과 정부기관의 조직화된 노력'으로 규정하고 있다.

프리드랜더와 압테(Friedlander & Apte, 1980)는 사회복지를 "국민의 복지와 사회적 기능수행에 기본이 되는 사회적 욕구를 충족시킬 수 있는 급여를 강화하고 확고히 하는 제반 법률, 프로그램, 급여 및 서비스의 체계"로 정의하고 있다. 마틴과 자드(Martin & Zard, 1981)는 "사회복지는 사회와 인간이 기능을 수행할 수 있는 최저수준을 획득할 수 있게 인간을 촉진시키려는 시도"라고 규정하고 있다. 아스트로(Astrow, 2000)는 사회복지를 "모든 구성원의 사회적, 재정적, 건강과 여가에 대한 요구를 충족시키고 그들의 사회적 기능을 향상시키기 위한 노력이라고 규정하고 있다. 포플과 라이닝거(Popple & Leighninger, 1996)는 사회복지는 "인간의 기본적 욕구를 충족시키기 위한 사회적 급여와 서비스"로서 시장 외부의 경제적 이전기능을 수행한다고 정의한 바 있다.

사회복지 학자들의 정의를 종합해 보면 사회복지는 사회문제의 해결 또는 사회적 욕구를 충족시켜주는 기능을 수행하는 사회제도라고 개념을 정리해 볼 수 있다.

(3) 사회복지의 범위적 의미

사회복지를 범위 기준에 따라 구분해 보면 협의의 사회복지, 광의의 사회복지, 최광의의 사회복지로 나누어 볼 수 있다. 협의의 사회복지는 흔히 사회사업, 사회복지사업이라고 부르며 사회생활상의 곤란 또는 장애를 받고 있는 사람이 대상이 된다. 구체적으로 장애인, 노인, 아동 등 도움이 필요한 자에 대한 보호, 육성 및 지도, 치료, 재활 서비스 등이 포함되는데, 미국에서는 일반적으로 사회복지의 대상자가 빈곤, 노령, 신체 혹은 정신적 장애, 질병, 기타 특별한 사정으로 인하여 도움을 필요로 하는 사람들로 국한되며 도움의 내용도 제한적으로 현금이나 물품, 기타 서비스와 같이 범위가 좁으며, 심한 경우에는 '복지'를 '공공부조'와 동일시하는 경향도 있다(최일섭·정은, 2008).

광의의 사회복지는 사회구성원 전체가 대상범주이며 그들이 갖고 있는 생활상의 욕구를 해결하는 것이 광의의 사회복지가 다루어야 할 영역이다. 따라서 광의의 사회복지는 사회복지의 협의적 개념 외에 사회정책, 사회보장, 보건, 의료, 주택, 고용, 교육 등을 포함하는 것으로서 최저한의 평균적인 욕구가 충족되지 않는 개인, 가족, 집단 등에 대한 다양한 서비스가 포함된다.

최광의의 사회복지는 토목, 건축, 재정, 금융, 경찰, 군사 등 모든 영역을 포함하며 사회복지의 협의의 개념, 광의의 개념을 모두 포괄한다. 최광의의 사회복지는 전 국민의 사회생활 안정과 발전에 공헌하는 일체의 사회적 시책을 총칭하는 용어라고 할 수 있다.

(4) 사회복지의 기능적 의미

현대사회를 유지할 수 있게 만드는 사회제도로 경제제도, 가족제도, 정치제도, 종교제도, 사회복지제도를 들 수 있다. 사회복지제도가 수행하는 기능에 따라 다른 사회제도들과는 어떤 관계를 갖게 되는지 두 가지로 나누어 볼 수 있다. 윌렌스키와 르보(Wilensky & Lebeaux, 1965)는 '잔여적(residual)'인 것과 '제도적(institutional)'인 것으로 분류하고 있는데, 전자의 입장은 사회복지를 다른 사회제도의 보충적·종속적 성격으로 보는 것이고 후자의 입장은 사회복지를 다른 사회제도와 비교해 독립적 위치와 주인적 성격을 강조하는 것이다. 잔여적 개념은 사회복지제도를 일시적·보완적·임시적·보충적인 기능으로 간주하면서 일상생활의 문제나 사회문제의 근본책임이 개인이나 가족에게 있다고 본다. 제도적 개념은 지속적·보편적인 기능을 강조하면서 빈곤을 사회적 문제로 바라보는 시각을 가지고 있다. 이와 같은 관점의 차이는 현대 산업사회의 가족과 시장경제제도를 바라보는 것이 다르기 때문이다. 잔여적 개념에서는 평상시의 사회가 제 기능을 수행하기 때문에 경기가 침체되거나 가족이 위기에 봉착했을 경우와 같은 위기상황을 제외하고는 사회복지제도가 불필요하다는 입장이고, 제도적 개념은 현대 산업사회에서 가족과 시장경제제도가 평상시에도 온전히 운영되기 힘들기 때문에 사회복지제도는 사회운영과 유지에 필수적 기능을 수행할 수밖에 없다고 보는 개념이다. 그런 의미에서 잔여적 개념은 협의의 사회복지 개념과 같은 맥락에 있고 제도적 개념은 광의의 사회복지 개념과 같은 맥락에 있다.

(5) 사회복지의 이념적 의미

사회복지의 이념적 의미에서 바라본 선별적 사회복지와 보편적 사회복지의 가장 큰 차이는 사회문제의 발생 원인을 파악하는 관점에 있다. 선별적 사회복지 관점에서 보면 사회문제는 특정범주에 속한 사람에게서 발생하며 사회규범에 비추어 볼 때 예외적이고 개인의 결함, 사고, 불행한 상황에서 발생한다고 본다. 선별적 사회복지는 예외주의(exceptionalism), 보수주의(conservatism) 이념에 기반을 두고 있다.

따라서 사회복지의 대상을 노인, 장애인, 아동 등 사회적 약자나 요보호대상자로 한정하고 선별적이고 개별적인 접근방법을 이용한 소극적 서비스를 제공하는 것이 타당하다고 본다. 반면에 보편적 사회복지 관점에서 보면 사회문제는 사회체계의 불안정성과 불공평성에 기인하며 공공부문의 노력으로 해결 가능하다고 보는 보편주의(universalism) 또는 자유주의(liberalism) 이념에 근거를 두고 있다. 즉, 사회문제는 어느 특정 계층의 사람들에게만 발생하는 것이 아니라 모든 국민에게 보편적으로 나타난다고 보기 때문에 사회복지의 대상은 모든 국민 전체가 되어야 하며 사회문제를 해결하기 위해서는 보편적이고 집합적인 방법을 사용하여 국가가 더욱 적극적으로 개입하는 것이 타당하다고 본다(권중돈 외, 2011 재인용). 선별주의 프로그램은 욕구 또는 개인의 재정적 자산에 기초하여 수급자격이 결정되고, 보편주의 프로그램은 누구에게나 권리로써 제공된다.

3. 사회과학과 사회복지학

1) 사회과학

사회과학은 인간 사회의 여러 현상을 과학적·체계적으로 연구하는 모든 경험과학(經驗科學)이며, 사회학·정치학·법학·종교학·예술학·윤리학 등이 포함된다.

(1) 과학의 의미

과학은 경험적인 증거수집과 체계적이고 논리적인 방법론을 활용하여 얻어지는 지식을 의미한다. 과학이 일반화된 사회에서 살고 있는 우리는 사회문제를 과학과 연결하여 해결을 시도한다. 과학은 재현가능한 방법을 이용하여 사회문제를 해결하기 위한 이론을 도출하거나 구성하는 과정이라 할 수 있다. 이론은 사회현상이나 사회문제를 예측하거나 설명을 위한 목적으로 제시되는 변수들 간의 관계를 기술하는 체계이다. 사회현상의 설명이란 변수에 의해 설명되는 사실과 사실 간의 관계를 의미하며, 사회문제를 예측하는 것은 원인과 결과에 의해 제시되는 인과관계를 확인하는 것이다. 또한 관찰자에 의해 인식되는 사실은 관찰된 현상이나 내용을 의미한다. 이때, 존재하고 있거나 인식하고 있는 사실은 관찰자에 의해 관찰되거나 알려지지 않을 때는 사실이 될 수 없다. 그리고 과학은 자연과 사회현상에서 나타나는 논리적이고 연속적인 흐름을 인지하고 그 규칙성을 근간으로 이론을 정립한다. 즉, 이론은 상호 변수 간의 규칙적이거나 체계적인 관계를 기술하고 자연 또는 사회현상을 예측하고 설명한다. 예측은 현재의 설명이 미래에도 적용 가능한 것으로 인식하며, 원인에 대한 결과의 형성을 기대하는 것이다(서정민 외, 2021).

(2) 과학적 지식의 특성

과학적 지식은 전통, 관습, 권위, 상식과 직관 등에 의해 만들어진 지식과 구별된다. 과학적 지식은 자연 현상을 연구대상으로 하는 자연과학과 사회현상을 연구대상으로 하는 사회과학으로 구분된다. 과학적 지식의 특성은 다음과 같다(서정민 외, 2021).

① 재생가능성

재생가능성은 표준화된 방법에 의하면 결론이 동일하게 되는 가능성을 의미한다. 그리고 재생가능성은 절차를 확인하는 입증가능성과 결과를 확인하는 산출가능성으로 구분한다. 입증가능성은 어떤 현상의 결과가 다시 재생이 가능한 경우에 나타날 수 있고, 산출가능성은 어떤 현상의 결과를 얻어내는 방법이나 절차의 재생을 의미한다.

② 경험가능성

경험가능성은 사람이 가지고 있는 감각기관에 의해 지각이 되어야 함을 의미한다. 즉, 모든 사람이 가지고 있는 감각기관의 동질성 또는 객관성과 사회과학의 추상적인 용어를 감각으로 충분히 표현될 수 없다는 한계를 갖는다. 실증주의는 감각기관으로 경험하지 못하는 관념적 사고를 과학적 지식의 대상에서 배제한다.

③ 객관성

건전한 감각기관을 가진 여러 사람이 같은 대상을 인식하고 그로부터 얻은 인상이 일치하는 것을 말한다. 사람은 감각기관으로 세상을 이해하지만 감각기관을 활용한 이해는 누구나 동일하게 인지할 수 있는 객관성에서 한계를 갖는다. 즉, 객관성은 정상적인 감각기관을 지니고 있는 다수의 인식이 일치되도록 나타나는 것을 의미한다. 하지만 개인의 성장배경, 발달단계의 경험 차이 등에 의해 객관성 확보는 매우 어렵다. 따라서 과학적 연구는 객관성이 있는 도구의 개발을 활용하여 과학적 지식의 객관성을 확보하고자 한다.

2) 사회복지실천의 과학적 속성

사회복지실천은 과학적 지식에 바탕을 두고 개인, 가족, 집단, 조직, 지역사회의 사회적 기능 향상을 돕는 활동이다. 사회복지사는 과학적 지식과 사회복지 관련 전문 지식을 사회복지사 개인의 성품이나 가치관, 다른 사람에 대한 감정 등과 통합시키면서 전문적인 활동을 수행하는 사람이다.

(1) 의미

사회복지실천의 과학적 속성(과학적 기반)은 효과적인 개입을 위해서 사회현상, 사회적 조건과 문제, 사회정책과 프로그램, 사회복지 전문직, 다양한 실천이론과 관련 지식에 바탕을 두고 이를 적용 및 활용하는 것을 의미한다. 사회복지사가 전문직으로 기능하고 서비스 객체에게 효과적으로 개입하기 위해서는 체계적인 이론과 과학적인 근거가 있어야 한다.

(2) 사회복지실천의 과학적 속성이 반영된 사례

서비스 객체(클라이언트)의 욕구를 파악하고, 욕구에 근거하여 효과적인 프로그램을 개발 및 적용하는 과정, 서비스 제공에 의한 변화를 객관적으로 측정할 수 있도록 척도를 활용한 개입, 경험적 사실의 수집, 이론적 설명, 객관적 관찰, 과정 및 결과평가, 실험조사 등이 있다.

학습 TIP 사회복지실천의 과학성과 예술성

- 사회복지실천은 과학과 예술의 조화라고 말한다. 과학적 지식에만 의존하는 실천은 기계적인 수행이 되며, 과학성이 결여된 예술성만으로는 효과적인 실천이 이루어질 수 없다.
- 과학성과 예술성은 서로 대립되는 개념이 아닌 상호보완적이며 의존적인 관계에 있다.

핵심 용어

사회기능, 사회제도, 사회복지, 사회과학, 사회복지학

학습 실천과제

- 사회기능과 사회복지 제도가 갖는 기능은 무엇인지 토론해 봅시다.
- 사회복지가 무엇인지 논의해 봅시다.
- 사회과학과 사회복지학의 관계에 대해 기술해 봅시다.

CHAPTER 02 학 습 문 제

01 사회복지실천의 과학적 기반에 대한 설명으로 옳지 않은 것은?

① 사회복지의 효과적 실천을 위한 지식이나 이론이 이에 속한다.
② 심리학, 사회학, 인류학 등의 이론이 과학적 지식의 원천을 이룬다.
③ 실천 경험에 의해 형성된 실천 지혜가 이에 속한다.
④ 사회복지사는 사회문제와 사회현상 등과 관련된 지식을 이해해야 한다.
⑤ 전문직으로서의 사회복지에 관해 이해해야 한다.

정답 ③

해설

실천지혜는 예술적 기반에 해당된다.

02 다음 과학적 지식의 특성이 올바르게 제시된 것은?

① 재생가능성, 객관성, 경험가능성
② 꾸며진 정보, 객관성, 재생가능성
③ 경험가능성, 사후발생적 가설, 비논리적 추론
④ 상식과 직관, 권위, 꾸며진 정보
⑤ 재생가능성, 객관성, 선택적 관찰

정답 ①

해설

과학적 지식의 특성에는 재생가능성, 객관성, 경험가능성이 있다.

03 다음 사회의 기능과 제도 중 사회가 그 구성원들에게 사회의 규범에 순응하게 하는 것은 무슨 기능인가?

① 생산-분배-소비의 기능
② 사회화의 기능
③ 사회통제의 기능
④ 사회통합의 기능
⑤ 상부상조의 기능

정답 ③

해설

사회통제의 기능은 사회가 그 구성원들에게 사회의 규범에 순응하게 하는 것을 말한다.

04 다음 헌법 제34조의 내용 중 옳지 않은 것은?

① 모든 국민은 인간다운 생활을 할 권리를 가진다.
② 국가는 사회보장·사회복지의 증진에 노력할 의무를 진다.
③ 국가는 남자의 복지와 권익의 향상을 위하여 노력하여야 한다.
④ 국가는 노인과 청소년의 복지향상을 위한 정책을 실시할 의무를 진다.
⑤ 신체장애자 및 질병·노령 기타의 사유로 생활능력이 없는 국민은 법률이 정하는 바에 의하여 국가의 보호를 받는다.

정답 ③

해설

국가는 여자의 복지와 권익의 향상을 위하여 노력하여야 한다.

05 다음 사회보장기본법 제3조(정의)의 내용이 옳지 않은 것은?

① "사회보장"이란 출산, 양육, 실업, 노령, 장애, 질병, 빈곤 및 사망 등의 사회적 위험으로부터 모든 국민을 보호하고 국민 삶의 질을 향상시키는 데 필요한 소득·서비스를 보장하는 사회보험, 공공부조, 사회서비스를 말한다.
② "사회보험"이란 국민에게 발생하는 사회적 위험을 보험의 방식으로 대처함으로써 국민의 건강과 소득을 보장하는 제도를 말한다.
③ "공공부조"(公共扶助)란 국가와 지방자치단체의 책임하에 생활 유지 능력이 없거나 생활이 어려운 국민의 최저생활을 보장하고 자립을 지원하는 제도를 말한다.
④ "사회서비스"란 국가·지방자치단체 및 민간부문의 도움이 필요한 모든 국민에게 복지, 보건의료, 교육, 고용, 주거, 문화, 환경 등의 분야에서 인간다운 생활을 보장하고 상담, 재활, 돌봄, 정보의 제공, 관련 시설의 이용, 역량 개발, 사회참여 지원 등을 통하여 국민의 삶의 질이 향상되도록 지원하는 제도를 말한다.
⑤ "사회보장 행정데이터"이란 생애주기에 걸쳐 보편적으로 충족되어야 하는 기본욕구와 특정한 사회위험에 의하여 발생하는 특수욕구를 동시에 고려하여 소득·서비스를 보장하는 맞춤형 사회보장제도를 말한다.

정답 ⑤

해설

"평생사회안전망"이란 생애주기에 걸쳐 보편적으로 충족되어야 하는 기본욕구와 특정한 사회위험에 의하여 발생하는 특수욕구를 동시에 고려하여 소득·서비스를 보장하는 맞춤형 사회보장제도를 말한다.

CHAPTER

03

사회복지의 동기와 가치, 이념과 윤리

학/습/목/표

- 사회복지 서비스에 있어서 가치와 윤리를 구분할 수 있다.
- 사회복지 서비스에 있어서 이념을 정립할 수 있다.

1. 사회복지의 동기

사회복지는 인간의 욕구충족과 인간 욕구에 대한 사회적 인식의 변화에 따라 사회복지의 동기도 다양하게 발전하였다. 초기 사회복지의 동기는 종교적, 인도주의적, 공리주의적, 전문직업적 동기 등으로 구분(전재일, 2006)하였고 이러한 동기들이 복합적으로 작용한 결과 현재의 사회복지제도가 탄생하게 된 것이다(Macarov, 1978).

1) 상호부조

상호부조(mutual aid)는 서로가 서로를 돕는 것으로 가장 오래되고 보편적인 사회복지의 동기이다. 오늘날 일상생활 속에서 접하는 가족, 이웃, 노동조합, 자조집단, 지역사회, 다양한 사회복지제도 등을 통해 중요한 사회복지의 동기로서 작용하고 있다. 이러한 상호부조는 인간의 욕구충족 동기에 기인하지만 인간이 소속된 집단적 관계를 긴밀하게 유지하는 역할을 수행한다. 이를 통해 사회적 연대의 확산이 가능하고, 사회복지의 궁극적 목표와도 일치한다고 할 수 있다(Mauss, 1990).

2) 종교적 동기

종교적 동기(religious motives)는 자선적 동기로 이웃사랑, 형제애, 자비, 자선처럼 서로 돕고 불우한 타인까지도 구제하는 자선행위를 강조한다. 오늘날 종교의 자선활동은 대부분 기관 혹은 조직을 통해 자선의 방법과 양, 수혜자의 자격요건 등의 개념을 형성하고 있고 사회복지 발전에 중요한 디딤돌이 되고 있으며, 여전히 사회복지실천의 중요 부분으로 사회복지발달에 영향을 미치게 되었다(배기효 외, 2021).

그러나 종교적 동기의 자선은 수혜자에 대한 고려보다는 주는 자의 심적 태도나 종교적 의식을 더 강조하였다. 즉, 고통받는 사회적 약자의 환경이나 부조리에 관심을 두기보다는 자선행위를 베풂으로 구원 혹은 속죄를 받고자 하는 종교적 믿음이 중요하게 작용하였다. 그 결과 자원봉사 활동이나 종교단체의 복지활동과 인권활동 등에서 중요한 동기로 작용한다(김형수 외, 2011)고 볼 수 있다.

3) 인도주의적 동기

18세기 근대주의적 인도주의 사상은 박애주의, 평등 및 사회정의 등의 이념을 바탕으로 빈민이나 곤궁자를 돕는 구제를 촉진시키고 합리화하였다. 인도주의적 동기에 의한 구제의 특징은 인간은 평등하다는 관점에서 우월자가 열등자를 돕는 원조가 아님을 전제하고 있다. 이러한 온정, 박애, 자선의 사상은 사회개량운동과 아울러 사회복지사업의 발달에 많은 영향을 미쳤다. 인도주의는 인간생활에 있어서 고통을 경감하고 향락을 증진시키는 데 그 원류를 찾아볼 수 있다. 이러한 인도주의적 동기는 인간을 계급으로 인해 상하로 나누는 것이 아니라 모든 인간은 평등한 관계에서 서로 사랑해야 하며, 친절을 베풀고 도움을 주어야 한다는 개념을 갖는다.

4) 정치적 동기

권력을 가진 정치집단 또는 정부가 사회복지를 정치적 수단으로 이용한다는 개념으로 고대 왕들은 가난한 자들에 대해 보살피는 모습을 통해 통치행위를 유지하였다. 즉, 왕의 은혜를 입은 자들은 왕의 백성이므로 천한 백성과 그 백성이 거주하는 지역까지 모두 왕의 통치권의 범위에 있었던 것이다. 근대화 이후 많은 국가들이 사회복지제도를 도입하고 실시한 것도 정치권력의 정당화, 사회체계의 유지를 위한 수단이 되기도 한 것이다.

영국은 1601년 구빈법을 통해 정치적 권력을 획득 및 유지, 사회적 불안

회피, 정치적 과정 자체의 부산물을 확보하였고(박상하 외, 2008), 미국은 1930년대 대공황으로 대규모 실업과 사회경제적 문제가 발생하자 정치적 권력 유지 수단으로 사회보장제도를 고안하였다. 이를 통해 빈곤층을 위한 소득보장 프로그램은 폐지한 반면 정부의 재정 부담이 훨씬 많은 노령연금은 그대로 두었다. 이는 빈곤층은 정치적 힘이 약한 반면, 노령연금 수급자들의 정치적 힘이 강하기 때문인 것으로 해석된다(김태성, 2000).

학습 TIP 구빈법(救貧法, Poor Law)

영국 엘리자베스 여왕 1세가 1601년 최초로 빈민구제는 정부의 책임이라는 명제 아래 조세를 통하여 행정기관을 설립하여 운영하였다. 노동력 유무에 따른 빈민 구분 및 구제활동을 펼치면서 요보호 아동에 대한 집중 보호활동을 펼쳤고 친족에 의한 부양책임을 규명했다.

5) 경제적 동기

자본주의 사회에서 재화를 분배하는 가장 효율적인 방법은 시장을 활용하는 것으로 사회복지를 정부가 주도해서 제공하는 것이 다른 방법보다 더 효율적이라고 보는 관점이다. 하지만 시장이 재화를 효율적으로 분배하지 못하는 시장실패가 발생할 경우 시장을 대신하여 정부가 재화를 분배하는 것이 더 효율적이다. 그 예로 2000년부터 시행된 우리나라의 국민기초생활보장제도도 1997년 말 IMF 경제위기로 인한 대량 실업과 가정 해체에 따른 막대한 사회문제 비용을 경감하기 위해 발전시킨 제도로 이해할 수 있다(문진영, 1999).

6) 이데올로기적 동기

사회현상을 과학적으로 입증하거나 특히 현상들 간의 상관관계나 인과관계를 과학적으로 입증하거나 논증하기 어려운 경우가 많다. 특히 어떤 현상의 원인을 규명하거나 대책을 수립할 때 더욱 그렇다. 이때에는 말하는 이의 가치관이 작용하게 되면서 무엇이 옳은 것인가에 대해 사람마다 입장이 다르고 이러한 가치관이 집단화되고 정치화된 것이 이념 또는 이데올로기이다(윤찬영, 2010).

이데올로기는 사회복지의 가장 강력한 동기 중 하나로 개인이나 집단구성원들에 의해서 공통으로 소유되는 신념이나 가치체계를 말한다. 즉, 사회복지에서 개인적 이데올로기는 타인을 도와야 한다는 신념, 느낌, 태도로 나타나며 사회적 이데올로기는 사회복지제도나 사회복지실천의 가치와 원리, 방법 등을 결정하게 한다(표갑수, 2002).

7) 전문직업적 동기

클라크(Clark, 2000)는 "많은 사람들이 사회복지에 종사하여 환경적 차원이나 인간적 측면에서 욕구상태에 있는 사람들에게 그들의 전문적 서비스를 제공하고 있다"고 정의한 것처럼 사회복지에 대한 전문성이라는 영역에 점차 관심이 증대되고 있다. 사회복지전문직업적 동기는 사회복지사가 사회복지실천에 헌신하는 주요 동기로서 철학과 윤리에 근거하여 최선의 사회복지서비스를 제공하며, 이에 상응하는 대가를 받게 된다.

이처럼 사회복지는 도움을 필요로 하는 사람들에게 바람직한 사회적 기능을 수행함으로써 행복할 수 있도록 의도적으로 변화시키는 과정에서 인간과 사회 환경에 대한 전문가적 지식과 윤리, 가치, 실천적 기술이 요구된다.

2. 사회복지의 가치와 윤리

1) 사회복지의 가치

가치(value)란 다수의 사회구성원이 좋거나 바람직하다고 여기는 것으로 좋고 나쁜 것에 영향을 준다. 즉, 문화, 집단, 혹은 개인이 바람직한 것으로 여기는 신념으로 사회복지 윤리학에서는 '인간의 삶과 관련된 특정 수단, 목적, 조건들에 대한 보편적 선호'라고 정의하고 있다. 이러한 가치는 좋다(good)는 의미와 중요하고 소중하다(valuable)는 의미가 포함된 것으로 무엇이 좋은가, 선하고 바람직한 것이 무엇인가를 선택하게 한다.

사회복지의 핵심 가치는 인간의 존엄성, 자기결정권, 자율성, 평등권, 사회정의, 기회의 균등성, 사회적 책임성 등 다양하게 말할 수 있다. 이러한 가치는 사회복지사의 일상적 활동에 반영되어 전문직으로서의 서비스를 실행하는 방향을 제시한다.

(1) 레비의 사회복지 전문직 가치

전문직 가치란 직업이 사회의 전문직으로 인정받는 과정에서 그들만의 독특한 실천 활동과 관련하여 요구되는 가치로 전문직 활동의 평가와 책임 소재의 근거가 된다. 레비(Levy, 1973)가 말하는 사회복지 전문직의 가치를 범주별로 나누어 살펴보면 다음과 같다.

① 사람 우선

전문직 수행의 대상인 사람 자체에 대해 전문직이 갖추어야 할 가치로 클라이언트를 개별화된 인간으로 보고 능력을 인정해 주며, 그에 따라 권한을 인정해 주는 가치로 인간을 존엄하고 고귀한 존재로 인정해 주는 것을 말한다. 그 예로 인간의 타고난 가치와 존엄성에 대한 믿음, 건설적인 변화 의지와 능력에 대한 믿음, 상호적 책임, 소속의 욕구, 개별성에 대한 인정, 인간의 공통된 욕구 인정 등이 필요하다.

② 결과 우선

인간이 인간답게 살 수 있게 하고, 삶의 질을 높이는 결과를 가져오게 하는 것에 의미를 두는 개념이다. 즉, 인간에게 바람직한 결과가 무엇인지를 알려주는 가치로 서비스 제공 이후 바람직한 성취를 이루기 위해 필요한 가치로서 부적절한 교육과 주택문제 등 사회적 문제 제거, 평등한 기회부여와 차별 금지 등이 필요하다.

③ 수단 우선

서비스를 수행하는 방법과 수단, 도구에 대한 가치적 측면에서 사람이 우선인 가치를 실현하는 방법이 되어야 하고, 인간을 존중하고 존엄성을 인정하여 다루어야 한다는 개념이다. 이를 통해 자기결정권을 존중하고 비심판적인 태도를 유지할 수 있다.

▼ 표 3-1 레비의 사회복지 전문직 가치

분류	개념	내용	가치의 예
사람 우선	인간에 대한 바람직한 생각	사람 자체에 대해 전문직이 갖추어야 할 가치	인간의 타고난 가치와 존엄성에 대한 믿음, 건설적인 변화 의지와 능력에 대한 믿음, 상호적 책임, 소속의 욕구, 개별성에 대한 인정, 일반적인 인간적 욕구 등
결과 우선	인간을 위한 바람직한 결과	인간에게 바람직한 결과가 무엇인지를 알려주는 가치	인간의 기본 욕구 충족, 부적절한 교육과 주택문제 등 사회적 문제 제거, 평등한 기회 부여와 차별 금지 등
수단 우선	인간을 다루는 바람직한 도구	서비스를 수행하는 방법과 수단, 도구에 대한 가치	자기결정권 존중, 비심판적인 태도 유지 등

출처: 생각의마을(2020). 사회복지실천론. p. 48. 재구성.

2) 사회복지와 윤리

윤리란 옳고 그름에 대한 도덕적 원칙과 인식의 체계로서 개인, 집단, 전문직 또는 문화에 의해 실천되는 행동원리를 말한다. 즉, 어떤 행동의 유형이 적절하고 부적절한지를 규정짓는 규칙으로 판단의 기준이 된다. 그러므로 윤리는 '행동화된 가치'로서 가치가 행동으로 표현되었을 때 그 행동의 옳고 그름을 판단하는 기준이 된다. 윤리란 '무엇이 맞고 옳은가'에 관심을 갖는 것으로 사회복지 가치에서 사회복지실천의 원칙이 나오기 때문에 가치와 윤리는 조화를 이루어야 한다.

▼ 표 3-2 가치와 윤리의 관계

가치	윤리
• 믿음, 신념, 선호하는 것 • 어떤 것이 바람직한가, 그렇지 않은가 구분	• 행동에 대한 판단 • 어떤 것이 옳고 그른가의 구분

(1) 사회복지실천과 윤리

사회복지실천 현장에서 윤리는 사회복지사의 복잡한 업무 영역에서 직면할 수 있는 다양한 윤리적 쟁점에 대하여 올바른 판단을 내릴 수 있도록 도와주는 준거틀이 된다. 즉, 사회복지 전문직에게 무엇이 윤리적으로 올바른 실천 방법인지 인식할 수 있게 도와주며, 전문적인 실천 상황에서 발생할 수 있는 윤리적 측면과 관련된 올바른 실천 행위를 결정하고 행동에 옮길 수 있도록 도와주는 지침서가 된다.

(2) 사회복지실천 윤리의 기능과 필요성

사회복지실천 현장에서 윤리는 전문직을 보호하는 기능을 갖는다. 사회복지사가 올바른 행동을 했는지 스스로 판단하게 함으로써 자기규제가 가능하고 이를 통해 사회복지 전문직의 전문성을 확보하고 외부로부터 전문직을 보호할 수 있다. 또한 취약계층 대상의 실천 과정에서 윤리적 실천을 하게 함으로써 클라이언트의 권리를 보호할 수 있다. 이러한 윤리는 전문가, 클라이언트, 사회 속에서 공통점과 차이점을 확인하고 서로 다른 가치관의 관계를 정립하기 위해서도 필요하다.

(3) 윤리적 결정을 위한 철학적 근거

① 윤리적 절대주의

도덕적 가치판단의 보편적 원리로 어떤 행위의 옳고 그름을 말해 주는 보편적, 절대적, 객관적 법칙이 존재한다고 보는 관점이다. 이는 정해진 고정불변의 도덕률을 강조하는 것으로 선과 악, 옳고 그름을 판단하는 것으로 그 행위의 결과와는 별개로 판단한다.

② 윤리적 상대주의

어떤 행위가 도덕적으로 옳고 그른지에 대한 판단은 사회에 따라 다양하다고 보는 관점이다. 모든 시대와 사람에게 적용될 수 있는 절대적이고 보편적인 도덕률은 결코 존재할 수 없으며, 어떤 개인이 특정한 방식으로 행동하는 것이 올바른 것인가 아닌가에 대한 판단은 그 사람이 속해 있는 사회에 따라 전반적으로 달라진다고 보는 입장이다. 즉, 절대적인 것은 없고 상대적인 중요도에 따라 판단이 달라진다.

3) 사회복지실천과 윤리적 갈등

사회복지실천에서 윤리적 갈등이란 사회복지사가 전문가로서 지켜야 하는 윤리적 의무들이 서로 충돌하여 어떻게 행동해야 하는지 윤리적으로 올바른 것을 판단하기 힘든 상태를 말한다. 사회복지사가 전문직 가치에 맞는 행동을 하다 보면 어떤 측면에서는 가치와 윤리가 상충하는 갈등이 발생할 수 있다. 이런 경우 원칙들이 모순되거나 충돌하는 상황이 발생하기 때문에 어떤 결정을 내려야 바람직한 것인지 윤리적 갈등 상황에 놓이게 된다.

4) 윤리적 갈등 상황

윤리적 갈등이 발생하는 상황과 유형은 다양하며, 이를 윤리적 딜레마라고 하는데 그 내용을 살펴보면 다음과 같다.

(1) 가치 상충

사회복지 서비스의 진행 시 두 개 또는 그 이상의 대립적 가치 혹은 경쟁적 가치에 직면할 때 어떤 가치를 우선 선택해야 할지 결정하지 못하여 겪게 되는 갈등을 말한다. 이 상황에서는 윤리적 문제, 가치, 전문가의 가치와 개인적 가치, 클라이언트의 가치 상충으로 인한 윤리적 갈등이 가장 빈번히 발생할 수 있다.

그 예로 클라이언트의 자기결정권과 인간의 생명보호라는 가치 사이에서 전문가는 우선순위를 결정해야 하는 상황이 연출될 수 있다. 또한 보호시설 입소를 원하지 않는 클라이언트에게 입소가 도움이 된다고 여겨서 입소를 권하는 사회복지사 간에 자기결정권 존중의 가치와 온정주의적 가치가 상충되기도 한다.

학습 TIP 온정주의

온정주의(paternalism)란 자유와 자율성을 억압당하는 사람의 복지, 행복, 욕구, 이익, 가치 등을 위해 그 개인의 자유로운 행위에 대해 간섭하는 것을 정당화하는 것을 말한다. 예로 클라이언트가 자해하는 것을 막기 위해 사회복지사는 클라이언트의 자기결정권을 제한할 수 있다.

(2) 의무 상충

사회복지사가 자신이 속한 기관에서 지켜야 할 의무와 클라이언트에 대해 지켜야 할 의무 사이에서 겪게 되는 윤리적 갈등을 말한다. 그 예로 구청의 재정지원을 받는 지역사회복지관의 사회복지사가 주민들로부터 반대운동에 협조요청을 받을 경우 주민을 위해 구청에 대항해야 할지, 재정지원을 계속 받기 위해 주민의 협조 요청을 거절해야 할지 두 가지 의무 사이에서 윤리적 갈등을 겪게 된다.

(3) 클라이언트체계의 다중성

클라이언트가 여럿일 경우 누구를 클라이언트로 보고 이익을 고려해야 하는지 판단하기 어려워서 겪게 되는 윤리적 갈등을 말한다. 누구를 우선시하는가는 개입의 우선순위와 내용에 중요한 영향을 미치고, 특정 클라이언트를 위한 선택이 다른 클라이언트에게는 부정적 결과를 초래할 수도 있으므로 윤리적 갈등이 발생한다. 그 예로 아동학대, 부부폭력, 남편의 정신질환 등 다양하고 복합적인 문제를 가진 가족에게 개입하는 경우 누구를 우선시하여 개입할 때 가장 효율적일 것인가를 고민하게 된다.

(4) 결과의 모호성

사회복지사가 내린 결정의 결과가 불투명할 경우 어떤 결정을 내려야 할지 갈등하게 된다. 그 예로 부모의 경제적 이유로 아이를 해외 입양을 보내는 것이 아이를 위해 최선의 결정인지 확신할 수 없어서 의사결정을 선뜻 내리지 못하는 경우가 있을 수 있다.

(5) 힘 또는 권력의 불균형

사회복지 서비스 현장에서 파트너십을 발휘한다고 해도 사회복지사와 클라이언트의 관계가 권력적으로 평등하지 않기 때문에 생기는 윤리적 갈등을 말한다. 클라이언트는 도움을 받는 입장이고 사회복지사는 전문가로서 도움을 주는 입장이기 때문에 클라이언트는 전문가에게 의존하기 쉽기 때문에 발생하는 갈등이다. 그 예로 문제해결능력이 부족한 아동이 자신의 결정과 선택을 사회복지사에게 의존함으로써 클라이언트는 자기결정권을 포기하는 경우가 발생한다.

5) 윤리적 갈등상황의 조정

윤리적 갈등상황 발생 시 체계적이고 조직화된 사고의 단계와 절차를 밟아 나가는 과정과 그러한 의사결정과정을 통해 사회복지사가 고려해야 할 내용이 모두 필요하다. 이를 위한 로웬버그와 돌고프, 해링턴의 이론을 중심으로 살펴보면 다음과 같다(Dolgoff, Loewenberg & Harrington, 2005; 오정수 외, 2022).

(1) 과정: 윤리적 의사결정모델

로웬버그와 돌고프, 해링턴은 사회복지 혹은 윤리적 의사결정에서만 사용되는 것이 아니라 일반적인 의사결정과정에도 적용할 수 있는 일반모델을 제시하였다. 이러한 측면에서 일반결정모델이라고도 부른다. 어떤 행위를 선택할 것인가에 대한 결정과 결정된 행위의 실행에 대한 검토와 결과에 대한 평가, 추가적 문제까지 확인한다는 측면에서 의미 있고 유용하다.

윤리적 딜레마에 대처할 때 초기 단계에 적용할 절차로서 이용자뿐만 아니라 이용자의 지지 체계와 관련 전문가의 윤리적 관점, 의사결정 참여자의 가치를 고려할 수 있는 모델로 1단계부터 11단계까지 차례로 적용하는 단계별 접근방법은 다음과 같다.

- 1단계: 무엇이 문제인지, 문제를 야기하는 요인은 무엇인지 확인
- 2단계: 누가 클라이언트이고 피해자인지, 지지체계와 다른 전문가 등 해당 문제에 관련된 사람과 단체는 누구인지 확인
- 3단계: 사회적 가치, 전문가로서의 가치, 클라이언트와 사회복지사의 개인적 가치 등 2단계에서 확인된 다양한 주체들이 주어진 문제와 관련해서 어떤 가치를 가지고 있는지 확인
- 4단계: 주어진 문제를 해결하거나 최소한 문제의 정도를 경감시킬 수 있는 개입목표를 명확히 함
- 5단계: 개입수단과 개입대상을 하나하나 분명하게 확인
- 6단계: 확정된 목표에 따라 설정된 각각의 개입 방안의 효과성과 효율성 평가
- 7단계: 누가 의사결정에 참여할 것인가 결정
- 8단계: 가장 적절한 개입방법 선택
- 9단계: 선택된 개입방법 수행
- 10단계: 선택된 개입방법이 수행되는 것을 검토하며, 예상하지 않았던 결과가 나타나는지 주의를 기울임
- 11단계: 결과를 평가하고 추가적인 문제들이 무엇인지 확인

(2) 내용 1: 윤리 사정 심사(Ethical Assessment Screen; EAS)

의사결정을 해나가는 과정 속에서 고려해야 할 구체적 내용으로 윤리적 갈등 상황에서 사회복지사가 바람직한 실천 활동을 결정하는 과정에서 윤리적 측면들을 명료하게 하기 위한 것으로 사회복지사가 고려해야 할 윤리적 측면은 다음과 같다.

① 직면해 있는 윤리적 갈등과 관련되는 개인적 가치 확인
② 윤리적 결정에 관련된 사회적 가치 확인
③ 관련된 전문적 가치와 윤리 확인

④ 선택할 수 있는 윤리적 대안들 확인
⑤ 어떤 윤리적 행동들이 다른 사람의 권리와 복지뿐만 아니라 클라이언트의 권리와 복지를 최대한 보호해 줄 수 있는가?
⑥ 어떤 윤리적 행위의 대안이 사회의 권리와 이해를 최대한 보호할 것인가?
⑦ 위의 ①, ②, ③번 사이의 갈등을 줄이기 위해 무엇을 할 수 있는가? 또한 ⑤, ⑥번 사이의 갈등을 줄이기 위해 무엇을 할 수 있는가?
⑧ 어떤 대안적 행동이 최소 손실(=해악)의 원칙을 지킬 수 있는가?
⑨ 각각의 행위의 대안들은 어느 정도 효율적이며 윤리적인가?
⑩ 대안적 행동이 가지고 있는 단기 혹은 장기적 윤리의 결과들을 모두 고려하여 비교하고 평가해 보았는가?

(3) 내용 2: 윤리 규칙 심사(Ethical Rules Screen; ERS)

윤리 규칙 심사는 상충적 윤리원칙의 우선순위를 판단하는 방법으로 윤리원칙 심사 이전에 우선적으로 수행된다. 즉, 윤리적 갈등 상황에서 윤리 규칙 심사과정을 거쳤는데도 만족할 만한 결과가 나오지 않을 때 윤리 원칙 심사로 넘이긴다.

① 윤리강령을 검토하고, 어떤 기준들이 적용되는지를 결정한다. 이러한 윤리강령은 사회복지사의 개인적 가치보다 우선한다.
② 적용 가능한 한두 가지 윤리강령이 있다면 윤리강령을 따른다.
③ 특정 문제에 대해 윤리강령이 적용되지 않거나 여러 개의 강령 기준들이 상충되는 지침들을 제공하는 경우 윤리 원칙 심사를 적용한다.

(4) 내용 3: 윤리원칙 심사(윤리원칙 준거틀=Ethical Principles Screen; EPS)

윤리적 원칙 준거는 윤리적 갈등 상황에서 어떤 원칙이나 의무를 우선적으로 적용해야 하는지 결정할 수 있도록 원칙을 제시한 것으로 특정 문제에 대해 윤리강령 등으로 해결되지 않는 경우 최후의 수단으로 고려된다. 이 원칙은 순서가 있으므로 여러 원칙이 충돌하는 경우 상위의 원칙을 가장 먼저 적용한다. 로웬버그와 돌고프가 제시한 윤리원칙은 다음과 같다.

▼ 표 3-3 로웬버그(Loewenberg)와 돌고프(Dolgoff)의 윤리원칙 심사표

유형	원칙	내용
윤리원칙 1	생명보호	인간의 생명보호가 다른 모든 것에 우선
윤리원칙 2	평등과 불평등	관계가 동등한 사람은 평등하게 대우받아야 하며, 동등하지 않은 관계 자체로 인해 문제가 발생한다면 불평등하게 처우 받아야 함
윤리원칙 3	자율과 자유	개인의 자율성과 자유를 존중하고 결정을 내려야 하지만 개인의 자율성과 자유도 자신이나 타인의 생명을 위협하는 경우에는 허용되지 않음
윤리원칙 4	최소 손실	손실이 초래될 가능성이 높은 선택에서 손실이 발생하더라도 손실이 최소화되거나 쉽게 회복될 수 있는 것을 선택
윤리원칙 5	삶의 질	인간의 삶의 질을 더 향상시키는 기회를 선택
윤리원칙 6	사생활 보호와 비밀보장	클라이언트의 사생활을 보호하고, 클라이언트에 대해서 알게 된 사실을 다른 사람에게 공개해서는 안 됨
윤리원칙 7	진실성과 정보공개	클라이언트 및 관련자에게 오직 진실만을 이야기하며 관련 정보를 충분히 공개해야 함

출처: 생각의마을. 사회복지실천론. 2020. p. 61. 재구성.

3. 사회복지의 이념

1) 인도주의와 박애사상

인도주의(humanitarianism)는 모든 인간은 동등한 자격을 갖추고 있다는 것을 전제하는 가치로 인류의 공존을 도모하고 복지실현을 위해 기본적으로 갖는 가치관이다. 또한 박애사상(philanthropy)은 모든 사람은 차별 없이 사랑받아야 한다는 것을 전제하는 가치로 인간의 인격과 인간성을 존중하고, 평등사상에 입각하여 인종, 종교, 관습, 국적 등을 초월하여 인간애를 발휘하고자 하는 가치관을 말한다.

인도주의와 박애사상은 타인을 위해 봉사 정신의 실천으로 자선조직협회(COS)를 통해 취약계층에게 인도주의적 서비스를 제공하는 데 영향을 주었고, 우애방문원 활동의 기본이 되었다.

2) 사회진화론

사회진화론은 영국의 철학자 스펜서(Herbert Spencer)가 다윈의 자연도태와 적자생존을 토대로 하는 생물학적 진화론을 사회에 적용하여 사회발전을 설명한 이론이다. 사회에는 자연적 진화 과정이 존재하므로 특별한 개입 없이도 상대적으로 위치가 낮은 사람들의 생활방식은 도태된다는 것이다(생각의마을, 2020).

사회발전 및 사회변동을 설명하는 19세기 이론 중 하나인 사회진화론은 사회적합계층은 살아남고, 사회 부적합 계층은 자연히 소멸된다고 보는 관점이다. 그 예로 빈부격차의 심화는 사회진화 과정에서 불가피한 것으로 부자는 우월해서 부유층으로 살아남지만 빈민은 열등해서 가난하게 살 수밖에 없다고 보는 것이다.

이처럼 진화론자들은 자선조직협회의 우애방문원이 빈민층을 방문하여 빈곤과 고통의 원인이 도덕성의 결여 때문이라고 하면서 도덕성 향상만이 빈곤과 고통에서 벗어나는 방법이라고 강요하면서 그에 따르도록 하였다. 이 과정에서 빈민층은 사회적합계층에게 위협적이거나 방해되지 않는 존재로 남아 있도록 하면서 빈민이 사회주류 계층에 방해가 되지 않는 상태로 남아 있도록 하는 등 사회통제적인 활동을 하였다.

이러한 사회통제적 활동을 통하여 의존자, 빈민, 환자 등 도움이 필요한 사람들이 사회불안세력을 형성하지 않도록 최소한의 도움을 주면서 현재 있는 '자신의 위치'에 머무르면서 도덕성을 따르도록 권고한 것이다.

3) 민주주의

민주주의의 기본은 모든 인간은 평등하고 자신이 삶의 주인이 된다고 하는 이념이다. 이를 통해 빈곤층의 가치를 인정한 인보관운동은 사회개혁을 주장하게 되었고 시민의식의 확산으로 사회복지 실천에도 '공급자(worker)' 중심에서 '소비자(consumer)' 중심의 서비스로 전환하는 계기가 되었다.

민주주의의 영향으로 무조건적으로 서비스를 제공하는 것이 아니라 클라이언트에게 서비스 수혜 여부를 결정할 수 있도록 대상자의 서비스 선택권을 강조하였고, 클라이언트에 대한 '선택적 봉사'가 강화되었다. 또한 빈곤에 대한 관점에 있어서도 개인의 결함이나 책임이 아니라 사회의 책임 영역을 인정하는 계기가 되었다.

이러한 민주주의는 클라이언트의 자기결정권, 클라이언트 중심 서비스, 클라이언트에 대한 선택적 봉사, 빈곤에 대한 사회적 책임 중시, 서비스 이용자의 정책 결정 참여, 서비스 제공자와 소비자의 동등한 관계형성 등을 강조한다.

4) 개인주의

개인주의는 개인의 존엄, 가치, 권리 등을 중요시하는 것으로 국가나 사회보다 개인을 중요시하고 개인을 기초로 하여 모든 것을 규정한다. 개인의 자유와 권리를 중요시하므로 클라이언트의 개인적 특성을 존중하는 '개별화의 원리'를 중요시하였다.

이러한 개인주의는 사회복지실천 영역에서 '개인 권리의 존중', '수혜자격 축소'를 가져왔다. 개인의 자유와 권리를 중요시하는 만큼 의무와 책임도 중요시했기 때문이다. 그러므로 빈곤에 있어서도 개인의 책임이 있다는 입장에서 '최소한의 수혜자격' 원칙에 따라 엄격한 자격요건을 제시하면서 최소한의 서비스만 제공하게 된 것이다.

5) 다원주의

다원주의란 유일하거나 절대적인 관점이나 가치관에 따라 어떤 일을 주장하는 것이 아니라 여러 가지 관점과 가치관을 인정하고 각각의 관점과 가치관에 따른 다양한 주장을 받아들이는 것을 말한다. 오늘날 다양화된 사회 속에서 윤리, 관심, 문화, 신념, 종교의 다양성을 존중하는 것은 현대 민주주의의 중요한 원칙 중 하나라고 할 수 있다. 이러한 측면에서 다원주의는 다양한 계층과 문화, 다양한 문제를 인정하는 계기가 되었으며 역량강화를 논의하게 하는 요인이 되고 있다.

사회복지 실천 현장에서도 다양한 계층에 대한 수용, 다양한 문제 및 접근방법에 대한 개방적 입장에서 새로운 경향이 지속적으로 발생하고 있기에 다양한 계층과 문제의 인정에 있어서 폭넓은 수용성이 필요하게 된 것이다. 그 예로 우리나라도 다문화사회와 다양한 소수계층이 등장하면서 사회복지 서비스에 있어서도 문화적 다양성에 따른 실천이 확대되고 있는 것을 볼 수 있다.

▼ 표 3-4 사회복지실천에 영향을 미친 이념

이념	사회복지에 미친 영향
인도주의, 박애사상	• 자선조직협회의 인도주의적 서비스 제공 • '타인을 위한 봉사 정신' • 취약계층에게 인도주의적 서비스 제공
사회진화론	• 자선조직협회의 사회통제적 활동 • 중산층 기독교 우애방문원을 통해 도덕성 강조 • 사회 주류 계층에 방해가 되지 않는 상태로 남아 있도록 함
민주주의	• '공급자' 중심에서 '소비자' 중심 서비스로 전환하면서 동등한 관계 강조 • 클라이언트의 자기결정권 강조 • 인보관운동: 빈곤층의 가치 인정, 사회개혁적 활동 실시 • 클라이언트의 서비스 선택권 강조[수혜자(client) → 소비자(consumer)] • 빈곤에 대한 사회적 책임 중시 • 서비스 이용자의 정책결정 참여 중시
개인주의	• 개인의 권리 존중, 개별화 강조 • 수혜자격 축소(최소한의 수혜자격 부여) • 빈곤의 원인과 책임은 개인의 몫
다원주의	• 다양한 계층, 다양한 문제의 인정 • 열린 가능성 • 역량강화 논의의 기폭제

출처: 생각의마을(2020). 사회복지실천론. 공동체. p. 25. 재구성.

핵심 용어

자선조직협회, 인보관운동, 가치, 윤리, 윤리원칙, 온정주의, 윤리적 딜레마

학습 실천과제

- 사회복지 서비스에서 가치가 왜 중요한지 토론해 봅시다.
- 사회복지 서비스에서 윤리가 왜 중요한지 논의해 봅시다.
- 윤리적 갈등상황에서 사회복지사의 가치는 왜 중요한지 기술해 봅시다.

CHAPTER 03 학 습 문 제

01 레비(C. Levy)가 제시한 사회복지전문직의 가치 중 수단에 대한 가치에 해당하는 것은 무엇입니까?

① 집단의 욕구
② 건설적 변화에 대한 욕구
③ 자기결정권 존중
④ 상호책임감
⑤ 인간만이 가진 욕구

정답 ③

해설

레비가 제시한 수단에 관한 가치는 서비스를 수행하는 방법과 수단, 도구에 대한 가치로써 사람 우선 가치를 실현하는 방법에 해당함

02 장애인복지관의 사회복지사에게 사회복지사의 이모가 지적장애를 가진 자신의 딸을 클라이언트로 선정해 개입해 줄 것을 요청했다. 이때 발생할 수 있는 윤리적 쟁점은 무엇입니까?

① 진실성 고수
② 전문적 관계 유지
③ 클라이언트의 알 권리
④ 규칙과 정책 준수
⑤ 제한된 자원의 공정한 분배

정답 ②

해설

서비스 제공시 사회복지사는 클라이언트와 이중관계가 형성될 수 있으나 전문적 관계유지를 위해 이중관계의 경우 타 사회복지사나 타 기관에 의뢰하는 것도 방법이 될 수 있다.

03 보호시설 입소를 원하지 않는 클라이언트와 시설 입소가 클라이언트에게 도움이 된다고 여기는 사회복지사 간에 상충되는 가치의 연결로 바른 것은 무엇입니까?

① 자기결정-사생활 보호
② 비밀보장-진실성 고수
③ 자기결정-온정주의
④ 사생활보호-평등주의
⑤ 진실성 고수-온정주의

정답 ③

해설

보호시설에 입소를 원하지 않는 클라이언트의 결정을 존중하는 것은 클라이언트의 자기결정권을 인정하는 것이다. 시설 입소가 클라이언트에게 도움이 될 것이라는 사회복지사의 결정은 온정주의이다. 이처럼 온정주의는 클라이언트의 자기결정권의 가치와 자주 상충된다.

04 윤리의 특징으로 옳은 것은 무엇입니까?

ㄱ. '옳다', '그르다'에 대한 판단	ㄴ. 행동화된 가치
ㄷ. 가치에서 나옴	ㄹ. 바람직한 것에 대한 신념

① ㄱ, ㄴ, ㄷ
② ㄱ, ㄷ, ㄹ
③ ㄴ, ㄹ
④ ㄱ, ㄴ, ㄷ, ㄹ
⑤ ㄹ

정답 ①

해설

윤리는 '옳다', '그르다'에 대한 판단으로 가치가 행동화된 것을 말한다. 또한 가치에서 윤리가 나온다. 그러나 바람직한 것에 대한 신념은 가치를 말한다.

05 로웬버그와 돌고프가 제시한 윤리적 의사결정의 우선순위를 순서대로 바르게 나열하시오.

정답

생명보호의 원칙 - 평등과 불평등의 원칙 - 자율과 자유의 원칙 - 최소 손실(해악)의 원칙 - 삶의 질 원칙 - 사생활 보호와 비밀보장의 원칙 - 진실성과 정보공개의 원칙

CHAPTER 04

사회복지와 인권

학/습/목/표

- 인권의 개념, 유형, 발전단계에 대해 이해할 수 있다.
- 인권의 사회복지적 개념, 가치 유형, 사회권에 대해 이해할 수 있다.
- 인권과 사회복지의 관계, 인권기반 사회복지실천, 인권적 사회복지 가치에 대해 이해할 수 있다.

1. 인권의 정의

1) 인권의 이해

(1) 인권의 개념

인권 또는 인간의 권리란 인간이기 때문에 당연히 갖는 권리를 말한다. 인권은 인권사상을 바탕으로 하여 인간이 인간이기 때문에 당연히 누리는 인간의 생래적·천부적 권리를 의미한다. 인권은 단순히 사람이 사람이기 때문에 갖는 권리를 뜻하므로 모든 사람은 시민으로서, 가족구성원으로서, 노동자로서, 또는 어떤 결사나 조직의 구성원으로서 어떤 권리와 의무를 가지느냐와 상관없이 인권을 누린다(국가인권위원회 홈페이지).

만일 모든 사람이 사람이라는 이유만으로 인권을 갖는 것이라면 인권은 모든 사람에게 평등하게 주어진다. 그리고 사람이라는 사실을 폐기할 수도, 잃어버릴 수도, 몰수할 수도 없기 때문에 인권은 양도가 불가능한 것이다(Donnelly, 박성원 옮김, 2002). 즉, 인권은 특정인의 권리가 아닌 누구나 당연히 갖고 있는 보편적 권리이기 때문에 아무런 조건 없이 모든 인간에게 적용된다.

프랑스 혁명의 '인간의 권리선언' 중에서도 인권 개념을 설명하고 있다. 제1조에서 "인간은 권리로서 자유롭고 평등하게 태어나며 생존한다"고 했고, 제16조에서는 "인권보장과 권력분립이 되어 있지 않은 국가는 헌법이 있다고 할 수 없다"고 되어 있다(고명석, 2019). 국가인권위원회법 제2조 제1호는 인권을 "헌법 및 법률에서 보장하거나 대한민국이 가입·비준한 국제인권조약 및 국제관습법에서 인정하는 인간으로서의 존엄과 가치 및 자유와 권리"라고 정의하고 있다(국가인권위원회 홈페이지). 세계인권선언에 의거하면, "모든 인간이 태어날 때부터 자유롭고 존엄성과 권리에 있어 평등하다"라고 제1조에 명시되어 있다. 또한 우리나라 헌법 제10조에서도 "모든 국민은 인간으로서의 존엄과 가치를 가지며 행복을 추구할 권리가 있다"고 인권을 정의하고 있다(법제처 홈페이지).

(2) 인권 용어

인권(人權)이라는 용어는 프랑스 혁명에서 공포된 '인간과 시민의 권리선언'에서 사용된 프랑스어(droit de l'homme)를 토마스 페인(Thimas Paine)이 'Rights of Man(인간의 권리)'으로 영문 번역하였고 성차별 논란 이후 'Man'은 'Human'으로 바뀌게 되었다. 그리고 인간이 갖고 있는 권리는 하나가 아니라 다양하기 때문에 "Right"가 아닌 "Rights"로 표현된다(국가인권위원회, 2015).

엄밀한 의미에서 인권과 기본권은 동일한 개념이 아니다. 버지니아 권리장전과 프랑스 인권선언에서 인권 또는 인간의 권리로 표현된 것이 독일에서는 기본권(Grundrecht)이라는 말로 사용되고 있다. 그런데 각국의 헌법에서 보장하고 있는 기본권은 자유권적 기본권을 중심으로 하고 있을 뿐만 아니라 그 밖의 정치적·경제적·사회적 기본권 등도 인간의 권리와 보완관계에 있는 것이기 때문에 인권과 기본권을 동일시하여도 무방하다고 할 수 있다(권영성, 2010). 또한 시민권도 인권과 유사한 개념으로 사용되고 있는데, 시민권이란 국적과 영토를 기반으로 하는 특정 국가 구성원이 갖는 권리로서 보편적 특성을 갖고 있는 인권과는 분명하게 다른 개념이라고 할 수 있다(이재용, 2018).

(3) 인권 개념의 변화

인권은 시대와 사회적 여건에 따라 변화하는 역동적 개념으로, 현대사회의 인권을 "웰빙 패러다임(well-being paradigm)"으로 정의할 수 있는 반면 그 이전 사회의 인권은 "탄압 패러다임(repression paradigm)"으로 정의된다.

탄압 패러다임은 국가나 절대적 힘에 의해서 인간의 권리가 침해될 때 인권이 저항의 개념을 갖고 있었고 웰빙 패러다임은 국민이 필요한 것을 국가에 청구하는 권리로서 인권을 개념화할 수 있다(Galtung, 1994: 조효제, 2007 재인용).

학자들의 정의가 다양하고 시대와 사회에 따라 그 정의가 달라지지만 인권의 근본적인 개념은, "옳고 정당한 것을 요구할 수 있는 자격"으로 정리할 수 있으며 보편적으로 국제법, 국제규약 그리고 각국의 국내법에도 규정되어 반드시 지켜야 하는 규범적 의미로 사용되고 있다.

학습 TIP 인권의 정의

> 인권은 인간이기 때문에 당연히 누리는 생래적·천부적 권리이다.

2) 인권 가치의 유형

(1) 생명

모든 인권 가치의 근원이며 최우선 가치는 '생명'이다. 인권이란 인간의 권리이므로 생명이 보장되지 않는다면 인권도 의미를 가질 수 없기 때문이다. 세계인권선언 제3조에서 "모든 사람은 생명과 신체의 자유와 안전에 대한 권리를 가진다."고 규정하였고 UN에서도 인간의 생명을 위협하는 건강문제, 환경문제, 전쟁이나 폭력 등과 관련한 다양한 활동을 지속적으로 전개하고 있다(권중돈, 2012).

생명에 대한 권리는 자연법적인 권리로서 기본권 중의 기본권이지만 다양한 쟁점들이 논의되는 가치이기도 하다. 사형제도가 가장 많은 논란이 되고 있고 우리나라에서도 현재 존치하는 제도이기는 하나 UN에서 지속적으로 사형제도의 개선 내지 폐지를 요구하고 있는 상황이다.

(2) 존엄성

인권의 개념을 정의할 때 제일 먼저 거론되는 것이 '존엄성'의 가치이다. 인간의 존엄성 가치는 헌법의 기본 원리가 된다. 우리나라 헌법 제10조에서는 "모든 국민은 인간으로서의 존엄과 가치를 가지며, 행복을 추구할 권리를 가진다."고 규정하고 있다(법제처 홈페이지). 세계인권선언 제1조에서도 "모든 인간은 태어날 때부터 자유로우며 그 존엄과 권리에 있어 동등하다."라고 인간 존엄성에 대한 가치를 전제하고 있다(UN 홈페이지).

인간의 존엄성에 대한 가치는 산업혁명 이후의 빈부격차로 인한 갈등과 두 번에 걸친 세계대전 당시의 존엄성 파괴로 인해 심각하게 침해되었다. 결과적으로 존엄성 침해는 UN의 창설과 더불어 세계 각국의 헌법에서 인간 존엄성을 명문화하는 계기가 되었다.

(3) 자유

인권의 가치 중 생명 다음으로 소중한 가치로 여겨지는 것이 '자유'라고 할 수 있다. 인류의 역사를 자유를 쟁취하기 위한 투쟁의 역사라고도 할 만큼 인류는 자유를 기본적인 소망으로 여겼다. 자유는 인간이 존엄하게 일상을 유지하고 자아를 실현함에 있어 필수적인 가치로서 인권이 탄압받고 침해받을 때 비로소 그 가치를 더욱 깨닫게 된다. 자유는 소극적 자유[1]와 적극적 자유[2]로 구분하여 설명되기도 하지만 모든 자유를 향유할 수 있어야 진정한 인권 가치를 가질 수 있다(Berlin, 1969).

세계인권선언에서도 자유는 매우 중요한 가치로 거론되고 있는데 제1조에는 "모든 인간은 태어날 때부터 자유로우며 그 존엄과 권리에 있어 동등하다."고 규정되어 있고, 제2조에서도 "이 선언에 규정된 모든 권리와 자유를 향유할 자격이 있다."고 되어 있다.

(4) 평등

인간은 누구나 다른 사람과 다른 존재이나 타인이 자신과 평등하다는 인식은 중요한 인권의 특성이다. 인권 개념에서 '평등'이란 누구나 동등한 기회를 갖는 상대적 평등을 의미하며 더 나아가 결과의 평등을 의미한다. 대부분 국

1) 소극적 자유란, 타인의 억압으로부터 벗어나는 것을 의미한다.
2) 적극적 자유란, 개인이 원하는 것을 적극적으로 행할 수 있는 자유를 의미한다.

가의 헌법에서 평등을 명문화하고 있으며 우리나라 헌법 제11조 제1항에서도 "모든 국민은 법 앞에서 평등하다"고 명시하고 있다(국가인권위원회 홈페이지).

또한 인권 개념에서 중요한 것은 차별 없는 평등의 원칙이며 세계인권선언 제2조에서도 "모든 사람은 인종, 피부색, 성, 언어, 종교, 정치적 또는 기타의 견해, 민족적 또는 사회적 출신, 재산, 출생 또는 기타의 신분과 같은 어떠한 종류의 차별이 없이, 이 선언에 규정된 모든 권리와 자유를 향유할 자격이 있다."고 규정되어 있다.

(5) 정의

'정의'란, 사회를 구성하고 유지하기 위해 사회 구성원들이 공정하고 올바른 상태를 추구해야 한다는 가치로서, 대부분의 법이 포함하는 이념이다. 정의는 비교적 현대에 와서 더욱 중요성이 강조되고 있으며 일반적으로 평등의 실현을 중심으로 하는 가치로도 여겨진다. 이러한 정의의 가치는 평균적 정의, 일반적 정의, 배분적 정의로 구분되기도 하는데, 첫째, 평균적 정의는 모든 사람이 동등한 대우를 받아야 한다는 가치이고, 둘째, 일반적 정의는 사회의 일원으로서 개인이 사회 때문에 져야 할 의무에 관한 것이며, 셋째, 배분적 정의는 각자가 개인의 능력이나 사회에 공헌·기여한 정도에 따라 다른 대우를 받아야 한다는 것을 의미한다(시사상식사전 홈페이지).

현대사회에서는 이러한 정의를 실현하기 위해 법이 존재한다고 볼 수 있으며 인권에서 정의의 가치는 1776년의 버지니아주 권리장전(The Virginia Bill of Right)에서부터 두드러지게 부각되기 시작하였다. 버지니아주 권리장전 제15조에 의하면 "어떤 자유 정부나 자유의 축복도 정의, 절제, 검소함, 미덕에 대한 확고한 고착과 기본 원칙에 대한 빈번한 반복에 의해서만 보존될 수 있다."고 규정하고 있다(주한 미국 대사관 및 영사관 홈페이지).

(6) 사회적 연대

연대책임은 인간의 아픔과 고통을 이해하고 감정을 이입하는 것으로부터 시작된다. 이러한 과정을 통해 아픔과 고통의 원인을 파악하고 그것에 대한 입장을 위하는 것을 의미한다. 당초 연대란 주로 혈족 관계나 공통된 이해관계를 기반으로 하는 사람들 간에 형성되는 관계를 의미하였다. 그러나 사회가 복잡해지면서, 연대는 혈족이나 이익공동체의 상징에서 벗어나 '사회적 연대'라는 의미로 발전하게 되었다. 사전적으로 "여럿이 함께 무엇을 하거나 책임진다."는 의미이며 오늘날 연대는 적극적인 사회적 인권 개념으로 부상하여 빈곤, 질병, 환경파괴, 방임, 폭력 등으로 발생하는 모든 문제와 관련된다(Zoll, 2008).

연대책임을 인식한 이후 사회적 책임으로 행동화되는데, '사회적 책임'이란 고통받는 이로 인해 희생된 사람들을 대표하여 실천하는 활동을 말한다. 결과적으로 자신이 가지고 있는 자원을 고통받는 타인을 위해 공유하고 지원하도록 원조하는 행위로 사회적 책임을 정리할 수 있다.

학습 TIP 인권가치의 유형

> 인권가치의 유형은 생명, 존엄성, 자유, 평등, 정의, 사회적 연대 등으로 정리할 수 있다.

3) 인권의 발전단계

(1) 인권의 역사

① 현대 이전의 인권

현대 이전에는 신에 의해 인간에게 부여된 권리를 인권으로 여겼으나, 1215년 영국의 대헌장(Magna Carta)을 시작으로 실질적인 인권의 역사가 시작되었다. 대헌장은 왕권에 대한 귀족의 권리를 확인하는 것을 주요한 내용으로 하고 있으나 최초의 인권문서이자 '압제에 항거하는 상징과 구호'로서 의미를 가진다. 이후 1628년 영국의 권리청원, 1679년 인신보호법, 1689년 권리장전 등의 인권문서를 통해 근대 국가의 헌법에 인권이 성문화되기 시작하였다. 권리청원은 1628년 영국의 찰스 1세 시대의 인권문서로서 하원이 국왕에게 청원의 형식으로 권리를 선언한 것이다. 주권이 국왕으로부터 국회로 옮겨지는 첫 사건으로도 의미가 크나 1629년 찰스 1세는 권리청원을 무시하고 의회를 해산하였다. 인신보호법은 인신보호령 혹은 인신보호율이라고도 칭하는데, 1679년에 부당한 구금을 방지하기 위해 제정된 것이다. 권리장전은 영국의 국민과 의회가 스튜어트 왕가(제임스 2세)와 오랫동안 투쟁한 결과로서 1689년에 비로소 국민의 권리와 자유를 재차 확인한 것이며 윌리엄 3세와 메리 2세의 왕위계승에 대해 의회가 조건을 제시한 조항들을 구체화한 문서이다(고명석, 2019).

한편 미국에서 가장 큰 식민지였던 버지니아주에서 1776년에 시민의 천부인권을 선언한 '버지니아 권리장전'이 채택되었고 이후 프랑스에서도 1789년 혁명 당시 '인간과 시민의 권리(프랑스 인권선언)'가 공포되었다. 프랑스 인권선언은 문서를 작성한 부르주아 계급의 이익을 반영했다는 한계가 있었음에도 불구하고 국회에 의해 인간이 누려야 할 권리가 선언되었고 프랑스 헌법의 근간이 되었다는 데 의의가 크다.

② 현대의 인권

현대를 규정하는 기준은 국가별로 다소 차이가 있음에도 불구하고 인권의 역사에 있어서 가장 중요한 기준은 제1차, 제2차 세계대전으로 볼 수 있다. 제1차 세계대전(1914~1918년) 이후 국제연맹(League of Nations)과 국제노동기구(ILO)가 창설되었고 제2차 세계대전(1939~1945년) 이후 국제연합(United Nations)을 창설하고 1948년에 세계인권선언을 채택하였다. 세계인권선언은 현대적 인권 개념의 출발로서 의미가 중요하며 안전, 적정절차, 정치적 참여, 평등, 경제적·사회적 권리 등을 주요한 내용으로 하고 있다. 이후 1966년에 '경제적·사회적 및 문화적 권리에 관한 국제규약'과 '시민적·정치적 권리에 관한 국제규약'이 발표되었으며 이후 다양한 인권법들이 제정되었다. UN은 1968년 테헤란 국제인권회의, 1993년 비엔나 세계인권회의, 2001년 테헤란 인종차별철폐회의 등의 국제인권회의를 개최함으로써 전 세계적인 인권문제를 해결하기 위한 국제협력의 장을 마련해 왔다.

21세기에 접어들면서 '인권의 시대'라고 지칭될 만큼 인권은 세계적 관심과 삶의 주류가 되었다. 각국의 인권이 발전하면서 2008년 미국에서는 최초의 흑인 대통령(버락 오바마)이 선출되었고 2010년 튀니지에서는 재스민 혁명[3]이 발발하면서 아프리카 대륙의 민주화 확산으로 이어지는 등 세계적으로 큰 변화를 겪게 되었다(한희원, 2012).

(2) 인권의 발달

① 1세대 인권

현대의 인권 개념은 근대 국가가 건립되는 17~18세기에 생겨났고 그 이후 인권의 발달은 3단계로 전개된다. 그중 첫 단계인 제1세대 인권은 '자유권', '시민권', 또는 '정치권'으로 불린다. 18세기 당시의 서구 사회는 자유주의적 정치철학의 영향과 계몽주의의 영향을 받았고 국가는 개인의 자유를 침해하지 말아야 하고 국가는 개인 자유에 관한 권리를 보호해야 한다고 규정하였다(Ife, 2001; Bobbio, 1996).

투표·집회·언론의 자유, 공정한 재판에 관한 권리, 고문·학대를 받지 않을 권리, 차별받지 않을 권리 등을 구체적 내용으로 들 수 있다.

제1세대 인권은 자유권을 중심으로 발전하였고 공권력으로부터 개인을 보호하는 것을 주로 강조하기 때문에 '소극적 권리'로 분류된다(UN, 2005).

3) 재스민 혁명(Jasmin Revolution)은 2010년 12월 북아프리카 튀니지에서 일어난 시민 혁명으로, 젊은이들을 중심으로 시작되어 23년간 부정부패와 인권 침해를 자행해 온 '벤 알리' 장기 독재 체제에 항거하는 전국적 시위로 발전하였다. 그 여파로 예멘의 '압둘라 살레' 대통령 퇴진 요구 운동이 일어났고 리비아에서는 '카다피' 정권이 붕괴되었다.

② 2세대 인권

2세대 인권은 자유주의를 강조한 제1세대 인권과는 달리 '사회권'의 시대라고 할 수 있다. 구체적으로는 사회권, 문화권, 경제권이 강조되었고 사회주의 또는 사회민주주의 발달과 관련되어 있다. 교육, 주거, 의료, 고용, 적정소득, 사회보장 등을 실현하기 위해 국가가 적극적인 역할을 하게 되었고 결과적으로 사회복지의 발전을 가져오게 되었다.

국가는 다양한 사회급여를 통해 인권의 실현이 실질적으로 보장되도록 노력해야 했고 이를 위해 자원을 집중적으로 투여하는 국가의 강력한 역할이 요구되었다. 따라서 제2세대 인권은 '적극적 권리'로 분류되었으나 여전히 인권에 대한 법적 보장은 취약한 상태였다(국가인권위원회, 2006).

③ 3세대 인권

18~19세기의 인권이 개인과 국가 간의 관계를 중심으로 한 것이었다면 20세기 이후의 3세대 인권은 집단을 중심으로 한 '연대권'으로 발달하였다. 개인에게 직접 적용된다기보다 지역사회와 국가와 관련된 내용으로, 경제개발과 성장에 대한 권리, 경제성장으로 인한 혜택, 사회적인 조화, 건강하고 깨끗한 환경 등과 관련되어 있다.

따라서 연대를 통해 지역사회의 권리보장, 국가와 공동체의 권리보장으로 발전하게 되었고 선진국 중심에서 벗어나 개발도상국이나 저개발국을 중심으로 지역사회개발의 측면으로 발전하였다. 여전히 3세대 인권을 보장하기 위한 국제조약이나 협정이 부족한 상황이지만 향후 전 세계적 연대 차원에서 인권을 보장하기 위한 다양한 노력들이 전개될 것으로 예상되고 있다(UN Center for Human Rights, 이혜원 옮김, 2005).

학습 TIP 인권의 발전단계

> 1세대 인권은 자유권의 시대, 2세대 인권은 평등권의 시대, 3세대 인권은 연대권의 시대로 정리할 수 있다.

2. 권리로서 사회복지

1) 인권의 사회복지적 개념

(1) 인권과 사회복지의 발달

인권은 서구에서 18세기에 인간의 생명과 자유에 대한 중요성이 대두되면서 비로소 개념화되었다. 그러나 산업혁명의 부작용으로 인해 도시화, 빈곤, 노동 착취 등의 심각한 사회문제가 발생하였고 사회 개혁가들뿐만 아니라 박애주의자와 자선가들의 주요 관심사로 다루어지게 되었다. 점차 전체 사회 구성원들이 사회문제에 대해 책임감을 느끼게 되었고 독일의 사회보험을 비롯한 서구 사회에서 사회문제를 책임지고자 하는 다양한 법률이 제정되었다(고명석, 2019).

인권 발달이 자유권에서 사회권으로 전개되는 과정에서 사회복지는 개인적 차원이 아니라 사회구조적 차원에서 문제를 해결해야 한다는 인식으로 발전되었다. 제1차 세계대전 직후 사회복지국제협의회, 사회사업대학국제위원회, 사회사업가국제사무국 등 국제적 사회복지 조직이 만들어졌고, 제2차 세계대전 이후 인권이 국제행동의 기준이 된 것을 계기로 사회복지 조직이 전 세계적으로 증가하였고 인권에 대한 교육이 사회복지 교육과정에 포함되었다.

(2) 인권 발달과 사회복지의 역할

인권이 발달해 가는 과정에서 국제적으로 사회복지가 해온 역할들을 살펴보면 다음과 같다.

미국 시카고에 헐하우스(Hull House)를 설립한 사회복지사 제인 애덤스(Jane Addams)는 헤이그 여성평화회의에 참석한 것을 계기로 종전을 강력하게 주장하여 1931년 노벨평화상을 수상하였다. 영국에서 세이브더칠드런(Save the Children)을 창립한 에글렌타인 젭(Eglantyne Jebb)은 '아동권리에 관한 제네바 선언'을 채택하는데 큰 공을 세웠다(양옥경, 2017). 1990년대 말 세계화의 영향으로 사회복지 개념이 재설정되었는데, 1994년 스리랑카 콜롬보에서 개최된 국제사회사업가협회(IFSW: International Federation of Social Workers) 회의를 통해 사회복지는 인권과 사회정의를 강조하며 취약계층과 억압받는 계층을 위한 사회적 포용의 가치를 발표하였다(박연주, 2020).

결과적으로 사회복지는 인권을 옹호하기 위한 수단으로서 매우 중요한 역할을 해 왔다고 할 수 있고 인권 내용 중 대부분을 사회복지가 차지하고 있다고 볼 수 있다(고명석 외, 2021).

학습 TIP 인권의 사회복지적 개념

인권이 발달하는 과정에서 사회복지는 인권을 옹호하기 위한 수단으로서 중요한 역할을 해왔다.

2) 사회복지 가치의 유형

(1) 인간 존엄성의 실현

인간의 존엄성은 사회복지에서 가장 기본적이고 핵심적 가치라고 할 수 있다. 사회복지는 궁극적으로 사회복지 실천의 대상자가 존엄성을 실현하는 것이 목적이기 때문이다. 인간 존엄성을 실현하기 위해서 사회복지 실천현장에서는 자기결정권 존중, 비밀보장의 원칙 준수, 최대 이익의 추구 등의 하위 가치들이 반영되어 있다(고명석, 2019).

(2) 자유의 실현

타인의 억압으로부터 벗어날 수 있는 소극적 자유와 자신이 원하는 것을 적극적으로 할 수 있는 적극적 자유 모두 사회복지에서는 매우 중요한 가치가 된다. 다만 사회권의 측면을 강조한 적극적 자유가 상대적으로 더 강조되고 있고 국가의 사회복지적 역할이 커질수록 적극적 자유는 강화된다. 즉, 사회복지 서비스가 확대될수록 사회복지 서비스의 수급 대상자는 욕구 충족의 기회가 커지게 된다(고명석 외, 2021).

(3) 평등의 실현

사회복지의 중요한 목표 중 소득재분배를 통한 평등의 가치 실현은 인권의 중요한 가치이기도 하다(이인재 외, 2010). 일반적으로 사회복지의 평등 가치는 기회의 평등과 결과의 평등 중 결과의 평등을 상대적으로 중요시한다. 사회복지가 발달할수록 각 국가들은 결과의 평등을 강조하는 경향이 있다. 인권 가치에서의 평등이 기회의 평등을 강조하는 반면, 사회복지 가치에서의 평등은 결과의 평등이 강조되는 특성이 있다(손병돈 외, 2008).

(4) 사회연대의 실현

자본주의의 부작용인 계층갈등, 양극화 등의 문제점을 해결하기 위한 실천이 사회복지의 중요한 기능이라 할 수 있다. 사회적 위험에 처한 사람들의 인간다운 생활을 보장하기 위해서 사회적 연대감이 증진될 필요가 있다. 국가는 사회복지정책을 수립하여 모든 국민이 기본적인 생활을 할 수 있도록 보장해야 하며 이는 궁극적으로 모든 국민이 책임의식을 갖는 사회적 연대감 형성을 통해서 비로소 실현될 수 있다(고명석 외, 2021).

학습 TIP 사회복지 가치의 유형

사회복지 가치의 유형은 인간 존엄성의 실현, 자유의 실현, 평등의 실현, 사회연대의 실현 등으로 정리할 수 있다.

3) 사회권과 사회복지

(1) 사회권의 발생 배경

인권 역사상 18~19세기 자유권의 시대를 거쳐 20세기는 사회권의 시대라고 할 수 있다. 1919년 독일의 바이마르 헌법에서 사회권은 최초로 도입되었는데, 이는 제1차 세계대전에 패배한 독일의 정치적 위기를 타파하기 위한 방안이었다. 전 세계적으로 자본주의의 모순과 그로 인한 갈등으로 인해 사회주의 이념을 헌법에 수용한 것이라고 해석된다. 20세기는 기존의 자유권과 새로운 사회권이 조화되는 것에 초점을 두었고 사회권의 보편화를 위해 세계인권선언과 경제적·사회적 및 문화적 권리에 관한 국제규약을 통해 국제적으로도 인정받게 되었다(고명석 외, 2021).

(2) 사회권의 특징

인간다운 생활을 할 권리와 사회보장 수급권이 사회권의 핵심이라고 할 수 있다. 복지에 대한 의존성을 높이고, 경제성장이 자연스럽게 사회권을 보장하며, 민주주의가 실현되면 사회권도 저절로 이루어진다는 오해가 제기되기도 하지만 우리나라 헌법에서는 국가가 소득 불평등과 이로 인한 문제를 적극적으로 해결하도록 사회복지정책을 펼치도록 명시하고 있다.

사회권의 특징을 살펴보면 다음과 같다(고명석, 2019).

첫째, 자유권이 국가의 개입이나 간섭을 배제하는 반면, 사회권은 국가의 개입과 간섭을 통해 적극적 급부를 보장한다.

둘째, 사회권은 급부의 실현 방법, 수준에 한해 구체적인 정책이나 제도가 필요하다.

셋째, 사회권을 실현하기 위해 재원이 필요하므로 국가의 재정적 능력이나 의지에 따라 범위가 달라질 수 있다.

(3) 사회권의 유형

사회권을 실현하기 위해 사회보장, 사회보험, 공공부조 등의 다양한 제도가 만들어졌다.

사회보장은 정부가 입법을 통해 국민이 기본적인 생활을 영위할 수 있도록 조치를 부여한 것으로, 1935년 미국의 '사회보장법(Social Security Act)'이 시초이다. 영국에서는 1601년 '엘리자베스 구빈법', 1911년 '국민보험법'이 부분적으로 유사한 제도로 존재했었고 1942년 '베버리지 보고서'와 1948년 '국민부조법'을 통해 사회보장제도를 확립하게 되었다(노병일, 2020).

사회보험은 비스마르크(Bismarck)에 의해 독일에서 처음 도입되어 1883년 질병보험, 1884년 재해보험, 1889년 노령보험 등으로 확대되었다. 당초 사회주의 운동을 저지하려는 정치적 목적이었으나 다른 국가들의 사회보험 도입에 광범위한 영향을 미쳤다. 사회보험은 위험이 닥쳤을 때 생활을 보장하기 위해 노동자·고용주·정부에 의한 기여금을 적립하는 제도이다. 공공부조란 사회보험이 포괄하지 못하는 빈곤층을 위한 제도로써 국가가 전액 보장하는 방식으로 운영되며 우리나라의 '국민기초생활보장제도'가 대표적 공공부조 제도이다.

학습 TIP 사회권과 사회복지

사회권은 자본주의 모순과 갈등을 해결하기 위한 방안으로 탄생했으며 인간다운 생활을 할 권리와 사회보장 수급권이 핵심이었다.

3. 인권과 사회복지

1) 인권과 사회복지의 관계

(1) 사회복지 윤리강령과 인권

사회복지에서 인권이 매우 중요하고 가치 있는 개념임에도 불구하고 오랫동안 '윤리'와 '인권'이 혼용되거나 인권을 윤리 안에 포함되는 개념으로 인지되었다(Baier, 1994). 사회복지를 실천함에 있어 윤리는 생명과도 같고 인간의 존엄성과 자기결정권을 보장하기 위해 윤리적 실천이 필요하다. 따라서 사회복지 현장에서 윤리강령을 준수하여 실천하는 것은 인권을 실현하는 것이라고 할 수 있다(양옥경, 2017).

사회복지 윤리강령은 사회복지 전문가의 미션, 가치 그리고 책임을 명시한 문서로, 많은 국가에서 채택되어 운영하고 있다(Keeney et al., 2014). 미국은 1960년에 사회복지사협회에서 미국 사회복지사 윤리강령을 발표했고 국제사회사업가협회(IFSW: International Federation of Social Workers)에서는 인권, 인간의 존엄성, 사회정의를 강조하는 사회복지사 윤리강령을 발표하고 실천을 강조하였다. 우리나라의 사회복지 윤리강령은 1973년 처음 작성되어 1982년 제정되었는데, 윤리강령의 내용 중 인권 개념이 명시되어 있다(박연주, 2020).

(2) 사회복지와 인권교육

세계인권선언이 기본적 인권을 보장할 것을 바라는 시민의 요구에 대한 국가 역할의 하나로서 '인권교육(human rights education)'의 중요성을 강조하기 시작한 이래 전 세계적으로 사회복지의 인권교육이 확대되었다(국가인권위원회, 2013). 우리나라의 경우 2007년부터 사회복지시설의 직원과 이용자를 대상으로 인권교육이 실시되고 있고 이후에는 사회복지 교육과정에서도 인권 교과목이 도입되었다.

2018년 사회복지사업법 시행규칙을 일부 개정하면서 비로소 '사회복지와 인권' 수업이 자격증 선택과목으로 추가되어 2020년부터 시행되었다. 지난 20년간 우리나라 사회복지 교육과정은 개편이 이루어지지 않았고 그로 인해 사회복지현장과의 격차가 상당히 벌어졌다는 문제가 지속적으로 제기되었으나 인권 교과목이 도입됨에 따라 향후 사회복지사들에게 인권의 중요성이 더욱 강조되고 사회복지 실천현장에서 인권의 의미가 더욱 부각될 것으로 전망된다.

(3) 인권과 사회복지법의 이해

사회복지사업법 제1조에서는 "사회복지사업을 시행하는 데 있어서 사회복지를 제공하는 자는 사회복지를 필요로 하는 사람의 인권을 보장하여야 한다."고 명시되어 있다. 인권은 기본적으로 법적 차원의 개념이고 인권은 침해를 받거나 보호하기 위해 법적 필요성이 부각된다. 사회복지 현장에서 일어나는 다양한 인권 침해의 상황을 해결하고 다루기 위해서 사회복지사에게 인권과 관련된 절차와 인권 침해 여부를 다루기 위한 법적 지식이 중요하다. 직접 법적 문제를 해결한다기보다 법률가와 협력관계를 형성하여 인권 문제를 해결한다고 볼 수 있고 이때 사회복지사는 인권 피해자를 지지하는 역할 또한 매우 중요하다. 사회복지사는 학교나 가정에서 일어날 수 있는 아동의 자유침해에 대한 보호를 위해 아동복지법, 아동학대특례법, 형법, 청소년보호법, 장애인의 생명과 신체를 훼손당하지 않을 권리와 관련하여 장애인복지법, 근로기준법, 폭력행위 등 처벌에 관한 법률, 그리고 노인의 인권침해를 보호하기 위해 노인복지법, 노인장기요양보호법, 교통약자의 이동편의 증진법 등 사회복지 대상자의 인권을 보호하기 위한 다양한 법률과 관련되어 있다(고명석, 2008).

학습 TIP 인권과 사회복지의 관계

사회복지에서 인권은 매우 중요하고 가치 있는 개념이며 사회복지 현장에서는 다양한 인권 침해 상황을 다루고 있다.

2) 인권기반 사회복지실천

(1) 인권기반 사회복지의 등장배경

사회복지는 오랫동안 시혜를 기반으로 한 온정주의 패러다임이었으나 점차 사회복지 수급 대상자 스스로 권리를 주장하는 권리기반 패러다임으로 변화하게 되었다. 현대사회의 인권을 웰빙 패러다임으로 규정하고 있고 민주주의의 발전과 함께 인권은 사회 전체적 영역으로 확산되었다.

인권기반 사회복지는 다음과 같은 특성을 갖고 있다(조효제, 2007).

첫째, 보편성을 강조하는 사회정책으로 사회가 전환되면서 인권은 핵심영역으로 등장하였다.

둘째, 인권기반 사회복지는 인간의 존엄성을 확보할 수 있는 방향으로의 개신이 촉진된 것이다.

셋째, 사회복지의 수급 대상자가 능동적이고 자신감 있는 존재로 인정받는 것을 의미한다.

넷째, 인권에 대한 대중적인 목소리는 새로운 사회복지정책으로 이어질 수 있었다.

다섯째, 쟁점 상황에서 인권은 문제를 해결할 수 있는 결정적 역할을 하게 되었다.

여섯째, 인권의 보편화 영향으로 소수자에게 더 많은 관심을 두게 되었다.

(2) 인권기반 접근의 기본원칙[4)]

① 참여

참여(Participation)는 모든 사람이 자신의 인권에 영향을 미치는 결정에 참여할 권리를 가진다는 의미로, 정보 접근권을 확보하여 적극적이고 자유롭고 의미

4) 출처: SHRC(www.scottishhumanrights.com)

있는 과정이 되어야 한다는 것이다. 참여의 영향력은 가장 큰 영향을 받는 것은 누구인지, 인권에 영향을 미치는 결정에 참여하는 사람들에게 영향을 미치는 방법이 무엇인지를 측정함으로써 파악할 수 있다.

② 책임성

책임성(Responsibility)은 인권규범과 인권침해에 대한 치료를 효과적으로 평가할 수 있어야 한다는 것을 의미한다. 책임성의 영향력을 측정하기 위해서는 인권의 보호와 책임에 누가 책임을 지는지, 인권정책과 관련된 근거들을 개인들이 이해하고 있는지를 파악해야 한다.

③ 비차별과 평등

비차별(Non-discrimination)과 평등(Equaility)은 연령, 성별, 성적취향 등으로 인한 모든 차별은 금지되고 사라져야 한다는 것을 의미하고 특히 가장 취약한 상황에 처한 사람들에게 우선적 대책을 마련해야 한다는 원칙이다. 비차별과 평등에 대한 영향력은 인권 보호에 누가 책임을 지는지, 인권침해 정책이 개인과 집단에게 어떤 영향을 미치는지, 인권침해의 부정적 영향을 감소시키는 조치가 무엇인지를 측정함으로써 파악한다.

④ 역량강화

역량강화(Empowerment)는 개인과 지역사회가 권리를 이해하고 인권발전을 위한 정책과 실천에 참여하도록 지원하고 그들의 권리를 옹호할 수 있도록 지원하는 것을 의미한다. 역량강화에 대한 영향력을 측정하기 위해서는 정책결정의 참여과정에 효과적으로 영향을 미치는 정보들이 무엇인지 파악해야 한다.

⑤ 적법성

적법성(Legality)은 인권이 법적으로 강제할 수 있는 특권이라는 인식 확산을 의미한다. 그리고 이러한 법적 특권은 국가적·국제적 인권법과 관련되어야 하며 적법성의 영향력은 법적 특권이 인권에 어떤 영향을 미치는지, 법적으로 적절한 목적과 최소한 법적 확보의 방법이 무엇인지 파악함으로써 측정할 수 있다.

학습 TIP 인권기반 사회복지실천

인권기반 사회복지실천의 기본원칙은 참여, 책임성, 비차별과 평등, 역량강화, 적법성 등이다.

3) 인권적 사회복지의 가치

(1) 사회복지실천의 인권적 요소

사회복지는 인간의 존엄성을 실현하기 위해 다양한 사회문제에 개입하는 실천이며 사회복지가 개입하는 다양한 문제는 인권의 문제와 다름이 없다. 즉, 인권은 사회복지에 이미 내재되어 있다고 할 수 있고(Hare, 2004), 사회복지 전문직은 개인의 가치와 존엄, 사회정의, 사회통합, 능력개발, 인간관계의 중요성을 핵심가치로 규정하고 인권을 실현하기 위해 사회복지를 실천하는 것이라 할 수 있다(Reichert, 2003).

국제사회사업가협회(IFSW, 1994)는 인권과 사회복지에 대해 다음과 같이 설명하고 있다.

첫째, 사회복지는 인도주의와 민주주의의 이상으로부터 탄생한 것이다.

둘째, 사회복지는 변화를 도모하는 것이다.

셋째, 사회복지는 개인뿐만 아니라 집단과 사회를 위한 활동에 모두 개입한다.

넷째, 사회복지는 정치·경제·사회·문화·정신적 문제 등 수많은 맥락 속에 있다.

(2) 인권과 사회복지실천의 관계

사회복지사 선서문에서 "사회복지사는 모든 사람이 인간다운 삶을 살 수 있도록 인간 존엄성과 사회정의의 신념을 바탕으로 일하는 사람"으로 사회복지사에 대해 규정하고 있다. 인권과 사회복지실천이 공통적으로 추구하는 가치와 목표는 '인간 존엄성 존중'이며 국제사회사업가협회(IFSW, 2002)는 인권이 사회복지실천의 심장부임을 강조하면서 인권훈련 매뉴얼을 제작하였다. 즉, 사회복지실천은 가치, 윤리, 이론, 서비스 과정 전반에 걸쳐 인권을 고려해야 하며, 인권은 반드시 옹호되고 촉진되어야 함을 표명한 것이다(UN Center for Human Rights, 이혜원 옮김, 2005).

국제사회사업가협회(IFSW, 2002)에서 사회복지실천에 있어서 인권 실현을 위한 기본 원칙에 관해 '인권에 관한 국제정책'을 발표했고 그 내용은 다음과 같다(권중돈, 2012).

① 모든 사람은 고유의 가치를 가지고 있으며, 그것은 그 사람을 위한 도덕적 배려로 정당화된다.

② 모든 개개인은 자기실현의 권리를 가지며, 이는 다른 사람의 동등한 권리를 침해하지 않는 범위에서 최대화되어야 한다. 또한 모든 개개인은 사회의 안녕에 기여할 의무를 가진다.

③ 어떠한 형태의 사회이든지 모든 사회는 그 구성원에게 최대의 이익을 제공하기 위한 기능을 해야 한다.

④ 사회복지사는 사회정의의 원칙에 대한 소신을 가져야 한다.

⑤ 사회복지사는 개인과 집단, 지역사회와 사회에 대해 그들이 발전할 수 있고 개인-사회적 갈등을 해결하기 위한 객관적이고 훈련된 지식과 기술에 헌신할 책임을 지닌다.

⑥ 사회복지사는 성, 연령, 장애, 인종, 사회계층, 종교, 언어, 정치적 신념, 성적 취향에 기초한 어떠한 차별 없이 가장 최선의 가능한 지원을 제공하여야 한다.

(3) 사회복지전문직 가치의 변화와 인권

과거와는 달리 사회복지설천에서 서비스이용자의 권리가 점차 강조되면서 사회복지전문직들은 탈개별화, 사회정의, 협력관계, 역량강화 등 과거와 전통적 가치를 보완하는 새로운 가치들을 수용하게 되었다(Thomson, 2005). 전통적으로 사회복지전문직은 서비스이용자를 분석하고 진단하는 역할을 해왔으나 최근 들어 관계에 중심을 두는 새로운 역할을 수행하면서 서비스이용자와 동반자 관계로 전환되었다.

전통적 사회복지실천은 서비스이용자는 능력이 부족하다는 가정하에 서비스이용자의 삶에 직·간접적으로 개입하여 결과적으로 서비스이용자의 정체성과 권리를 인정하지 않았고 이는 논쟁의 여지가 있었다. 그러나 인권의 전 세계적 인식 확대의 영향으로 서비스이용자는 사회의 보편적 일원으로 인정받게 되었고 비로소 의사결정에 있어 사회복지전문직과의 동반자 내지 협력자로서 자리매김하였다.

인권과 사회복지실천이 별개의 것이 아니므로 인권에 민감한 사회복지실천이 이루어질 때 사회복지는 정당성을 확보할 수 있다(UN Center for Human Rights, 이혜원 옮김, 2005). 따라서 사회복지전문직은 인권전문직이라고 할 수 있고 사회복지실천과정에서 인권의 원칙, 인권감수성 그리고 사회복지실천기술이 함께 접목될 때 인권은 비로소 잘 실천될 수 있다(Ife, 2001). 다만 서비스이용자의 의사결정권 강화로 인해 사회복지직의 공공성은 상대적으로 약화되고 있으므로 다른 전문직과 분명하게 구분되는 사회복지직의 특징인 '공공성'을 유지하며 사회의 보편적 이익과 부합되는 의사결정의 주체가 되는 공적 책임성을 명확히 할 수 있는 지침이 구체적으로 요구된다.

학습 TIP 인권적 사회복지의 가치

> 인권은 사회복지에 이미 내재되어 있고 인권과 사회복지실천이 공통적으로 추구하는 가치와 목표는 인간 존엄성 존중이다.

[쉼터] 인권 감수성 부족한 국제결혼중개

여성가족부는 2017~19년 3년간의 국제결혼중개업 현황을 담은 '2020년 결혼중개업 실태조사' 결과를 발표했다. 국제결혼중개업을 이용한 한국인 배우자 3,331명, 외국인 배우자 864명, 국제결혼중개업체 379곳이 조사 대상이다.

조사 결과를 보면, 국제결혼중개업체를 이용한 한국인 배우자는 40대, 월평균 소득 300만 원 이상(46.4%), 학력은 대졸 이상(43.8%)인 사람이 많았다. 외국인 배우자는 주로 고졸 이상(77.5%)의 20대였다. 출신국은 베트남(83.5%), 캄보디아(6.8%), 우즈베키스탄(2.7%), 중국(2.3%) 순이었다. 결혼중개업체를 통한 국제결혼에서 나타나는 나이 불균형은 여전했다. 한국인 남성 배우자 나잇대는 39살 이하가 18%, 40~49살 61.3%, 50살 이상 20.6%로 10명 중 8명이 40대 이상이었다. 반면 외국인 여성 배우자 나잇대는 19~24살 46.3%, 25~29살 33.2%, 30~34살 14.2%, 35살 이상 6.3%였다. 10명 중 8명이 20대였다.

한국인 배우자는 업체에 평균 1,372만 원의 수수료를 냈고, 외국인 배우자는 평균 69만 원을 지불했다. 국제결혼중개업체의 맞선 방식은 짧은 시간 동안 여러 명과 1대 1 만남을 갖는 방식(52.2%), 충분한 시간 동안 한 명과 1 대 1 만남을 진행하는 방식(39.3%)이 많았다. 결혼중개업법에서 금지하는 인권침해적 방식인 1대 다수 맞선(7.5%), 다수 대 다수 맞선(1%) 방식도 여전히 행해졌다. 맞선부터 결혼식까지는 평균 5.7일, 혼인신고까지 평균 4.3개월, 혼인신고부터 배우자 입국까지는 평균 3.8개월이 소요됐다. 이혼·가출·별거 등으로 혼인 관계를 중단한 경우가 10%가량이었는데, 결혼 뒤 1개월이 지나지 않아 중단한 경우는 16.2%에 이른다.

혼인 중단 사유로는 한국인 배우자는 성격 차이(29.3%), 외국인 배우자는 소통 어려움(49.7%)을 꼽았다. 국제결혼중개업체에 대한 피해 경험으로 한국인 배우자는 '배우자 입국 이후 사후관리 서비스 일방적 중단'을, 외국인 배우자는 '과장 광고'를 꼽았다. 최근 3년간 결혼중개업법 위반으로 행정처분을 받은 건수는 모두 57건이다. 주로 혼인·범죄경력 등 배우자 신상정보를 제공하지 않은 경우다.

출처: 김미향 기자(2021.04.01). "맞선→결혼 평균 5.7일, 인권 감수성 부족한 국제결혼중개", 한겨레.

핵심 용어

인권, 인권 가치, 1세대 인권, 2세대 인권, 3세대 인권, 사회복지 가치, 사회권, 인권기반 접근, 사회복지전문직 가치

학습 실천과제

- 인권의 가치 중 가장 중요하다고 생각하는 가치가 무엇인지 생각해 봅시다.
- 사회권과 자유권이 어떻게 다른지 정리해 보고 우리 사회에서 어떻게 조화를 이루고 있는지 기술해 봅시다.
- 인권과 사회복지의 관계를 생각해 보고 사회복지전문직이 인권을 어떻게 인식해야 할지 토론해 봅시다.

CHAPTER 04 학 습 문 제

01 인권의 정의에 대해 바르지 않은 설명은 무엇입니까?

① 사람이라는 이유만으로 인권은 모든 사람에게 평등하게 주어진다.
② 인권, 기본권, 시민권은 분명하게 동일한 개념이다.
③ 인권은 시대와 사회적 여건에 따라 변화하는 역동적 개념이다.
④ 권리는 하나가 아니라 다양하므로 'Rights'로 표현된다.
⑤ 헌법 제10조에서는 모든 국민은 인간으로서의 존엄과 가치를 가지며 행복을 추구할 권리가 있다고 규정하고 있다.

정답 ②

해설

인권, 기본권, 시민권은 엄밀하게 동일한 개념은 아니며 특히 인권과 기본권은 동일시해도 무방하나 시민권은 특정 국가 구성원이 갖는 권리로서 인권과는 분명하게 다르다.

02 다음 중 인권 가치의 유형에 대한 설명으로 바르지 않은 것은 무엇입니까?

① 생명은 인권 가치의 근원이며 최우선 가치이다.
② 존엄성은 헌법의 기본 원리이며 인권 개념을 정의할 때 가장 먼저 거론되는 가치이다.
③ 인류의 역사는 평등을 쟁취하기 위한 투쟁의 역사라고 할 수 있다.
④ 정의는 대부분 법이 포함하는 이념으로 공정하고 올바른 상태를 추구해야 한다는 가치이다.
⑤ 연대는 함께 무엇을 하거나 책임을 진다는 의미로 사회적 책임으로 행동화된다.

정답 ③

해설

인류의 역사는 자유를 쟁취하기 위한 투쟁의 역사라 할 수 있고 평등은 인간은 누구나 다른 사람과 다른 존재이나 어떠한 차별 없이 권리를 누릴 수 있다는 의미이다.

03 최초의 인권문서로서 압제에 항거하는 상징과 구호로서의 의미를 가지는 것은 무엇입니까?

정답 대헌장(Magna Carta)

해설

대헌장(Magna Carta)은 1215년 발표된 인권문서로서 왕권에 대한 귀족의 권리를 확인하는 것을 주요한 내용으로 하고 있다.

04 인권의 발달에 관한 설명으로 바르지 않은 것은 무엇입니까?

① 1세대 인권은 자유권의 시대로 불리며 공권력으로부터 개인을 보호하는 것을 강조했기 때문에 적극적 권리로 분류된다.
② 2세대 인권은 사회권의 시대로 부를 수 있고 사회주의 또는 사회민주주의 발달과 관련되어 있다.
③ 2세대 인권은 적극적 권리로 분류되었으나 당시 인권에 대한 보장은 취약한 상태였다.
④ 3세대 인권은 연대권의 시대로 부를 수 있고 집단을 중심으로 하였다.
⑤ 현대 인권을 규정함에 있어 가장 중요한 역사적 사건은 세계대전이다.

정답 ①

해설

1세대 인권은 국가가 개인의 자유를 침해하지 않고 자유를 보호해야 하는 것을 주요한 내용으로 전개되었고 개인을 보호하는 것을 강조했기 때문에 소극적 권리로 분류된다.

05 인권과 사회복지의 관계에 대한 설명으로 바르지 않은 것은 무엇입니까?

① 사회복지현장에서 윤리와 인권은 혼용되었으나 윤리강령을 준수하고 실천하는 것이 인권을 실현하는 것으로 관계를 설명할 수 있다.
② 우리나라는 2007년에 인권 교과목이 사회복지 교육과정에 도입되었다.
③ 인권기반 사회복지는 인간 존엄성을 확보하는 방향으로 개선된 것을 의미한다.
④ 참여, 책임성, 비차별과 평등, 역량강화, 적법성은 인권기반 접근의 기본원칙이다.
⑤ 인권과 사회복지가 공통적으로 추구하는 것은 '인간 존엄성 존중'이다.

정답 ②

해설

우리나라의 경우 2007년부터 사회복지시설에서 인권교육이 시작되었고 2020년 이후 인권 교과목이 사회복지 교육과정에 도입되었다.

CHAPTER

05

사회복지의 구성요소

학/습/목/표

- 사회복지의 대상과 욕구에 대해 이해할 수 있다.
- 사회복지의 주체에 대해 구분할 수 있다.
- 사회복지의 전달체계와 방법에 대해 이해할 수 있다.
- 사회복지의 재원조달에 대해 파악할 수 있다.

1. 사회복지의 대상과 욕구

사회복지의 대상은 사회복지서비스의 수급자격을 가진 자를 의미한다. 즉, 보편적 관점에서 소득(경제적) 수준에 관계없이 모두를 사회복지의 대상으로 볼 수 있다. 이와는 달리 선별적 관점에서 소득 수준을 고려하여 사회복지의 대상을 특정 범위 내에서 선정하여 일부를 사회복지의 대상으로 볼 수 있다. 따라서 사회복지의 대상은 보편적 관점과 선별적 관점에 의해서 사회복지서비스의 영역에 따라 차이가 있다. 사회복지 대상의 욕구는 개인적 욕구가 아닌 사회적 욕구의 영역에서 욕구 충족을 위한 서비스 제공이 이루어진다. 이때, 인간다운 삶을 위해 사회적으로 일정 수준을 보장해야 되는 사회적 욕구가 무엇인지를 살펴보고 그에 대한 대응으로 서비스가 제공된다.

1) 사회복지의 대상: 수급권자

사회복지의 대상은 사회복지서비스를 이용하는 자를 말한다. 이때 초기 사회복지실천은 사회적 약자인 빈곤한 자, 노인과 장애인 등 근로능력이 현저한 자, 빈곤가정 및 성인에 의해 돌봄을 받지 못하는 아동과 청소년 등에 대해 선별적 서비스를 제공하였다. 국가의 개입 정도가 소극적 혹은 적극적인가에 따라서도 달라지기도 한다. 그러다 최근 사회적 위험의 원인이 다양화되면서 본인의 의지와는 관계없이 발생될 수 있는 각종 사고 및 실업, 질병 등에 의해 누구나가 사회복지의 대상이 되었다.

(1) 서비스 대상자의 개념 변화

사회복지를 필요로 하는 사람, 즉 어려움을 경험한 사람들이나 문제 자체 혹은 문제를 야기시키는 조건 등을 갖는 사람을 보통 사회복지의 대상이라 생각하였다(임정문 외, 2021). 서비스의 대상자에 대한 개념도 과거 서비스를 받는다는 의미에서의 수혜자라는 의미로 사용된 클라이언트(client)라는 용어가 서비스의 대상에 대해 힘이 없는 자 또는 의존자의 의미를 부여한다는 비판과 함께 권한부여의 이념이 확대되면서 서비스 이용자(service user)로 인식이 변화되었다. 서비스 이용자라는 개념은 서비스에 대한 정보를 적극적으로 수집하여 자신이 희망하는 서비스를 선택하고 이용할 수 있다는 점에서 개별성과 주체성이 강조된 것으로 서비스 대상자의 인권을 존중하는 의미로 사용되고 있다.

(2) 수급자와 수급권자의 개념

수급자와 수급권자의 개념은 유사한 의미를 가지지만, 권리적 측면에서 다르게 보아야 할 것이다. 국민기초생활보장법의 전신인 생활보호법에서는 권리적 개념이 없이 미성년자이거나 근로능력이 없는 노인층만을 보호하면서 생활보호자 또는 약칭 생보자라고 불리었다. 그러나 국민기초생활보장법은 국민이 국가에 최저생계보장을 요구할 수 있는 권리가 있다고 하는 권리적 개념을 도입하여 법적용어로 수급권자라고 하게 되었다는 점에서 의미가 있다.

2) 사회복지 대상으로서의 욕구

사회복지 대상으로서의 욕구는 사회복지 혹은 사회정책이라는 범주에서 정책적으로 다루어질 수 있는 사회적 욕구나 위기의 영역을 의미한다. 즉, 인간다운 삶을 위해 개인에 의한 노력이 아닌 사회적으로 일정 수준을 보장해 줄 필요가 있는 사회적 욕구가 무엇인가 하는 문제가 사회복지 대상으로서의 욕구가 된다. 사회복지 대상으로서의 욕구는 그 사회가 당면한 사회문제나 위기가 무엇인지에 따라서 다양하게 접근이 이루어져야 한다. 예를 들어, 한국사회가 갖는 위기는 무엇인가? 고령화와 저출산, 신사회적 위험을 대비하기 위해 개인의 노력으로는 한계가 있다. 이를 해결하기 위해 국가적 차원의 접근이 요구된다.

그리고 인구감소에 의한 지방소멸을 앞두고 있는 지역의 경우에는 심각한 위기이며 국가적 차원의 관심이 요구된다. 좀 더 살펴보면, 한 지역의 20~39세 여성 인구를 65세 이상 인구로 나눈 값으로 이 지수가 0.5 미만이면 소멸 위험 지역으로 분류된다. 즉, 이 지수 수치가 낮으면 인구의 유출·유입 등 다른 변수가 크게 작용하지 않을 경우 약 30년 뒤에는 해당 지역이 없어질 가능성이 크다는 의미가 있다. 지방소멸위험지수는 구체적으로 지수가 1 이하일 때(20~39세 여성 인구가 65세 고령인구보다 적을 경우) '소멸 주의' 단계로 지수가 0.5 이하일 때는 소멸 위험이 큰 것으로 정의된다.

한편, 한국고용정보원이 2019년 11월 내놓은 '한국의 지방소멸위험지수 2019 및 국가의 대응전략'에 따르면 2019년 10월 주민등록인구통계 기준 전국 228개 시·군·구(제주와 세종은 1개 지역으로 계산) 가운데 소멸 위험지역은 97곳으로 전체의 42.5%를 차지했다(2019년 10월 주민등록인구통계 기준). 특히 소멸 위험이 가장 큰 시·군·구는 경북 군위군과 의성군(각각 0.143)으로 나타났으며, 전남은 지수 0.44로 2018년에 이어 17개 광역시도 가운데 유일하게 소멸 위험지역으로 분류됐다.

2. 사회복지 주체(국가, 시장, 민간)

사회복지의 주체를 이해하는 것은 사회복지서비스 제공과정에서 서비스의 제공자와 받는 자 간의 상호작용에 대한 맥락을 파악하기 위해 매우 중요하다.

1) 사회복지의 주체

사회복지의 주체는 개인으로부터 국가에 이르기까지 다양한 형태가 있을 수 있지만 전통적으로 주체에 대해 설명할 때 공공사회복지와 민간사회복지로 나눌 수 있다. 공공사회복지는 그 대상에 있어 민간사회복지보다는 범위가 넓고 무차별적이며 비교적 안정적인 반면 민간사회복지는 융통성이 있고 새로운 문제에 접하였을 때 그 대책을 즉시 수립할 수 있다는 장점이 있다. 사회복지는 공적, 사적으로 단순히 분류되기보다는 많은 경우 상호 복합적으로 관련하고 있다(이경남, 2007). 1990년대 이후 한국은 '국가-시장-가족' 간 관계에서 국가 책임의 범위가 확대되는 추세를 보이면서 한국 사회에서 사회복지정책 패러다임이 국가 책임을 강조하는 방향으로 근본적인 변화를 보였다는 의견도 제시되었다(김연명, 2002). 이후 복지제도를 둘러싼 '국가-시장-가족' 간 관계는 공공예산 규모, 사회적 서비스 질, 사회적 서비스 전달에서 민간부분이 차지하는 비중, 사회적 서비스를 통해 국가가 추구하는 이념 등의 차원을 통해 그 성격을 이해할 수도 있다(정재훈, 2005).

2) 사회복지의 주체 유형

사회복지의 주체는 개인으로부터 국가에 이르기까지 다양한 형태가 있을 수 있지만 전통적으로 주체에 대해 설명할 때 공공사회복지와 민간사회복지로 나눌 수 있다. 공공사회복지는 그 대상에 있어 민간사회복지보다는 범위가 넓고 무차별적이며 비교적 안정적인 반면 민간사회복지는 융통성이 있고 새로운 문제에 접하였을 때 그 대책을 즉시 수립할 수 있다는 장점이 있다. 오늘날의 사회복지는 공적, 사적으로 단순히 분류되기보다는 많은 경우 상호 복합적으로 관련하고 있다(이경남, 2007).

(1) 정책주체, 운영주체 그리고 실천주체

사회복지를 정책, 운영 그리고 실천 주체로 구분하여 살펴보면 다음과 같다.

① 정책주체

정책주체는 사회복지정책을 계획하고 실행하며 평가하는 주체를 의미하며,

사회복지정책 주체로 국가(정부)와 지방자치단체로 구분할 수 있다.

가. 국가(정부)

사회복지의 정책을 세우고, 예산을 책정하여 실행하는 주체로서 보편적인 문제를 파악하고 그 문제를 사회적 맥락 속에서 해결하는 방법을 고려하여 실시를 가능하게 하는 구체적인 방법을 입안하는 기능을 한다.

나. 지방자치단체

국가의 정책을 통해 보편적인 문제에 대한 해결에 개입하거나 지방자치단체가 속한 지역사회의 문제해결을 위해 지역주민의 복지욕구에 대응하는 정책수립 및 프로그램을 실시하는 주체로서 지역사회 특성을 고려하여 개입한다. 우리나라는 2005년부터 사회복지 재정을 중앙정부에서 지방정부로 이양하면서 재정적 책임과 행정적 책임을 단일화하는 재정분권이 제도화되었고, 이 제도는 지방자치단체가 중요한 정책주체의 역할을 맡는 계기가 되었다.

② 운영주체

사회복지사업을 운영 및 관리하는 주체이며, 사회복지사업을 행하는 시설, 단체, 기관 등으로 공공기관과 민간기관으로 구분된다. 이는 세 가지 유형이 있다. 첫째, 국립재활원과 같이 국가나 지방자치단체가 직접 사회복지시설을 설치 및 운영하는 경우, 둘째, 사회복지법인, 재단법인, 사단법인, 종교단체, 개인 신고시설 등이 시설을 설치 및 운영하는 경우, 셋째, 국가나 지방자치단체의 위탁을 받아 민간단체 등이 운영하는 경우이다.

③ 실천주체

사회복지서비스에 대한 욕구를 가진 클라이언트에게 전달하는 주체로, 사회복지조직에서 활동하는 사회복지사, 청소년지도사, 건강가정사 등을 말한다.

(2) 사회복지서비스의 공급주체

사회복지서비스의 공급주체를 국가와 민간으로 구분하여 살펴보면 다음과 같다(오봉욱 외, 2015).

① 공공사회복지

공공사회복지의 영역으로 사회복지 서비스를 제공하는 실천주체가 국가(정부)이며, 국가가 사회복지시설이나 기관을 설립하여 직접 운영하는 방식을 말한다. 공공부문의 운영재원은 국가 또는 지방자치단체의 조세로 충당된다. 공공부문 사회복지 서비스의 예로서 우리나라의 경우, 업무상의 재해에 대한 산업재해보상보험, 질병과 부상에 대한 건강보험 또는 질병보험, 폐질·사망·노령 등에 대한 연금보험, 실업에 대한 고용보험, 노인장기요양보험의 5대 사회보험제도와 국민기초생활보장제도와 같은 공공부조부문, 장애인·노인·아동 등을 위한 국공립사회복지시설서비스 등을 들 수 있다. 즉, 법률적 근거에 의해 제공되는 사회복지 서비스는 공공부문 서비스에 해당된다. 공공부문 서비스의 대상은 일정한 자격요건을 갖추면 누구나 차별 없이 서비스를 받을 수 있으며, 서비스 수급자격요건은 법률적으로 엄격히 규정되어 있다(임춘식 외, 2007).

② 민간사회복지: 영리와 비영리

민간사회복지의 영역으로 사회복지 서비스를 제공하는 실천의 주체가 관청이나 정부와 같은 공적인 기관에 속하지 않은 민간으로 그 재원 또한 민간에서 나온다. 즉, 기업이나 사회단체 및 개인이 공익재단을 설립하여 사회복지사업을 위한 시설 및 기관을 운영하는 것과 지역사회 내의 개인, 가족, 사회단체 및 기업, 그리고 민간의 자발적 기부금 등에 의존하는 사회복지 실천이 여기에 해당된다. 다만 민간부문의 재원은 전적으로 민간재원으로 충당하는 순수민간부문도 있지만 부분적으로 정부의 재정지원을 받는 경우도 있다. 민간부문의 사회복지 서비스대상은 대개 일정한 요건을 갖추어야 하는 경우도 있지만 공공부문에서와 같이 수급자격요건이 엄격히 적용되는 경우는 많지 않다(임춘식 외, 2007; 오봉욱 외, 2015).

가. 비영리 민간

복지국가의 성립 이전에는 비영리부문이 사회적 서비스의 가장 큰 공급 주체였으나 사회복지의 국가 책임성을 강조하는 복지국가체제의 출범 이후 축소되었다가 최근 다시 이 부문의 중요성이 제기되고 있다. 민간비영리라는 특성을 가지는 민간기관의 주요한 기능 때문에 민간사회복지는 계속 필요하게 될 것이다. 그 이유는 다음과 같다(이경남, 2007).

첫째, 아직 공공정책으로 대처하지 못하는 서비스는 민간사회복지기관만이 제공할 수 있다. 둘째, 민간사회복지만이 종파적인 서비스 혹은 특정 종족이나 이익집단을 위한 서비스를 적절하게 제공할 수 있다. 셋째, 사적인 익명의 알코올중독자모임과 같은 자조집단(self-help group)의 중요성에 대한 인식이 증대되고 있다. 넷째, 민간기관만이 요보호자나 복지대상자를 위해 때로는 정부와 대립되는 입장에서 대변자의 기능이나 공무원에 대한 민원소사관의 기능을 담당할 수 있는 적절한 최선의 방편이 될 수 있다. 다섯째, 위의 네 가지 기능과 별개로 민간사회복지가 비록 비용의 적은 부분을 차지한다고 하더라도 사회복지의 주된 기능을 계속 행사할 것이다.

나. 영리 민간

민간영리 부문의 역할에 대한 새로운 인식이 이루어지고 있다. 첫째, 복지국가의 재정적 위기 속에서 공공부문에 의한 사회서비스의 공급이 한계에 달했다는 인식으로 비공식 부분에 대한 관심이 늘고 있다. 둘째, 각국에서 국영기업의 민영화가 진행되어 이러한 흐름이 사회복지계에도 영향을 미쳤다. 셋째, 생활수준의 전반적인 향상으로 구매능력이 생긴 계층들이 늘어나 다양해진 복지욕구에 대한 새로운 대응이 필요해졌다. 넷째, 인구의 고령화가 진행되면서 요구되는 자원의 양이 많아져 이러한 규모의 이점을 살릴 수 있는 부문이 부가되었다. 다섯째, 대기업의 사회적 이미지 제고, 사회 환원 등을 위해서 별도의 사회복지법인을 만들어 복지사업을 하는 것이 보편화되었고 기업 자체 내의 사원들을 위한 보편적 복지프로그램을 시행하고 있어 사회복지의 주체로서 중요한 역할을 수행한다고 볼 수 있다(이경남, 2007; 오봉욱 외, 2015).

▼ 표 5-1 공공사회복지와 민간사회복지의 특성

구분	공공사회복지	민간사회복지
장점	• 세금이 재원으로 이뤄져 재정적 안정 • 국민의 최저생활 보장 • 보편적이고 계속적인 서비스 제공 • 형평성과 책임성의 확보 • 서비스 접근의 편리성	• 법의 제약을 넘어 욕구에 대응 • 국가에 대해 대상자의 입장에서 대변, 비판 • 수혜대상자의 자존심 유지 • 독창적인 서비스 접근 개발 • 다양한 서비스와 혁신적인 프로그램 개발
단점	• 운용의 관료성, 획일성 • 탄력성 및 융통성 결여 • 법적, 재정적 제약으로 즉각적 대응결여 • 지역 간의 격차	• 재원확보의 불확실성 • 지속적인 서비스 제공 내지 운영에 차질 • 자선적인 측면에서 그치기 쉬움 • 부분에 국한된 서비스 제공

출처: 이영철 외(2002). 사회복지학.

3. 사회복지의 전달체계와 방법

1) 사회복지 전달체계의 개념

전달은 물품 등을 다른 사람이나 기관에 전하는 것을 말한다. 사회복지 영역에서 전달을 실천하는 것은 클라이언트에게 급여나 서비스를 제공하는 것이 전달이다. 이때 전달하는 소식과 방법을 전달체계라고 말한다. 따라서 사회복지의 전달체계는 어떤 방법을 거칠 때 가장 효과적이고 효율적으로 클라이언트의 욕구를 충족시킬 수 있는지를 판단하는 과정이다. 즉, 사회복지서비스 제공자와 클라이언트를 연결시키기 위한 체계적이고 조직적인 장치이다.

사회복지 전달체계는 정부나 공공기관이 직접 관리 및 운영하는 공공 전달체계와 민간단체나 기관이 직접 및 관리 운영하는 민간 전달체계로 구분된다. 예를 들어, 보건복지부, 여성가족부, 서울특별시 복지정책과, 노인복지과 등은 공공 전달체계에 속하며, 사회복지관, 노인복지관, 청소년상담복지센터, 청소년쉼터 등은 민간 전달체계에 속한다.

2) 사회복지 전달체계의 분석 차원

사회복지 전달체계를 분석할 때는 구조·기능적 분석, 운영주체별 분석, 서비스별 분석으로 구분해볼 수 있다. 이때, 구조·기능적 분석과 운영주체별 분석은 서비스 제공자를 중심으로 한 분류로 서비스 이용자의 입장을 직접적으로 반영하지 못하는 한계를 갖는다.

(1) 구조·기능적 분석

사회복지서비스 전달체계는 구조·기능 면에서 행정체계와 집행체계로 구분할 수 있다. 행정체계는 서비스를 기획, 지시, 지원, 관리하는 것을 말하며 지원 기능을 한다. 집행체계는 클라이언트에게 서비스를 전달하는 기능을 주로 하며, 일부 행정기능도 한다. 행정체계와 집행체계는 실제 서비스의 운영 방식에 따라 다르게 구성된다.

(2) 운영주체별 분석

사회복지서비스 전달체계의 운영주체는 공공(공적)과 민간(사적) 전달체계로 구분할 수 있다. 공공 전달체계는 정부나 공공기관이 직접 관리 및 운영하는 것이며, 민간 전달체계는 민간(또는 민간단체)이 직접 관리 및 운영하는 것이다.

(3) 서비스별 분석

사회복지서비스 전달체계는 서비스의 종류와 성격에 의해 구분될 수 있다. 예를 들어, 노인복지서비스 전달체계를 살펴보면 사회복지전담공무원, 시·구, 노인주간보호센터, 치매단기보호센터, 요양시설, 노인복지관, 경로당 등이 있다.

3) 사회복지서비스 제공(전달체계 구축)의 원칙

사회복지서비스 제공(전달체계 구축)의 원칙에는 전문성, 통합성, 포괄성, 적절성, 연속성(지속성), 평등성, 책임성, 접근성 등이 있다.

(1) 전문성의 원칙

전문성은 사회복지서비스 관련 핵심 업무를 반드시 전문가가 담당해야 한다는 원칙이다. 전문성을 갖추기 위해서는 자격시험 등을 통해 자격요건을 객관적으로 인정받아야 한다.

(2) 통합성의 원칙

통합성은 클라이언트의 문제가 많은 경우에 복합적이고 상호 연관되어 있기 때문에 이러한 문제를 해결하기 위한 서비스도 서로 연계되어야 한다는 원칙이다. 통합성을 갖추기 위해서는 클라이언트에게 여러 서비스들이 누락되지 않고 제공될 수 있도록 해야 한다.

(3) 포괄성의 원칙

포괄성은 클라이언트의 다양한 욕구를 해결하기 위해 필요한 서비스를 종합적으로 제공해야 한다는 원칙이다. 클라이언트의 욕구는 다양할 뿐만 아니라 한 가지 문제는 다른 여러 문제와 연관되어 발생하는 것이 일반적이다. 따라서 클라이언트의 다양한 욕구를 동시에 혹은 체계적으로 해결하기 위해서는 다각적인 접근이 필요하며, 다양한 서비스를 제공해야 한다.

① 일반화 접근 방법

한 명의 전문가가 다양한 서비스를 제공한다.

② 전문화 접근 방법

다수의 전문가가 한 사람이 가진 다수의 문제 중 자신의 전문 분야에 해당하는 문제를 담당한다.

③ 집단 접근 방법

다수의 전문가가 팀을 구성하여 문제를 해결한다.

④ 사례관리 접근 방법

한 개인의 복합적이고 다양한 문제를 해결하는 데 있어서 한 전문가가 책임을 지고 지속적으로 필요한 서비스를 연결시켜 주고 적절한 서비스를 받을 수 있도록 한다.

(4) 적절성의 원칙

적절성은 클라이언트의 욕구충족이나 문제해결, 서비스의 목표달성을 위해서는 충분한 양과 질의 서비스가 제공되어야 한다는 원칙이다. 적절성을 갖추기 위해서는 지역사회의 (인적, 물적) 자원이 충분해야 되고, 지역사회과 관련 문제를 해결하고자 하는 의지를 갖고 있는 경우 일반적으로 적절성이 충족된다.

(5) 연속성(지속성)의 원칙

연속성은 클라이언트가 필요로 하는 각종 서비스를 지속적으로 제공해야 한다는 원칙이다. 연속성을 갖추기 위해서는 같은 조직 내 서비스 프로그램 간 상호 협력이 잘 이루어져야 할 뿐만 아니라 지역사회 내 사회복지서비스 조직 간에도 공동의 목적과 목표를 갖고 유기적인 연계, 즉 네트워크가 잘 이루어져야 한다. 연속성과 달리 비연속성은 파편성으로 따로따로 떨어져 있는 것을 말한다.

(6) 평등성의 원칙

평등성은 클라이언트의 성별, 연령, 소득, 지역, 종교, 지위 등에 관계없이 누구나 평등하게 서비스를 제공받을 수 있어야 한다는 원칙이다. 이때, 소득이나 연령 등에 따라 서비스 제공기관의 이용 자격에 제한을 두는 경우를 제외하고 국가는 모든 사람에게 사회복지서비스를 제공해야 한다.

(7) 책임성의 원칙

책임성은 사회복지 조직과 사회복지전문가가 서비스 전달에 책임을 져야 한다는 원칙이다. 사회복지 조직은 국가가 시민의 권리로 인정한 사회복지서비스를 전달하도록 위임받은 조직이며, 사회복지전문가는 사회복지서비스를 제공할 수 있도록 재가를 받은 사람이기 때문이다. 책임성을 갖추기 위해서는 서비스 제공에 있어서 클라이언트의 욕구에 적절히 대응했는지, 전달 절차가 적합한지, 서비스가 효과적이고 효율적인지, 서비스 이용자의 의견을 잘 수렴했는지 평가되어야 한다.

(8) 접근성(접근용이성)의 원칙

접근성은 사회복지서비스를 필요로 하는 사람이라면 누구나 쉽게 서비스를 제공받을 수 있도록 해야 한다는 원칙이다. 접근성을 위해서는 서비스에 대한 정보 접근성, 거리 접근성(공간적 거리), 이동 접근성(교통), 양가감정에 의한 심리적 접근성, 이용신청 및 절차 수월성 등이 고려되어야 한다.

(9) 재활 및 자활 목적의 원칙

클라이언트의 재활, 자활 또는 사회복귀를 위한 서비스가 제공되어야 한다.

학습 TIP 통합성과 포괄성

통합성은 서비스 공급자 측면에서 연계를 강조하며, 포괄성은 서비스 이용자 측면에서 다각적인 접근을 강조한다.

4) 행정적인 측면에서의 원칙

사회복지 행정적인 측면에서의 원칙에는 기능분담의 체계성, 전문성에 따른 업무분담, 책임성, 통합조정, 지역사회 참여, 조사 및 연구 등의 원칙이 있다.

(1) 기능분담의 체계성의 원칙

상부-중간-하부로 연결되는 기능상의 분담이 체계성과 일관성을 유지해야 한다.

(2) 전문성에 따른 업무분담의 원칙

전문가, 준전문가, 비전문가의 업무분담이 요구된다.

(3) 책임성의 원칙

사회에 대한 책임, 복지 서비스 대상자에 대한 책임 및 전문가에 대한 책임으로 이는 서비스의 효과성과 연결된다.

(4) 통합조정의 원칙

서비스 대상자의 욕구에 맞는 서비스를 제공하기 위해 관계기관 및 관계자 간의 협의와 논의를 통해 적절한 서비스를 연계하고 조정해야 한다.

(5) 지역사회 참여의 원칙

지역사회 주민의 참여를 비롯하여 자원의 동원과 활용, 전체의 의식 증대에 기여해야 한다.

(6) 조사 및 연구의 원칙

사회복지 서비스 대상자에게 제공되는 서비스의 효과성과 효율성을 평가하고, 사회복지 서비스 이용자의 욕구에 맞는 맞춤형 프로그램의 개발 등을 위한 조사 및 연구 기능을 수행해야 한다.

4. 사회복지의 재원조달

1) 공공재원

공공재원은 조세로 이루어지는 정부의 일반예산(조세수입과 조세지출), 5대 사회보험을 위한 보험료 등으로 구분할 수 있다.

(1) 정부의 일반 예산

정부의 일반 예산인 일반조세의 장점은 다른 재원에 비해 누진적이라서 소득재분배 효과가 크며, 소득재분배적 급여를 하는 데 있어서의 제약이 적다. 그리고 급여의 보편성을 획득하는 데 유리하며, 민간재원에 비해 안정성이 높다. 그러나 사회보장재원으로서의 일반조세는 다른 정부정책 프로그램과 경쟁해야 확보가 가능하며, 용도가 정해지지 않아 사회보험료에 비해 조세저항이 크다.

① 조세수입

조세수입은 소득세, 소비세, 부유세 등으로 구분된다. 소득세는 부담능력을 고려하여 누진세율로 부과되어 소득재분배 효과가 크다. 소비세는 부담능력을 고려하지 않고 상품을 소비할 때마다 부과되며 소득재분배 효과는 상대적으로 적다. 부유세는 일반 예산 가운데 가장 적은 비중이며, 재산세, 상속세, 증여세 등이 있다. 일반조세 수입에 의한 사회복지서비스 재정은 지방교부세로서 지방자치단체에 교부되이 사회복지서비스가 서비스를 필요로 하는 이용자에게 전달된다.

② 조세지출

조세지출은 처음부터 특정한 목적을 위해 각종 조세감면 정책을 통해 원래의 목적을 달성하는 방법을 취하는 공공재원을 말한다. 예를 들어, 아동과 노인부양의 경우 조세 감면을 통해 가족수당을 제공하는 것과 동일한 효과를 기대하는 것을 말한다.

(2) 사회보험료

사회보험을 일반 조세 재원으로 운영하지 않고 보험료로 운영하는 것은 사회보험이 일종의 보험이라는 의미로 강제가입의 원칙을 갖는다.

2) 민간재원

민간재원은 일반 기부금, 후원금, 영리기업과 협약을 통한 기부금, 결연 후원금, 자선파티나 음악회 등 특별행사를 통한 모금, 유증(유산증여), 개인 및 타 조직으로부터 받는 회비, 지역 공동모금의 배분, 서비스 이용 요금, 자체 수익사업(건물임대, 이자증식 등)을 통해 발생한다. 그 중 기업복지의 재원, 자발적 기여, 사용자 부담, 가족 간 소득이전의 네 가지로 나눠 살펴보면 다음과 같다.

(1) 기업복지의 재원

대기업을 중심으로 기업에서는 피고용자를 위하여 다양한 복지 급여를 마련하여 제공하고 있다. 예를 들어, 사원아파트, 기숙사, 사택 등의 주거복지지원, 기업연금, 건강보조, 학비보조 프로그램, 체육시설, 오락시설 등이 있다. 이는 근로자의 복지향상과 기업의 근로자가 귀속의식강화, 생산성 향상, 근로관계의 안정을 목적으로 진행된다. 그러나 중소기업의 경우 기업복지의 한계가 있으며, 소득 불평등 조장의 우려가 있다. 최근 중소기업복지플랫폼을 통해 중소기업 근로자를 위한 서비스가 제공되고 있다.

(2) 자발적 기여(기부금)

개인이나 기업, 재단 등이 사회복지를 위해 강제적이 아닌 자발적으로 기여한 재원을 말한다. 이는 정부와 시장에 의한 한계를 개선할 수 있으며 사각지대를 해결할 수 있으며, 신선하고 창의적인 서비스 및 프로그램 개발이 가능하다는 장점은 있으나 사회복지의 기부금에 의존하는 경우 정부의 재원 마련을 위한 정책 수립이 어려울 수 있다는 단점이 있다.

(3) 사용자 부담

사회복지서비스를 이용하는 사람이 서비스 비용의 전액 혹은 일부를 본인이 부담하는 것을 말한다. 예를 들어, 노인복지관의 노년사회화교육 프로그램에 참여하는 노인이 교육 프로그램에 대한 수강비를 납부하거나 경로식당 이용 시 식사비 납부 등에 의해 만들어진 재원을 말한다. 사용자 부담은 서비스 남용과 도덕적 해이 방지, 이용료 부담 통제와 자아존중감 유지 등이 가능한 장점이 있다. 그러나 저소득층에게 부담으로 작용하여 소득기준에 따른 이용의 격차가 발생할 수 있다는 단점이 있다.

(4) 가족 간 소득이전

비공식적 지원체계인 가족 간 소득이 이전되어 제공되는 재원을 말한다. 부모 부양의 동기와 재분배 효과(가족 간 소득이전을 중심으로)를 연구한 손병돈(1999)의 연구결과를 살펴보면, 첫째, 가족 간 소득이전으로부터 가장 많이 혜택을 보는 계층은 중간계층의 부모들이었고, 최하계층의 부모들은 크게 혜택을 보지 못하였다. 둘째, 현재의 생활을 유지하는 데 있어서 가족 간 이전소득에 대한 의존도는 경제적 계층이 낮을수록 큰 것으로 분석되었다. 셋째, 우리나라 노인부양의 한 형태인 부모에 대한 자녀들의 소득이전(가족 간 소득이전)의 주요 동기는 효인 것으로 분석되었다.

핵심 용어

사회복지의 대상, 사회복지의 욕구, 사회복지의 주체, 사회복지의 전달체계, 사회복지의 재원조달

학습 실천과제

- 사회복지의 대상과 욕구에 대해 논의해 봅시다.
- 사회복지의 주체와 전달체계에 대해 기술해 봅시다.
- 사회복지의 재원조달을 위한 방법에 대해 토론해 봅시다.

CHAPTER 05 학습문제

01 사회복지 전달체계 구축 시 고려해야 할 사항으로 옳지 않은 것은?

① 통합성: 서비스의 중복과 누락을 방지하고 다양한 서비스를 통합적으로 제공해야 한다.
② 포괄성: 클라이언트의 다양한 욕구 중 한 가지 욕구를 해결하기 위하여 전문가 집단이 개입하는 방식이다.
③ 적절성: 사회복지서비스의 양과 질이 서비스 수요자의 욕구 충족과 서비스 목표달성에 적합해야 한다.
④ 접근성: 서비스 이용자에게 공간, 시간, 정보, 재정 등의 제약이 없는 서비스 제공을 의미한다.
⑤ 전문성: 충분한 사회복지 전문가의 확보가 필요하다.

정답 ②

해설

포괄성은 다양한 욕구 중 어느 한 가지 욕구에 주목하는 것이 아니라, 다양한 욕구에 대해 복합적 차원에서 다각도로 접근해야 한다는 것이다.

02 한국의 민간 사회복지조직에 대한 설명으로 옳지 않은 것은?

① 사회적 기업은 사회서비스 공급에 참여할 수 없다.
② 사회서비스 공급에 영리 기관도 참여하고 있다.
③ 사회복지법인 이외에도 사회복지시설을 운영할 수 있다.
④ 지방자치단체와의 위·수탁 계약을 통해 서비스를 제공하는 경우가 있다.
⑤ 정부보조금, 후원금, 이용료 등 재원이 다양하다.

정답 ①

해설

사회적 기업, 협동조합, 마을 기업 등 사회적 경제 영역에 있는 조직들이 사회서비스 공급에 참여하고 있다.

03 사회복지의 재원에 관한 설명으로 옳지 않은 것은?

① 우리나라는 서구 국가에 비해 비공식 부문의 역할이 더 크다.
② 적절한 사용자부담금은 오남용을 줄이는 역할을 한다.
③ 공공재원을 사용하는 프로그램이 민간재원을 사용하는 경우보다 더 안정적이다.
④ 사회보장성 조세는 일반 조세에 비해 소득 재분배에 더 유리하다.
⑤ 기업복지는 해당 기업에 종사하는 근로자에게 제공한다.

정답 ④

해설

사회보장성 조세는 정률의 보험료를 부과하고 소득의 일정한 상한액 내에서만 부과하기 때문에 상한액 이상의 고소득층의 조세부담을 저소득층에 비해 상대적으로 낮추는 효과가 있어 소득재분배에 역진적으로 작용한다.

04 사회복지 전달체계에 관한 설명으로 옳지 않은 것은?

① 중앙정부는 사회통합이나 평등과 같은 정책목표를 달성하는 데 유리하다.
② 중앙정부는 지방정부에 비해 지속성과 안정성에서 유리하다.
③ 영리 사회복지기관도 공공부문과 연계하여 사회복지서비스를 제공하기도 한다.
④ 최근 사회서비스 생산 및 전달에 있어 중앙정부의 역할이 증대되고 있다.
⑤ 사회보험은 중앙정부가, 공공부조는 중앙정부와 지방정부가 맡고 있다.

정답 ④

해설

과거 중앙정부 중심의 서비스 제공에서 점점 지방정부와 민간기관의 역할이 증대되는 추세이며, 영리기관도 서비스 공급자로 참여하고 있다.

05 다음 사회복지서비스 제공의 원칙 중 무엇에 해당되는 설명인가?

> 사회복지서비스를 필요로 하는 사람이라면 누구나 쉽게 서비스를 제공받을 수 있도록 해야 한다는 원칙이다.

① 전문성의 원칙
② 통합성의 원칙
③ 접근성의 원칙
④ 적절성의 원칙
⑤ 연속성의 원칙

정답 ③

해설

접근성은 사회복지서비스를 필요로 하는 사람이라면 누구나 쉽게 서비스를 제공받을 수 있도록 해야 한다는 원칙이다.

CHAPTER

06

사회복지의 역사

학/습/목/표

- 사회복지 역사 연구의 중요성에 대해 학습한다.
- 서양 사회복지의 역사의 중요성에 대해 학습한다.
- 한국 사회복지의 역사의 중요성에 대해 학습한다.
- 사회복지의 역사적 발달이론에 대해 학습한다.

1. 사회복지 역사 연구의 중요성

역사는 과거와 미래를 잇는 연결고리이다. 원인과 결과의 관계처럼 역사는 오늘을 비추는 거울과 같다. 사회복지학은 개인과 사회의 건강한 성장과 복지국가의 발전에 관심을 두고 있기 때문에 역사 속의 사건들이 지금 벌어지는 일의 이유를 이해하도록 돕고 나아가 바람직한 대안을 찾는 데 유용하게 활용된다는 점에서 역사 탐구의 의의가 있다.

그렇다고 하여 사료의 단순한 나열만으로는 역사가 말하고자 하는 본질을 알기란 불가능하며 보다 체계적이고 과학적인 방법을 통해 역사를 이해하고 분석해야 한다. 사회복지역사의 중요성도 이 점과 연관된다. 시대적 관점에서 사회복지가 어떻게 변화되어 왔는지 또한 그러한 변화를 야기한 원인은 무엇인지에 대한 정확한 이해가 지금의 복지를 설명할 수 있는 근거이다. 더불어 자국과 타국 간의 사회복지 제도와 모델 역시 동일할 수 없다. 따라서 자국의 사회복지가 어떻게 변화, 발전해 왔는지를 이해하는 것은 토착적인 사회복지 모델을 만드는 데 있어서 중요한 자양분이다.

다만 과거 역사에 대한 연구결과가 오늘을 이해하는 데 도움이 된다고 하여 역사적 사실이라면 무조건 현실문제에 바로 적용될 수 있다고 단정하는 것은 지양하여야 한다. 이는 과거라는 그 자체의 한계 때문인데 가령 여러 사료들이 유실되거나 분실되는 등 역사적 자료 보조의 문제들이 한 예이다.

또한 과거 현상에 대한 해석은 언제나 그 시점의 관점과 이해관계에 따라 왜곡될 가능성이 높다는 점 역시 주의하여야 한다.

2. 서양 사회복지의 역사

1) 자선조직협회

구빈법을 기본이념으로 한 자선조직협회(COS; Charity Organization Society)가 1869년 영국 런던에서 결성되었다.

그 후 미국 최초의 자선조직협회는 1877년 뉴욕 버펄로(New York Buffalo) 자선조직단체였으며, 주변의 800여 개 군소 단체들을 연합한 것이었다. 그 후 1877년부터 1892년까지 15년간 미국 내에 92개의 자선조직단체가 설립되었다.

자선조직협회에서는 자선적 원조를 직접적으로 제공한 것이 아니라 자선단체들을 과학적으로 통합·조정해 주는 역할을 하였다. 자선조직협회 직원들은 주로 자원봉사자들이었으며 우애방문자(Friendly visitor)들이 주로 원조를 담당하였다.

우애방문자들은 빈곤자들이 게으름에 젖어 있는 가치관 때문에 가난하게 살 수밖에 없음을 강조하면서 중산층 기독교인의 도덕 및 가치관에 입각한 근면성을 배워 빈곤에서 벗어나고 의존성을 벗어날 수 있도록 교화시켰다. 우애방문자들은 구빈법이 시설 중심의 구호에서 지역사회 중심의 구호로 원조 형태가 바뀌면서 발생한 기능으로 인도주의적 기능과 사회통제적 기능을 동시에 담당하였다.

우애방문자들은 초기에는 자원봉사자들이 주를 이루었으나 이들의 봉사 기간이 짧아 오래 지속하지 못하자 1900년대에 들어서면서 유료 우애방문자들을 고용하게 되었다. 이들은 개인이나 가족을 가입대상으로 하였고, 이는 후에 발전된 형태의 개별사회사업(Social Case work)을 탄생시켰고, 이들 역시 현대 개별사회사업가의 시조가 되었다. 개별사회사업의 초기형태로서 치료적 관계 및 지역사회조직사업이 시작된 것은 COS 운동이 주는 시사점이 될 것이다.

2) 인보관 운동

인보관 운동(Settlement House Movement)은 COS와 동시에 등장한 빈곤에 대한 해결 운동이다. 세계 최초의 인보관은 1884년 런던 이스트 엔드 지역에 세워진 토인비 홀(Toynbee Hall)이다. 설립자는 사무엘 바네트(Samuel Barnett) 목사이다. 바네트 목사의 헌신적인 노력에 동감한 옥스퍼드 대학, 케임브리지 대학의 학생들이 바네트 목사와 함께 슬럼문제의 해결을 위해 고민하다가 세틀먼트(Settlement)의 이념을 실천하기로 하였다. 사회개량운동에 참여한 젊은 학생들은 빈곤한 사람들과 동등함을 주장하였고, 빈곤지역의 가장 중심부에 있는 사회복지관에서 빈곤자들과 함께 공동생활을 하는 것을 선택하였다. 그들의 클라이언트는 개인이 아니라 지역사회였다.

미국 최초의 인보관 운동으로는 스탠턴 코이트(Stanton Coit)에 의해 1886년 뉴욕에 설립된 근린조합(neighborhood guild)이다. 스탠턴 코이트는 런던 빈민가의 가장 중심적인 지역에 인보관을 만들고 그곳에서 빈민들과 더불어 일하고 생활하는 젊은 대학생을 목격하고 크게 감명을 받았다. 이러한 사랑은 미국에 급속하게 퍼져나가서 1897년 74개소의 인보관이 생겼고, 1900년대에는 100개 이상, 1920년까지는 400개 이상의 인보관이 미국에 설치되었다. 이런 내용을 미루어 보았을 때 미국 사회복지정책과 프로그램은 영국의 영향을 받았다는 증거가 된다.

가장 유명한 인보관 중 하나는 1889년 미국 시카고에 세워진 헐 하우스(Hull House)인데, 제인 애덤스(Jane Addams)가 1885년 세워진 화이트 채플(White chapel)에 영국의 토인비 홀을 모델로 하여 세운 것이다. 헐 하우스(Hull house) 프로그램의 대부분은 다른 인보관 운동의 모델이 되었다.

제인 애덤스는 사회개량뿐 아니라 평화를 위한 행동주의자였다. 그리하여 1931년 그녀는 노벨평화상을 받았다. 헐 하우스의 특징은 이곳에서 일하는 모든 사람들이 이 기관에서 함께 숙식을 하면서 함께 생활한다는 것이다. 그 때문에 이 기관의 이름을 세틀먼트 하우스(Settlement House)가 되었다. 이들은 빈곤의 원인을 무직이라 생각하였고 실직하게 된 것은 개인의 무지나 게으름 같은 도덕적인 문제가 아니라 산업화 착취의 결과라고 주장하였다. 이들 역시 현대 지역사회 사회복지사들의 전신이다.

인보관 운동(Settlement House Movement)이 자선조직협회(COS)와 다른 점은 인보관 운동은 문제 지역을 자신들의 이웃이라 생각하고 부유층 출신의 높은 교육을 받은 대학생들이 자신들의 성장배경과 다른 이웃을 돕기 위해 그들의 생활환경에 직접 뛰어들어가서 생활하면서 환경개선에 힘썼다는 것이다.

또한 그들은 극빈자들도 그들 나름대로의 도덕성이 있기 때문에 중산층 기독교 여성들의 도덕성을 굳이 배우지 않아도 된다는 것이다. 결국 사회진화론이 그 영향력을 상실한 것으로 볼 수 있다. 인보관 운동은 Residence(거주), Research(연구조사), Reform(개혁)의 3R로 요약할 수 있다.

인보관 운동의 청년들은 빈곤하거나 장애를 가진 소외계층(disadvantaged)에 대한 권한부여(empowerment)를 주장하였다. 즉, 소외계층도 자신의 문제를 해결할 수 있는 능력이 있음을 인정하고 그 능력을 발휘할 수 있도록 힘을 북돋아 주는 역할을 하였다. 이것은 요즈음 다시 대두되고 있는 사회복지 실천방법으로 권한부여 모델의 이념적 근원이 된다.

▼ 표 6-1 자선조직협회와 인보관 운동 비교 내용

구 분	자선조직협회 (Charity Organization Society)	인보관운동 (Settlement House Movement)
주 체	• 상류층(기득권층) • 우애방문자·빈곤자 조사	• 중류층(지식인 중심) 학자 중심의 사회개량운동 • 젊고 똑똑한 사람들, 높은 이상을 가진 대학생 중심
빈곤관	• 개인주의 빈곤관·빈곤은 개인 책임이다. • 빈민개량운동·빈곤자에게 물고기를 주지 말고 물고기를 잡는 방법을 알려 주자	• 빈곤의 원인: 무직이라 생각함 • 실직하게 되는 것은 개인의 무지나 게으름과 같은 도덕적인 문제가 아니라 산업화 착취의 결과라고 주장함

구 분	자선조직협회 (Charity Organization Society)	인보관운동 (Settlement House Movement)
이데올로기	• 사회진화주의 사항 • 인도주의적 기능과 사회통제적 기능을 동시에 담당함(우애방문자들은 1800년대부터 가난한 사람들의 집을 찾아다니면서 상담·교육·교화를 전달하는 역할을 담당한)	• 진보주의, 급진주의 성향이 강함 • 빈곤의 원인이 사회환경에 있다. • 형제 자매간의 우애의 질서가 이념적 근간 • 중산층의 도덕관념과 다른 계층의 도덕관념이 다를 수 있다는 계층별 도덕성 강조
서비스	• 경제부조에 초점-서비스 조정에 초점 • Worker 중심 • 걸인으로부터 도시를 보호하고자 하는 목적을 두고 원조를 제공	• 서비스 지체 • Client 중심 • 주택문제, 공중위생문제, 고용주로 부터 고용착취 등에 관심을 갖고 사회개혁을 시도함
주요 내용	• Case work 탄생시킴 • 개별원조기술 최초로 발전시킴 • 사회복지의 과학성 높임 • 사회복지 구제의 효율성 높임 • C.O(지역사회조직론)를 낳음	• 3R운동: Residence(거주), Research(조사), Reform(사회환경개혁) • 연구조사를 통해 사회제도를 개혁해야 한다는 기본 개념
시사점	• 선분사회사업의 발달 • 현대 개별사회사업가의 시조가 됨 • 자원봉사활동 활성화 • 사례회의 발전 기관의 조정역할	• Group work 발달의 효시 • 빈곤하거나 장애를 가진 수외계층에 대한 권한부여를 주장함(권한부여 모델의 근원)

3) 진단주의와 기능주의

1933년 루스벨트(Roosevelt)가 대통령이 되면서 자신의 철학에 입각한 광범위한 공공 영역(public sector)에서 공정복지 프로그램이 제공되는 긴급구제법을 입법화하였다. 이러한 루스벨트 대통령의 뉴딜(New Deal)정책은 사회복지사의 역할을 다시 변화시켰다. 따라서 많은 사회복지사들이 정부기관뿐 아니라 공공시설에 고용되어 공공의 역할을 담당하게 되었다. 이처럼 커다란 사회적 변화로 인해 개별사회사업의 접근에서도 또 다른 움직임을 보이게 되는데, 이

것이 바로 진단주의 학파(diagnostic school)와 기능주의 학파(functional school) 간의 분리이다.

진단주의 학파는 프로이트의 이론에 근거하여 무의식, 전이, 저항, 정신적인 결정론을 포함하는 프로이트 학파의 개념들을 기초로 하고 있다.

그러나 많은 사회복지사들은 부모의 양육으로 초기에 내면화된 성격결정론과 인간을 무의식적이며 기계론적으로 보는 프로이트 학파의 접근에 불만을 갖게 되었다. 진단주의 학파가 프로이트의 이론에 근거하여 과거 중심적인 접근을 계속함에 따라 현재의 사회환경과 관련된 문제를 해결하는 것이 시급하다고 판단한 학자들은 기능주의를 주장하고 나섰다.

기능주의는 인간의 성장 가능성을 중시하고, '지금-이곳', 즉 현재에 초점을 두면서 인간과 인간, 인간과 사회환경과의 관계를 중심적으로 분석하고자 하였다. 이 학파 사람들은 대공황에 의한 다양한 문제를 프로이트가 설명하는 과거의 성장과 정상의 문제나 무의식의 문제로 규정짓기는 너무 현실감이 떨어진다고 주장하면서 현시점에서 더 나은 기능을 회복하게 하는 것이 중요하다고 보았다. 즉, 사람들은 과거의 생산물이 아니고 그들 스스로 계속적으로 창조하고 재창조할 수 있다는 인간에 대한 낙관적인 견해를 가졌다.

기능주의 학파의 초점은 사회복지사와 클라이언트 간의 관계에 있다. 치료를 위한 책임이 워커에게 있는 것이 아니고 클라이언트에게 있음을 강조하고 치료자라는 말을 사용하는 대신 원조과정(Helping Process)이라는 용어를 사용했다.

랭크(Rank)의 이론에서는 개인의 의지(Will)를 강조하였는데, 개인은 그 자신 내부에서 건설적인 방향을 향해 나가고자 하는 힘을 가지고 있고, 이 힘은 건전한 성장을 위한 의지를 형성한다고 하였다. 또한 개인은 더 이상 과거의 노예가 아니며, 현재의 경험과 그 주변 여건에 대한 이해가 개인문제를 해결하는 데 중요한 역할을 한다고 하였다. 기능주의에서는 전문가와 클라이언트 사이의 원조관계가 강조되었다. 원조과정이 전개되는 기관의 기능과 원조관계는 긴밀하게 연결되었기 때문에 클라이언트는 도움을 받는 기관의 제한된 기능 내에서 스스로 선택하고, 자신의 내부의 힘을 활용하여 자신의 성장을 위한 과제를 수행하되, 시간적으로도 제한된 범위 내에서 자신의 긴박한 문제해결 과정에만 참여하였다.

진단주의와 기능주의를 비교하면 <표 6-2>와 같다.

▼ 표 6-2 진단주의와 기능주의 비교

주의 / 내용	진단주의 (diagnostic school, 1920년대)	기능주의 (functional school, 1930년대)
1. 학파	• Freud(시카고대학) –Richmond, Hamilton, Holius, Austin, Lowenberg, Garrett	• Otto Rank(펜실베이니아대학) –Robinson, Taft, Lecky, Smalley, Pray, Dawley, Apteker, Marcus
2. 전체 초점	• Freud의 정신분석이론(과거를 중요시) • Erikson의 심리사회적 이론	• Client 자신의 현재 경험을 중요시 • Otto Rank의 의지(will)이론 • G. H. Mead의 상호작용이론
3. 방 법	• 과정: 조사-진단-치료 • 과거생활력: 단서적·인과성 • 치료주체: Worker • 치료자의 역할(Worker): Worker는 Client를 분류하고 치료방법을 선택, Worker가 중심역할	• 현재의 경험 중시 • Client의 참여·자기결정 존중 • 치료의 주체: Client 자신 • 원조자·조력자의 역할(Worker): Worker는 Client의 능력을 발전하게 함
4. 인간관	• 기계적·결정적 인간관, 무의식의 힘에 좌우됨 • 질병의 심리학 • 주도적·지배적·Worker의 전문성 확립	• 성장 잠재력을 가진 인간관 • 낙관적인 인간관 • 자기의 창조사: 성장의 심리학 • Worker의 권력분산: 통합방법론의 뿌리
5. 특징	• 워커의 치료 • 과거중심적인 접근을 계속함 • 과거의 기능과 경험 중시 • 기관은 치료소이며, 기관의 목적하에서만 치료	• 치료보다는 원조(helping) • 인간의 성장가능성을 중시하고 지금-여기, 즉 현재에 초점을 둔다. • 개인의 미래를 현재의 경험에서 찾는다.
6. 사회사업의 목적	Worker의 실천에 초점, 내용을 제공하고자 함	Client의 건전한 성장이나 사회적 조건에 영향을 미침

3. 한국 사회복지의 역사

우리나라 사회복지 발달사의 과정을 역사의 변천과정을 통해 상세히 알아보도록 하자.

1) 근대이전의 사회복지

(1) 삼국시대

삼국시대에는 천재지변 등의 각종 재난이 있을 때, 그때마다 왕이 어진 정치를 베푸는 한 방편으로 창(倉)의 비축양곡을 내어 백성들에 대한 구제사업이 행해졌다. 특히 고구려 고국천왕 16년(AD194)에는 진대법이 제정되었는데, 그 내용은 춘궁기(3~7월)에 관곡을 빈곤한 백성들에게 그 가구원 수에 따라 필요한 양을 대여하였다가 추수기인 10월에 납입하게 하는 제도로써(하상락, 1989: 42) 후세 고려의 의창과 조선의 환곡으로 연결되었다.

삼국시대에 제3대 유리왕 5년(서기 28년)에 최초의 4궁 환과고독(鰥寡孤獨) 구빈이 행해졌다. 환과고독은 늙고 아내가 없는 자, 늙고 남편이 없는 자, 어리고 부모가 없는 자, 늙고 자녀가 없는 자 또는 늙거나 병든 사람으로 자활할 수 없는 사람들에 대한 구제도 많이 실시하였다.

또한 삼국시대의 대표적인 구빈제도로서 창제와 진대법이 있다. 창제는 우리나라의 가장 오랜 역사를 갖는 구제제도로 손꼽히고 있다. 창제의 운용은 부락별로 곡창(부경)을 설치하여 병농공용으로 사용했고, 풍수해·질병·전란 시에 양곡을 방출했다.

고구려의 진대법은 흉년이나 춘궁기에 창곡을 백성들에게 대부하였다가 추수기와 풍작을 기다려 다시 갚게 하는 제도이다. 이것은 무상으로 백성에게 구휼을 행하는 것이 아니라 백성들이 능력이 있을 때 다시 상환케 했던 제도이다. 즉, 진대법의 목적은 춘궁기에 빈민을 구제하고 영농자본을 통해 국민의 생활을 안정시키고 관곡을 유용하게 활용하는 것이었다.

이상과 같이 삼국시대부터 이미 국고를 열어 환·과·고·독·노인·병자 등을 위문하고 식량을 지급했고, 창제와 진대법 등 구휼제도가 있었다는 사실은 우리나라도 오랜 구빈의 역사를 갖고 있다는 점을 입증해 주는 것이라고 볼 수 있다.

(2) 고려시대

고려시대는 관료적 봉건 체제가 확립된 시기로서 역대 왕들은 구제사업을 나라를 다스리며 백성을 이끄는 국가적 사업으로 인식하여 점차 구제사업을 담당하는 전문기관을 마련하고 그 기관을 통해 구제사업을 전개하였다. 그 예로 고려 예종 4년(AD 1109)에는 가난한 백성을 돕기 위한 중앙관서로서 구제도감이 처음으로 설립되었고 예종은 일반서민에게 의약의 혜택을 널리 펴기 위하여 혜민국을 두었으며, 대비원, 혜민국에 각각 구급사무를 관장하는 제위보를 두어 의료 구제사업을 널리 실시하기도 하였다(구자헌, 1970).

이와 같이 중세 고려시대에 와서 불교의 자선사상에 영향을 받은 전문적인 구제제도가 시작되어 재민을 구제하는 기관으로 제위보, 구제도감, 동서대비원, 혜민국 등이 있었다. 제위보는 최초로 설치된 구빈기관으로 빈민구제사업과 이재민 구제사업을 맡아서 행하였고, 구제도감은 중앙에 설치된 구휼행정을 총괄 관장하는 기관으로서 곡물을 비롯한 각종 생활필수품을 구비하고 굶주림을 당하고 있는 가난한 백성을 구제하고 병약자를 보호하였다. 동서대비원과 혜민국은 의료구호기관으로서 이 기관들은 가난한 자에게 약품과 의복을 내주고 치료를 해 주었는데 특히 이들 기관에서는 대부분 훈련을 받은 승려를 두어 자선사업으로써 과업을 수행하도록 했다.

아동복지사업으로서의 고아 수양과 유아·기아·빈곤 아동의 보호사업이 행해졌는데, 고아 수양은 고아 민가 수양을 빙자하여 자가노비로 삼는 방편으로 인신매매, 유인, 약탈 등의 폐단이 생기기도 했다. 노인복지사업으로서 환과고독의 요구호자에게 관비부양이 이루어졌으며, 임시적 은사를 행해 군주가 경로정신의 시범을 보이기도 했다. 고려시대의 구제활동으로 특기할 점은 불교도에 의한 구제활동인데, 유아·기아·빈민아를 사원에서 수용 양육하여 승려, 사역승으로 양성하는 일이 성행하게 되었다. 이 외에 행려자시식소(行旅者試食所)를 설치·운영한 것은 중세 기독교사원의 사원숙박소와 같은 맥락에서 이해할 수 있겠다(김상규 외, 1996).

(3) 조선시대

고려시대까지는 주로 불교의 영향으로 종교적 자선이나 자비를 베푸는 시혜가 구제활동의 중심이었다면 조선시대에는 유교의 왕도사상을 기반으로 한 국가통치자의 국가와 백성에 대한 책임감, 의무감을 보다 강조하였다는 점에서 일반백성들에 대한 구제사업은 보다 체계적으로 실시되었다고 할 수 있다.

조선시대의 구빈제도는 창제와 환곡이 있으며, 비황(備荒)을 위한 제도로 의창, 상평창, 사창이 있었다. 사창은 국가적 차원에서의 구빈제도가 아니라 촌락이나 부락단위의 구휼제도라고 할 수 있으며, 환곡은 관가에서 곡물을 비축하여 춘궁기에 백성들에게 대여하였다가 추수 때에 환납하게 하는 제도였다. 조선시대의 민생구휼기관으로는 구황청(救荒聽), 혜민국(惠民侷), 제생원(濟生院), 활인서(活人署), 기로소(耆老所) 등이 있었다.

구황청은 황정(荒政), 재해가 생겼을 때에 국가의 비축곡을 방출하여 굶주린 백성을 구제하고 급식을 하는 진휼 사업을 전담해 왔는데, 그 후 진휼청으로 명칭이 바뀌었다가 선혜청에 병합되었다.

혜민국은 서민과 궁민에게 질병을 치료해 주고 건강을 보살펴주는 일을 맡았으며, 나중에 혜민서로 개칭되었다가 전의감에 병합되었다.

활인서는 서울 성내의 환자구휼기관으로써 초기에는 고려시대와 같이 동서대비원으로 불리다가 동서활인서로 개칭되었다. 기로소는 70세 이상의 노인들을 입소시켜 노후를 즐겁고 보람되게 보내도록 하였다.

그 밖의 제도로서 자휼전칙(字恤典則)이라고 부르는 유기 및 부랑걸식 아동보호 법령이 공포되어 유기아동, 걸식아동, 부랑아 등을 관가에서 보호하거나 유양(留養), 민가에 입양하도록 하였는데, 이 법령에 근거하여 진휼청의 수용보호사업이 시작된 것이다.

환과고독에 대한 진휼사업은 지방수령에게 책임이 주어졌는데, 목민심서에 의하면 사궁(四窮)의 선정에 있어 연령, 친척의 유무, 재산상황 등을 참작하는 것이 관례였다. 즉, 자기 재산이 있거나 부양할 친척이 있거나 연령이 60세 미만 10세 이상이면 대체로 보호의 의무가 없었던 것이다. 한편 신체장애인으로서 생활능력이 없는 사람은 직업보도와 구휼을 해 오기도 했다(김상규 외, 1995).

조선시대에 들어와 불교를 탄압하고 유교를 장려하게 됨에 따라 구빈사업도 유교의 왕도주의에 입각하여 왕이 재해 및 빈민구제를 대단히 중요시하게 되었다. 조선 초기 빈민구제의 원칙은 빈민구제는 왕의 책임으로 하고, 구제의 신속을 중시하며, 일차적인 구빈행정 실시책임은 지방관이 지게하고 중앙정부는 수시로 구제에 대한 교서를 내리며 필요한 관계법을 제정, 공포하고 지방 구빈행정을 지도·감독하는 것으로 되어 있었다(하상락, 1989: 56).

향약에서는 조선의 지배층을 구성하던 양반계층에 의하여 동원된 사회질서를 유지하기 위한 하나의 방법으로 덕업상권, 과실상규, 예속상교, 환난상휼 등의 4대 덕목 중 환난상휼에 의하여 재해, 질병, 빈곤에 처한 이웃들에게 도움을 주어 현대적 의미의 사회사업을 실천했다.

이 밖에도 가난한 사람들이 농업 경영자에게 상호 연대책임을 지고 춘궁기에 곡물을 선불 받아 농번기에 노동을 해 주는 고지가 있었고, 촌락을 단위로 마을 안 무능력자나 과부 또는 초상을 당하여 일정 기간 노동을 할 수 없는 자의 농사를 마을 주민 공동으로 지어 주는 공굴,[1] 마을에 흉사가 있을 때만

1) 공굴: 마을에 중환자, 불구자, 과부, 초상을 당한 이웃이 있으면, 마을 사람들이 공동으로 그들의 농사를 대신 경작해 주던 풍속

무보수로 봉사하는 향도가 있었으며, 계(契)와 두레 등도 구휼사업을 하는 민간조직의 활동으로서 일종의 사회사업적 의미를 내포하고 있었다.

2) 근대화 이후의 사회복지

(1) 일제 강점기의 사회복지

일제 강점기에는 일본에서 1874년에 제정된 구휼규칙을 1929년에 폐지하고 구호법을 새로 제정하여 보다 향상된 현대적 구빈행정을 시행하였으나, 한국에서는 이 법을 시행하지 않고 유사시에 은전을 베푸는 형태로 극히 한정된 범위의 요구호자에 대한 구빈사업을 실시하였다. 그러던 중 1944년 3월 그들은 군사적 목적을 위하여 한국민에게 징병과 노무징용을 강요하게 되어 비로소 일본 본토에만 실시해 오던 구호법을 한국에도 확대 시행키로 하고 조선구호령을 제정·실시하였는데 이는 일본의 구호법을 기초로 하고 모자보호법과 의료보호법을 부분적으로 부가해서 종합화시킨 법이다. 그 내용을 살펴보면 적용대상은 65세 이상의 노쇠자, 13세 이하의 유아, 임산부, 불구, 폐질, 질병, 상이, 기타 정신 또는 신체의 장애로 인하여 노동을 하기에 지장이 있는 자로 제1조에 규정되어 있다. 급여의 내용은 생활부조, 의료, 조산, 생업부조가 있으며 제10조에 규정되어 있다. 또한 제17조에는 장제부조가 규정되어 있다. 구호는 신청주의에 의해 실시되며, 이를 심사하기 위해 자산조사를 거치도록 규정하고 있으며, 구호는 거택구호가 원칙으로 되어 있다. 거택구호가 불가능하다고 인정되는 경우에는 구호시설수용, 위탁수용, 또는 개인의 가정 혹은 적당한 시설에 위탁 수용할 수 있도록 규정하고 있다(김만두·한혜경, 2000: 88-89). 이 조선구호령의 의의는 근대적 의미의 공적부조의 출발이라 할 수 있으며, 해방 이후 전개되는 생활보호법의 모태가 되었다는 점이다.

일제하의 구빈사업으로는 이재민구호, 빈민구호, 빈민의료구제, 요보호 아동보호, 복지시설운영 등이 있으나 장기적이고 확고한 계획하에 이루어진 것이 아니고 그때그때의 시혜 차원에서 이루어졌으며, 빈민구호대상자의 수도 일본 본토와 현격한 차이가 나는 등(본토는 총인구의 0.3%, 한국은 0.008% 수준) 매우 형식적인 구빈사업에 불과하였다(인경석, 2000: 82).

(2) 미군정시대

1948년 대한민국 정부수립 후 국민생활을 보장하는 관계 법률이 제정되기도 전에 1950년 6·25전쟁이 발생하게 되어 전쟁 기간 중은 물론 전후 1960년대 초까지도 주로 전쟁 피해자를 대상으로 한 구호사업에 치중하게 되었다. 이 기간 중 구호행정은 우리나라 보건사회부와 유엔 민간원조사령부의 공동노력으로 이루어졌는데, 초기에는 주로 전재민의 응급생계구호에 치중하였고, 1952년 이후에는 장기사업으로 난민정착사업을 실시하여 농축사업 등에 종사케 하였다. 이 기간 중의 구호에 필요한 재원은 유엔구호계획에 의하여 주로 외국 민간원조단체를 통하여 우방국으로부터 받은 원조물자에 의해 이루어졌는데, 특히 미국의 민간원조단체가 보낸 미국 잉여농산물에 의하여 많은 도움을 주었다. 또 미군정기간 동안 복지에 대한 행정대책이 크게 부족하였던 관계로 무계획적인 민간 구호단체와 시설이 증가하였고 외국자선단체와 기관들도 많이 들어왔다. 근대적이고 민주주의에 입각한 새로운 사회사업의 사조와 기반을 우리 사회에 도입하게 된 것은 이 시기부터이었다.

3) 대한민국 정부수립 이후의 사회복지

(1) 제1 · 2공화국(1950년대)

1948년 남한에서 합법적인 정부가 들어서게 되어 제1공화국이 출범하게 된다. 이를 전후하여 남·북한의 이념적 대립이 지속되다가 1950년 한국전쟁의 과정을 통해 사회경제적으로 극도의 혼란과 불안정한 상태에 놓이게 된다. 따라서 재원부족으로 복지정책에 대한 배려는 거의 없었다.

6·25사변은 우리나라 사회복지에 두 가지 큰 변화를 가져오게 하였는데 첫째, 정부수립 후 단계적, 계획적으로 준비되어 왔던 사회부의 모든 정책이 6·25사변으로 무산되어 버린 채 임시적, 응급적 정책으로 전락되었다는 점이고, 둘째는 막대한 외국 원조로 인해 전시 및 전후에 우리 국민의 자활에 큰 활력소가 되었으나 우리 사회에 의존적 구제방식을 심화시켜 놓은 점이다(손준규, 1983: 32). 예를 들면 UNICEF와 같은 국제기구에 의해 실시된 원조 외엔 실질적인 복지정책이 존재하지 않았다고 할 수 있다. 그러나 이 시기 주목해야 할 사실은 어려운 여건 가운데에서도 교육부문에 대한 투자가 확대되었다는 점이다. 교육의 확대로 숙련노동자와 고급인력이 양성됨으로써 경제도약을 이루는 데 커다란 밑거름이 되었다.

이 시기에 미국식 전문 사회사업교육이 도입되기 시작하여 사회사업교육은 1947년 이화여자대학교에 기독교 사회사업학과가 최초로 설치됨으로써 대학 내의 전문교육으로 그 첫걸음을 내딛게 되었으며 교육제도와 교육과정은 미국의 것을 그대로 모방, 수용하면서 전개되었고, 공공차원에서의 사회사업교육도 현재 국립사회복지연수원의 전신인 중앙사회사업종사자훈련소를 통해서 이루어졌다.

또한 사회사업단체나 조직의 활동도 활발하여 1954년 12월 사단법인 한국사회사업연합회가 법인설립 허가를 받았으며, 1957년 부녀보호사업전국연합회, 1954년 한국장애인 재활협회도 설립되었다.

종합적으로 1950년대에는 전후 경제, 사회, 정치가 취약하고 혼란스러웠음에도 불구하고 외형적으로는 외국원조단체의 자선구호활동, 전문사회사업교육기관의 설치, 각종 복지 직능단체의 발생 등 민간사회사업은 활발했던 반면에 국가의 사회복지정책은 응급구호사업이 중심을 이루고 있으며 행정상으로도 일제와 미군정의 사회복지정책의 틀을 벗어나지 못하는 시기라 특징지을 수 있다.

(2) 5·16과 제3공화국(1960년대)

근대적 의미의 사회보장제도는 1960년대 초 5·16 후 태동되어 군사정부에 의하여 몇 가지 의욕적인 사회보장 입법들이 이루어졌다. 그 당시 군사정부는 1962년에 사회보장심의위원회 규정(대통령령)을 제정하여 사회보장심의위원회를 구성하여 사회보장 입법을 추진하였다. 그러나 그 당시의 경제적 여건으로는 이러한 입법들을 뒷받침할 만한 수단이 마련되지 못하여 제대로 시행되지 못하는 경우가 많았다.

군사정부는 우선 공적부조사업의 체계화에 주력하여 1961년에 생활보호법과 재해구호법을 각각 제정하였다. 생활보호법에 의하여 65세 이상 노인, 18세 미만 아동, 불구, 폐질자 등 근로 능력이 없는 무의탁한 자에 대하여 생계보호(거택보호 및 시설보호)를 실시하였으나 그 보호의 수준은 매우 미흡하여 인구 약 40만 명 정도에 대하여 소맥분(밀가루)을 지급하는 사업이 중심이었으며, 이러한 현상은 1970년대 중반까지 계속되었다. 그리고 근로능력은 있으나 자립생활을 하지 못하는 가구를 위하여 1964년부터 자조근로사업을 실시하였는데, 이 사업에 필요한 재원은 미국 공법(U.S. Public Law) 480호에 의한 구호양곡과 정부재정 등으로 충당하였다. 미국 공법에 의한 구호양곡지원은 1972년까지 계속되었다.

이와 같은 경제, 사회적인 상황이 전개되는 가운데 정부에서는 공적부조의 일환으로 법적인 정비를 이루어 생활보호법(1961), 군사원호보상법(1961), 국가유공자와 월남귀순용사 특별보호법(1962), 재해구호법(1962), 자활지도사업에 관한 임시조치법(1965) 등의 제도를 확립하는 한편 사회복지부문에 있어서도 아동복지법(1961), 윤락행위방지법(1961)을 입법화하였으며, 사회보장 면에서는 공무원연금법(1960)을 필두로 선원보험법(1962), 군인연금법(1963), 산업재해보상보험법(1963), 의료보험법(1963) 등의 관계 법률이 제정되어 실시를 보게 된 것이다. 그리하여 1960년대에 들어와서 사회보험을 중심으로 한 근대적인 사회보장제도를 확립함과 동시에 사회복지정책의 기초를 정립하는 새로운 시대를 이룩하였다.

(3) 제4공화국(1970년대)

본격적인 의미의 사회보장 추진은 어느 정도 경제적 성장을 이룩한 1970년대 중반 이후, 즉 제4차 경제개발 5개년 계획부터라고 할 수 있다. 정부의 초기 계획은 제1·2차 경제개발 5개년 계획 기간까지는 성장 위주의 경제개발을 추진하여 국력을 우선 배양하는 것이 급선무이며 제3차 5개년계획 기간부터 사회개발을 병행해 나갈 계획이었다. 그러나 제1차 석유파동으로 인해 제3차 5개년 계획까지도 성장 위주의 계획을 추진하지 않을 수 없었다(김정렴, 1992: 308).

3차에 걸친 성장 위주의 5개년 계획 추진으로 고도성장을 이룩하였으나 고도성장에 따른 경제적·사회적 불균형이 나타났고, 이러한 불균형을 시정하는 것이 곧 계속적인 경제발전을 가능케 하는 원동력이 된다고 보고 1977년을 시발로 하는 제4차 경제개발 5개년 계획부터 사회개발을 병행 추진해 나가되, 우선적으로 국민의 의료문제 해결을 위하여 의료보장 정책에 중점을 두고 추진하였다.

1970년대 국가는 비로소 '복지'를 법적으로 제도화하고 또 복지는 생산관계 내부로의 본격적인 진입을 이루었으나, 아직 국가는 이것을 경제정책의 시각에서 보려 하지도 않았다. 이 시대는 민중 수준에서 서민 근로자들에 의한 최초의 노동운동으로서 민주노조운동이 시작되었다고 할 수 있으며, 1970년 사회복지사업법의 제정으로 법규에 의거한 시설과 단체들이 정부의 보조를 받을 수 있었다는 것과 외원기관의 원조활동이 점차로 줄고 정부의 재정부담이 늘어나면서 사회복지제도 토착화의 기반을 조성하였고, 제4차 경제사회종합발전계획 실시를 통하여 경제와 사회의 균형발전을 모색하였으며, 1977년 아산복지재단이 설립되면서 보건의료, 사회복지사업 및 학문연구 작업에 활성제의 역할을 수행하게 되었을 뿐만 아니라 기업복지재단의 활발한 지원활동의 시발점이 되었다고 할 수 있다.

노태우 정부 이후 지금까지 모두 6공화국으로 본다.

(4) 제5 · 6공화국(1980년대)

제5공화국 정부는 국가안보를 전제조건으로 민주주의 정착과 정의사회의 구현, 복지국가의 건설 그리고 교육개혁과 문화창달 등 새로운 사회건설의 국정지표를 제시하였다. 제6공화국이 출범한 이래 사회복지정책은 중요한 정치현안으로 떠오르게 되었으며, 1980년대 후반부터 한국형 복지모형이 등장하게 된 배경은 1970년 중반 이후 선진복지국가에서 복지국가위기론이 대두되고 있었기 때문에 한국에서도 자칫 잘못하면 복지병을 유발할 수 있다는 정책관련자들의 우려 때문이었다고 볼 수 있다.

제5공화국에서 복지시책의 기본 방향은 첫째는 국가발전수준에 알맞은 복지시책, 둘째는 서구적 복지병폐를 예방하고, 셋째는 자립정신에 입각한 복지시책의 전개 등이다. 즉, 국가개입을 가능한 최소화하고 가족의 기능을 강화하며, 요보호자 자신의 자조와 재활을 강조하고, 자원봉사의 참여를 장려하는 내용으로 나타났다. 이러한 프로그램의 구체적 내용을 보면, 사회복지 서비스를 주도해오던 시설수용보호 중심에서 크게 탈피하여 지역복지와 재가복지가 도입되기 시작한다.

제6공화국의 첫 정부는 노태우 정부이며, 그 뒤를 이은 김영삼 정부부터는 차별화를 위해 문민정부, 국민의 정부, 참여정부 등의 용어를 사용했다. 그 이후 대통령의 성명만을 붙인 ○○○ 정부로 불리기 시작했다.

(5) 제6공화국

제6공화국의 사회복지제도 발전의 특징을 요약하면 다음과 같다.

첫째, 국민연금제도, 최저임금제도, 그리고 전국민의료보험제도의 실시 등 소득 및 의료보장의 확대가 이루어지기 시작하였다. 둘째, 1988년 서울 장애인

올림픽 이후 장애인 종합대책을 수립하였으며, 이어서 장애인 고용촉진 등에 관한 법률을 제정하여 장애인복지에 대한 변화를 시도하였다. 셋째, 영유아보육법이 아동복지법과는 별도로 제정되면서 영유아보육사업이 크게 부각되었다. 넷째, 재가복지를 중시하여 재가복지봉사센터가 급격하게 증가되었으며, 1987년부터 사회복지 전문요원을 영세민 밀집지역의 동사무소에 배치하기 시작하였으며 사회복지 전문요원제도는 대학의 사회복지전문교육 반세기 역사의 산물이라 해석되며, 이들의 성공은 그들 자신의 사명감과 전문성뿐 아니라 사회복지 서비스에 대한 국가적·사회적 지지와 지원에 달려 있다고 할 수 있다.

(6) 문민정부

1993년에 등장한 김영삼 대통령의 문민정부는 신경제 5개년 계획의 사회복지 부문에서 우리나라 제7차 경제사회발전 5개년 계획 복지정책의 기본방향을 국가발전수준에 부응하는 사회복지제도의 내실화에 두고 '국민복지'를 증진시킬 것을 제시하였다. 그러나 사회복지와 관련해서는 소극적으로 대처하다가 1995년 초에 성장 위주의 정책에서 벗어나 삶의 질과 생산적인 국민복지에 적극적인 관심을 기울여야 할 것이라고 강조하였다.

문민정부는 사회복지입법사에서 사회보장기본법이라는 큰 기초를 잡아 놓은 것으로 그 의의가 있다. 이것은 헌법의 생존권적 기본권의 보장을 현실에 부합되게 실천하려는 기본 틀의 제정이었으며, 고용보험법이 제정 시행되었다.

문민정부 사회복지의 특징으로는 국민기초생활보장법을 제정하여 자선적 생활보호에서 권리성 급여로 전환하게 되었고, 국민기초생활보장법의 제정을 둘러싸고 복지 논쟁이 대두되었다. 1998년 말 국민연금법을 대폭 개정하여 적용계층을 전 국민으로 확대하였고, 아동복지법과 장애인복지법에 법의 기본이념을 명시하였다. 그리고 현안 문제들을 복지서비스 이용자 입장에서 제시하고자 하였다.

(7) 국민의 정부

국민의 정부에 걸친 사회복지제도의 획기적인 변화는 첫째, 사회보험제도의 정비이다. 전 국민을 대상으로 국민연금제도의 확대 실시(1998→1999)와 더불어 전 사업장에 대한 고용보험제도의 적용, 의료보험의 통합으로 인한 국민건강보험제도의 출발 등 산업재해보상보험제도를 포함한 4대 보험이 제도로서 정착되어 발전되고 있다. 둘째, 공공부조제도로서 국민기초생활보장제도의 도입이다. 국민기초생활보장제도는 국가의 도움이 필요한 빈곤한 모든 국민들에게 기본적인 생활을 제도적으로 보장하게 된다. 셋째, 사회복지 서비스 관련법의 제정 및 개정 등으로 각종 사회복지 서비스가 지속적으로 확대, 발전되고 있으며 사회복지관을 비롯한 민간 사회복지조직이 급증하고 있고, 민간사회복지의 자율성이 강화되고 있다.

제15대 김대중 정부(1998.2.25~2003.2.24)는 제도적인 사회복지 체제가 필요하다는 인식과 아울러 생산적 복지 패러다임에 근거한 제도적인 사회복지 개혁을 추진하게 되었다. 역대 정권 가운데 처음으로 복지정책을 전면에 내세우며 사회복지 제도를 살펴보고 복지 수준을 대폭 확대하였다. 이러한 김대중 정부의 복지정책은 '생산적 복지'로 일컬어졌고, 생산적 복지는 일할 능력이 없는 국민에게는 최저생계비를 지급하고, 근로 능력이 있는 사람에게는 일을 통해 자립할 수 있도록 하는 선진국형 복지개념으로 우리나라의 복지 수준을 한 단계 끌어올려 선진복지국가로 가는 기틀을 마련했다고 평가된다. 또한 김대중 정부가 추진한 사회복지정책은 국민기본생활을 보장하는 복지, 생산과정에의 참여를 통한 복지, 취약계층의 자활을 지원하는 복지, 삶의 질 향상을 위한 기반 조성이었다. 그 결과 김대중 정부는 국민기초생활보장제도를 도입함으로써 공공부조 체계를 획기적으로 변화시켰고, 국민연금, 산재보험, 고용보험의 확대 적용과 의료보험 통합으로 사회보험체계를 확충하였다. 이는 경제위기 이후 크게 증가된 사회안전망에 대한 국민의 욕구를 반영한 결과이다.

(8) 참여정부

2003년 2월 가계부채, 신용불량자 급증 등으로 민간소비가 위축되었고, 고용 없는 성장이 이루어짐으로써 경제성장이 소득분배 개선으로 이어지는 연결고리가 약화된 시기에 제16대 노무현 정부(2003.2.25~2008.2.24)가 들어섰다. 이 시기는 빈곤문제라는 과거의 사회위험 요소뿐만 아니라, 일을 해도 가난한 근로빈곤층이 점점 많이 등장하게 되었다. 참여복지의 정책기조로 국가적 책임의 강화, 보편적 복지의 실현, 민간참여의 확대를 제시하였다. 노무현 정부는 복지예산을 대폭 확충하였고, '성장과 분배의 선순환론'과 '사회투자국가론'을 내세워 복지국가의 청사진을 제시하였다. 특히 아동보육예산의 획기적 증가와 노인장기요양보험제도의 도입과 사회적 담론을 사회정책의 영역으로 확장시켰고, 사회보험제도의 적용 및 징수를 일원화하였으며, 사회복지사업의 지방이양을 실시하였다. 또한 사회복지 전담공무원을 증원하였다. 사회적 기업 지원법의 제정과 주민생활 지원서비스 체계 구축, 근로장려세제(EITC)의 도입 등 복지에 대한 관심을 높였다.

노무현 정부의 주요 사회복지입법으로는 사회복지사업법 개정에 의한 바우처제도 도입(2003년), 건강가정기본법 제정(2004년), 성매매 방지 및 피해자 보호 등에 관한 법률 제정(2004년), 저출산·고령사회기본법 제정(2005년), 자원봉사활동기본법 제정(2005년), 긴급복지지원법 제정(2005년, 2008년 시행), 근로장려세제도입(2006년, 2008년 시행), 장애인 차별금지 및 권리구제 등에 관한 법률 제정(2007년), 기초노령연금법 제정(2007년, 2008년 시행), 노인장기요양보험법 제정(2007년, 2008년 시행) 등이 있다.

(9) 이명박 정부

이명박 정부(2008.2.25~2013.2.24)는 효율적인 복지 실현을 위해 '능동적 복지'를 슬로건으로 내걸고 이를 실현하기 위한 구체적인 목표를 설정하였다. 능동적 복지는 빈곤과 질병 등 사회적 위험을 사전에 예방하고, 위험에 처한 사람들은 일을 통해 재기할 수 있도록 기회를 제공하여, 경제성장과 분배가 조화를 이루는 복지를 의미한다. 일할 능력이 있는 사람에게는 일자리를 제공하고, 도움이 필요한 사람에게는 국가가 책임을 지고 보호한다는 개념이다. 능동적 복지를 위한 주요 세 가지 목표는 다음과 같다. 첫째, 공급자 중심의 복지시스템을 수요자 중심으로 개편, 둘째, 정부 주도 방식에서 민간과 시장이 함께 참여하는 복지 공급의 다원화를 도모, 셋째, 기존의 단순한 양적 확대에서 효율성 및 효과성 제고를 통해 복지서비스의 질을 제고하는 것으로 제시하였다. 주요 사회정책을 살펴보면, 사회보장 측면에서 사회보험으로 저임금 근로자 사회보험료 지원(2012년), 노인장기요양보험 시행(2008년) 및 확대, 건강보험 보장성 확대 및 건강보험 재정개혁(2009년), 노인 틀니, 임신 출산 지원금 도입, 사회보험 통합 징수(2011년) 등을 시행하였고 공공부조로는 희망키움통장(2010년), 근로장려세제 시행(2008년) 및 확대, 기초노령연금 시행(2008년), 장애인연금도입(2010년), 사회복지통합관리망 구축(행복e음, 이하 사통망, 2010년), 그리고 사회서비스로는 보육료 전 계층 확대(2012년), 양육수당 도입(2009년) 및 확대, 민간 병·의원 영유아 필수 예방접종(2009년) 등을 시행하였다. 저소득 가정에 대한 에너지복지 기반 확대, 보훈보상대상자 지원에 관한 법률 시행(2012년), 협동조합 기본법(2012년) 등이 있다. 이명박 정부는 작은 정부 기조에서 경제우선, 일자리를 통한 복지해결과 근로능력이 없는 저소득층 위주의 선별적 복지를 강조하였다.

(10) 박근혜 정부

제18대 대통령으로 당선된 박근혜 정부(2013.2.25~2017.3.10.)는 복지정책의 비전으로서 '한국형 복지국가' 구축을 제시하였다. 한국형 복지국가의 핵심은 '생애주기별 맞춤식 생활보장형 복지국가'이다. 즉, 생활보장형 복지국가란 국가의 보호가 절대적으로 필요한 저소득층뿐만 아니라 나머지 모든 국민들도 평생 동안 생애주기별로 겪게 되는 다양한 위험에서 벗어나도록 소득 및 사회서비스를 함께 보장하여 평생사회안전망을 구축하는 복지국가를 말한다 (박근혜, 2010: 68).

한국형 복지국가는 평생사회안전망으로서 사회서비스를 강화하는 다층적 사회보장안전망 체계 구축을 제안하고 있다. 다층적 사회보장안전망은 생애주기적인 일반적 욕구에 대한 '기본생활보장'과 특수한 욕구에 대한 '범주적 생활보장'을 동시에 고려한 다층안전망으로 구성되어 있다.

한국형 생활보장국가의 원칙은 크게 네 가지이다. 첫째, 노인세대뿐만 아니라 생애주기별로 균형적인 복지수혜를 지향, 둘째, 빈곤층을 넘어 전 국민 대상의 수혜그룹 균형 확보, 셋째, 사후적·소극적인 소득보장(현금이전) 중심에서 예방적이고 적극적인 사회서비스를 중심으로 전환하고 양자 간의 균형을 확보, 넷째, 시장대체적인 국가역할에서 공사역할분담의 균형을 창출하고 규제자로서보다는 통합관리자로서의 국가역할의 강화이다.

박근혜 정부는 2014년 5월 기초노령연금을 기초연금으로 전환하고, 그해 7월부터 시행하였고, 소득 하위 70%의 노인에게 지급하였다. 2014년 12월에는 '사회보장급여의 이용 제공 및 수급권자 발굴에 관한 법률'을 제정하여, 복지급여의 사각지대를 해소하고자 하였다. 그리고 2014년 12월 국민기초생활보장법을 개정하여 절대적 개념인 최저생계비 기준을 폐지하고 상대적 빈곤선인 기준 중위소득으로 선정기준을 변경하였다.

이에 따라 기존의 통합급여체계를 급여종류별로 다층화한 맞춤형 급여체계로 변경되었다. 박근혜 정부의 주요 사회복지입법으로는 주거급여법 제정(2014년), 발달장애인 권리보장 및 지원에 관한 법률 제정(2014년), 기초연금법 제정(2014년), 사회보장급여의 이용제공 및 수급권자 발굴에 관한 법률 제정(2014년), 노후준비지원법 제정(2015년) 등이 있다.

(11) 문재인 정부

2017년 5월 출범한 문재인 정부는 5대 국정목표로 국민이 주인인 정부, 더불어 잘 사는 경제, 내 삶을 책임지는 국가, 고르게 발전하는 지역, 평화와 번영의 한반도를 제시하였다. 이에 '내 삶을 책임지는 국가'는 복지, 교육, 안전, 환경 등의 분야에서 국가의 책임성을 강화하고 국민 삶의 질을 제고한다는 비전을 제시하였다. 그 중 문재인 정부는 치매국가책임제를 제시하였다. 치매국가책임제는 고령사회로 진입하면서 어르신과 그 가족이 전부 떠안아야 했던 치매로 인한 고통과 부담을 정부가 책임지는 문재인 케어의 대표 복지정책으로 2017년부터 전국 256개의 보건소에 치매안심센터와 치매안심병원을 확충하고, 2018년부터 중증치매 환자 본인 부담을 낮추고, 고비용 진단검사 급여화, 장기요양 치매 수급자 본인 부담을 줄이는 데 중점을 두었다. 이에 2021년 8월 치매국가책임제에 의해 국가치매관리 인프라 및 서비스가 개선되었고, 장기요양 서비스 대상 확대, 의료비 부담 완화 및 의료지원 강화, 치매 친화적 환경 조성, 치매연구 투자 확대 등이 이루어졌다.

문재인 정부의 사회복지의 특징은 복지국가의 확립을 통해 국가가 국민의 인간다운 삶을 보장하겠다는 것으로 경제사회민주화를 통해 복지국가를 만들겠다는 포용적 복지국가론이며 그 내용은 다음과 같다.

① 소득보장정책에서는 기초연금 인상, 아동수당제 신설, 청년고용촉진수당제 도입, 부양의무제 단계적 폐지, 국민연금 소득대체율 상향 조정, 국민연금 및 고용보험 사각지대 완화, 장애인연금 인상, 노인일자리 참여수당 인상, 육아휴직급여의 급여액 인상 등을 시행한다.

② 기초생활보장제도에서는 부양의무자 기준의 단계적 폐지와 수급자 선정기준 및 최저보장수준 현실화를 목표로 한다. 이를 위해 기초생활보장제도 주거급여에서 2018년 10월부터 부양의무자 기준을 폐지하며 생계와 의료급여는 소득하위 70% 중 노인과 중증장애인이 포함된 부양의무자 가구에 대해 기준 적용이 제외된다. 4조 8천억의 예산이 투입된다.

③ 사회서비스 공공성 강화를 위해 보육, 장기요양, 치매, 장애재활, 공공의료 등을 중심으로 국공립 사회서비스 제공시설을 확충하고 국민연금 공공투자 정책과 연계해 공적 사회투자 유도한다. 그리고 광역지자체별로 사회서비스공단 설립. 보육교사, 요양보호사, 장애재활사 등을 공단소속 직원으로 채용하여 지역사회에 배치하는 것이다. 이를 위하여 사회서비스 공단 설치, 민간영역의 사회서비스 일자리 34만 개를 공공부문으로 흡수, 사회서비스 제공인력 처우개선을 한다고 밝혔다.

제2차 사회보장기본계획(2019~2023)을 보면 '국민 모두가 함께 잘사는 포용사회'를 중장기 비전으로 삼았고, 사회보장정책의 목표 및 방향은 '경제발전과 사회발전의 균형으로 국민의 삶의 질 향상'을 중장기 목표로 세웠다.

문재인 정부의 주요 사회복지입법으로는 재난적 의료비 지원에 관한 법률 제정(2018년), 아동수당법 제정(2018년), 여성폭력방지기본법 제정(2018년, 2019년 시행), 고독사 예방 및 관리에 관한 법률 제정(2020년, 2021년 시행) 등이 있다.

(12) 윤석열 정부

윤석열 정부는(2022.5.10.~현재) 한국 보수 정당의 복지이념인 자생복지에 바탕을 둔 약자복지모델을 제시하였다. 약자복지모델의 주된 내용은 국가재정의 건전성을 유지하기 위해 복지 확대를 사회적 약자 중심으로 선별적으로 추진하는 것이다. 약자복지는 윤정부가 새롭게 창조한 것은 아니며, '자생복지'의 전통을 따르고 있다.

자생복지는 잔여적 복지모델로 김영삼 정부가 보수주의적 복지모델로 구축하여 이명박 정부와 박근혜 정부 복지모델의 이념적 기반이었다. 약자복지모델은 다음과 같은 요소로 구성된다. 첫째, 이 모델은 복지제도의 지속가능성과 효율성을 강조한다. 이를 위해, 정부는 사회보험제도 통합과 구직급여의 반복 수급 제한과 같은 통제장치를 도입하고자 한다. 또한 정부는 국민연금

제도의 지속가능성을 높이기 위해서도 보험료 인상과 같은 조치를 하고자 한다. 둘째, 기초보장을 강화하여 복지제도를 잔여적으로 재조정한다. 윤석열 정부는 기초연금의 급여 상향과 기초생활보장제도 개선과 같은 취약계층을 위한 복지는 유지하거나 확대하고자 한다. 셋째, 저출산 대응과 아동에 대한 예산은 확대하는 경향이 있다. 마지막으로 이 복지모델은 돌봄, 고용, 건강 사회서비스와 적극적 노동시장정책과 같은 서비스영역에서는 보편성을 강화하는 정책을 추진한다. 하지만 동시에 이 모델에서 특징적인 것은 서비스체계의 확대를 국가기관보다는 민간기관의 힘을 빌려 달성하고자 하는 것이다 (김원섭, 2023).

복지지출의 증가율은 4.1%로 전체 지출증가율 13%보다 훨씬 낮다. 또한, 이는 문재인 정부의 복지지출 증가율 10.4%뿐 아니라 같은 보수 정부인 이명박 정부의 7.5%, 박근혜 정부의 7.7%보다 낮은 수준이다(국회예산정책처, 2022).

윤정부의 복지정책이 한국 복지체제에 광범위하게 걸쳐있는 복지 사각지대 문제를 해결하기에 불충분하다는 것을 보여준다. 윤정부의 정책에서 복지 사각지대 해소를 지향하는 정책은 기초보상 개선, 부모수당 도입, 상병수당 도입 추진과 같이 소수의 분야에 국한된다. 나아가, 윤정부의 복지모델은 고령화와 기술발전과 같이 새롭게 등장하는 도전에 대응하는 혁신성은 거의 보여주지 못하는 한계를 보인다(김원섭, 2023).

핵심 용어

구빈법, 자선조직협회(Chartity Organization Society), 우애방문자(Friendly Visitor), 개별사회사업(Social case Work), 인보관 운동(Settlement House Movement), 4궁 환과고독, 진대법, 구제도감, 의창, 상평창, 사창, 자휼전칙, 향약

학습 실천과제

- 사회복지 역사 연구의 중요성에 대해서 토론해 봅시다.
- 자선조직협회와 인보관 운동에 대하여 비교 토론해 봅시다.
- 향후 사회복지의 대책에 대하여 토론해 봅시다.

CHAPTER 06 학습문제

01 다음 중 인보관 운동이 사회복지 실천에 미친 영향이 아닌 것은?

① 가정방문, 면담, 기록, 사례연구 등의 개별사회사업실천기술의 기초가 되었다
② 학습과 성장을 강조했다.
③ 민주적인 접근을 하였다.
④ 사회환경이 사람들에게 주는 영향을 강조했다.
⑤ 다른 배경을 가진 사람들과 직접적인 상호작용을 했다.

정답 ①

해설

우애방문단에 의해 시작된 가정방문, 면담, 기록, 사례연구 등은 개별사회사업실천의 기초가 되었다.

02 진단주의 모델은?

① 상호작용 모델
② 심리·사회적 모델
③ 생활 모델
④ 기능주의 모델
⑤ 문제해결 모델

정답 ②

해설

진단주의는 프로이트의 정신분석 모델의 영향을 받아 심리사회적 모델로 발전하였다.

03 우애방문자에 대해 설명한 것은?

① 젊고 똑똑한 대학생들이 주축이 되었다.
② 형제 자매간의 우애의 질서가 이념적 근간이 되었다.
③ 계층별 도덕성을 강조하였다.
④ 중산층 부인들이 주축이 되었다.
⑤ 지역사회조직사업을 낳았다.

정답 ④

해설

자선조직협회에서 활동했던 우애방문자들은 주로 중산층 부인들로 구성된 자원봉사자들이었으며, 빈곤자들을 돕고자 하는 의지로 만들어졌다.

04 인보관 운동의 3R은?

① Residence(거주), Research(연구조사), Recharge(재충전)
② Residence(거주), Recharge(재충전), Rebuilding(재건축)
③ Residence(거주), Research(연구조사), Reform(개혁)
④ Recharge(재충전), Research(연구조사), Reform(개혁)
⑤ Recharge(재충전), Rebuilding(재건축), Reform(개혁)

정답 ③

해설

인보관 운동의 3R은 Residence(거주), Research(연구조사), Reform(개혁)으로 빈민과 함께 거주하고 연구와 조사를 하며 사회개혁을 위해 노력해야 함을 의미하고 있다.

05 기능주의 모델 특징은?

① 사회진단의 흐름을 이어받았다.
② 프로이트 정신분석학 개념과 방법을 적극 도입했다.
③ 홀리스에 의해 '심리·사회적 모델'로 체계화되었다.
④ 치료라는 말 대신 원조과정이라는 용어를 사용하였다.
⑤ 클라이언트의 문제를 개인 내적 정신과정의 산물로 보고 있다.

정답 ④

해설

기능주의 실천에서 변화의 중심은 클라이언트에게 있으며, 치료라는 말을 사용하는 대신 원조과정(Helping Process)이라는 용어를 사용했다.

CHAPTER

07

사회복지와 복지국가

학/습/목/표

- 복지국가의 개념, 발전이론에 대해 이해할 수 있다.
- 복지국가 유형의 분류 기준, 복지국가 유형에 대해 이해할 수 있다.
- 복지국가의 발전과정, 위기, 재편에 대해 이해할 수 있다.

1. 복지국가 발전론

1) 복지국가의 개념

(1) 복지국가의 정의

일반적으로 노르웨이, 스웨덴, 핀란드 등 북유럽 국가들을 복지국가로 부르시만 복지국가(Welfare State)란 민주주의 제도에서 국민들의 기본적 욕구를 충족하고 삶의 질을 향상시키는 국가 체제로 정의된다(김태성 외, 2010). 복지국가의 가장 중요한 존재 목적은 국민의 복리와 행복의 증진이라고 할 수 있고, 따라서 복지국가는 모든 사회문제에 개입하여 정부의 예산과 지원을 동원하여 국민의 안정과 행복을 보장하게 된다(강영실, 2009).

복지국가라는 용어는 1941년 영국의 윌리엄 템플(Wiliam Temple) 대주교가 '시민과 성직자'라는 저서를 통해 처음 사용한 것으로 알려져 있다. 당시의 독일을 전쟁국가로 명명하고 그와 대비되는 의미로 영국을 복지국가로 명명하면서 전쟁국가가 시민과 인접 국가를 무력으로 탄압하는 폭군적인 국가인 것에 반해 복지국가는 시민의 복지를 위하고 이웃 국가를 존중하는 기독교적 의미로 묘사되었다(심연수, 1998).

한편 '복지국가'라는 용어를 1934년 영국의 알프레드 짐머른(Alfred Zimmern)이 처음 사용했다고도 하고, 1930년대 독일에서 최초로 사용되었다는 주장도 있다. 당시 독일 바이마르 공화국에서 국가가 경제능력을 상실할 정도로 너무 많은 책임을 떠안았다는 부정적 의미로 사용되었기 때문에 영국에서는 복지국가라는 용어를 사용하기 꺼렸다는 지적도 있다(김상균 외, 2002).

실제로 영국에서는 제2차 세계대전 직후 노동당 집권과 함께 복지국가가 출현하였고 노동당의 클레멘트 애틀리(Clement Attlee) 총리[1]는 베버리지 보고서

1) Clement Richard Attlee: 영국의 제62대 총리, 1935년~1955년까지 20년 동안 노동당의 당수를 역임했으며 전후 최초의 총리이다. 영국의 국민보건서비스(NHS: National Health Service)를 도입하여 1942년 영국 베버리지(Beveridge) 위원회에서 사회보험에

를 바탕으로 6년간 복지국가의 골격을 완성하게 되었다.

사회보험이 독일로부터, 사회보장이 미국으로부터 유래되었다면 복지국가는 영국으로부터 유래되었다고 정리할 수 있고 서유럽 국가들이 영국을 복지국가 모델로 삼으면서 발전하였다(원석조, 2021).

(2) 복지국가의 조건

복지국가는 역사적 산물이고 인간의 삶의 질은 다분히 자의적 해석이 가능하기 때문에 보편적이고 일률적으로 의미를 규정하는 것은 쉬운 일이 아니다. 그런데 복지국가라는 용어가 일반화되면서 전 세계적으로 모든 국가들이 복지국가를 추구하게 되었다. 그러나 각 국가들이 복지국가를 추구한다고 해서 모두 복지국가로 명명되는 것은 아니다. 복지국가가 모두 선진국이라고 볼 수 없고 사회복지를 정책적으로 시행하는 국가라고 해서 모두 복지국가는 아니라는 의미이다. 일반적으로 복지국가로 불리기 위한 조건이 있고 다음과 같은 조건들을 충족할 경우 복지국가로 분류될 수 있다(김기환, 2021).

첫째, 복지국가는 국민의 삶에 대한 확신을 대내외적으로 표명해야 한다.

복지는 행복과 안녕을 추구한다는 의미가 있기 때문에 복지국가는 국민의 기본권을 보장할 뿐만 아니라 법적으로 국민을 행복하게 할 책임과 의무가 있다.

둘째, 경제적 측면에서 국민들의 삶의 질을 보장할 수 있어야 한다.

국민의 삶의 질을 보장하려면 현실적으로 국가의 경제력이 담보되어야 하며 일반적으로 경제력이 있는 선진국들이 복지국가로 나아가기 용이하다.

셋째, 가장 중요한 복지국가의 조건은 민주주의 정치 이념이다.

많은 국가들이 국민의 복지를 대내외적으로 표명하고 국민의 삶의 질을 보장하려고 노력함에도 불구하고 민주주의 국가가 아니라면 복지국가로 인정되지 않는다. 독재국가 또는 권위주의 국가일 경우 아무리 경제력이 있다고 하

의한 전 국민의 최저 생활을 보장하여야 한다는 공표 사항을 실현하였다.

더라도 투표권 보장과 합법적 로비를 통해 복지를 실현할 수 없으므로 복지국가로 분류되지 않는다.

복지국가는 이념적으로는 민주주의를 추구하고, 경제적으로는 혼합경제를 지향하며, 사회적으로는 완전고용과 사회보장제도가 실현된 국가라고 말할 수 있다(박병현, 2011; 권중돈 외, 2021).

학습 TIP 복지국가의 개념

복지국가란 민주주의 제도에서 국민들의 기본적 욕구를 충족하고 삶의 질을 향상시키는 국가 체제이다.

2) 복지국가 발전이론

(1) 산업화 이론

산업화 이론은 산입화로 인해 문제가 발생하였으므로 국가가 개입하여 해결해야 한다는 복지국가 발전이론으로, 수렴이론이라고도 한다. 산업화가 산재, 노인, 장애인, 아동, 여성 등의 문제를 유발하였으나 산업화로 인한 경제성장을 통해 국가는 문제를 해결할 수 있다는 입장이다. 산업화 이론에서는 정치 이념과 무관하게 경제성장으로 자원이 축적되면 복지국가로 발전한다고 설명한다(김태성 외, 2004). 그러나 경제성장만 하면 복지국가로 발전한다는 가설은 정치와 계급갈등을 간과하고 있으며 실제로 사회복지는 서로 다른 집단들 간 상호작용을 통해 발전한다는 점에서 산업화 이론은 비판적 평가를 받고 있다(김성천, 2010).

(2) 신마르크스주의 이론

신마르크스주의 이론은 복지국가와 기타 노동자계급을 대상으로 한 복지국가 정책이나 복지제도들이 시작되고 확대됨에 따라 자본주의적 산업화에 대한 불만을 희석시킨다는 입장을 가진다. 국가는 자본가 계급의 이해관계를 관철시키는 도구에 불과한 것이 아니라 자본주의로 인해 발생한 문제, 즉 과잉생산, 대량 실업자 발생, 불경기 등의 문제를 해소하므로 국가의 상대적 자율성을 강조하고 있다. 국가의 이러한 역할 수행으로 자본주의 사회의 안정화가 가능하게 되므로 복지국가의 정책은 자본주의 사회에 대한 정당화 기능을 담당한다고 할 수 있다. 산업화 이론이 시장실패와 사회인구학적 변화에 의한 인간의 욕구 증가를 강조한 반면, 신마르크스주의 이론에서는 근본적인 자본주의 구조에서의 노동 재생산과 사회 안정화에 대한 기능을 강조하고 있다(김태성 외, 2014).

(3) 독점자본 이론

독점자본주의는 은행자본과 산업자본이 결합한 금융자본의 출현으로 이루어지며 이러한 금융자본은 거대한 힘을 가지게 된다. 독점자본과 국가의 결합을 통해 자본주의의 영속화를 도모하고 이를 위해 국가는 노동자의 계급과 실업문제에 직접적으로 개입하게 된 것이다. 독점자본이론에 따르면 노동자 계급에 대한 유화정책의 일환으로 사회복지를 확대하게 되었고 결과적으로 복지국가가 등장하게 된 것이다(김태성 외, 2004). 독점자본이론이 산업화 이론에서 간과했던 계급을 강조하였음에도 불구하고 복지국가의 발전을 경제적 발전 관점에서만 설명되었다는 비판을 받고 있다(김성천, 2010).

(4) 권력자원 이론

권력자원 이론은 코르피(Korpi, 2006)에 의해 주창되었는데, 노동조합의 조직력이나 집권 정당의 당파성에 따라 복지국가 정책의 형성이 달라진다는 이론이다. 복지국가의 발전을 노동자계급의 정치적 권력이 확대된 결과로 보고 자본과 노동의 계급 갈등에 초점을 맞추며, 복지국가의 발전 요인으로 좌파정당, 노동조합의 성장 등 정치적 변수에 주목한다. 즉, 좌파정당이 집권할 경우 일반적으로 복지정책이 확대되는 경향을 보이고 우파 정당이 집권할 경우 복지정책이 축소되는 경향이 나타난다(도서출판 나눔의집, 1999). 우리나라의 경우 사회복지의 확대와 관련하여 권력자원 이론이 어느 정도 설명력을 갖는다고 할 수 있다(김제선 외, 2021).

(5) 국가중심 이론

국가중심이론이란, 복지를 공급하는 국가의 특성과 대응에 따라 복지국가의 형태가 결정된다는 이론이다. 국가의 적극적인 역할이 강조되므로 국가조직이 중앙집권적이고 조합주의적 형태가 중요하다. 영국은 정당을 움직이는 정치인과 사회복지를 담당하는 전문기구가 발전되어 있었고 스웨덴이나 오스트리아에서는 노동자, 사용자, 정부가 함께 조합주의 형태의 사회복지를 발전시켰다. 국가중심 이론은 수요자 중심이 아닌 공급자 중심적 발전을 제시했다는 의의가 있음에도 불구하고 모든 국가에 일반화하는 데 무리가 있고 수요자의 복지욕구를 반영하는 데 부족함이 있다는 비판적 평가가 있다(김성천, 2010).

(6) 사회양심 이론

사회양심 이론은 개인의 이타심에 기반한 것으로, 특정 계층의 집단적 사회양심에 의해 사회복지정책이 만들어진다는 이론이다. 인간은 본래 이타주의 본성을 가지고 있어 가족, 친척, 이웃, 친구를 보호하고자 하며 다른 사람들의 불행을 도우려는 사회적 양심을 갖고 있다는 것이다. 영국의 사회복지학자인 바커(Baker)가 기존의 사회복지학 교재를 분석하여 추출한 이론이며 1952년 홀(Hall)의 저서인 '현대 영국의 사회서비스'에서도 소개되어 영국의 1950년대 주요 복지국가 이론으로 자리 잡았다(김태성 외, 2014). 그러나 모든 사람에게 이러한 사회양심이 공통적으로 나타나지 않으며 사회복지정책이 지나치게 인도주의적 특성을 강조함으로써 국가의 역할이 왜곡된다는 비판적 평가를 받았다(Higgins, 1981).

(7) 확산 이론

확산 이론에서는 한 나라의 사회복지정책이 다른 나라의 사회복지정책에 영향을 미친다고 하고 전파 이론 혹은 근대화 이론이라고도 부른다. 사회복지정책의 도입을 모방과정의 결과로 인식하고 선진국으로부터 후진국으로 사회복지에 관한 관념과 기술이 이전된다고 보는 것이다. 콜리어와 메식(Collier & Messick, 1975)에 의하면 확산 이론은 위계적 확산과 공간적 확산으로 분류되기도 했다. 제2차 세계대전 이후 영국의 사회복지정책이 후진국으로 전파된 사례, 독일의 사회보험을 영국이 모방하여 도입한 것, 개발도상국이 선진국으로부터 사회복지정책을 도입하는 과정, 유럽대륙의 사회복지정책이 남부유럽과 동유럽으로 전파되는 것, 그리고 유럽의 사회복지가 식민지에 보급된 것은 확산 이론으로 설명될 수 있다(김제선 외, 2021). 그러나 국제적 환경변수가 사회복지정책으로 전환되는 구체적이고 역동적인 과정을 설명하지 못하는 한계가 있고 오히려 국내의 상황이 더 중요하다는 비판적 시각도 있다.

(8) 시민권 이론

시민권 이론은 시민권을 공동체의 완전한 사회구성원에게 부여되는 여러 가지 권리와 권력을 향유할 수 있는 지위로 보는 이론이다. 마셜(Marshall)에 의거하면 시민권은 자유적 권리, 정치적 권리, 사회적 권리의 속성이 있으며 사회적 불평등이 시민권으로 발전했다는 진화론적 입장을 가지고 있었다. 즉, 자본주의로 인해 불평등한 계급 구조가 발생했고 국민들은 자유와 평등을 보장받고 사회적 불평등을 해소하기 위해 시민권을 주장했다고 설명하였다. 다만 복지를 사회권으로만 한정하고 있고 영국을 제외한 다른 국가에 적용하기 어려웠으며 진화론적 설명이 사회복지정책과 관련된 다양한 갈등과 역동을 설명하는 데 한계가 있었다(김태성 외, 2014).

(9) 문화영향 이론

문화영향 이론은 최근에 도입된 것으로 사회복지를 이해함에 있어 문화적 측면에 주목하고 있다. 문화영향 이론을 문화적 제도주의라고도 하는데, 사회복지와 사회복지정책을 이해하는 데 있어 가치관, 윤리, 사회규범 등이 중요한 영향 요인이 된다는 것이다. 또한 사회의 구조, 시스템, 그리고 제도는 각 사회의 사상과 종교를 바탕으로 설명될 수 있고 오피엘가(Opielka, 2008)는 종교에 따른 국가의 복지 다양성을 설명하였다. 산업화 이론이나 시민권 이론으로 설명할 수 없는 많은 부분이 문화영향 이론으로 설명이 가능하였는데, 미국의 경우 세계 제일의 산업국가였음에도 불구하고 사회복지정책은 다른 국가에 비해 도입이 늦었고, 독일은 산업화가 다른 유럽국가에 비해 늦었지만 세계에서 가장 먼저 사회보험을 도입한 것이 문화영향 이론의 예로 들 수 있다. 즉, 미국의 경우 강한 자유방임주의, 개인주의의 영향으로 사회복지정책의 발달이 지체되었고 독일은 약한 자유주의 가치와 강한 기독교 사회윤리의 영향으로 사회복지정책이 일찍 발달된 것으로 설명된다(김제선 외, 2021). 한국의 경우 전통적 유교문화가 사회복지정책 발전에 부정적 영향을 미쳤다고 할 수 있고 이러한 현상 또한 문화영향 이론으로 설명될 수 있다.

(10) 음모 이론

음모 이론은 사회양심 이론과 상반된 입장을 가진 것으로 사회복지정책이 지배계층의 정당성 확보와 정치권력의 재생산 그리고 사회통제를 위해 도입된다는 입장이다. 피븐과 클라워드(Piven & Cloward, 1979)는 미국 구빈제도의 역사를 분석하여 구빈제도가 노동을 규제하고 노동 이탈을 억제한다고 설명하면서 음모 이론을 뒷받침하고 있다. 사회문제가 발생하면 복지제도가 확대되거나 새로운 정책이 도입되지만 사회가 안정되면 사회복지정책이 축소되거나 폐지되는 것이다. 즉, 음모 이론에서는 사회복지정책은 인도주의적 관점에서 탄생한 것이 아니라 시민의 무질서를 해결하고 노동규범을 강제하기 위한 억압책으로 등장한 것이라고 설명된다. 그러나 음모 이론은 정책결정론자의 의도를 지나치게 중요시한 나머지 정치적 현실을 반영하지 못했다는 한계가 있고 사회안정에 위협적이지 않은 사회적 약자에 대해 설명할 수 없다는 비판을 받고 있다(김태성 외, 2014).

학습 TIP 복지국가 발전이론

복지국가 발전이론은 산업화 이론, 신마르크스주의 이론, 독점자본 이론, 권력자원 이론, 국가중심 이론, 사회양심 이론, 확산 이론, 시민권 이론, 문화영향 이론, 음모 이론 등이 있다.

2. 복지국가 유형론

1) 복지국가 유형의 분류 기준

(1) 사회복지 유형과 복지국가의 관계

오늘날 대부분의 국가는 복지국가를 지향하고 있고 현대사회에서 사회복지는 주류로 인식되고 있다. 그럼에도 불구하고 빈부격차가 갈수록 심화되고 있어 각 국가가 어떤 이념으로 사회복지정책을 추진하느냐에 따라 복지국가로서 인정을 받을 수도 있고 그렇지 않을 수도 있다.

거의 모든 국가들이 정도의 차이가 있는데, 사회복지제도를 갖추고 있지만 민주주의 이념을 지향하지 않거나 경제적 능력이 없는 경우가 있다. 이런 경우 복지국가로 분류되지 않고 '적극적 국가'로 분류할 수 있다. 그리고 복지사회를 지향한다고 해서 복지국가로 분류되지 않는 경우도 있다. 애덤 스미스(Adam Smith)는 국가가 아닌 시민사회에서 개별적인 복지가 이루어진다고 보았으나 현실적으로 국가가 개입되지 않는 복지사회는 허상에 불과하다(임정문 외, 2021).

사회복지의 수준, 목적 그리고 역할에 따라 복지국가를 유형화할 수 있으므로 사회복지 모형과 복지국가의 관계는 상호적 관계를 가진다. 사회복지 유형은 윌렌스키(Wilensky, H.)와 르보(Lebeaux, C.)의 사회복지 유형이 가장 일반적으로 거론된다. 구체적으로 사회복지 유형의 철학적 토대는 사회복지정책이며 이념적 측면에서 사회복지정책은 논쟁의 여지가 있다. 즉, 각 국가의 이념과 집권정당의 정책에 따라 사회복지정책의 유형이 달라질 수 있다는 것이다.

복지국가의 유형은 다양한 학자에 주장되고 분류되었으나 전통적으로 가장 많이 거론되는 것은 에스핑 앤더슨(Esping-Andersen, 1990)의 유형론이다. 이는 탈상품화[2] 정도, 계층화[3] 정도, 시장과 가족과의 관계 등 세 가지 기준으로 복지자본주의를 유형화한 것이다.

(2) 복지국가 유형화

복지국가의 유형화는 많은 학자들에 의해 규명되었으나 최초로 복지국가를 유형화한 학자는 미국의 퍼니스(Furniss)와 틸튼(Tilton)이다. 이들은 1977년에 복지국가를 적극적 국가, 사회보장국가 그리고 사회복지국가로 유형화하였다(김태성 외, 2014).

미쉬라(Mishra)는 복지국가를 분화된 복지국가와 통합된 복지국가로 유형화했고, 터본(Therborn)은 프롤레타리아 복지국가와 부르주아 복지국가로 복지국가를 유형화하였다(김제선 외, 2021).

2) 탈상품화란, 개인이 노동시장에 참여하는 것과 무관하게 사회적으로 수용될만한 생활수준을 유지하는 것을 의미한다. 따라서 탈상품화 정도가 높을수록 복지 수준이 높다고 할 수 있다.
3) 계층화란, 국가가 사회복지정책을 통해 기존의 계급구조를 강화하거나 새로운 계급구조를 형성하는 것을 의미한다. 공공부조를 통해 수급자에 대한 낙인을 동반함으로써 사회적 이원화가 초래된다.

다음은 복지국가 유형화와 관련된 다양한 학자들의 주장을 정리한 내용이다.

▼ 표 7-1 복지국가 유형화

학자	내용
퍼니스(Furniss)와 틸튼(Tilton)	• 적극적 국가: 시장과 경제적 효율성을 중시하며 시장에서 배제된 사람들을 위한 장치가 복지로서 미국이 대표적 국가이다. • 사회보장국가: 개인의 책임을 강조하고 국민의 최저수준을 보장하는 것을 목표로 한 국가로 영국이 대표적 예이다. • 사회복지국가: 강력한 중앙집권 하에 정부가 적극적으로 나서서 국민의 불평등을 제거하기 위해 노력하며 스웨덴이 대표적 예이다.
미쉬라(Mishra)	• 분화된 복지국가: 정치형태는 이익집단을 포함한 다원주의적 형태로, 경제적으로는 자유경쟁과 시장모델을 적용하며 산업분야에서는 자유로운 협상방식을 선택하는 것으로 미국, 영국이 대표적인 예이다. • 통합된 복지국가: 주요 경제집단에 사회적 책임이 있고 중앙집권적 정치체제, 주요 이해집단, 조합들 간 협상으로 사회적 합의가 이루어지고 스웨덴, 오스트리아, 네덜란드 등이 해당된다.
터본(Therborn)	• 프롤레타리아 복지국가: 노동자를 위한 복지와 복지를 법적으로 명문화하는 복지국가 유형이다. • 부르주아 복지국가: 자본주의 체제 유지에 도움이 되는 복지프로그램을 강조하는 복지국가 유형이다.
에스핑-앤더슨(Esping-Andersen)	• 자유주의적 복지국가: 공적 부조를 강조한 형태로 미국, 캐나다, 호주 등이 해당된다. • 조합주의적 복지국가: 국가가 주된 복지제공자로 영국, 오스트리아, 프랑스, 독일, 이탈리아 등이 해당된다. • 사회민주주의적 복지국가: 최대수준의 복지를 추구하고 복지의 일차적 책임은 국가에 있으며 스웨덴 등 스칸디나비아반도 국가들이 해당된다.
존스(Jones)	복지자본주의를 각각 자본중심과 복지중심 유형으로 구분하여 전자는 자본주의 체제를 강화하는 것이 사회복지의 목표로 독일과 미국이 해당하고, 후자는 시장을 필요악으로 보고 복지는 보편적으로 제공되는 것으로 스웨덴과 영국이 해당된다.

학자	내용
조지(George)와 윌딩(Wilding)	• 반집합주의: 복지국가를 근본적으로 부정하는 유형으로 오늘날 해당되는 국가는 거의 없다. • 소극적 집합주의: 반집합주의에 비해 정부의 개입을 허용하나 자본주의로 인한 문제점만 해결하려는 유형이다. • 페이비언 사회주의: 복지국가는 사회주의로 나아가는 과정 중에 있다고 보고 복지의 확대로 자본주의를 변화시킬 수 있다고 본다. • 마르크스주의: 복지국가는 자본가의 이익을 위해 존재하는 것이며 복지국가를 지향할수록 사회주의에서 더 멀어진다고 본다.

출처: 김태성(1993). 복지국가 유형화에 관한 연구. 한국사회복지학, 21, 36-67.

학습 TIP 복지국가 유형의 분류 기준

수준, 목적, 역할에 따라 복지국가를 유형화할 수 있다.

2) 윌렌스키와 르보의 복지모형[4)]

(1) 잔여적 복지모형

잔여적 복지를 보충적 복지 또는 선별적 복지라고도 하는데, 이는 복지의 1차적 책임은 가족이 부담하고 사회적 약자 등 취약집단에 국한된 잔여적인 부분만 국가가 책임진다는 의미를 가진다. 개인에게 질병, 노령, 실업, 가족해체 등과 같은 문제가 발생했을 때 국가는 사후적으로 구호하는 성격을 갖고 있으며 개인이 정상적 상태로 복귀할 경우 국가가 제공하는 복지는 중지되어야 한다는 입장이다. 즉, 사회복지에 있어 국가의 역할을 최소화하고 자산조사를 실시하여 수급대상을 선별하며 사회복지 급여의 수준이 낮다는 특징을 갖고 있다.

4) 출처: Wilensky, H. & Lebeaux, C. (1965). Industrial society and social welfare. The impact of industrialization on the supply and organization of social welfare service in the United States. NY: Free Press; London: Collier-Macmilan.

이 개념은 사회에서 실패하거나 낙오한 사람들에게 국가가 시혜의 의미로 복지서비스를 제공한다는 측면에서 복지서비스를 받는 사람에 대한 낙인(stigma)의 문제가 발생하고, 사회복지가 일시적이고 대체적인 성격을 갖는 한계를 갖고 있다(Wilensky & Lebeaux, 1965; 김귀환, 2021).

(2) 제도적 복지모형

제도적 복지는 보편적 복지라고도 하며, 국가가 개인을 법적·제도적 차원에서 보호를 해야 한다는 입장을 갖고 있다. 자본주의 체제로 인해 발생하는 다양한 비정상적 상황에 대처하기 위해서 사회복지는 제도로서 존재해야 하고 소득재분배 기능을 통해 국민의 최적의 삶을 보장하는 것이 목적이다. 국가가 다양한 복지제도를 보편적으로 실현하기 때문에 사회구성원 대부분이 복지의 혜택을 받을 수 있으므로 수혜자와 비수혜자 구분이 무의미하다는 특징이 있다.

이 개념에서는 개인이 자신의 능력과 자아를 발전시키기 위해서 사회복지서비스를 받는 것은 정상적인 것이고 이런 관점에서 사회복지는 최선의 선택이 되는 것이다. 제도적 복지는 자유시장주의, 경제적 개인주의, 평등, 인도주의 등의 가치들이 상호 절충하여 국민이 만족할 수준의 삶을 누릴 수 있도록 조직화된 체계로 볼 수 있다(Wilensky & Lebeaux, 1965; 김귀환, 2021).

▼ 표 7-2 잔여적 복지모형과 제도적 복지모형 비교

구분	잔여적 모형	제도적 모형
목표	정상적 기능을 하지 못하는 사회구성원을 대상으로 일시적이고 한정적인 보호	항시적 소득재분배를 통해 전체 국민의 최적의 삶 추구
대상	취약계층	전 국민
주체	개인의 자발적 참여	국가
빈곤의 책임	개인	국가와 사회
복지욕구 충족기제	가족과 시장	국가와 사회복지제도
이념	선별주의	보편주의

출처: Willensky & Lebeaux(1965) 재구성.

학습 TIP 윌렌스키와 르보의 복지모형

- 잔여적 복지모형은 보충적이고 선별적 복지를 주요 내용으로 한다.
- 제도적 복지모형은 보편적이고 제도적 복지를 주요 내용으로 한다.

3) 에스핑-앤더슨의 복지국가 유형

(1) 자유주의적 복지국가 모형

자유주의적 복지국가는 가장 낮은 수준의 복지국가 유형으로서 자산조사를 통해 저소득층을 대상으로 한 공공부조 프로그램을 상대적으로 중시하는 경향이 있다. 잔여적인 복지모형에 의해서 시장이 제대로 유지될 수 있다는 자유주의적 인식에서 출발되었고 민간에 의한 사회복지를 보조하는 방식으로 국가가 기능하게 됨으로써 탈상품화 효과가 최소화된다(Esping-Andersen, 1990). 낮은 수준의 보편적 급여와 낮은 수준의 사회보험을 특징으로 하고 있으며 미국, 캐나다, 호주가 대표적 자유주의적 복지국가로 볼 수 있다.

자유주의적 복지국가에서는 경제적인 여유가 있는 계층은 시장을 통해서 사회복지적 욕구를 해결하며 구체적으로 개인연금 형태의 민간보험에 가입하여 노후를 대비하고 있다. 또한 사회보험에 있어서 퇴직 근로자보다 현직 근로자를 더 중시하며 근로경력이 없거나 일을 포기한 사람들은 사회보험의 급여대상에서 배제된다. 공공부조의 대상 선정에 있어서도 근로를 조건으로 제시하여 노동시장 참여를 유도한다(김귀환, 2021; 원석조, 2021).

(2) 조합주의적 복지국가 모형

조합주의적 복지국가는 기독교민주주의 복지국가, 보수적 복지국가, 비스마르크형 복지국가 등으로도 불리며 사회복지정책을 통해 사회적 지위의 차이를 유지하는 것을 목표로 한다. 따라서 직업 및 계층별로 복지급여가 다르게 제공되고 사회보험의 비중이 크다. 국가가 사회복지의 주된 제공자로서 민간의 역할이 상대적으로 덜 강조되는 특징이 있다. 다만 가족이 사회적 연대의 근원이며 국가는 가족을 지원하고 보완하는 역할을 하는 보수적 모형으로서 탈상품화 효과에 한계가 있다고 볼 수 있다(Esping-Andersen, 1990). 전통적으로 가족의 역할이 강조되며 독일, 오스트리아, 프랑스, 이탈리아 등의 국가가 조합주의 복지국가로 분류될 수 있다.

조합주의적 복지국가의 사회보험은 급여수준이 높고 소득보장 수준도 낮지 않지만 수급 자격은 엄격하게 정해진다. 조합주의적 모형에서 중요한 역할을 하는 가족은 남성 가장의 역할을 중시하므로 여성의 지위가 낮고 국가는 여성의 노동시장 참여에 있어서도 적극적이지 않고 심지어 근로여성을 위한 사회복지서비스 수준도 높지 않다. 또한 노동조합의 영향력이 큰 편이므로 노동시장이 유연하지 않고 임금수준이 높으며 노동생산성이 낮은 근로자의 취업률은 낮다(원석조, 2021).

(3) 사회민주주의적 복지국가 모형

사회민주주의적 복지국가는 탈상품화 효과가 가장 크고 취약계층부터 중간계층까지를 복지급여의 대상으로 확대하고 있다. 최소한의 생활수준을 보장하는 것을 넘어 최대 수준의 생활수준을 보장하며 평등을 추구하기 때문에 모든 사회계층이 보편적 복지체제에 통합되는 특징을 나타내므로 보편적 모델이라고도 불린다(Esping-Andersen, 1990). 국가가 강력한 사회복지정책을 시행함에 따라 시장의 복지기능은 약하며 대표적으로 스웨덴, 덴마크, 노르웨이, 핀란드, 네덜란드 등 북유럽 국가들이 사회민주주의 복지국가로 분류된다.

사회민주주의 복지국가의 시장 의존성은 매우 약하고 탈상품화 정도는 매우 높은 수준이다. 강력한 보편주의와 평등주의를 바탕으로 모든 국민을 복지의 대상으로 두는 포괄성에 초점을 두고 있으며 그 결과 세계 최고 수준의 사회복지 국가로 평가받고 있다. 고용확대정책, 무상교육정책, 그리고 보육정책의 결과 높은 취업률과 여성의 적극적인 노동시장 참여가 가능하며 사회복지정책에 소요되는 비용을 조달하기 위한 국민의 조세부담률은 매우 높은 편이다(권중돈 외, 2021).

▼ 표 7-3 에스핑-앤더슨의 복지국가 모형 비교

구분	자유주의 모형	조합주의 모형	사회민주주의 모형
탈상품화 정도	매우 낮음	높음	매우 높음
계층화 정도	매우 높음	높음	낮음
국가의 역할	주변적	보조적	중심적
시장의 역할	중심적	주변적	주변적
대표적 국가	미국, 호주, 캐나다, 스위스, 일본	독일, 오스트리아, 벨기에, 프랑스, 스페인, 이탈리아	스웨덴, 덴마크, 핀란드, 노르웨이, 덴마크

출처: 김귀환(2021). 사회복지학개론; 원석조(2021). 사회복지개론; 권중돈 외(2021). 사회복지학개론.

학습 TIP 에스핑-앤더슨의 복지국가 유형

탈상품화 정도, 계층화 정도, 국가의 역할, 시장의 역할에 따라 자유주의적 복지국가, 조합주의적 복지국가, 사회민주주의적 복지국가로 유형화한다.

3. 복지국가 위기와 재편

1) 복지국가 발전과정

(1) 복지국가의 정착기

서구사회에서는 1920~1945년 시기를 '복지국가의 정착기'로 설명한다. 제1차 세계대전과 제2차 세계대전, 그리고 대공황을 거쳐 오면서 빈곤문제와 실업문제를 해결하기 위해 정부가 적극적으로 복지재정을 확대하면서 복지국가로서의 제도적인 정비가 이루어졌다. 이 시기에는 복지에 관한 제도적, 재정적 기반이 확립되면서 복지의 수혜자도 확대되는 특징을 갖고 있었다(김태성 외, 2010).

전쟁으로 인한 발생한 엄청난 수의 빈민을 구제하기에는 그간의 구빈제도나 사회보험으로는 감당할 수 없는 상황이었으므로 국가의 역할이 강화되었다. 1930년대 경제공황으로 인해 진보정당이 국가 권력을 장악하였고, 뉴딜정책과 같은 대규모 국가사업을 통해 복지가 대폭 확대되었다.

당시 미국을 제외한 유럽 국가에서는 실업보험과 가족수당을 제도화하였고 미국의 경우 취약계층을 지원하는 사회보장법을 제정하였다. 또한 스웨덴에서는 사민당의 집권으로 광범위한 복지서비스가 제도화되었다. 이 시기에 복지수혜자 비율이 19%에서 60%까지 증가하였고 대부분 국가의 복지지출비는 GDP 대비 5%를 상회하게 되었다(임정문 외, 2021).

(2) 복지국가의 성장과 발전기

1946~1975년은 서구사회에 있어 '복지국가의 팽창기'로 부른다. 경제성장이 지속화되면서 사회 전반적인 발전이 이루어졌고 서구사회 여러 국가에서는 다양한 복지제도들이 제정되었다. 당시에는 노동자, 사용자 그리고 국가의 협력으로 경제가 성장하였고 국가와 사용자의 입장에서는 재정이 증대되었고 노동자 입장에서는 완전고용과 복지혜택의 확대로 인해 소위 복지국가의 황금기로 발전되었다(김태성 외, 2010).

영국에서는 보수당의 집권을 유지하기 위해 노동조합의 협조가 필요하였고, 동시에 노동자들이 공산주의의 영향을 받는 것을 우려하던 시기였다. 1944년 베버리지 보고서가 발표된 이후 노동당이 집권하였고 노동당은 베버리지 보고서의 내용을 실천하기 위해 노력하였으며 그 결과 1948년 사회보장법과 국민보건서비스(NHS)가 시행되었다. 영국은 물론 독일에서도 사회보험의 대상범위를 확대하였고 소득보장뿐만 아니라 보건의료, 주택, 교육 등의 서비스를 국가가 보편적으로 보장하였다. 미국은 1960년대에 이르러 '풍요 속의 빈곤'의 문제를 해결하기 위해 존슨 대통령이 '빈곤과의 전쟁'을 선언하였고 부양아동가족보조(AFDC)[5], 노인의료보험(Medicare)[6], 공공의료보험(Medicaid)[7] 제도를 도입하는 등 미국식 복지국가 제도들이 다수 탄생하였다.

당시 대부분 국가들의 복지지출이 더욱 상승했는데 1960년대에는 GDP 대비 10%, 1970년대 중반에는 GDP 대비 20% 정도였고 스웨덴의 경우 34% 정도였다. 복지수혜자 비율이 100%에 도달하는 복지발전의 최고점에 다다른 시기로서 실제 복지는 더 이상 시혜적인 것이 아니라 국민의 권리로 인정받게 되었고 사회복지가 사회문제 해결뿐만 아니라 다양한 욕구를 충족시키는 제도로 성장하였다(양종민, 2019).

(3) 복지국가의 재편기

서구사회의 1976년 이후 시기를 '복지국가의 재편기'로 부른다. 1973년 석유파동[8]을 계기로 경제성장은 정체되었고 자본주의 국가들은 위기를 맞게

5) 부양아동가족보조(Aid to Families with Dependent Children; AFDC)제도는 부모의 적절한 보호를 받을 수 없는 아동을 위한 미국 연방, 주, 지방정부의 프로그램이다. 자신의 집이나 친척집에서의 보호를 격려하기 위해 재정적 부조, 재활, 기타 서비스를 제공하고 그들의 부모나 친척을 자조할 수 있도록 도와 가족생활을 유지, 강화토록 한다. 1968년 이래 수령자가 급격히 증가하고 있다. 대다수의 가족이 모자가족, 부자가족 등 결손가정으로 구성되고 있으며, 종족별로는 흑인과 소수민족이 큰 혜택을 받고 있다. 재정은 연방정부가 50% 정도, 나머지는 주와 지방정부가 부담한다. 지급방법은 주로 현금이나 의료보호, 식품 구입권 등이다(이철수, 2013).

6) Medicare는 미국에서 시행되고 있는 노인의료보험제도로, 사회보장세를 20년 이상 납부한 65세 이상 노인과 장애인에게 연방 정부가 의료비의 50%를 지원한다. 한편 호주에서도 Medicare라는 용어를 사용하는데 이는 호주에서 실시하고 있는 국민건강보험을 뜻한다.

7) Medicaid는 소득이 빈곤선의 65% 이하인 극빈층에게 연방 정부와 주정부가 공동으로 의료비 전액을 지원하는 제도로 1965년 민주당 린드 존슨 대통령 시절 도입된 공공의료보험이다.

8) 석유파동이란 1973~1974년 중동 전쟁(아랍·이스라엘 분쟁) 당시 아랍 산유국들의 석유 무기화 정책과 1978~1980년의 이란 혁명으로 인한 석유 생산의 대폭 감축으로 석유의 공급이 부족해지자, 국제 석유 가격이 급상승하고, 그 결과 전 세계가 경제적 위

되었다. 경제성장률 저하는 물론, 높은 실업률로 인해 그동안 잘 유지되었던 복지국가의 기반이 흔들리게 되면서 1980년대 전후 영국, 미국, 그리고 독일에서는 보수 정권이 집권하여 기존의 복지정책을 비판하였다. 이에 따라 복지에 대한 지출은 대대적으로 삭감되었고 복지정책은 후퇴하게 된 것이다(김태성 외, 2010).

당시 영국 보수당의 대처, 미국 공화당의 레이건이 집권하면서 노동당 정부들이 대거 실권하고 집권한 보수주의 정권에서는 신자유주의를 강력하게 추진하였다. 독일이나 스웨덴 등의 유럽 국가에서도 진보정당이 제1당의 자리를 내어주면서 복지국가는 정체기를 맞이하였다. 따라서 그간의 국가의 경제개입과 복지개입을 비판하고 자유주의 시장체제를 확고히 하는 방향으로 전환되면서 국가개입이 축소되기 시작했다.

신자유주의는 국가권력의 시장개입을 비판하고 시장의 기능과 민간의 자유로운 활동을 중시하는 이론으로, 1970년대부터 케인즈 이론[9]을 도입한 수정자본주의의 실패를 지적하고 경제적 자유방임주의를 주장하면서 본격적으로 대두되었다. 시카고학파로 대표되는 신자유주의자들의 주장은 닉슨 행정부의 경제정책에 반영되었고, 이른바 레이거노믹스의 근간이 되었다. 신자유주의는 자유시장과 규제완화, 재산권을 중시한다. 따라서 신자유주의론자들은 국가권력의 시장개입을 완전히 부정하지는 않지만 국가권력의 시장개입은 경제의 효율성과 형평성을 오히려 악화시킨다고 주장한다. 또한 공공복지 제도를 확대하는 것은 정부의 재정을 팽창시키고, 근로의욕을 감퇴시켜 이른바 '복지병'을 야기한다는 주장도 하였다. 이러한 신자유주의는 자유방임경제를 지향함으로써 비능률을 해소하고 경쟁시장의 효율성 및 국가 경쟁력을 강화하는

기와 혼란을 겪은 사건을 말한다. 오일쇼크 또는 유류파동이라고도 한다(한국민족문화대백과사전 홈페이지).

9) 케인즈 이론은 정부가 시장에 적극적으로 개입하여 소득 평준화와 완전고용을 이룸으로써 복지국가를 지향하는 것이다. 케인즈 이론은 이른바 '자본주의의 황금기'와 함께 하였다고 할 수 있다.

긍정적 효과가 있는 반면, 불황과 실업, 그로 인한 빈부격차 확대, 시장개방 압력으로 인한 선진국과 후진국 간의 갈등 초래라는 부정적인 측면도 있다고 평가된다(Taylor-Gooby, 2006).

무엇보다 당시에는 복지의 축소를 지향하였음에도 불구하고 실제로 복지비의 증가율이 감소하였을 뿐 전체 지출액은 꾸준히 증가하고 있으며 복지 축소로 인한 국민의 불만이 증가하게 된 특징이 있다.

학습 TIP 복지국가 발전과정

> 1920~1945년은 복지국가 정착기, 1946~1975년은 복지국가의 성장과 발전기, 1976년 이후는 복지국가의 위기와 재편기로 구분된다.

2) 복지국가 위기

(1) 신자유주의의 국가실패론

신자유주의의 국가실패론에서는 자본주의 경제체제에서 국가의 개입과 과중한 부담이 실패를 초래했다고 본다. 복지 확대로 인해 노동 동기가 약화되었고 저축과 투자가 감소되어 경제성장이 둔화되었기 때문에 이에 대한 해결책으로, 사회경제적 방임주의로 회귀해야 한다고 주장하였다.

복지 투입에 비하여 국민들의 복지가 향상되지 않았고 오히려 빈곤과 불평등이 심화되었으며 사회복지에 대한 의존적 문화가 양산되어 경제성장이 저해되었으므로 최소한의 국가를 지향하여 노동 유연화 정책을 시행함으로써 생산방식의 전환을 주장하였다. 노동 유연화는 과거의 포디즘(Fordism)[10]과는

10) 포디즘(Fordism)은 1913년 헨리 포드가 본인 공장에 컨베이어 벨트로 생산 라인을 구축하면서 대량 생산을 위한 효율적인 표준화 생산방식을 갖춘 것을 의미한다. 그러나 제한된 노동 시간 내에 일정한 생산량을 확보하기 위해 노동 강도를 강화했고, 노동 과정 안에 남아 있는 자유공간을 제거함으로써 자본가의 통제를 보다 확고히 한 체제이다. 이에 대한 노동자 계급의 저항을 막기 위해서 개별 자본의 수준에서 상대

달리 노동 인력의 수적인 유연화, 기능적인 유연화, 파트타임제도, 임금인상 억제, 이중 임금제도, 성과급 등을 내용으로 하고 있다(김교성 외, 2014).

그러나 노동 유연화로 인한 생산방식의 전환은 대량 실업을 촉발했고 고용 불안을 증대시켰으며 초국적 자본이 세계시장을 교란시킬 경우 각 국가가 대처하기 어렵다는 단점이 있고, 실제로 복지 수준이 높은 북유럽 국가들이 심각한 경제위기에 처하지 않았다는 점에서 비판적인 평가를 받고 있다.

(2) 신마르크스주의의 복지국가 모순론

신마르크스주의는 근대자본주의 사회에서 국가의 역할을 제대로 설명하지 못한 마르크스주의에 대한 비판으로 마르크스주의에 대한 재해석 및 왜곡된 마르크스주의를 바로잡는 사회철학적 사조 및 현상을 뜻한다. 정통 마르크스주의가 소련 공산주의의 지배적 이념이 되었으나 제2차 세계대전 이후 나치즘과 파시즘에 대항하여 싸웠던 지식인들은 정통 마르크스주의를 새롭게 해석하고자 하였다. 정통 마르크스주의는 모든 사회적 현상을 생산양식과 생산관계로 설명하였으나 신마르크스주의는 대체로 인간소외, 탈인격화, 개인화 등의 문제에 대한 휴머니즘 요소를 강조하며 인간 중심의 인본적 사상을 주장하고 있고 주관과 객관, 이론과 실천을 통합하여 마르크스주의의 유물론에 대한 과학적 체계화를 주장한다(임정문 외, 2021).

신마르크스주의자들은 복지의 전성기인 1960년대를 비판하였는데, 복지는 사회통제를 위한 수단이고 노동계급을 회유하는 수단일 뿐이라는 것이었다. 그러나 1970년대 후반 복지위기가 도래하고 보수정권이 집권하자 복지가 노동계급의 생활을 향상시켰다고 입장을 전환했다. 비록 복지국가를 옹호했지만 근본적으로 자본주의 체제의 모순으로부터 복지국가의 위기가 초래되었다

적 고임금을 지불하고, 사회적 총자본의 수준에서는 소비양식의 재구성을 통해 대량생산과 대량 소비를 결합시켰다. 10시간에 이어 8시간 노동제가 정착되면서 절대적 노동 시간이 줄고 있는 가운데서도 포디즘은 단위 시간당 생산량을 급격히 증대·소비시킴으로써 자본 측의 요구를 충족시킬 수 있게 된다.

고 보았고 복지국가는 세련된 자본주의에 불과하다고 평가했다.

그러나 신마르크스주의자들은 장기적인 자본의 축적과 국민들로부터 국가와 체제를 지지받는 정당화는 동시에 추구될 수 없다고 주장하였으나 이러한 현상이 왜 복지위기 시기인 1970년대 말에 발생했는지 명확히 설명하지 못했다. 또한 사회주의 국가로 이행하기 위해서는 복지국가를 해체해야 한다는 이들의 주장은 자본주의가 승리한 현재 시점에서 효력을 발휘하기 어렵다는 비판을 받고 있다.

(3) 사회민주주의의 실용주의론

사회민주주의는 '복지의 황금기'의 주류 사상이었는데, 복지국가 위기론과 관련하여 중도적인 입장에 있는 경우 대부분 사회민주주의의 관점을 택하는 경향이 있다. 이들은 복지의 위기라는 것은 복지국가의 발전과정에서 나타날 수 있는 시행착오이고 충분히 해결할 수 있기 때문에 기존 체제에서 문제를 해결할 수 있다는 입장을 취하고 있다.

예를 들어 1970년대의 석유파동은 복지국가 자체의 문제라기보다 국가 외부의 문제였고, 복지국가 자체에 위기가 있다면 복지가 더 발달한 국가의 경제상황이 더 나빠야 하는데 그렇지 않은 경우들이 많다는 주장이다.

사회민주주의 입장에서는 복지국가를 운영하는 방식이나 프로그램의 문제를 해결하는 실용적인 방법을 통해 복지국가의 위기를 타개하고자 한다. 더욱 적극적으로 평등 전략을 추구하고 복지의 효율성을 높이기 위해 복지의 민영화와 지방분권화를 강하게 추진하는 정책을 주장하였다(임정문 외, 2021).

사실상 사회민주주의의 실용주의적 관점은 복지국가에 위기가 없다는 입장이고 복지국가 운영에 있어 여러 가지 문제가 발생한다고 하더라도 복지국가는 유지될 수 있다고 보고 있다.

다만 실용주의적 입장에서도 복지국가 내 다양한 문제와 모순이 나타나고 심화되고 있다는 점에 대해서는 인정하고 있다.

학습 TIP 복지국가 위기

복지국가의 위기를 설명하는 이론은 신자유주의의 국가실패론, 신마르크스주의의 복지국가 모순론, 사회민주주의의 실용주의론 등이다.

3) 복지국가 재편

(1) 복지국가 재편이론

① 불가역성론

민주주의적 자본주의 국가에서는 복지정책은 선거와 정치의 결과이기 때문에 경제위기 상황에서도 복지국가는 지속성을 보여준다는 것이 불가역성론의 내용이다. 불가역성론은 복지의 위기였던 1980년대에 가장 두드러졌는데 당시 경제위기로 인한 복지재정의 삭감이 있었음에도 불구하고 실제로 전체적인 감소금액은 크지 않았다는 점은 불가역성론을 뒷받침하는 주된 내용이다.

1975년 이후 복지지출의 성장률이 둔화된 것은 사실이나 경제성장률의 증가율보다는 복지지출의 성장률이 더 높았고 미국의 레이건 정부와 영국의 대처 정부의 경우 복지삭감을 시도했으나 결과적으로 효율적인 재분배의 방향으로 전환한 복지정책을 수행하였다(강지원 외, 2008).

여전히 복지국가는 선진적인 자본주의 국가의 필수적 요인이며 지향으로서 건재하며 선거제도가 존재하는 한 이미 존재했던 복지국가를 되돌리기 어렵다고 볼 수 있다. 그러나 복지국가 내 계급 간의 이해관계와 갈등의 과정을 간과했다는 비판적인 평가도 받고 있다(임정문 외, 2021).

② 재조정론

국가의 복지는 국가, 시장, 그리고 민간 등 세 영역에서 제공하는 다양한 혼합에 의해 구성된다는 것이 재조정론의 핵심이다. 즉, 국가별로 복지국가의 형태는 다원화되어 있고 국가, 시장, 민간의 경계는 모호하며 상호 보완적이라고 설명한다.

재조정론은 1970년 후반 복지의 위기 이후, 복지의 축소 방향으로 재편되었다기보다 국가, 시장, 민간의 복지혼합비를 재조정하는 방향으로 변화했다는 주장이다(양종민, 2017).

복지의 성장기에 지나치게 비대해진 국가의 비중을 유연하고 효율적인 방향으로 재편하고 민간의 비중을 증대시켜 사실상 복지의 총량이 축소되지 않았고 재조정만으로 복지의 위기를 헤쳐 나갈 수 있다는 것이다.

그럼에도 불구하고 재조정론은 재조정이 초래할 수 있는 계급 간 분배효과를 무시한다는 비판을 받는다. 재조정을 위한 복지국가의 축소나 민영화는 불평등을 심화시키며 무엇보다 국가, 시장, 민간의 경계가 모호하다 할지라도 각각의 효과가 다른 만큼 각각의 기능도 상이하다는 한계를 갖는다(임정문 외, 2021).

③ 계급정치에 따른 재편론

불가역성론과 재조정론을 비판하는 입장으로, 자본계급과 이해관계가 다른 계급들 간의 동맹을 강조한다. 복지위기에 대해 신자유주의적 재편을 한 미국과 영국, 그리고 사회민주주의적 재편을 한 오스트리아와 스웨덴을 비교할 때 두 입장은 다른 결과를 얻었는데 그 차이는 사회주의 조합, 노동계급의 능력 등으로부터 나온다는 것이다(양종민, 2017).

또한 중간계급이 복지국가로부터 막대한 이득을 얻고 있고 재분배 기능을 강조하므로 복지축소에 반대하고 나아가 중간계급들의 정치적 영향력, 여론에서의 영향력, 정책결정에 대한 영향력을 가지므로 복지국가 재편에 중요한 역할을 한다고 주장한다(임정문 외, 2021).

(2) 복지국가 재편 사례

① 자유주의 복지국가: 영국

영국의 노동당 정부는 1973년 석유파동으로 인한 재정적자 상태에서 출범하여 집권기간 동안 경제적 위기상태에서 벗어나지 못하였고 1976년에는 국제통화기금(International Monetary Fund: IMF)으로부터 차관을 받으면서 정부지출을 축소해야 하는 상황이었다.

그 결과 1979년에 대처가 이끄는 보수당이 집권하게 되었고 '대처리즘'이라는 강력한 개편이 이루어졌다. 구체적으로, 자유경제 체제를 통한 강한 국가 지향, 공공지출 삭감, 민영화, 규제완화, 감세를 비롯하여 전 국민의 보편적 복지에 대한 국가 책임주의를 포기하는 제도적 복지정책으로 회귀하게 되었다.

'요람에서 무덤까지'를 지향하는 복지국가 정책이 아니라 복지비용을 줄여 세금을 감면하면서 꼭 필요한 사람에게만 복지를 제공하는 방식으로 전환하게 된 것이다. 또한 개인의 책임, 가족과 공동체의 연대책임, 사적 자원의 가치를 증대하는 방향으로 국가 책임을 줄이게 된 것이다. 그 결과 가스, 수도, 전기, 공공주택 등 필수영역의 민영화, 공적부조의 자산조사 강화, 자유시장 경제의 활성화가 촉진되었다.

이후 1997년 집권한 토니 블레어의 노동당은 이른바 '신노동당'을 주창하면서 노동당이 전통적으로 옹호해 왔던 사회주의 정책에서 벗어나 친시장 정책을 수립하며 노동당의 중도화를 이끌었다. 블레어의 노동당은 내정 면에서는 의료와 교육부문의 공공예산을 확대하는 데 방점을 두었으며, 그 과정에서 이들 부문에 대한 시장 기반 개혁을 추진하였다. 또 임기 중 일하는 복지 추진, NHS 병원 확대, 병원과 사회복지 전달체계의 현대화, 최저임금 도입, 고등교육 학비 지원 등의 정책을 펼쳐나갔다. 이러한 흐름 속에 영국 경제는 호황을 누렸으며, 영국 국민의 실질소득도 18%가 증가하는 등의 경제적 성과를 거뒀다. 블레어의 노동당은 복지국가의 확대를 전폭적으로 추진한 덕에 상대적 빈곤의 대거 감소를 이끌었다는 평가를 받았고 영국 노동당 역사상 가장 오랫동안 집권한 정권으로 기록되고 있다(유현석, 2001; 함세남 외, 2001).

② 조합주의 복지국가: 프랑스

프랑스나 독일은 사회보험을 중심으로 한 비스마르크의 모델이 사회복지의 근간이었다. 프랑스의 사회보장제도는 보험료와 보험급여 사이의 공평한 교환, 보험 당사자의 기여금에 의한 재정 확보, 사회복지의 수혜는 경제적 성과와 결부하는 방식으로 운영되었다. 이러한 방식의 복지정책은 완전고용, 정교한 보험 시스템, 복지에 대한 사회적 합의가 모두 전제될 때 효과적인 것이다.

프랑스의 경우 사회보장과 관련된 지출의 80%가량이 기여금에 의해 충당되었는데 이러한 상황에서 프랑스 정부는 재원조달의 방식을 임금에 기초한 기여금보다는 조세 방식으로 전환하고자 시도하였다. 그 결과 1990년 '총괄적 사회 기여세(Contribution Sociate Generalisee; CSG)' 제도가 제정되었는데 CSG는 모든 소득원에 일정 비율의 세금 부과, 고용주의 기여금 부담의 경감을 주된 내용으로 하고 있다. 2000년 초반에는 사회보장지출의 35%와 보건지출의 35%를 CSG로 충당할 수 있었다(Merrien, 2007).

그 밖에도 프랑스는 산업구조조정을 촉진하기 위한 조기퇴직제도를 도입하였고 훈련프로그램, 공공 인턴십 제도, 청년실업자와 장기실업자에 대한 보조금 지급 등 적극적 노동시장정책을 확대하였다.

프랑스는 충분한 일자리가 자유시장 체제에서 만들어지지 않는 한 실업과 사회적 배제 등의 문제를 해결하기 위해 영국과는 달리 정부의 개입은 필연적인 것이라 간주하였다.

③ 사회민주주의 복지국가: 스웨덴

2006년 우파연합이 집권하기 전까지 스웨덴은 여전히 GDP의 40%를 복지지출에 할애하면서도 경제선진국의 위치를 유지하였고 생산적이고 지속가능한 복지국가 창설을 목표로 한 사민당의 정책 노선은 전 세계적 이목이 집중되었다. 거의 모든 국민이 납세자이면서 동시에 복지국가의 수혜자가 되는 방식으로 복지국가의 개혁이 이루어진 까닭에 엄청난 수준의 세금을 내면서도 조세반동은 매우 적은 것이 스웨덴 복지국가의 특징이었다.

사회적 연대와 평등을 중요시하는 사회민주주의적 복지국가인 스웨덴은 1990년대 후반에 이르러 복지제도가 국가경쟁력을 저하시키는 주요 원인이라는 비난을 받게 되었다. 그동안 완전고용정책을 추구하는 보편주의적 복지국가를 지향해 왔으나 실업률 상승, 재정적자, 마이너스 경제성장을 기록하게 되면서 복지국가 재편의 필요성이 제기되었다.

높은 수준의 복지를 유지하기 위한 고율의 조세가 오히려 노동유인을 약화시켰고 완전고용을 위한 장치들이 노동시장의 경직성을 가져왔으며 높은 임금이 기업의 경쟁력을 약화시켰다고 분석하였다.

이에 스웨덴은 복지지출을 삭감하고 효율성을 증대하기 위한 부분적 개혁을 단행하였다. 구체적으로 복지서비스 제공의 지방분권화, 복지서비스 비용 인상, 경쟁원리 도입, 급여조건 강화 등의 정책을 도입하여 복지지출을 줄이는 노력을 하였다(안상훈, 2006).

최근 스웨덴 복지국가의 개혁은 좌우파의 교차집권을 통해 이루어지고 있으나 국민의 절대다수가 고율의 조세를 찬성하고 여전히 완전고용을 유지하고 있으며 급격한 임금 삭감이 시행되지 않아 기존의 사회민주주의 모형은 큰 변화가 없다고 볼 수 있다.

학습 TIP 복지국가 재편

복지국가의 재편을 설명하는 이론은 불가역성론, 재조정론, 계급정치에 따른 재편론 등이 있다.

[쉼터] 복지천국 북유럽의 스웨덴

스웨덴은 높은 복지와 함께 높은 세금 부담률이 특징이며 '학교, 보육, 건강, 연금, 노인복지, 사회복지' 등을 국가가 거의 무상 제공하고 있다. 스웨덴의 복지개념은 부자가 가난한 사람에게 나눠준다는 개념이 아니라, 모든 국민들이 다 참여하고, 인생의 시기에 따라 책임과 혜택을 동시에 누린다는 보편적 복지의 개념이다. 스웨덴에서 연봉이 가장 높은 수준임에도 복지혜택을 받는다. 높은 세금에도 불구하고 국민들은 크게 반발하지 않는다. 오히려 스웨덴 국민이 느끼는 행복감은 세계 어느 나라보다 높다. 모든 것을 복지가 해결해 주면 국민은 의욕이 생기지 않을 법도 한데, 스웨덴 국민은 오히려 근면하고 노동생산성도 높다. 소득기준으로는 격차가 가장 낮은 국가에 속하지만 자산 기준으로 빈부격차가 세계에서 가장 큰 나라 중 하나인데, 의외로 잘 알려져 있지 않다. '라곰'(Lagom)은 스웨덴에서 중요하고 자주 쓰이는 단어이다. 충분히 좋다, 혹은 딱 알맞다는 의미의 이 단어는 평등과 공평함이라는 스웨덴의 문화적, 사회적 이상을 축약하고 있다. 스웨덴 하면 떠오르는 것이 복지다. 이 때문에 스웨덴이 사회주의 국가로 비치기도 한다. 이런 선입견과 달리 스웨덴 정부는 민간기업의 자유를 보장한다. 기업의 자유로운 활동을 보장하는 것이 정부의 역할이라는 것이다. 스웨덴을 지탱하는 복지와 인권 중시 시스템은 기업운영 방식에도 자연스럽게 녹아 있다. 이중 '평등'은 스웨덴 기업이 지키려는 핵심 키워드 중 하나다. 스웨덴 기업에는 직급이 거의 없다. 스태프와 매니저가 전부인 경우가 많다. 특히 남녀 차별이 없는 것은 스웨덴 기업의 장점이자 힘이다. 세계경제포럼(WEF)이 매년 발간하는 세계남녀격차보고서에 따르면, 양성평등에서 스웨덴이 세계 1위를 차지하고 있다. 남녀 모두 출산 육아 휴가를 쓰고, 여성의 소득은 남성 소득 대비 93%에 이른다. 스웨덴 공공부문에서 남녀평등은 일반적인 일이 됐다. 중앙정부와 의회에서 여성 비율은 50%에 달한다. '군의회·주의회·중앙정부' 고위직 대다수도 여성이다.

출처: 소정현 기자(2021.08.12). "복지천국 북유럽의 스웨덴", 서울일보.

핵심 용어

복지국가, 잔여적 복지, 제도적 복지, 자유주의적 복지국가, 조합주의적 복지국가, 사회민주주의적 복지국가, 복지국가 위기, 복지국가 재편

학습 실천과제

- 복지국가의 정의를 살펴보고 우리나라가 복지국가인 이유에 대해 구체적으로 기술해 봅시다.
- 에스핑-앤더슨의 복지국가 모형 중 우리나라는 어떤 유형에 해당하는지 토론해 봅시다.
- 복지국가 발전과정과 관련하여 우리나라의 복지국가 위기와 재편에 대해 생각해 봅시다.

CHAPTER 07 학습문제

01 복지국가의 개념에 대해 바르지 않은 설명은 무엇입니까?

① 복지국가는 정치체제와 상관없이 국민의 복리와 행복을 증진하는 국가 체제이다.
② 모든 국가가 복지국가를 추구한다고 해서 복지국가로 명명되는 것은 아니다.
③ 복지국가는 경제적 측면에서 국민들의 삶의 질을 보장할 수 있어야 한다.
④ 복지국가는 사회적으로 완전고용과 사회보장제도가 실현된 국가를 지향한다.
⑤ 복지국가라는 용어는 일반적으로 영국으로부터 유래되었다고 알려져 있다.

정답 ①

해설

복지국가는 민주주의 정치체제를 전제로 하여 국민의 복지를 정책적으로 보장하고자 하는 국가 체제로 정의된다.

02 복지국가 발전이론 중 수렴이론으로도 불리는 것으로, 산업화로 인한 문제를 해결하기 위해 복지국가가 발전했다는 이론은 무엇입니까?

정답 산업화 이론

해설

산업화 이론은 산업화가 사회 문제를 유발하였으나 경제성장을 통해 국가가 이러한 문제를 해결할 수 있다는 입장을 갖고 있다.

03 에스핑-앤더슨의 복지국가 유형에 대한 설명으로 바르지 않은 것은 무엇입니까?

① 자유주의 모형은 탈상품화 정도가 매우 낮지만 계층화 정도는 매우 높다.
② 조합주의 모형은 탈상품화 정도가 높고 독일이나 오스트리아가 해당된다.
③ 사회민주주의 모형은 국가 역할이 주변적이고 스웨덴, 덴마크, 핀란드 등이 해당된다.
④ 자유주의 모형의 국가에서는 국가의 역할이 주변적이고 미국, 호주 등이 해당된다.
⑤ 조합주의 모형은 국가의 역할이 보조적이고 보수적 복지국가로도 불린다.

정답 ③

해설

사회민주주의 모형의 경우 국가의 역할이 중심적이고 사회복지정책에 소요되는 비용을 조달하기 위한 국민의 조세부담률이 매우 높다.

04 복지국가의 위기와 관련하여 바르지 않은 설명은 무엇입니까?

① 복지국가의 위기는 석유파동 이후 경제성장의 정체로부터 시작되었다.
② 영국과 미국은 복지 위기 이후 신자유주의를 강력하게 추진하였다.
③ 신자유주의는 자유방임경제를 지향하면서 공공복지제도의 확대가 복지병을 야기한다고 보았다.
④ 신마르크스주의는 복지는 사회통제를 위한 수단이라고 평가하였다.
⑤ 사회민주주의의 실용적 관점에서는 복지국가가 더 이상 유지될 수 없다고 보았다.

정답 ⑤

해설

사회민주주의의 실용적 관점에서는 복지국가 자체의 문제보다는 국가 외부의 문제가 복지의 위기를 초래했다고 보았고 따라서 복지국가는 유지될 수 있다고 보았다.

05 복지국가 재편에 관한 설명으로 바르지 않은 것은 무엇입니까?

① 불가역성론은 복지 삭감 정책에도 불구하고 전체적으로 감소 금액이 크지 않았다고 설명한다.
② 재조정론은 복지위기 이후 국가, 시장, 민간의 비중을 조정하여 복지의 총량을 축소한다는 것이다.
③ 계급정치에 따른 재편론은 자본계급과 이해관계가 다른 계급들 간의 동맹을 강조하고 중간계급의 영향력이 중요하다고 주장한다.
④ 영국은 대처의 보수당 집권 후 복지국가의 강력한 재편을 단행하였다.
⑤ 프랑스의 경우 복지비용을 기여금 방식에서 조세 방식으로 전환하고자 노력하였다.

정답 ②

해설

재조정론은 국가, 시장, 민간의 비중을 조정하여 결과적으로 복지의 총량을 축소하지 않아도 복지의 위기를 헤쳐 나갈 수 있다는 이론이다.

CHAPTER

08

사회복지의 실천대상과 공급자

학/습/목/표

- 사회복지의 실천대상을 개인과 사회체계로 구분할 수 있다.
- 욕구의 주체이자, 권리의 주체로서 사회복지대상자를 생각할 수 있다.
- 국가와 민간의 역할 관계에 대해 이해할 수 있다.

1. 사회복지의 실천대상: 개인, 사회체계

사회복지의 실천대상은 개인과 사회체계로 구분할 수 있다.

1) 개인과 사회체계

개인은 인간다운 삶을 살아가고자 다양한 욕구를 충족하며 살아간다. 그러나 그 욕구가 충족되기 위한 조건을 갖추기 위해 개별적으로 노력하지만 한계가 있다. 이에 사회복지 서비스가 개인에게 제공되어 행복한 삶을 살기 위한 기본조건을 채워간다. 개인은 다양한 환경 속에서 삶을 살아간다. 가장 작은 단위의 사회인 가족, 그리고 집단, 지역사회 속에서 생활하게 되는데, 이때 개인을 포함한 사회체계를 이해하는 것은 매우 중요하다. 사회체계는 사회를 부분들의 합으로 이루어진 전체로 설명된다. 전체 사회는 크고 작은 하위체계로 구성되어 있고, 이들은 서로 연결되어 있으며, 개방체계를 이루고 있다. 즉, 사회 내에는 학교, 병원, 교회, 직장 등 부분들로 구성되며, 이 부분들은 모두 전체 사회체계를 유지하기 위한 기능을 수행한다. 사회체계 관점에 의하면 지역사회 내의 다양한 사회체계들이 어떻게 상호작용하는가를 분석하는 것을 강조하며, 지역사회 체계 속의 개인을 이해하는 데 도움이 된다. 이때, 지역사회를 구성하는 사회체계들 사이에는 상호관련성, 상호작용이 발전하게 된다. 따라서 개인과 사회체계를 '환경 속의 개인(Person in Environment; PIE)' 측면에서 접근이 이루어졌으면 한다.

2) 사회복지의 실천대상 유형

사회복지의 실천대상은 개인을 대상으로 한 개별사회사업, 집단을 대상으로 하는 집단사회사업, 그리고 지역 공동체를 대상으로 하는 지역사회 조직화사업으로 나눠 볼 수 있다(오봉욱 외, 2015b).

(1) 개인

사회복지실천의 대상으로서 개인은 종전의 개별 사회사업의 대상을 의미한다.

① 개인 대상 사회복지실천

개인 대상 사회복지실천은 개인적 혹은 사회적 문제에 직면해 있는 개인을 1 : 1로 만나 원조하는 활동으로서 클라이언트로 하여금 주변 환경에 적응할 수 있도록 도움을 제공하거나 개인에게 영향을 미치는 사회·경제적 결핍 상태를 완화시켜 주기 위한 활동이다. 개인 대상 사회복지실천에서 사회복지사는 클라이언트의 문제해결을 위해 필요하다고 판단될 경우 클라이언트를 둘러싸고 있는 문제에 직접·간접적으로 영향을 미치고 있는 주변 체계에 개입하여 그들의 변화를 시도하기도 한다.

② 개인 단위의 대상

개인 단위의 대상은 개인이 가진 고민과 어려움, 혹은 역기능적 문제를 호소하는 경우에 개입하는 것을 말하며, 사회복지사가 개인의 문제를 해결해 주는 것이 아니라 개인 스스로 문제의 원인을 찾고 해결할 수 있도록 역량을 강화시키거나 자원을 개발 및 동원할 수 있도록 지지와 옹호, 협력자로서 함께하게 된다. 즉, 개인에 대한 개입, 사회환경에 대한 개입, 개인과 사회환경과의 상호작용에 대한 개입 등이 이루어진다. 예를 들어, 임산부, 영유아, 아동과 청소년, 성인, 장애인, 노인 등을 대상으로 개인-사회환경-개인과 사회환경 등에 개입하여 인간다운 삶을 유지하며 살아갈 수 있도록 한다.

(2) 가족

가족을 협의의 가족과 광의의 가족으로 구분해서 살펴보면, 서로에 대한 의무를 갖고 함께 거주하는 사람으로 구성된 일차집단으로 혈연, 입양 혹은 혼인을 기반으로 하는 일차적인 집단으로 그들에게서 출생하거나 양자로 된

자녀로 구성된 가족을 협의의 가족으로 말하며, 스스로 가족으로 정의하고 지속적으로 서로에게 가족체계의 핵심적 요소로 간주되는 의무감을 주는 둘 이상의 개인으로 구성된 집단으로 조건에 의해 제한되지 않는 친족의 개념으로 그들의 자녀를 포함하는 등의 가족형태의 다양성을 인정하는 광의의 가족으로 나눠 볼 수 있다. 오늘날의 가족은 사회변화에 따라 다양한 형태의 가족이 만들어짐에 따라 가족의 정의가 달라지고 있다(유영준 외, 2020).

① 가족 대상 사회복지실천

가족을 단위로 한 사회복지 실천활동으로 가족 단위의 문제가 주요 실천대상이 되며, 경우에 따라 개인의 문제를 해결하기 위해 가족 단위의 개입이 이루어지기도 한다.

② 가족 단위의 대상

가족복지의 대상을 광의와 협의로 나누어 볼 수 있다. 광의로 볼 때는 모든 유형의 가족들로 이들이 앞으로 당면할 가능성이 있거나 현재 당면한 모든 가족문제이며, 협의로 보면 가족상의 문제로 인해 위기의 가족으로 가족생활주기에 따라 발생되는 발달적 및 상황적 스트레스와 어려움을 가진 가족을 말한다. 즉, 가족대상 사회복지실천은 주로 부부갈등, 부모-자녀 간 문제, 아동양육 및 돌봄문제, 다세대 간의 갈등 등을 중재 및 해결하기 위해 사용된다(이경준 외, 2020). 예를 들어, 가족성원의 보호기능 약화, 가족성원들 간의 갈등, 가정폭력, 가족해체, 빈곤 등의 문제, 확대 가족 내 세대 간 갈등 문제 등에 개입한다.

(3) 집단

호만스(George C. Homans)는 "집단이란 사람들이 직접 대면하여 일정기간 동안 대화를 할 수 있는 정도의 인간 집합체(人間集合體)"라고 정의하였다. 후스(Edgar F. Huse)와 보우디츠(James L. Bowditch)는 심리학적 측면에서 "집단이란 공통된 목적을 추구하는 사람들이 공동으로 목적을 성취시키기 위하여 서로 대면적 접촉을 통해 교호작용(交互作用)을 하고, 서로의 존재를 인식하며 자기 자신이 집단의 한 구성원임을 알고 있는 사람들의 집합체"라고 정의하였다. 즉, 집단이 성립되기 위해서는 집단 구성원 간에 대면적 접촉과 서로의 존재를 인식할 수 있는 정도의 인원수라는 조건이 충족되어야 한다(이종수, 2009).

① 집단 대상 사회복지실천

집단사회복지실천은 집단의 역동성을 이용하는 사회복지실천이다. 이에 집단에 참여하는 구성원들의 개별 성원에 대한 이해와 사정 내용을 근거로 집단 활동을 통해 역기능적인 부분을 기능적으로 개선하여 문제해결 능력이 높아지도록 지원하는 활동을 한다. 집단사회복지는 의도적 집단 경험을 통해 개인의 욕구충족과 사회심리적 기능향상, 개인이나 집단의 당면문제 해결에 기여하는 사회복지실천 방법 중 하나로 집단지도로도 불린다(이경준 외, 2020). 집단 지도자는 집단의 발달단계에 따라 수행해야 할 과업 등을 차별적으로 선택하여 적용하면 효과적으로 집단을 지도할 수 있다. 집단대상 개입은 집단구성원 간의 상호작용과 그로 인해 발생하는 집단역동(group dynamics)에 주목한다. 개별 구성원들 간 상호교류와 힘을 통해 전체집단 및 구성원들에게 영향을 미침으로써 치료적 성과를 가져오고, 이는 곧 개인적, 집단적 목표를 달성하는 데 중요한 힘의 원천이 된다(이경준 외, 2020).

② 집단 단위의 대상

집단사회복지의 대상은 집단의 목적에 따라 집단의 분류가 만들어진다. 그 중 사회복지사가 자주 관여하는 집단은 크게 치료집단과 과업집단으로 구분된다. 치료집단은 교육, 성장, 치유, 사회화 등을 목적으로 하며, 한 가지 이상의 목적을 동시에 갖기도 한다. 치료집단의 주된 목적에 따라 지지집단, 교육집단, 성장집단, 치유집단, 사회화집단으로 구분된다. 그리고 과업집단은 조직이나 기관의 문제에 대한 해결책 모색, 새로운 아이디어 개발, 효과적 원조

전략 수립 등의 과업수행을 목적으로 한다. 과업집단에는 치료회의, 사례회의 등이 있다. 또한, 자조집단은 유사한 어려움이나 관심사를 가진 성원들이 자발적으로 집단을 만들어 구성원 간에 경험을 나눠 개인적으로 바람직한 변화를 가져오도록 노력하는 상호 원조집단을 말하며, 단주친목모임, 자살유가족모임 등이 있다.

(4) 지역사회

지역사회는 일정한 지리적 구역을 전제조건으로 일정한 지역에 사는 사람들의 집합체를 말한다. 이때, 공동체는 공동의 관심과 이해관계를 전제조건으로 기능적 기준에 의해 형성되며, 그 구성원이 공동의 이익을 추구하고, 이해관계를 같이 하는 개인이나 집단조직체를 의미한다. 지역사회복지는 지역사회 수준에서 이루어지는 사회복지실천으로 지역사회 내에서의 사회복지실천과 지역사회를 대상으로 한 사회복지실천을 포함하는 개념이다. 이는 지역사회에 존재하는 각종 제도에 영향을 주고 지역사회의 문제를 예방하고 해결하고사 하는 사회적 노력이다.

① 지역사회복지실천

지역사회복지실천(community welfare practice)은 지역사회를 대상으로 하는 사회복지실천을 포괄적으로 일컫는 개념으로 개인, 가족, 지역사회를 대상으로 이루어지는 사회복지 실천이다. 그리고 일정한 지리적, 기능적 범위 안에서 지역사회 자체를 대상으로 이루어지는 사회복지실천을 의미한다. 따라서 지역사회복지실천은 지역사회의 자원을 동원하여 지역사회 내의 특정 클라이언트를 포함하는 주민들을 대상으로 실천활동을 전개하는 것을 의미한다.

② 지역사회조직

지역사회조직(community organization)은 공공 및 민간의 전문 사회복지기관에서 전문 사회복지사에 의해 수행되며, 보다 조직적이고 의도적이며, 과학적인 지식과 기술을 계획적으로 사용한다.

③ 지역사회 만들기

지역사회 만들기(community building)는 지역사회 내에서 공동체 의식을 형성해 가는 활동으로서 지역사회의 문제를 해결할 수 있는 지역공동체의 사회적 자본을 확충하는 것을 목표로 삼는다. 지역사회 문제를 해결하기 위해서는 단편적인 노력이나 활동으로는 한계가 있고 지역사회의 잠재적 자산을 응집할 수 있는 다원적 전략과 활동이 필요하다.

④ 지역사회개발

지역사회개발(community development)은 지역 주민들의 삶의 질 향상을 위해 주민들이 스스로에 대한 확신을 갖고 대처기술을 획득하도록 지원하는 활동이다. 즉, 주민이 주체가 되어 스스로 지역사회의 문제를 발견하고 원인을 찾아 해결하기 위해 지역사회 구성원이 연대하여 상호신뢰와 공동체 의식 등을 쌓아가면서 사회적 자본 확충을 만들어가는 것이다.

⑤ 지역사회보호

지역사회보호(community care)는 사회적 보호가 필요한 요보호 대상자들에게 가능한 한 그들의 가정 또는 그와 유사한 지역사회 내 환경에서 서비스를 제공하는 사회적 돌봄의 형태이다.

⑥ 재가보호

재가보호(home care)는 보호를 필요로 하는 사람들이 자신의 가정에서 보호를 받는다는 개념이다. 이때 공공과 민간의 공식적 조직에 의한 보호와 가족, 친척, 이웃 등 비공식 조직에 의한 보호가 모두 포함된다. 이는 지역사회 보호와 유사성을 가지지만 가족 환경과 유사한 지역사회 환경에서의 보호를 포함하고 있지 않다는 점에서 지역사회 보호와 차이가 있다.

⑦ 시설보호

시설보호(institutional care)는 노인이나 장애인 등 사회적 보호가 필요한 사람들이 일정한 시설에서 보호서비스와 함께 의식주를 제공받으면서 장기적으로 또는 단기적으로 거주하는 형태의 사회적 보호이다.

2. 욕구의 주체, 권리의 주체로서 사회복지 대상자

1) 욕구의 주체로서 사회복지 대상자

욕구의 주체로서 사회복지 대상자는 인간의 생존을 위해 필요로 하는 최소한의 욕구가 결핍되었을 때, 인간다운 삶을 살아가기 어렵게 되며, 그 최소한의 조건을 갖추지 못한 경우 생존이나 안녕, 충족을 위한 신체적, 심리적, 경제적, 사회적 필요가 요구된다는 점에서 국가적 관심이 필요하다.

(1) 욕구의 주체로서 사회복지 대상자의 개념

인간의 기본적 욕구와 사회적 욕구를 가진 사회복지 대상자를 의미한다. 이는 일반적으로 욕구가 충족되지 못해 인간다운 삶을 살아가는 데 어려움을 갖고 있으며, 개인의 노력과 개인이 속한 가족집단에 의해 문제를 해결하고, 욕구를 충족하기 위해 자원 개발 및 동원을 했으나 개인이 희망하는 정도를 이루지 못해 사회복지 조직의 개입을 필요로 하는 상황인 자 등이 해당된다. 이때, 사회복지사는 사회복지 대상자의 자료수집과 욕구사정을 통해 그들에게 필요한 기본적 욕구와 사회적 욕구가 무엇인지 정확히 파악하고 체계적으로 개입하는 것은 매우 중요하며, 이때 사회복지사와 사회복지 대상자 간의 상호신뢰 속에 만들어지는 관계는 서비스 효과성에 매우 큰 영향을 미친다.

(2) 욕구의 주체로서 사회복지 대상자의 참여

사회복지전문가에 의해 과학성과 예술성의 조화를 통해 이루어지는 사회복지 실천기술이 개입될 때, 욕구의 주체로서 사회복지 대상자의 적극적인 참여가 전제되어야 하며, 사회복지사는 욕구를 가진 서비스 이용자를 동반자, 파트너(partner)로 문제와 욕구에 대한 정확한 사정과 개입계획을 세우고 그에 대한 사회복지 대상자의 동의를 구한 뒤, 개입 계획에 따라 사회복지 서비스가 제공되고, 그에 따른 점검과정을 통해 평가와 종결이 이루어질 수 있도록 해야 한다. 단, 사회복지 대상자가 자신의 욕구에 대한 정확한 이해가 필요하며, 기본적 욕구와 사회적 욕구에 대한 구분과 주체적인 참여에 대한 의지가 중요하다.

2) 권리의 주체로서 사회복지 대상자

권리의 주체로서 사회복지 대상자를 살펴보기 위해 사회권적 기본권과 복지권으로 나눠 살펴보았다.

(1) 사회권적 기본권(생존권적 기본권)

① 사회권적 기본권의 의의

사회권적 기본권은 국민이 국가기관에 의해 인간다운 생활과 최저한의 생활보장을 적극적으로 요구할 수 있는 권리를 의미하며, 사회권적 기본권을 생존권적 기본권(생존권)이라고도 말한다.

② 우리나라 헌법의 규정

사회권적 기본권에 대해 인간다운 생활을 할 권리, 교육을 받을 권리, 근로에 대한 권리, 근로 3권, 환경권 등을 규정하고 있다. 우리나라 헌법 전문에는 국민생활의 균등한 향상을 기하고, 자유와 행복을 확보할 것이 명시되어 있다. 헌법상 국가는 사회보장 혹은 사회복지의 증진을 위해 노력해야 할 의무가 있으며, 생활능력이 없는 국민은 국가로부터 보호를 받을 수 있다. 헌법은 사회권(생존권, 인간다운 생활을 할 권리, 사회복지권, 복지권)에 대한 기본원칙을 제34조 제1항에 규정하고, 제34조 제2항에서 제6항까지 규정하고 있다.

헌법

제34조 ① 모든 국민은 인간다운 생활을 할 권리를 가진다.
② 국가는 사회보장·사회복지의 증진에 노력할 의무를 진다.
③ 국가는 여자의 복지와 권익의 향상을 위하여 노력하여야 한다.
④ 국가는 노인과 청소년의 복지향상을 위한 정책을 실시할 의무를 진다.
⑤ 신체장애자 및 질병·노령 기타의 사유로 생활능력이 없는 국민은 법률이 정하는 바에 의하여 국가의 보호를 받는다.
⑥ 국가는 재해를 예방하고 그 위험으로부터 국민을 보호하기 위하여 노력하여야 한다.

(2) 복지권

① 복지권의 의미

인간은 인권을 가지며, 인간의 존엄과 가치 및 행복추구권, 그리고 개별적인 기본권으로서 평등권, 자유권, 사회권, 참정권으로 구분된다. 이 중 사회권을 복지권이라고도 말한다. 복지권은 헌법상 국민들이 복지혜택을 받을 권리를 말한다. 즉, 복지권은 모든 국민이 인간다운 생활을 누리는 데 필요한 복지서비스를 국가로부터 보장받을 권리를 말한다.

② 사회보장수급권

사회보장을 받을 권리란 사회보장수급권(사회보장기본법 제9조)을 말하는 것으로 질병, 노령, 실직 등으로 말미암아 보호를 필요로 하는 개인이 인간의 존엄에 상응하는 인간다운 생활을 하기 위해 국가에 대해 일정한 급여와 서비스 지원을 적극적으로 요구할 수 있는 권리를 말한다.

사회보장기본법

제2장 사회보장에 관한 국민의 권리

제9조(사회보장을 받을 권리) 모든 국민은 사회보장 관계 법령에서 정하는 바에 따라 사회보장급여를 받을 권리(이하 "사회보장수급권"이라 한다)를 가진다.

3. 국가와 민간의 역할 관계

1) 국가(공공)와 민간의 역할

국가(공공)와 민간은 공통의 목적을 성취하고자 각각의 역할을 이해하고 체계적으로 수행하면서 상호보완적인 접근이 이루어져야 한다.

(1) 국가의 역할

국가는 공공(공적)의 역할로서 중앙정부와 지방자치단체로 구분하여 역할을 살펴보면 다음과 같다.

① 중앙정부의 역할

중앙정부는 복지정책의 기본 틀을 마련하고, 이를 위한 법과 제도를 제정 및 개선하기 위해 노력한다. 그리고 각각의 주된 업무영역에 의해 주무부처가 달라진다. 즉, 사회복지 업무를 담당하는 주무부처는 보건복지부이지만 여성가족부, 고용노동부, 정보통신부 등 다른 부처에서도 복지 부문의 사업을 다양하게 추진하고 있다. 또한 보건복지부 관할의 국민연금공단, 국민건강보험공단 등을 통해 사회보험을 관리하며, 공공부조 및 사회서비스의 지침을 마련하고 예산을 지원하여 지방자치단체를 통해 원활한 제도 운영이 이루어질 수 있도록 역할을 수행한다.

② 지방자치단체의 역할

지방자치단체는 국가 제도를 전달하는 역할과 지역사회 특성을 반영한 복지정책을 마련하여 지역주민의 복지를 위해 노력하고 있다. 특히 지역주민의 공공부조와 각종 복지서비스를 읍·면·동 행정복지센터를 통해 상담 및 신청하면 시·군·구에서 심사 및 결정하여 서비스를 제공하게 된다. 더욱이 지역사회 문제해결을 위해 자원 개발, 조정, 연계를 위한 지역사회보장협의체를 구축 및 운영하여 지역사회 복지를 위해 다양한 역할을 수행한다.

(2) 민간의 역할

민간영역에는 사회복지법인, 사단법인, 재단법인 등의 법인 형태를 가진 사회복지 조직과 사회복지 관련 기관 및 종교단체, 복지영역별 협회와 단체, 시민단체 등이 있으며, 다양한 주체들의 이념 속에서 자발적으로 참여하여 자원개발 및 연계, 취약계층의 욕구조사, 프로그램 계획 및 운영 등으로 개인 및 가족, 집단을 대상으로 물질적·비물질적인 지원을 제공하는 역할을 수행한다.

2) 사회복지 역할분담의 필요성과 원칙

국가와 민간의 역할과 더불어 역할분담의 필요성과 원칙을 살펴보면 다음과 같다.

(1) 국가 부문의 필요성

민간부문의 접근은 다양한 장점과 한계가 존재한다. 특히, 민간영역에서 발생되는 자원배분의 비효율성과 불평등을 고려할 때, 국가(공공)의 사회복지 부문의 역할은 매우 중요하다.

① 중개자의 역할

국가는 다양한 서비스 제공 주체와 욕구를 가진 개인과 집단을 중개하는 역할을 수행한다.

② 중재자의 역할

국가는 사회 내 발생될 수 있는 갈등구조, 즉 불평등 구조에 대해 조정하는 역할을 수행한다. 예를 들어, 국가가 소득재분배를 통해 소득 불평등 완화와 사회 양극화를 줄이기 위한 노력을 할 수 있다.

③ 제공자의 역할

국가와 민간의 다양한 접근이 이루어져도 발생되는 사각지대에 놓인 사회적 취약계층에 대한 관심과 이를 지원하기 위한 국가주도의 사회복지적 접근이 가능하도록 법과 제도를 정비하고 개입하기 위한 제공자의 역할을 수행한다.

(2) 민간부문의 필요성

국가 부문의 접근은 다양한 장점과 한계가 존재한다. 특히, 국가 영역에서 발생되는 법과 제도에 의해 서비스가 제공되면서 발생될 수 있는 사각지대와 서비스 제공과정에 의해 제한을 받는 서비스 대상자를 고려할 때, 민간의 사회복지 부문의 역할은 매우 중요하다.

① 서비스 제공자의 역할

가. 사각지대 해소

국가가 제공하는 서비스는 자격기준을 심사하여 선별적으로 제공된다. 그리고 그 과정에서 서비스 이용의 제한에 의해 사각지대가 발생할 수 있다는 점에서 이들을 위해 서비스를 제공할 수 있다.

나. 다양한 욕구에 맞는 서비스 제공

국가는 1차적인 욕구충족에 목표를 두고 접근이 이루어진다는 점에서 다양화되는 클라이언트의 욕구에 대해 다양하고 질 높은 서비스를 제공할 수 있다.

② 사회복지서비스의 선도적 개발 및 보급의 역할

민간은 행정적으로 융통성이 있고, 의사결정 과정이 신속하며 환경변화에 빠르게 대처할 수 있다. 즉, 환경변화와 클라이언트의 다양한 욕구를 파악하여 사회복지 조직의 전문가를 활용하여 새로운 프로그램을 개발 및 보급하고 이를 통해 인간다운 삶을 살아갈 수 있도록 신속한 대응이 가능하다.

③ 서비스 제공 주체 간 네트워크를 활용한 서비스 효과 극대화

민간은 서비스 제공 주체 간 네트워크를 통해 다양한 자원을 연계 및 활용하여 개인 및 집단, 가족, 지역사회의 긍정적 변화를 위한 서비스 효과를 극대화할 수 있다.

④ 민간의 사회복지 참여 확산을 위한 문화 조성 및 욕구 수렴

지역사회 내 자원봉사자, 후원자 등의 인적·물적 자원을 동원하여 민간의 사회복지 참여를 유도하여 복지문화 조성과 다양한 욕구를 수렴할 수 있다.

⑤ 국가(중앙정부와 지방자치단체)의 사회복지 활동에 대한 모니터

민간은 국가(중앙정부와 지방자치단체)의 사회복지정책과 서비스에 대해 모니터링하고 개선을 위해 건의할 수 있으며, 외국의 사례 및 국내에 맞는 정책을 제안하는 등 다양한 영향력을 미칠 수 있다.

⑥ 국가의 사회복지 비용 절약

인간다운 삶의 질에 대한 관심이 높아지면서 복지서비스에 대한 욕구는 지속적으로 증가한다. 그러나 복지재정을 무한정 증가시킬 수 없는 한계 상황에서 국가가 제공하지 못하는 복지서비스에 대해 민간이 제공하여 국가의 사회복지 비용이 절약되기도 한다.

(3) 국가와 민간의 역할분담 원칙

① 역할분담의 기본 원칙

공공재의 성격이 강하거나 외부효과가 큰 복지재는 국가에 의해 제공되어야 한다. 사유재의 특성이 강하거나 내부효과가 큰 복지재의 분배에는 시장의 핵심적 행위자들, 가령 기업조직 등의 적극적인 참여가 필요하다. 연대재의 특성이 강하거나, 연계효과가 큰 복지재의 분배에는 자원부문, 즉 사회복지 조직이나 자조집단 등의 적극적인 참여가 필요하다.

학습 TIP 공공재, 사유재, 연대재

- 공공재: 국방, 경찰 등과 같은 재화는 특정 소비자에게만 국한된 것이 아니며, 경쟁적 시장을 통해 충분하게 공급될 수 없으므로 집단적으로 공급되어야 한다. 이러한 재화를 말한다.
- 사유재: 소비자에게 개별적으로 팔 수 있는 재화를 말한다. 예를 들어, 시장에 나오는 재화(서비스)이다.
- 연대재: 상호의존적인 관계에서 협력과 호혜성에 의거하여 공동으로 만족할 수 있는 연계효과가 큰 재화를 말한다.

② 역할분담의 원리

주체 간의 역할분담은 제공되는 사회복지재화의 속성에 따라 달리 이루어진다. 재화나 서비스의 공공재적인 성격의 정도와 그것들의 외부효과의 정도를 고려해야 한다. 즉, 국가와 민간(시장)이 각각의 역할을 수행하면서 극대화할 수 있는 것이 무엇인가에 따라 어떤 주체가 제공하는 것이 좋을지 고려해야 한다는 의미이다.

3) 사회복지 역할분담의 유형

국가와 민간 간 역할분담은 '협력'에 의해 상호보완이 가능하다. 즉, 국가(공공)와 민간의 관계유형에 있어 순수한 정부지배모형과 순수한 민간지배모형을 배제한다면, 네 가지 형태의 국가(공공)와 민간의 파트너십 관계를 살펴볼 수 있다.

(1) 병행보완 모형

국가와 민간이 각각 재원을 조달하고 급여의 대상은 다른 경우이다. 국가와 민간의 파트너십은 결국 급여의 대상자를 결정하는 과정에서 이루어진다. 예를 들어, 국가에 의한 급여 제공 과정에서 사각지대에 놓인 수요자에게 민간이 급여를 제공하는 역할을 하는 경우를 말한다.

(2) 병행보충 모형

국가와 민간이 각각 재원을 조달하고 급여의 대상도 동일하지만 서로 상이한 급여를 제공한다. 국가와 민간의 파트너십은 결국 급여의 내용을 결정하는 과정에서 이루어진다. 예를 들어, 동일한 복지 수요자에게 국가는 현금급여를 제공하고, 민간은 사회복지서비스를 제공하는 경우를 말한다.

(3) 협동대리 모형

국가는 재원조달의 책임을 맡고, 민간은 급여의 책임을 맡는 경우이다. 다만 국가와 민간의 관계가 일방적이라는 특성을 가지며 국가는 민간의 역할을 관리 감독한다. 이때 국가와 민간의 파트너십은 재원을 배분하는 과정에서 이루어진다.

(4) 협동동반 모형

국가가 재원조달의 책임을 맡고, 민간이 급여를 맡는다는 점은 협동대리 모형과 비슷하지만, 국가와 민간의 관계가 쌍방적이라는 점에서 다르다. 즉, 민간은 프로그램 관리와 정책개발에서 상당한 재량권을 가지면서 국가의 정책결정 과정에도 영향을 미친다.

핵심 용어

사회복지 대상, 개인과 사회체계, 욕구의 주체, 권리의 주체, 국가와 민간의 역할

학습 실천과제

- 사회복지실천 대상인 개인과 사회체계를 비교하면서 설명해 봅시다.
- 욕구와 권리의 주체로서 사회복지 대상자에 대해 비교하여 논의해 봅시다.
- 사회복지실천 접근에 있어 국가와 민간의 역할 관계에 대해 기술해 봅시다.

CHAPTER 08 학 습 문 제

01 공공과 민간의 역할분담에 관한 설명으로 옳지 않은 것은?

① 표준화가 어려운 서비스는 민간에서 제공하는 것이 바람직하다.
② 공공은 민간 서비스의 사각지대에 놓인 사람들을 포용할 수 있다.
③ 공공은 재정적 안정성을 기반으로 대규모 서비스를 제공할 수 있다.
④ 민간은 공공과 협력하기도 하지만 공공에 대한 압력단체 역할도 한다.
⑤ 민간은 행정적 융통성이 높아 환경변화에 맞는 서비스 제공에 유리하다.

정답 ②
해설
민간은 공공 서비스의 사각지대에 놓인 사람들을 포용할 수 있다.

02 가족의 특성에 관한 설명으로 옳지 않은 것은?

① 사회변화에 따라 가족의 구조 및 기능도 변화한다.
② 가족의 형태에 따라 경험하는 문제가 다르게 나타난다.
③ 가족원들 사이에 일정한 규칙이 형성된다.
④ 가족 내에서도 권력 관계를 살펴볼 수 있다.
⑤ 가족의 규모가 클수록 역기능적 문제가 많이 발생한다.

정답 ⑤
해설
가족의 규모와 역기능적 문제 발생 사이에 상관관계가 있는 것은 아니다.

03 공공과 민간의 관계에 있어 다음에서 설명하고 있는 사회복지 역할분담의 유형은?

> 국가에 의한 급여 제공과정에서 사각지대에 놓인 수요자에게 민간이 급여를 제공하는 역할을 하는 경우를 말한다.

① 정부지배 모형
② 병행보충 모형
③ 협동대리 모형
④ 병행보완 모형
⑤ 협동동반 모형

정답 ④
해설
병행보완 모형은 공공과 민간이 각각 재원을 조달하고 급여의 대상은 다른 경우를 말한다.

04 다음 보기에서 설명하는 것은?

> 공공과 민간 사회복지기관의 전문 사회복지사에 의해 수행되며, 이는 보다 조직적이고 추구하는 변화에 대해 의도적이며 과학적인 지식과 기술을 사용한다.

① 지역사회보호
② 시설보호
③ 가상공동체
④ 지역화폐운동
⑤ 지역사회조직

정답 ⑤

해설

지역사회 조직은 사회복지의 전통적인 분류방법인 개별지도, 집단지도, 지역사회조직이라는 3대 방법에서 나온 것으로 공공과 민간 사회복지기관의 전문 사회복지사에 의해 수행되며, 이는 보다 조직적이고 추구하는 변화에 대해 의도적이며 과학적인 지식과 기술을 사용한다.

05 지역사회복지 관련 개념에 대한 설명으로 옳지 않은 것은?

① 지역사회조직은 전통적인 전문 사회복지실천방법 중 하나이다.
② 지역사회개발은 지역사회 문제를 해결하기 위해 전문가에 의한 주도적 개입을 강조한다.
③ 지역사회보호는 가정 또는 그와 유사한 지역사회 내의 환경에서 서비스를 제공하는 사회적 돌봄의 형태이다.
④ 지역사회복지실천은 지역사회를 대상으로 하는 사회복지실천을 포괄적으로 일컫는 개념이다.
⑤ 재가보호는 대상자의 가정에서 서비스를 받는 것을 의미한다.

정답 ②

해설

지역사회개발은 지역주민들의 삶의 질 향상을 위해 주민들이 스스로에 대한 확신을 갖고 대처기술을 획득하도록 지원하는 활동이다.

CHAPTER

09

사회복지의 미시적 실천방법

학/습/목/표

- 사회복지 서비스의 실천과 관련된 이론을 설명할 수 있다.
- 사회복지 서비스의 실천과정을 단계별로 구분하여 설명할 수 있다.
- 사회복지 서비스 중 사례관리의 특징을 설명할 수 있다.

1. 사회복지실천의 가치와 이론

사회복지실천의 가치란 사회복지실천의 가치를 기준으로 클라이언트의 욕구에 반응하고 이해하며, 개인의 가치와 존엄성 존중, 개인의 변화가능성과 자기결정권 인정, 클라이언트의 임파워먼트(empowerment) 증진 등과 같은 사회복지사와 클라이언트의 관계에서 요구되는 가치를 말한다(배기효 외, 2021).

1) 사회복지실천의 가치

고든(Gordon, 1965)은 사회복지실천을 인도하는 핵심가치를 여섯 가지로 나누어 설명하고 있다(Reamer, 1999; 배기효 외, 2021). 첫째, 개인은 사회의 일차적 관심 대상이다. 둘째, 사회 속의 개인은 상호의존적이다. 셋째, 개인은 서로에게 사회적 책임을 갖는다. 넷째, 모든 사람에게 공통적인 인간적 욕구가 있는 반면, 각각의 사람은 본질적으로 독특하고 남들과 다른 존재이다. 다섯째, 민주사회의 본질적인 속성은 각 개인이 가능성을 최대한 실현하고 적극적인 사회참여를 통하여 자신의 사회적 책임을 수행하는 것이다. 마지막으로 사회는 개인의 자아실현에 방해가 되는 것을 극복하고 예방할 수 있는 방법을 제공할 책임이 있다.

또한 미국사회복지사협회(NASW)는 윤리강령 전문에서 사회복지전문직의 핵심 가치를 여섯 가지로 나누어 제시하고 있다(김인숙 외, 2000). 첫째, 사회복지사는 자신의 전문적 기술, 지식, 가치를 경제적 보상을 기대하지 않고 서비스를 제공한다. 둘째, 인간 고유의 존엄성과 가치를 존중하여야 한다. 셋째, 약하고 억압받는 사람들을 위해 활동하고 사회변화를 추구하면서 사회정의를 구현한다. 넷째, 개인, 가족, 집단, 조직, 지역사회의 복지를 증진하고 회복하며 유지하기 위해 인간관계의 중요성을 인식해야 한다. 다섯째, 사회복지사는 정직하고 책임 있게 행동하며, 소속된 조직의 입장에서 정직과 성실로 윤리적 실천을 하여야 한다. 마지막으로 사회복지사는 전문적 지식과 기술을 향상하고 이를 실천에 적용하기 위해 끊임없이 노력하며 능력을 구비해야 한다.

2) 사회복지실천의 이론

사회복지실천은 클라이언트의 문제를 해결하면서 변화를 이끌어내기 위해 지식과 기술을 활용하고 이론을 적용하는 과정으로써 다양한 모델, 관점을 활용한다. 이러한 과정에서 관점은 클라이언트의 행동과 환경체계를 이해하고 분석하는 도구로써 문제해결을 위한 전략적 선택에 필요한 시각을 제공해준다. 한편 이론은 어떤 상황이나 행동에 대한 설명이나 그 상황이나 행동을 어떻게 변화시킬 수 있는지에 대한 체계화된 지식이라고 볼 수 있다. 또한 모델은 이론과 혼용해서 사용되기도 하는데 어떤 개입을 이끌어내는 데 유용한 개념들과 원리들의 총합으로 대부분 실제적인 경험이나 실험을 통해서 보편화된다(손병덕 외, 2021).

(1) 일반체계적 관점

사회복지실천에서 매우 유용한 관점으로 클라이언트체계인 개인, 가족, 조직의 행동을 예측하고 변화과정을 설명해 줄 수 있다. 체계는 서로 연결되어 있는 부분인 동시에 전체로서의 속성을 가지며, 지속적으로 변화하는 속성을 가지고 있는데 외부체계인 환경으로부터 에너지, 물질, 정보 등을 받아들여 지속적으로 에너지를 사용해야만 체계가 유지되고 발전할 수 있다. 체계는 외부체계와 구별해 주는 경계를 가지는 것으로 에너지를 투입받기 위해서는 개방체계를 유지하는 것이 좋다. 또한 갑작스러운 변화를 거부하기 때문에 변화가 생겼을 때 안정적인 상태를 유지하고자 하는 속성인 항상성(homeostasis)을 가진다.

일반체계관점은 사회복지사가 클라이언트 체계의 변화를 돕는 개입지점의 파악에 유용할 뿐만 아니라 클라이언트의 행동과 기능수행에 영향을 미치는 생물학적·사회적 체계들의 역동적 상호작용에 초점을 맞출 수 있도록 함으로써 사회복지실천과정 중 사정단계에서 유용한 관점을 제공한다.

(2) 생태체계적 관점

사회복지실천에서 '환경 속의 인간'을 뒷받침하는 대표적 관점으로 사회문제를 다룸에 있어서 개인, 환경, 개인과 환경 간의 상호관계에 초점을 두게 한다. 특히 개인의 욕구와 사회적 욕구 사이에서 조화와 균형의 정도를 의미하는 적합성(goodness of fit), 개인 대 환경의 적절한 결합으로 환경의 변화를 위한 행동이나 인간 스스로 환경변화에 적응하는 적응성(adaptation), 개인이 환경과 효과적으로 상호작용할 수 있는 유능성(competence)의 개념을 포함한다. 대상집단에 관계없이 모든 사회체계에 적용할 수 있으며 이 관점을 활용한 개입 시 한 모델에 국한하지 않고 다양한 모델을 절충하여 활용할 수 있다(백은령 외, 2008).

(3) 강점관점

사회복지 실천에서 전통적 관점은 병리적 관점으로 문제해결에 초점을 둔 실천활동이다. 이 관점은 사람 자체가 문제라는 낙인을 조장할 뿐만 아니라 문제를 강조함으로써 사회복지사와 클라이언트 간의 불평등을 초래하였다. 이에 대한 대안으로 등장한 것이 강점관점으로 클라이언트에게 개발되지 않은 능력과 역량, 에너지, 용기, 저항력 등이 존재한다는 믿음에 기반한다.

(4) 정신역동이론

과거에 심각한 외상을 갖고 있으며, 그것이 문제의 원인이라고 판단될 때 적용하는 이론이다. 클라이언트의 사회적 기능 향상을 위해 그의 내적 사고와 갈등을 이해하는 데 초점을 둔 이론으로 환경적 요인보다는 클라이언트의 사고와 느낌을 강조한다. 또한 과거의 경험과 현재의 증상은 깊은 관련이 있다고 본다. 그러므로 과거의 경험이 자신의 생각과 느낌, 행동을 일으키게 한다는 통찰력을 갖도록 하며, 이때 치료자와의 관계형성을 중요시한다.

(5) 행동주의 이론

클라이언트의 문제가 과거에 잘못된 학습과 관련이 있다고 보면서 인간의 행동이 환경으로부터의 자극과 이에 대한 인간의 반응으로 형성된다고 본다. 그러므로 클라이언트의 문제가 새로운 학습을 통해 개선될 수 있다고 판단될 때 적용할 수 있는 이론이다. 인간은 보상받는 행동은 반복하고 그렇지 않은 행동은 철회한다는 이론으로 클라이언트의 역기능적 행동을 감소시키는 대신 새로운 행동을 학습하도록 함으로써 사회적 기능 향상을 달성하게 된다.

(6) 인지-행동주의 이론

인지이론, 행동주의 이론 및 사회학습이론의 개념을 통합하고 적용한 이론이다. 클라이언트의 역기능적 감정과 행동을 야기하는 왜곡된 생각과 비합리적 신념을 현실적이고 긍정적으로 인식하고 해석하도록 하는 방법을 학습함으로써 사회적 기능 향상을 도모한다. 주로 우울증, 부정적 사고나 자살사고, 낮은 자존감의 클라이언트에게 효과적인 이론으로 클라이언트의 왜곡된 사고유형을 확인하게 하고 인지 재구조화, 모델링, 역할시연, 소거 등의 다양한 기법을 활용하여 개입한다.

(7) 인간중심치료모델

인간의 독특성과 자아, 개인적 경험의 의미를 강조하는 이론이다. 클라이언트를 자발적이고 능동적 존재로 간주하여 사고와 느낌을 반영하고 경청해 주는 비지시적 과정을 통해 자신에 대한 가치감과 이해를 향상시켜 사회적 기능의 향상을 도모한다. 특정 문제보다 성장에 초점을 두기 때문에 비심판적 태도와 진실함, 적극적 경청과 반영의 기술 등이 요구된다. 클라이언트가 자발적이고 변화의 동기가 분명하며, 심각한 환경적 요인이 없는 경우에 효과적인 적용모델이다.

(8) 위기개입모델

위기상태로 인하여 클라이언트가 불균형상태에 처할 때 신속하게 개입하고 위기를 초래한 사건 직후로부터 단기간 동안 개입한다. 이를 통해 스트레스를 최소화하고 대처능력 향상과 클라이언트의 의사결정과 행동을 지원할 뿐만 아니라 사회적 지지망과 다양한 자원을 동원한다. 주로 현재의 증상이 위기로 간주되거나 질병치료 및 회복과정에서 발생하는 위기대처에 효과적이다.

(9) 과업중심모델

정신분석이론에 기초한 장기치료의 대안으로 등장한 단기치료의 영향을 받은 이론으로 현재 문제가 생활상의 과업 실패라고 판단될 때 유용하다. 인지행동이론, 행동수정기법, 체계이론 등을 통합한 모델로서 클라이언트의 대인관계와 역할수행의 어려움 등 일상생활상의 문제를 다루기 위해 고안되었다. 단기개입, 구조화된 접근, 클라이언트의 자기결정권, 환경에 대한 개입, 책무성을 강조하는 것으로 문제의 원인보다 클라이언트가 제시한 필요한 과업(task)에 초점을 둔다.

(10) 해결중심모델

사회복지사와 클라이언트가 함께할 수 있는 횟수가 제한되어 있을 때 적합한 모델이다. 문제의 신속한 변화와 해결이 가능한 이론으로 클라이언트는 문제를 해결할 수 있는 생각, 능력, 자원을 가지고 있으므로 이를 확인하고 지원하면서 문제해결을 돕는다.

(11) 가족치료이론

가족 중 한 구성원이 증상을 가지고 있을 때, 이는 그 사람만의 문제가 아니라 전체 가족에게도 문제가 있다고 보는 입장이다. 따라서 전 가족 혹은 대부분의 가족이 치료과정에 참여하면서 가족을 강화하거나 유지하고자 할 때 유용하다. 가족문제가 잘못된 의사소통에 있다고 보는 의사소통 가족치료, 가족 내 병리적 구조가 바람직하지 못한 상호작용을 초래한다고 보는 구조적 가족치료 등 가족치료 이론은 매우 다양하다.

(12) 소집단이론

집단경험을 통해 개인과 가족의 기능은 향상될 수 있기에 사회복지사는 다양한 집단활동을 진행한다. 훈련, 치료, 상호지지 여부에 따라서 집단의 목적과 진행방식이 다르며, 집단의 목적, 구조, 응집력 정도, 발달단계, 리더의 역할 등에 대한 배경지식을 제공해 줄 수 있다. 따라서 사회복지사는 집단의 특성과 과정에 대한 넓은 이해와 적용 기술이 필요하다.

2. 사회복지실천과정과 기술

사회복지실천과정은 조직적인 활동으로 도움이 필요한 개인, 가족, 집단에 대하여 전문적 지식과 기술을 갖춘 상태에서 계획된 지원을 단계적으로 제공하여 문제해결을 돕는 과정으로 일련의 체계적 과정을 따를 때 효과적이고 과학적인 방법으로써 클라이언트에게 도움을 줄 수 있다.

1) 접수(intake)

접수란 사회복지사가 도움을 요청한 사람의 문제와 욕구를 확인하여 기관의 정책과 서비스에 부합하는지 여부를 판단하는 과정을 말한다. 이 과정에서 관계형성은 필수적인 것으로 클라이언트의 기관에 대한 첫인상이 결정되는 단계이고 이는 서비스의 결과에도 영향을 미치는 요소로 작용할 수 있다. 또한 접수과정에서 발생하는 양가감정, 두려움, 열등감, 긴장감 등을 충분히 이해하고 관심과 존중으로서 클라이언트가 안정감과 평안함을 느낄 수 있도록 주의를 기울여야 한다.

접수과정에서 사회복지사에게 요구되는 기술은 다음과 같다. 첫째, 문제를 확인하는 것이 필요하다. 클라이언트가 가지고 있는 문제와 욕구, 기관에 기대하는 바가 무엇인지 확인하되 심층적이기보다는 표면적으로 나타나거나 호소하는 사안을 통해서 현재 드러난 문제와 욕구를 파악하는 데 초점을 두도록 한다.

둘째, 관계를 형성한다. 사회복지사는 클라이언트가 초기에 경험할 수 있는 두려움, 불안, 양가감정 등을 해소하기 위해 긍정적인 친화관계를 형성하는 것이 필요하다. 이를 통해 클라이언트는 자신의 문제를 솔직하게 표현하고 개입 과정에 적극적으로 참여할 수 있게 된다.

셋째, 의뢰여부를 결정한다. 의뢰란 클라이언트가 원하는 서비스를 해당 기관에서 제공할 수 없을 때 타 기관에 연결해 주는 것으로 서비스를 제공할 수 없는 이유를 충분히 설명하고 진행하여야 한다.

학습 TIP 양가감정(兩價感情, ambivalence)

- 변화를 원하는 마음과 원하지 않는 마음이 동시에 공존하는 마음 상태
- 변화에 앞서 누구나 가질 수 있는 자연스러운 일
- 사회복지 실천 초기 단계부터 다룸

2) 자료수집(data collection)

자료 수집은 클라이언트의 문제를 이해하고 해결하는 데 필요한 자료를 모으는 활동으로 클라이언트의 문제를 충분히 이해하기 위해서 다양하고 자세한 정보가 필요하다. 사회복지 실천 과정에서 계속 진행될 수 있지만 초기 단계에 집중적으로 진행하여 이를 토대로 정확한 사정과 서비스 계획이 이루어지며, 클라이언트의 문제와 욕구를 더 명확히 이해할 수 있다.

이 과정에서 각 기관마다 구조화된 초기면접지 혹은 접수면접지를 통해 클라이언트의 기본 정보, 가족관계, 주요 문제, 기관에 오게 된 동기 및 경로, 의뢰 사유, 사회복지 서비스 혹은 유사 서비스 경험 유무 등을 확인한다. 이때 사회복지사는 클라이언트가 직접 작성한 양식의 내용이나 말한 이야기 또는 관찰한 내용 및 클라이언트와의 상호작용 경험, 클라이언트와 관련된 사람들로부터 수집한 정보, 심리검사나 평가도구의 결과를 해석하는 능력과 기술 등이 요구된다.

3) 사정(assessment)

사정이란 클라이언트의 문제와 강점 및 약점, 자원을 이해하며 문제에 영향을 주는 환경을 파악하고 클라이언트와 환경 간의 상호교류를 이해하는 과정이다. 즉, 욕구와 강점에 관해 간결하면서도 체계적인 파악이 가능하도록 정보를 수집한 후 분석하고 종합화하는 과정으로 클라이언트의 문제, 자원, 관련 요소에 대한 이해를 통해 문서화된 결과물을 도출한다.

사정은 서비스의 개입과정 내내 계속되는 지속적인 과정으로 인간과 환경에 대한 이중적인 초점을 갖는다. 또한 클라이언트와 사회복지사 간 상호작용의 과정으로 수집된 정보를 바탕으로 전체 상황을 이해하기 위한 사고를 전개해가는 과정이다. 이때 수평적 탐색과 수직적 탐색과정을 통해서 과거와 현재에 필요한 정보를 수집해야 한다. 이렇게 수집된 정보는 지식에 근거하여 사정이 이루어져야 하며 클라이언트의 욕구를 발견하여 문제를 정의할 수 있어야 한다. 이 과정에서 클라이언트의 강점을 발견하도록 해야 하며, 클라이언트의 독특한 상황과 관련하여 개별적인 진행이 이루어져야 한다. 그럼에도 완벽한 사정은 없으므로 사회복지사는 한계를 인정하고 불확실성을 받아들여야 한다.

사정 시 도구를 사용하면 수집된 자료를 쉽게 분석하고 이해할 수 있으며 다른 자료를 수집하는 것도 가능해지는데 그 방법을 살펴보면 다음과 같다.

- 개인 또는 가족 사정 도구: 생활력 도표, 생활주기표, 가계도, 생태도, 가족조각, 사회적 관계망 표(사회적 관계망 격자)
- 집단 사정 도구: 소시오그램(sociogram)

4) 계획(plan)

계획이란 클라이언트의 문제를 어떻게 해결한 것인지 계획을 수립하는 과정으로 변화의 목적 및 방향이 제시되면 구체적인 목적과 목표를 설정한다. 목표를 설정하기 위해 표적문제를 선정한 후 개입목표를 설정한다.

목적이란 해결책을 제시하는 방향으로 광범위하고 추상적이며 이상적인 개념으로 단기적인 개입목표가 달성되어야 목적도 달성된다. 그에 반해 목표란 클라이언트 노력이 바람직한 결말로 문제가 해결된 상태, 개입을 통해 일어나기를 바라는 변화를 의미하는 것으로 단기적이며 구체적이고 목적을 세분화한 것이다.

5) 개입

개입이란 계약을 통해 상호 합의한 문제를 해결하기 위해 구체적인 행동을 실천해 의도한 변화를 도출하는 과정을 말한다. 사회복지사의 원조활동이 이루어지는 것을 의미하며, 사회복지실천과정의 핵심단계라고 할 수 있다. 합의한 개입목표의 달성을 위해 사회복지사는 직접적 개입을 통해 클라이언트를 변화시켜 문제를 해결하기도 하고 간접적 개입을 통해 클라이언트를 둘러싼 환경을 변화시켜 문제를 해결하기도 한다.

6) 평가 및 종결

사회복지실천과정의 마지막 단계로 개입의 결과가 얼마나 안정되게 유지될 것인가를 결정하는 과정이다. 사회복지사는 평가를 통해 그동안 제공된 서비스의 효과성, 효율성, 책임성 등을 심사하는 과정이기에 중요한 과정이다.

이 시기에는 그동안의 관계를 정리하는 상실과 이별에 직면하기에 다양하고 복잡한 감정 등이 있으므로 사회복지사는 민감한 반응과 기술적 접근이 필요하다. 종결 시 개입의 전 과정을 통해 변화된 성과를 돌아보면서 클라이언트의 역량이 강화된 것, 목표에 미달된 사항 등을 살펴보면서 개입 후반부터 종결을 준비하는 것이 필요하다(배기호 외, 2021).

7) 사후관리(follow up)

사회복지실천의 궁극적 목적은 클라이언트가 전문적 관계의 종결 이후에도 만족스럽고 자율적인 삶을 살아가는 것이다. 그러므로 사후관리를 통하여 개입이 더 이상 실시되지 않아도 클라이언트의 기능수준에 관한 정보를 획득하고 클라이언트의 변화를 평가하고 유지하기 위해 종결 이후 일정 시간 경과 후에도 관리하는 것이 필요하다.

3. 사례관리

1) 사례관리의 개념

사례관리에 대한 학자들의 다양한 견해가 있지만 목슬레이(Moxley, 1986)는 "사례관리란 복합적 욕구를 가진 사람들의 기능화와 복지를 위해 공식적, 비공식적 지원과 활동의 네트워크를 조직·조정·유지하고, 이러한 활동을 통해서 클라이언트의 생활기술을 향상시키고, 사회적 관계망과 관련된 대인복지 서비스 제공자들의 능력을 발전시키며, 제공되는 서비스의 효율성과 효과성을 높이는 것"이라고 정의하고 있다.

이처럼 사례관리는 장기적이고 복합적인 욕구를 가진 클라이언트를 대상으로 그들의 문제해결을 위한 포괄적 서비스 계획을 개발하고, 각종 서비스에 대한 클라이언트의 접근을 용이하게 하는 옹호활동으로서 클라이언트의 기능을 향상하고, 지속적인 사회복지 서비스를 제공하고자 하는 통합적 실천방법이다.

2) 사례관리의 등장 배경

(1) 탈시설화

탈시설화(deinstitutionalization)란 시설에 집중하여 보호하지 않고 각 개인이 태어나고 자란 지역사회에 거주하게 하여 사회적응과 재활에 필요한 서비스를 받게 하는 것이다. 1960년대 미국에서 대규모 주립정신병원에 수용되어 있던 장애인들에게 병원 규모가 커지면서 서비스의 질은 낮아지고 획일적 서비스를 하는 것 등이 문제가 되었다. 또한 입원 기간이 길어질수록 사회복귀 가능성이 낮아지고, 정부는 막대한 사회적 비용을 부담해야 하는 처지에 놓이게 되면서 대규모 정신병원을 없애고 정신장애인을 지역사회로 돌려보내 적절한 치료와 보호를 받게 하는 탈시설화 운동이 시작되었다.

그러나 지역사회로 돌아간 다수의 정신장애인이 다양한 서비스가 필요함에도 어디에서 어떤 서비스를 받아야 하는지 정보가 부족하고, 기관에 대한 접근성도 떨어지면서 증상이 나빠졌다. 또한 가족에게 전적인 책임을 돌렸기 때문에 과도한 부담을 느끼면서 장애인은 다시 방치되는 위험에 놓였고 이에 따라 적절한 서비스를 받기 위해 사례관리의 필요성이 대두되었다.

(2) 서비스 전달체계

미국에서는 1970년대에 사회복지 서비스가 연방정부에서 주정부나 지방정부로 이관되었다. 그러나 서비스 간 통합을 위한 장치나 전달체계를 갖추지 못한 채 변화하게 되면서 서비스의 중복을 막기 위한 다양한 서비스를 조정하고 연계하는 기능이 필요해졌다. 이처럼 분산되고 단편화된 서비스를 조직화하고 통합하여 클라이언트의 욕구를 충족시키고, 지방분권에 따른 부정적 측면의 해소를 위해 사례관리가 등장하였다.

(3) 복합적 욕구를 가진 클라이언트 증가

다양한 사회문제의 발생, 인구사회학적 변화로 복합적 욕구와 문제를 가진 클라이언트와 그들의 가족이 증가하였다. 또한 지역사회 내에서 이용할 수 있는 제한된 자원과 이들을 보호해야 하는 가족의 보호 부담은 부족한 자원을 개발하고 연결할 수 있도록 돕는 서비스 기능이 필요해졌다. 그러나 기존의 서비스는 한정된 범위에서 특정 서비스를 특정인에게 제공하였고, 범주화를 통해 단편적인 서비스를 제공하였으며, 세분화되어 있기에 복합적인 문제와 욕구를 가진 클라이언트의 욕구충족에는 한계가 있었다.

(4) 효율성 추구

정부의 개입이 점차 지방자치단체와 민간기관으로 옮겨가면서 혼합복지가 이루어지게 되었다. 정부 입장에서는 불필요한 시설 입소를 줄이고, 비교적 저렴한 서비스를 지역사회에서 받을 수 있도록 재가 서비스를 확대하면서 서비스 간 중복을 피하고, 서비스 간 조정과 체계적 관리를 통해 비용을 줄이기 위해 사례관리의 필요성은 더욱 증가하게 되었다.

(5) 사회적 지원망

사회복지 서비스는 대인복지서비스로서 클라이언트의 삶의 질 향상을 위해 사회적 지원체계와 지원망이 중요하다는 인식이 확산되었다. 정부 중심의 공식적 기관과 비공식적 지원체계가 공급하는 서비스는 양적 또는 질적 차이가 존재하기에 이들을 조정하고 통합하는 사례관리가 필요하게 되었다.

3) 사례관리의 특징

(1) 클라이언트 욕구 중심 서비스

사례관리는 클라이언트의 욕구에 초점을 두고 기관의 범위를 다양하게 넓히면서 적극적으로 서비스를 제공한다. 특정 기관에 한정하는 것이 아니고 어떤 서비스가 필요한지를 파악하여 타 기관과 연계하여 서비스를 받을 수 있도록 한다.

(2) 통합적 관리

기존의 단편화되고 파편화된 서비스를 조정하고 공식적·비공식적 자원을 연계하여 전문적인 팀워크를 형성하여 최선의 서비스를 통합적으로 제공하고자 한다. 이를 통해 서비스의 중복제공을 낮춰 자원을 효율적으로 사용할 수 있다.

(3) 서비스의 접근성 향상

기존의 서비스는 자격조건이나 복잡한 프로그램, 서비스 접근의 어려움 등으로 서비스를 받지 못하는 상황이 있었다. 그러나 사례관리는 서비스 제공자와 접촉하여 중개역할을 하면서 클라이언트가 자원이나 서비스 접근이 용이하도록 돕고, 이로 인하여 지속적인 서비스가 가능해진다.

(4) 자원획득 및 활용 능력 강화

클라이언트 자신의 생활기술력을 증진시킴으로써 서비스와 자원을 이용할 수 있는 능력을 강화할 수 있다. 또한 가족과 친지 같은 일차집단이 제공하는 지지 등을 활용함에 따라 클라이언트의 가족과 일차집단의 클라이언트에 대한 보호능력도 확대시키게 된다.

4) 사례관리의 구성요소

사례관리는 대상자, 사회적 자원, 사례관리자의 세 영역으로 구분할 수 있다. 특히 사례관리자는 대상자와 사회자원을 연결하는 구심점 역할을 하는 전문가로서 다양한 사회자원에 대한 정보파악과 대상자에 대한 정확하고 구체적인 욕구와 문제를 파악하고 사정하는 능력이 필요하다.

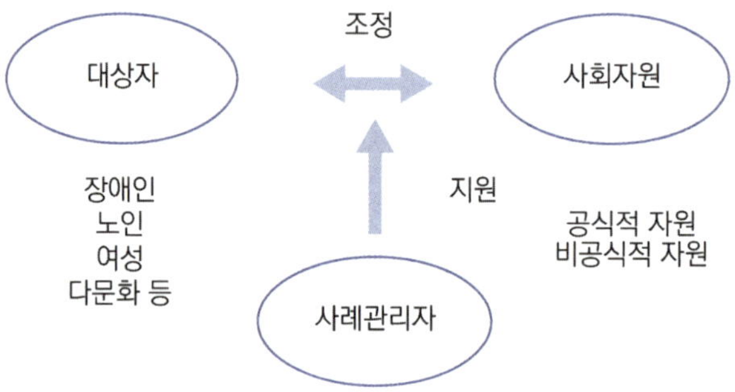

출처: 정하선 외(2018). 장애인복지론. 291.

▲ 그림 9-1 사례관리의 구성요소

5) 사례관리의 개입 원칙

(1) 서비스의 개별화

클라이언트의 개별적인 신체, 정서, 사회적 상황에 따라 각 클라이언트의 욕구와 상황에 맞는 서비스를 제공한다. 즉, 클라이언트 개개인의 특성에 맞는 서비스를 제공한다.

(2) 서비스 제공의 포괄성

지역사회에서 클라이언트의 다양한 욕구를 충족시키기 위해 폭넓은 서비스와 지지체계를 연결, 조정, 모니터링을 한다. 즉, 다양한 욕구가 모든 분야에 충족되고 광범위한 지지와 조정, 점검이 될 수 있도록 포괄적인 서비스를 제공한다.

(3) 클라이언트의 자율성 보장

클라이언트가 선택할 자유를 극대화하기 위해 지나치게 보호하지 않으며, 자기결정권을 보장한다. 즉, 클라이언트의 자기결정권을 최대한 보장하면서 의존이 아닌 자립할 수 있도록 자기결정능력을 최대화한다.

(4) 서비스의 지속성(연속성)

사례관리자는 클라이언트의 욕구를 정확히 파악하여 환경에 잘 적응할 수 있도록 지속적인 서비스를 제공한다. 즉, 클라이언트의 욕구를 점검하면서 지속적이면서 장기적인 서비스를 제공한다.

(5) 서비스의 연계성

클라이언트에게 필요한 복잡하고 분리된 서비스를 연계하는 역할을 수행한다. 즉, 복잡하고 분리된 서비스 전달체계의 연계와 지역 내 환경 등 자원의 적극적인 이용을 위한 원조를 한다.

(6) 서비스의 접근성

클라이언트가 접근하는 데 장애가 되는 물리적, 심리적, 사회문화적, 경제적 요소들이 존재하는지 확인하고 최소화하여 서비스에 대한 접근성을 향상시킨다. 즉 클라이언트의 욕구에 맞는 서비스에 쉽게 접근하여 이용할 수 있도록 지원한다.

(7) 서비스의 체계성

공식적·비공식적 지원체계를 조정, 통합하고 기능적으로 연결해서 다양하고 체계적인 지지망을 구축한다. 즉, 서비스 간 중복을 최소화하고 서비스와 자원들 간에 조정한다.

(8) 서비스의 책임성

사례관리자는 서비스 전반에 대해 전문적이고 윤리적인 책임을 지고 전문직을 수행함으로써 신뢰성을 제공한다.

핵심 용어

보편주의, 선별주의, 생태체계적관점, 강점관점, 사례관리, 탈시설화, 임파워먼트

학습 실천과제

- 사회복지실천의 대상이 되는 여러 유형을 정리하여 설명해 봅시다.
- 사회복지실천 시 사회복지사가 갖추어야 하는 이론적 측면에서 중요한 개념 세 가지를 자신의 말로 발표해봅시다.
- 효율적인 사례관리를 위해 사회복지사에게 요구되는 기술 세 가지를 토론해 봅시다.

CHAPTER 09 학 습 문 제

01 가계도를 통해 알 수 있는 것은 무엇입니까?

① 세대 간 반복되는 정서적 행동
② 가족이 이용하는 서비스 기관의 종류
③ 가족의 여가활동
④ 이웃과의 친밀도
⑤ 클라이언트에게 스트레스가 되는 체계

정답 ①

해설

가계도는 세대 간의 융합, 알코올 중독, 장애, 질병 등의 파악이 가능

02 사정에 관한 설명으로 옳은 것은 무엇입니까?

① 정신병리적 관점
② 평가를 위해 문제상황 파악
③ 클라이언트의 강점과 자원 확인
④ 가족의 의견만 자료로 활용
⑤ 사회복지사의 일방적 활동

정답 ③

해설

사정은 사회복지실천 분야에서 사용되는 용어로 기능주의적인 관점을 지향한다.

03 사례관리의 원칙이 아닌 것은 무엇입니까?

① 서비스의 지속성
② 서비스의 연계성
③ 서비스의 접근성
④ 서비스의 일반화
⑤ 서비스의 포괄성

정답 ④

해설

사례관리 시 서비스는 개별화의 원칙에 입각해서 실시해야 한다.

04 클라이언트에게는 개발되지 않은 능력과 역량, 에너지, 용기, 저항력 등이 존재한다는 개념으로 문제를 보기보다는 가능성에 초점을 두는 사회복지실천 이론은 무엇입니까?

정답 강점관점

해설

강점관점은 기능주의적 관점을 지향하는 개념으로 문제를 발견하기보다는 가능성과 역량이 있음에 초점을 둔다.

05 클라이언트의 문제와 욕구를 확인하여 기관의 정책과 서비스에 부합되는지를 판단하는 사회복지실천과정을 무엇이라고 합니까?

정답 접수

해설

접수과정에서 클라이언트의 서비스 적격여부를 심사하게 되며 이를 스크리닝(screening)이라고 한다.

CHAPTER 10

사회복지의 중범위 거시적 실천방법

학/습/목/표

- 사회복지실천에서 지역사회복지와 재가복지의 연계성을 이해한다.
- 사회복지실천에서 사회복지행정의 개념과 최근 변화 경향을 이해한다.
- 사회복지실천에서 사회복지정책의 형성과정을 이해한다.

사회복지실천에 있어서 거시적인 방법은 지역사회에 개입하여 존재하는 각종 제도에 영향을 주고 지역사회의 문제를 예방하고 해결하고자 하는 복지활동으로 지역사회 자원발굴과 연계활동 등이 필요하다. 또한 사회복지기관이나 조직의 행정체계를 대상으로 사회복지서비스 제공 등의 활동을 하며, 클라이언트의 삶에 영향을 미치는 국가와 사회의 복지체계를 대상으로 복지정책 개발, 정책 분석, 정책 대안 발굴 및 제시 등의 활동이 이루어진다(배기효 외, 2021).

1. 지역사회복지

1) 지역사회복지의 개념

지역사회(community)란 일정한 지리적 구역을 조건으로 동일한 공동사회에서 생활하고 있으며, 사회적 감정의 동일성, 독자적인 지역사회의 문화를 소유하는 사회적 단위를 말한다. 일반적으로 사람, 지리적 공간, 사회적 상호작용, 공동 유대 등의 네 가지 요소를 포함한다(이태희 외, 2014).

이러한 지역사회의 복지 향상을 위한 포괄적 개입과 지역사회에 존재하는 각종 제도에 영향을 주고 지역사회의 문제를 예방하고 해결하고자 하는 일체의 사회적 노력을 지역사회복지라고 정의한다. 길버트와 스펙트(Gilbert & Specht, 1986)는 지역사회가 공통으로 수행하는 주요 기능으로 생산·분배·소비의 기능, 사회화의 기능, 사회통제의 기능, 사회통합의 기능, 상부상조의 기능 등 다섯 가지를 제시하였다.

2) 지역사회복지의 접근방법

지역사회복지는 다양한 방법으로 접근할 수 있는데 다음과 같이 다섯 가지로 정리할 수 있다(백종만 외, 2015).

(1) 제도적 접근

가장 거시적 접근으로 공공부조 및 사회복지서비스 관련 제도가 지방자치단체의 사회복지 전달체계를 통해서 진행되는 구조와 절차를 말한다.

(2) 전문적 접근

사회복지사로서 전문성을 가지고 지역사회를 단위로 하는 지역사회조직이나 지역사회복지실천을 말한다.

(3) 사회운동적 접근

사회변화 또는 사회문제 해결을 위해 사회구성원의 참여로 이루어지는 집합적이고 지속적인 행동을 말한다. 그 형태와 성격은 사회문제와 운동의 주체에 따라서 다양하며 보통 주민운동이나 지역운동으로 불리기도 한다.

(4) 상부상조적 접근

지역사회 구성원의 활동 주체가 지역사회이므로 구성원 상호 간의 자조 혹은 상부상조활동이 이루어지는 것을 말한다. 우리나라의 전통적인 두레, 계, 품앗이 등이 속한다.

(5) 지지적 접근

지역주민들 간의 활동을 보조·지원하고 연계하는 것으로 사회봉사활동 및 모금회를 조직하거나 협의회 또는 연합회를 결성하여 활동하고 있다. 사회봉사단체, 사회복지공동모금회, 사회복지협의회, 분야별 사회복지서비스 협의기구 등이 이에 속한다.

3) 지역사회복지 모델

지역사회복지실천 시 어떤 모델을 적용하는가는 사회복지사에게 개입방법을 안내하는 역할을 수행한다. 최근에는 혼합모델을 채택하여 가장 효율적인 지역사회복지를 펼치고자 하고 있는데 이의 근간이 되는 지역사회복지실천 관련 대표적인 로스만(Rothman)의 모델을 살펴보면 다음과 같다.

(1) 지역사회 개발모델

민주적 문제해결 능력이 결여되어 혼란 상태에 있는 지역사회를 대상으로 지역사회의 문제해결을 위한 지역사회의 능력 향상과 사회통합 달성에 중점을 두는 모델이다. 지역사회 내의 모든 집단이 긍정적 변화를 위한 필수 요소이자 잠재적 협력자로서 의견의 차이는 협상, 합의도출 및 협력과정으로 극복할 수 있다고 본다.

이 모델에서는 주민의 자조정신이 강조되며 주민의 문제해결능력 강화에 초점을 두고 전 주민의 참여를 장려한다. 또한 교육을 통해 지역 주민을 지도자로 양성하고 협력적인 지역분위기를 조성하는 데 주력한다. 이를 위해 지역사회 내 권력구조에 대한 파악과 자원분포에 대한 충분한 지식과 이해가 필요하다. 대표적인 예로 지역사회복지관의 지역개발사업과 주민교육프로그램 등이 있다.

그러나 지역사회 변화를 위해 집단들 간의 합의와 협력을 도출하는 것이 쉽지 않으며, 광범위한 합의와 참여를 이끌어내기 위해서 공통의 이해관계와 관심사를 발견하는 것도 어려운 일이다. 또한 지역 내 권력집단을 파트너로 인정하려고 하지만 합의나 협상 과정에서 권력구조의 한계로 거부나 방해를 받을 수도 있다(이태희 외, 2018).

(2) 지역사회 계획모델

지역사회계획모델에서는 문제해결에 대한 전문적 계획 및 정책적인 틀을 수립하여 정책이나 서비스 기획 및 실행과 이에 따른 효율성과 효과성을 중요시한다. 따라서 전문가인 계획가가 제시한 합리적이고 과학적인 문제해결의 대안을 실행하는 데 초점을 맞추며, 욕구를 가진 지역주민에게 더욱 효과적이고 체계적인 서비스를 전달하고자 한다.

지역사회가 당면한 실질적인 사회문제로 약물, 주택, 정신건강, 범죄, 실업 등에 관심을 가지고 문제를 해결하기 위한 합리적 접근을 강조한다. 우리나라에서는 「사회복지사업법」에 따라 지역사회보장협의체를 통해 심의되고, 시행되는 지역사회보장계획 등이 대표적인 사례가 된다. 그럼에도 계획가에게는 무제한적인 시간과 자원이 없다는 점과 계획과정의 합리성을 전제하기 때문에 문제해결과정에 미치는 정치적 영향력을 고려하지 못한다는 한계를 가진다.

(3) 지역사회 행동모델

지역사회 내에 사회적 불평등과 박탈로 고통받는 주민이 있다고 전제하여 지역사회 내 소수계층, 사회적 약자 또는 억압계층의 목소리를 대변할 수 있도록 기존의 자원, 권력, 의사결정 구조 등을 재분배하는 과정에 초점을 둔다. 이를 위해 사회복지사는 지역의 주민이 직접적인 행동을 취할 수 있도록 인적, 물적 자원을 조직하고 동원하며 그들의 권리를 옹호하는 역할을 수행한다. 이때 주로 사용하는 기술은 항의, 시위, 협상 등으로 주로 여성운동, 빈민운동, 환경운동 등이 대표적인 사례가 된다.

그러나 첫째, 일부 실천가는 실천 활동을 대항활동으로 제한시키고 이러한 경향은 지역사회 관련 집단들을 양극화시키거나 바람직한 결과를 달성하는 데 어려움으로 작용할 수 있다. 둘째, 일부 조직가와 지역주민들은 대항 전략에 대해 주저할 수 있다. 마지막으로 대항형태의 행동과정에서 불법성이 있을 수 있으며 긴급 상황에서 사용될 수 있기에 조직가와 조직구성원이 위험에 처할 수 있다는 한계를 가진다.

4) 지역사회복지 실천 현장

지역사회마다 발생하는 문제가 다르고 복잡하기 때문에 실천 현장도 다양할 수밖에 없는데 우리나라의 대표적인 실천 현장을 살펴보면 다음과 같다.

(1) 지역사회복지관

특정 인구 계층을 대상으로 서비스를 제공하는 아동복지관, 노인복지관, 장애인복지관 등 지역주민의 욕구에 따라 서비스를 제공하는 기관은 매우 다양한데 포괄적인 서비스를 제공하는 대표적 기관으로 지역사회복지관이 있다.

지역사회복지관이란 지역사회를 기반으로 일정한 시설과 전문인력을 갖추고 지역주민의 참여와 협력을 통해 지역사회 복지문제를 예방하고 해결하는 종합적 복지서비스 제공 시설이다. 또한 지역성, 전문성, 책임성, 자율성, 통합성, 자원 활용성, 중립성, 투명성 등의 원치하에 운영되는 기관이다. 국민기초생활보장 수급자와 차상위계층 등 저소득 주민, 장애인과 노인 및 한부모가정 등 취약계층 주민, 직업 및 취업알선이 필요한 주민, 유아나 아동·청소년의 보호 및 교육이 필요한 주민, 기타 긴급지원이 필요하다고 인정되는 주민을 우선 사업대상으로 규정한다.

사회복지관의 목표는 사회복지서비스 욕구를 가지고 있는 모든 지역주민을 대상으로 보호서비스, 재가복지서비스, 자립능력배양을 위한 교육훈련 등 그들이 필요로 하는 복지서비스를 제공하고 있다. 또한 가족기능 강화 및 주민상호 간 연대감 조성을 통한 각종 지역사회문제를 예방하고 치료하는 종합적인 복지서비스 전달기구로서 지역사회 주민의 복지증진을 위한 중심적 역할을 수행함에 있다.

사회복지관의 유형 및 위치, 지역적 특성, 대상별 특성, 복지관의 규모, 담당인력 등에 의거하여 전문성과 효율성, 책임성을 최대한 살릴 수 있는 범위에서 사업을 선택적으로 시행하는 데 기본적인 기능은 다음과 같다. 첫째, 사례관리기능이다. 이를 통하여 지역 내 사례를 발굴하고 개입하며 필요 시 서비스를 연계하는 기능을 한다. 둘째, 서비스제공기능으로 가족기능강화, 지역사회보호, 교육문화, 자활지원 등 기타의 기능을 한다. 마지막으로 지역조직화기능으로 복지네트워크 구축, 주민 조직화, 자원 개발 및 관리의 기능을 수행하고 있다(한국사회복지관협회, 2022).

(2) 사회복지공동모금회

사회복지공동모금회는 민간조직을 통한 민간운동으로 시작한 기관으로 지역사회 복지욕구를 충족하기 위해 노력하는 민간봉사조직을 원조하기 위한 목적으로 자원봉사자가 모여서 만들고 운영하는 시민과 복지기관의 협동조직이라고 할 수 있다. 지역사회를 바탕으로 '모두를 위한 한 번의 기부' 원리를 통해 기부의 일원화를 달성하고 모금된 기금을 효율적으로 활용한다는 원칙에서 출발했다(최일섭 외, 2006).

이러한 사회복지공동모금회는 첫째, 봉사활동으로서 민간운동의 특성을 갖는다. 둘째, 지역사회를 기반으로 한다. 셋째, 효율성과 일원화의 특성을 갖는다. 넷째, 모금실시에 앞서서 회원 시설 및 단체들로부터 신청된 필요액을 심사하여 배분계획을 세우고 모금 목표액을 결정하여 이 내용을 공표한다. 마지막으로 전국적인 협조를 도모할 수 있다는 특징을 갖는다. 또한 합리적인 기부금 모금을 통한 사회복지 자금조성, 국민의 상부상조정신 고양, 사회복지에 관한 이해의 보급과 여론 형성, 민주시민으로서의 권리와 책무 수행의 기능을 갖는다.

모금한 기금을 얼마나 효과적으로 사용하는가를 정하는 배분사업은 공동모금회의 중요한 기능으로 신청사업, 기획사업, 긴급지원사업, 지정기탁사업으로 구분된다. 이를 통하여 사회통합과 기회균등을 위한 지원과 지역사회 중심의 예방적 복지를 실현하고자 한다(사회복지공동모금회, 2022).

(3) 자원봉사센터

자원봉사는 자발적이고 자주적이며 임의적인 자유의지를 의미하는 용어로 개인 또는 단체가 지역사회·국가 및 인류사회를 위해 대가 없이 자발적으로 시간과 노력을 제공하는 행위를 말한다(한국자원봉사센터, 2022). 주로 타인이나 공익을 위해 조직적으로 이루어지는 활동으로 자발성, 무보수성, 공익성, 지속성, 이타성, 자아실현성, 학습성, 혁신성, 협동성, 전문성 등의 특성을 갖는다.

지역사회에서 자원봉사자가 차지하는 비중은 매우 크다. 특히 복지기관이나 단체의 인력구조 속에서 자원봉사자의 역할은 지역사회 내 인적자원의 효율적 활용이라는 측면에서 사회복지와의 연관성이 매우 높다. 이런 측면에서 자원봉사센터는 자원봉사자의 개발과 육성, 적재적소에 배치하며 효과적인 자원봉사 인력을 유지·관리하는 목적을 수행한다.

(4) 지역자활센터

자활이란 '자기 스스로의 힘으로 살아가는 것'을 목표로 실직 상태에 있거나 불안정한 생계수단을 가진 자에게 취업 또는 창업의 기회를 제공함으로써 노동을 통한 자립으로 이어지도록 하는 전문적 과정이다.

자활사업이란 국민기초생활보장법에 근거하여 정부, 지방자치단체, 민간단체가 저소득 지역주민의 자활을 위해 근로역량 강화 및 근로기회 제공, 사례관리, 창업 교육 등을 지원하는 사업이다. 이처럼 저소득 지역주민의 자활을 지원하기 위하여 자활 근로사업 운영, 각종 교육·훈련, 상담과 정보 제공, 창업 지원, 사례관리, 지역자원 연계 등 각종 서비스의 지원 및 제공을 목적으로 지역자활센터가 운영되었다. 이를 통해 자활대상자의 자립의욕과 기술능력을 향상하고 소득을 창출하기 위한 일자리를 제공함으로써 자립할 수 있도록 돕는 역할을 한다.

지역자활센터에서는 근로능력이 있는 저소득층을 대상으로 기초수급자 및 차상위계층의 자활 촉진을 돕기 위한 주요 사업으로 사례관리, 자산형성 및 자활촉진 프로그램, 자활근로사업, 자활기업 지원 및 창업 지원 등을 운영하고 있다(한국지역자활센터협회, 2022).

2. 사회복지행정

1) 사회복지행정의 개념

사회복지행정은 협의의 개념으로 실천의 방법을 말한다. 즉, 사회복지조직의 목표달성을 용이하게 하기 위해 관리자가 수행하는 상호의존적인 과업과 기능 및 관련 활동 등의 체계적인 개입과정이라고 할 수 있다. 반면 광의의 개념으로는 조직의 모든 활동과정에 다양하게 기여하는 조직구성원의 협동적·조정적 노력으로 사회복지서비스로 전환하는 데 필요한 사회복지조직에서의 총체적인 활동이라고 볼 수 있다(최성재 외, 2006).

협의적인 접근에서는 사회사업 방법적 입장을 취한다. 즉, 변화대상체계에 대한 계획적인 개입을 통해 변화를 초래하는 활동과정으로 개별사회사업, 집단사회사업, 지역사회조직사업 및 사회사업 행정 등이 있다. 사회사업서비스를 계획하여 전달하는 사회사업조직(기관)을 대상으로 변화를 이루어가는 과정이라고 볼 수 있다.

반면 광의적 접근으로는 사회복지서비스가 클라이언트에게 전달되는 과정으로 추상적인 사회복지정책을 구체적인 사회복지서비스로 전환하여 서비스가 필요한 클라이언트에게 전달하는 과정에 관한 총체적 활동이라고 볼 수 있다.

이러한 행정 활동은 역동적인 것으로 사회복지행정가가 지켜야 하는 원칙을 살펴보면 다음과 같다(신복기 외, 2005; 권중돈 외, 2020). 첫째, 조직의 기본 목적에 부합하는 임무에 대한 명확한 방향을 견지한다. 둘째, 윤리기준에 따라 활동을 수행한다. 셋째, 상황에 따라 리더십을 발휘할 수 있어야 한다. 넷째, 효과성과 효율성 모두를 추구한다. 다섯째, 관리 및 리더십과 관련된 기술 및 능력을 획득할 수 있는 교육과 개발 기회를 적극 활용하고 찾아 나서야 한다. 마지막으로 미래에 대한 비전을 가지고 있어야 하며, 미래지향적이어서 다소 위험해 보일 수 있는 의사결정도 기꺼이 내릴 수 있어야 한다.

2) 사회복지행정의 이론

사회복지행정가는 조직을 형성하고 관리하기 위해 이론과 지식이 요구된다. 이에 전통적 이론과 현대적 이론을 살펴보면 다음과 같다.

(1) 전통적 이론

① 과학적 관리론

과학적 관리론(scientific management)은 테일러(Taylor, 1923)에 의해 창시된 것으로 시간과 동작에 관한 과학적 분석을 통해 고도의 분업을 통한 조직의 효율성과 생산성 극대화를 최상의 목표로 삼는다. 조직에서 개인의 기여를 극대화하기 위해 개개인의 기본 동작에 관하여 그 형태 및 소요시간을 표준화하고 적정 작업량을 달성할 수 있도록 한다. 즉, 분업을 확립한 후 과업의 성과와 임금을 관련시켜서 과업 달성자와 그렇지 못한 자를 나누어 보수를 차등지급한다.

이 이론은 조직을 폐쇄체계로 인식하여 환경적 요인이 조직의 목적과 구조에 미치는 영향을 등한시하였고, 인간관계적 측면을 과소평가하였으며, 행정관리자에게만 조직의 목표를 설정할 수 있는 책임을 부여하여 민주적 절차를 무시하는 경향을 볼 수 있고, 노동자를 오로지 금전적 이익만을 추구하는 존재로 인식하는 한계를 갖는다.

② 관료제이론

관료제이론은 베버(Weber, 1947)에 의해 연구되고 분석된 조직구조의 독특한 형태로 위계적인 권위구조를 강조한 이론이다. 어느 사회이든 그 사회를 움직이는 지배-피지배의 유형은 존재한다는 것으로 과거에는 권력관계가 전통적인 권위나 카리스마적 권위에 기반을 두었다면, 현대 산업사회에서는 합법적 권위에 기초하고 있다고 보았다. 이처럼 정당한 권한은 합법성을 띠고 있으며, 관료제 내에서는 명령에 순응하기 위해 합리적 수단이 사용된다는 것이다.

규율과 법규를 중시하고 신뢰성, 조직의 효율성과 통제를 강조하는데 이는 실적이나 능력에 의한 충원제도가 가능하고 행동의 통일을 제고할 수 있으며, 의사결정이 용이하고, 관리범위가 확실하다. 그러나 융통성의 결여, 목표보다는 수단이 우선시되고, 권력의 집중화와 조직 내의 파벌 형성, 인간성 상실, 변동에 대한 저항 등의 문제가 생기며 비인격적이고 무감각한 성과측정 방법에 의존하는 한계를 갖는다(오봉욱 외, 2015).

③ 인간관계이론

인간관계이론은 메이오(George Elton Mayo)를 중심으로 시카고 근처 웨스턴 전기회사인 호손(Hawthorne) 공장의 실험을 계기로 개인의 욕구가 충족된다면 조직에서의 개인은 조직의 목표를 위해 일할 것이라는 가정에서 출발한 것으로 호손공장에서 얻어진 결론은 다음과 같다.

첫째, 작업 능률과 생산성은 물리적 환경조건보다 인간관계에 의해 결정되는 것으로 집단 내의 동료 또는 윗사람과의 인간관계에 의해서 좌우된다. 둘째, 조직 내 비공식집단은 개인의 태도와 생산성에 강력하게 영향을 미친다. 셋째, 경쟁보다 협동에 의한 생산이 더 중요하다. 넷째, 근로자는 집단의 일원으로서 행동하며, 집단 내의 인간관계는 비합리적·정서적 요소에 따라 이루어진다. 마지막으로 근로자는 경제적 욕구나 동기에 입각한 합리적 행동보다도 사회적·심리적 욕구나 동기에 입각한 비경제적 보상도 생산성 향상에 중요 요인이다.

이 이론은 합리성과 생산성을 추구할 때 발생할 수 있는 단점을 보완할 수 있고, 민주적 리더십과 원활한 의사소통을 강조하는 등 적극적이고 참여적이며, 창의적 인간관을 추구한다는 측면에서 사회복지조직에서 많이 적용되는 이론적 모형이다.

(2) 현대적 이론

① X-Y이론

이 이론은 1960년대에 인간관계이론을 계승·발전시킨 맥그리거(McGregor, 1960)의 이론을 말한다(원석조, 2013). 인간은 X형 인간과 Y형 인간으로 나뉘는데 X형 인간은 일을 싫어해 일터에서 축출당하지 않고 비난받지 않을 정도로만 적당히 일하고 책임지기 싫어하여 시키는 일만 하려고 하기에 통제, 위협, 지시, 강압 등 강제적 수단을 통해서만 조직의 목표에 임한다고 보았다. 반면 Y형 인간은 일을 놀이와 휴식처럼 편안한 것으로 여기고 책임을 기꺼이 수용하며 노력과 목표 달성 의지는 일의 성취감으로 자극받는다. 창의력, 상상력, 리더십은 누구에게나 있다고 생각하여 강제적 수단 없이도 목표 달성을 위해 스스로 자기통제와 관리에 나선다고 보았다. 그러므로 관리자는 직원을 Y형 인간으로 전제하고 조직관리에 임해야 한다고 보았다(권중돈 외, 2020).

② 목표관리이론

목표관리(management by objectives; MBO)이론은 드러커(Drucker, 1953)가 만든 이론으로 목표관리란 참여과정을 통하여 조직단위와 구성원을 위해 생산활동의 단기 목표를 명확하고 체계 있게 설정하고 그에 따라 생산활동을 수행하도록 함으로써 활동의 결과를 평가·환류하는 관리체계를 말한다.

목표를 관리함으로써 첫째, 공식적 목표를 실체화할 수 있다. 둘째, 명확한 목표설정과 책임한계를 규정할 수 있다. 셋째, 참여자 상하 간 협조가 이루어진다. 넷째, 환류의 개선을 통해 관리계획의 개선이 가능하다. 다섯째, 조직

참여자의 동기를 유발할 수 있다. 여섯째, 업적평가 방법의 개선을 도모할 수 있다. 마지막으로 궁극적으로 조직의 효율성을 증진할 수 있다.

이러한 목표관리가 성공하기 위해서는 최고 관리층이 목표관리의 실시를 지지하고 솔선수범하며, 조직참여자에게 의사결정권을 확실히 위임해야 한다. 또한 조사연구 활동을 촉진하고 조직 자체에 어느 정도의 안정성이 있을 때 훨씬 효율적인 관리가 될 것이다.

③ 총체적 품질관리이론

총체적 품질관리(total quality management; TQM)이론은 1980년대 초반 기업조직에서 처음 등장했다(원석조, 2013). 조직 운영, 제품, 서비스의 지속적인 개선을 통해 고품질과 경쟁력을 확보하고자 하는 모든 종업원의 체계적인 노력을 말하는 것으로 경쟁우위를 확보하기 위해 고객만족, 인간성 존중, 사회에의 공헌을 중시하며, 최고경영자와 모든 임직원이 끊임없이 혁신에 참여하여 기업문화 창달과 기술개발을 통해 기업의 경쟁력을 제고함으로써 장기적인 성장을 추구하는 경영체계이다. 이때 중요한 것은 고객중심, 팀워크, 지속적인 개선 노력을 총체적 측면에서 진행하며, 고객이 기대하는 것 이상의 서비스의 질적 향상을 위해 지속적으로 노력해야 한다는 것이다.

3) 사회복지행정 분야

사회복지행정은 사회복지조직의 경쟁력을 높이고 효과적인 서비스의 전달을 위해 자원을 확보하고, 장애요소들을 제거하거나 최소화하는 방법을 찾는 것으로 분야별로 내용을 살펴보면 다음과 같다.

(1) 기획

기획(planning)이란 미래에 어떤 일을 어떻게 결정할 것인지를 결정하는 최초의 과정이다. 사회복지기관의 경우 환경 및 클라이언트의 욕구변화에 대처하기 위한 새로운 목표 설정과 달성을 위한 의사결정 과정이라고 할 수 있다. 이 과정에서는 미래지향적, 과거지향적, 적응지향적 입장에서 기관의 목적을 설정하고 이의 달성을 위해 미래의 행동을 규정하고, 미래 활동에 대해 연속적인 준비과정을 보내면서 조직의 외부환경에 적응하기 위해 노력한다. 효과적인 서비스 전달을 위한 방법은 목표에 따라 달라질 수 있고, 사회복지행정가는 이 목표에 맞춰 과업을 계획하고 적절한 방법과 기술을 결정해야 한다.

(2) 인사관리

인사관리 또는 인적자원관리(human resources management; HRM)란 직원채용과 능력을 개발하여 근로의욕을 갖고 조직에 헌신할 수 있도록 동기를 부여하고 조직체를 운영하며 목적달성을 위해 인적자원을 최대한 효율적으로 활용하려는 관리활동이다. 사회복지조직의 경우 서비스 공급을 담당하는 기관인력의 능력과 자질은 사회복지조직 활동의 성패를 좌우하는 중요 요인이므로 인사관리는 사회복지행정에서 중요한 활동이다.

인사관리의 주된 기능은 구성원 모집과 충원, 선발을 통해 직무분류와 할당, 임금 지불, 승진, 이직 및 해고 등의 기능을 한다. 또한 교육 및 훈련을 통해 업무 적응력을 높이고, 작업환경에 대한 근로자의 규율과 협상, 고충처리 및 절차호소 등을 들어주며, 조직의 우호적 분위기를 조성하여 직원과 관리자의 관계를 조정하고 정보 유지 체제를 관리한다.

(3) 재무관리

재정관리 또는 재정행정이라고도 하는데 조직의 목표달성을 위해 필요한 재정자원을 합리적이고 계획적으로 동원하고 배분하며, 효율적으로 사용·관리하는 과정이다. 예산을 수립하고, 예산집행을 통해 수입과 지출활동을 관리하고, 회계활동을 통해 재정자원의 수입과 지출에 관한 사항을 기록·정리하며, 재정평가를 통해 전반적인 재정관리 과정을 평가한다.

특히 재정관리가 사회복지기관에서 중요한 이유는 첫째, 재정관리는 기관의 생존과 직결된다. 즉, 기관의 존립을 위해 재원확보 및 조달이 가장 중요한 사항이다. 둘째, 재정운용의 중요성을 강조하는 인식이 증대했다. 국가 및 지방정부 등을 통한 재원의 제공자는 사회복지기관에서 제공한 재원이 어떻게 사용되는지 관심을 갖는다. 마지막으로 재정운용 상태는 기관의 기획과정과 평가과정에 중요한 영향력을 행사한다. 즉, 예산결정을 바탕으로 기관의 기획 노력과 평가노력이 실행될 수 있다.

그러므로 사회복지 조직은 투명하게 기관의 재정계획과 효율적인 재정운용을 통해 수입확보방법 및 지출통제방법 등을 고려한 중·장기 재정계획을 수립하며, 회계규정에 따라 재정계획을 수립하여 재정절감과 기관의 목적달성을 도모하는 업무를 진행한다.

(4) 정보관리

사회복지기관은 막대한 양의 정보를 수집하여 기록해 두어야 하고, 필요시 지역사회, 정부, 클라이언트, 이사회 등에 이를 제공해야 한다. 그러므로 정보관리는 대량의 복잡한 정보를 신속히 효율적으로 활용하여 효과적인 관리를 가능하게 하는 편리한 도구이다.

특히 사회복지기관은 정보관리를 통하여 첫째, 사회복지기관의 사업결과에 관해 클라이언트는 물론이고 정부, 납세자, 시민 등이 알기를 원하므로 객관적이고 과학적인 정보의 수집, 보관, 정리 등을 통하여 언제든지 정보를 제공할 수 있어야 한다. 둘째, 사회복지사는 자신이 클라이언트를 돕고 있으며, 문제해결을 위해 노력하고 있음을 평가를 통해 확인받기 때문에 정보의 관리는 필요하다. 마지막으로 사회복지사 자신이 수행한 사업에 대한 평가와 피드백을 통해 수행방법의 개선과 전문성의 강화를 받을 수 있기 때문에 정확한 기록과 관리가 필요하다.

(5) 마케팅

마케팅(marketing)은 기업조직이 표적 구매자와의 상호 유익한 교환을 창조하고 촉진하며 유지하기 위해 고안된 프로그램 관련 활동을 계획·조정·통제하는 과정이다(김병윤 외, 2008). 최근 사회복지기관의 책임성 확보와 비용효과성 강조는 마케팅을 중요한 관리활동의 하나로 부각시켰다. 사회복지기관은 소비자의 욕구, 성격, 규모 등을 파악한 후 가장 효과적인 경영을 위한 4P를 도입하여 제품(product), 가격(price), 유통(place), 촉진(promotion) 활동을 중심으로 전략을 수립해야 한다.

이는 사회복지조직이 표적 시장에서 반응을 끌어낼 수 있는 프로그램(제품)을 개발하여 클라이언트들이 서비스에 참여하거나 얻기 위해 적절한 대가를 지불(가격)할 수 있도록 하되, 접근이 용이(유통)하도록 해야 할 것이고, 이를 통해 사회복지 사업이 확장(촉진)될 수 있도록 해야 한다.

(6) 리더십

사회복지조직의 책임성이 증가하면서 유지·관리활동이 중요해졌고, 이를 위해 리더십의 기능이 부각되고 있다. 리더십은 직위로서의 리더십으로 상황을 통제할 책임을 지고 지도하고 관리하는 직위로서의 의미도 있고, 능력으로서의 리더십을 통해 타인과의 관계에 영향을 미쳐서 지도자가 택한 길을 따라오도록 하는 재능이나 기술을 말한다.

사회복지조직에서 리더십이 필요한 이유는 첫째, 사회복지조직에는 전문가의 자율성 욕구와 조직의 통제욕구 사이에 부단한 긴장이 존재하며, 이와 같은 긴장으로 인해 조직의 규칙과 규정을 준수할 수 있는 동기를 부여할 리더십이 필요하다. 둘째, 사회복지서비스 분야는 변화하는 환경적 압력이 증가하고 있으며 이러한 변화를 고려한 조직체계를 갖는 것은 불가능하기 때문에 적절히 대응할 리더십이 필요하다. 셋째, 사회복지 서비스 분야에서 새로운 기술 또는 구조의 도입과 같은 중요한 내부 변화가 조직에 통합될 수 있도록 리더십이 필요하다. 마지막으로 사회복지조직에서 구성원의 전문적 목표는 조직의 목표와 완전히 일치하지 않을 수 있으므로 최대한의 일치를 위해 리더십이 필요하다.

(7) 평가

평가(evaluation)는 사회복지기관의 목표에 따라 활동한 결과를 전반적으로 사정하는 과정이다. 이 과정에서 첫째, 프로그램 운영계획이나 운영과정에 필요한 정보를 확보하여 바람직하게 추진되도록 노력하는 과정의 환류기능이 가능해진다. 둘째, 프로그램 담당자가 프로그램 과정에서 행한 활동에 대해 사회적 책임을 지는 것으로 책임성 이행 기능을 볼 수 있다. 마지막으로 프로그램 속에 내재된 변수 간의 인과관계를 검증하여 이론 형성에 기여하는 기능을 한다.

3. 사회복지정책

1) 사회복지정책의 개념

사회복지정책은 제도나 환경개선 등을 통하여 변화를 모색하는 거시적 접근이다. 이를 통하여 인간다운 삶을 영위하는 데 문제가 되는 사회적 상황을 개선하기 위한 서비스나 소득을 제공함으로써 인간복지에 영향을 미치는 행동의 원칙, 계획, 과정에 대한 실천적인 조치를 펼친다. 인간 존엄성과 자립성을 유지하고, 개인적 성장과 계발을 실현함으로써 사회통합과 경제성장, 정치적 안정을 추구하는 것이 사회복지정책의 목표이다.

그러나 사회복지정책을 협의의 개념으로 소득, 의료, 교육, 주택, 사회복지서비스 등으로 구분할 수 있고, 광의의 개념으로 조세정책, 노동시장 정책 등으로 구분할 수도 있다. 또한 사회복지의 주체가 공공기관으로서 중앙 정부 및 지방정부 등과 같은 공공사회복지 주체만을 대상으로 할 것인지, 비영리 단체 등 민간사회복지 주체를 포함할 것인지에 따라서 사회복지정책의 개념이 달라질 수 있다. 그리고 모든 국민의 보편적 복지를 실현할 것인가, 특정 계층과 문제에만 접근하는 선별적 복지를 펼칠 것인가 등이 결정된다.

▼ 표 10-1 사회복지정책의 영역 및 제도

영역	제도
소득보장정책	• 국민연금제도 • 산재보험제도 • 기초연금제도 • 고용보험제도(실업급여) • 국민기초생활보장제도 • 장애인연금제도
의료보장정책	• 국민건강보험제도 • 노인장기요양보험제도 • 의료급여제도
주거보장정책	• 저소득계층 대상 연구 및 공공 임대주택제도
고용보장정책	• 고용보험제도(고용안정 및 직업능력개발사업) • 장애인의무고용 제도
사회서비스정책	• 노인, 장애인, 아동 등에 대한 개별 서비스
교육보장정책	• 특수교육제도 • 통합교육제도
조세정책	누진세 성격의 직접세를 통한 소득재분배 유도(소득세, 재산세, 법인세 등)

출처: 권중돈 외(2020). 사회복지학개론. p. 167.

2) 사회복지정책의 가치

(1) 자유

타인의 간섭이나 의지에서 벗어날 수 있는 소극적 자유로 기회(opportunity)가 있고, 자신이 원하는 것을 할 수 있는 적극적 자유로 능력(capacity)으로 구분할 수 있다. 이때의 능력이란 자신이 원하는 것을 이루며 살아가는 데 필요한 자원을 획득 수 있는 힘(power)을 의미한다.

(2) 평등

모든 사람에게 동일하게 배분하는 것으로 결과의 평등을 의미하는 수량적 평등, 개인의 능력·가치·욕구에 따라 사회자원을 차등 배분하는 비례적 평등(형평성), 그리고 평등한 출발이나 평등한 위치에서 경쟁할 수 있도록 기회를 보장해 주는 과정상의 평등을 의미하는 기회의 평등으로 구분된다.

[현실] [평등] [형평] [해방]

▲ 그림 10-1 평등의 유형

(3) 효율성

정책이 목표하는 대상자에게 자원이 얼마나 집중적으로 할당되었는지를 판단하는 목표(대상)효율성과 정책을 집행하고 운영하는 과정에서 투입비용의 여부를 판단하는 운영효율성으로 구분할 수 있다. 예로 공공부조는 목표의 효율성은 높고, 사회보험은 운영효율성이 높다.

(4) 소득재분배

개인 또는 집단의 소득이 다른 개인 또는 집단으로 이전되는 것으로 고소득자의 소득이 저소득자에게로 이전되는 수직적 재분배와 위험(질병, 실업, 산업재해 등)이 발생하지 않은 집단에서 위험이 발생한 집단으로 소득이 이전되는 수

평적 재분배로 구분된다. 또한 한 세대 내에서만 발생하는 세대 내 재분배와 세대 간 발생하는 세대 간 재분배로 구분된다. 예로 공공부조제도는 수직적 재분배, 사회보험제도는 수평적 재분배, 국민연금기금운용방식 중 부과방식은 세대 간 재분배가 강하게 발생한 것으로 볼 수 있다.

▼ 표 10-2 소득재분배 형태

형태		방향	제도
세대 내 재분배	수직적 재분배	소득 계층 간	공공부조
	수평적 재분배	위험발생집단/ 위험미발생집단	국민건강보험
세대 간 재분배		노령세대/ 근로세대 현재세대/ 미래세대	국민연금제도

출처: 오봉욱 외(2015). 사회복지개론. p. 136.

3) 사회복지정책의 형성과정

(1) 사회문제의 이슈화

인간이 해결하고자 하는 욕구를 발생시키는 불만족스러운 상태를 사회문제라고 말할 수 있는데 이러한 사회문제가 이슈(issue)로 부각되기 위해서는 문제가 이슈로 전환되는 과정에 도움을 주는 예상하지 못한 위기나 사건을 의미하는 이슈촉발장치와 특정 문제에 대해 관심과 여론을 환기하는 행위자로서 클라이언트, 사회복지전문가, 언론 및 정치인 등의 이슈 제기자가 필요하다.

(2) 정책의제 형성

사회문제 중 정부가 해결해야 할 공적 정책문제로 채택된 문제를 정책의제(agenda)라고 한다. 이 의제가 형성되기 위해서는 정부 외부에 있는 집단이 주도해서 정책의제 채택을 정부에 강요하는 외부 주도형(outside initiative model)이 있고, 정부기관 내에서 이슈를 생성하고 의제를 설정한 다음 국민에게 지지를 얻기 위해 공공의제를 확대하는 내부 동원형(inside mobilization model)이 있다. 또한 이슈가 정부 내에서 제기되고 대중에게 확대되지 않도록 시도하는 내부 접근형(inside access model)이 있다.

(3) 정책대안 형성

정책대안이란 문제의 해결방법으로 주어진 목표 달성을 위해 방법을 강구하고 비교·분석하는 과정을 말한다. 이 과정에서 점진적 방법, 브레인스토밍(brainstorming), 델파이기법(Delphi technique) 등이 있다(송근원 외, 2004).

점진적 방법이란 한정된 수의 대안만을 탐색하는 것으로 기존 정책에 약간의 수정을 가하는 형식을 말한다. 그리고 브레인스토밍은 다양한 아이디어를 자유분방한 상태에서 제안하도록 하여 새로운 아이디어, 목표 및 전략을 창출하는 방법이다. 또한 델파이기법은 소수의 인사에 의해 토론과정이 지배되는 현상, 동료집단의 견해에 따라야 하는 압력, 권위자의 의견에 공공연하게 반대하는 것에 따르는 어려움 등의 문제를 피하기 위해 고안된 것으로 익명성이 보장된다.

또한 형성된 정책대안을 비교하기 위한 방법으로 비용편익분석(cost-benefit analysis)과 비용효과분석(cost-effectiveness analysis)이 있다(이태영, 2008). 비용편익분석은 모든 비용과 편익을 현재의 화폐가치로 환산하여 계산하는 방법으로 한 개의 정책대안에 대해 투입될 비용과 그 대안이 초래할 편익을 현재의 화폐가치로 환산하여 비교하는 방법이다. 그러나 화폐가치로 환산할 수 없는 편익(삶의 질 향상, 자존감 증가 등)이 있다는 한계를 갖는다. 반면 비용효과분석은 총비용과 총 효과를 비교하여 여러 대안 중 하나를 선택할 수 있게 하는 방법으로 각 정책의 급여를 화폐로 환산할 필요가 없다는 장점이 있다. 그러나 화폐가치와 무관하게 정책이나 프로그램이 적은 비용을 소요하는 것만 선택하게 되는 한계도 있다(권중돈 외, 2020).

(4) 정책 결정

정책을 결정한다는 것은 여러 정책대안 중 가장 바람직한 것을 선택하는 것이다. 그러나 이를 위해 많은 시간과 비용이 발생하고, 합리적 요소뿐만 아니라 비합리적 요소까지도 영향을 미칠 수 있다(황선영 외, 2012).

① 합리 모형

인간은 이성과 고도의 합리성에 따라 행동하고 결정한다는 것으로 정책결정자나 분석가는 고도의 합리성을 가지고 주어진 목적 달성을 위해 최선의 정책 대안을 찾는다고 본다.

② 만족 모형

제한된 합리성 안에서 의사를 결정한다는 것으로 정책결정 상황은 매우 복잡하고 동태적인 것으로 문제를 충분히 파악하기에는 제한적이어서 선별적으로 인식 및 선택한다고 보며, 대안선택의 기준은 최적화가 아니라 만족화에 있다고 본다.

③ 점증 모형

현실적 정책 결정과정은 과거의 정책이나 결정의 부분적·점진적·순차적 수정이나 약간의 개선 및 향상으로 이루어지며 이렇게 점진적으로 정책이 결정되는 것이 바람직하다고 본다. 또한 매몰비용(sunk cost, 이미 지출되어 회수 불가능한 비용)의 효과를 강조한다.

④ 엘리트 모형

정책은 소수의 엘리트에 의해 결정된 후 대중에게 전달된다고 본다. 즉, 대중의 욕구를 반영하는 것이 아니라 소수의 권력자가 정책을 결정하고 대중은 이러한 엘리트의 영향을 받게 된다는 것이다.

⑤ 쓰레기통 모형

이 모형은 '조직화된 혼란 상태' 속에서 정책에 필요한 몇 가지 흐름이 우연히 통 안으로 들어와 정책이 결정된다고 보는 관점으로 과정 지향적이고 참여 지향적인 정책결정 모형이다.

(5) 정책 집행

정책을 집행한다는 것은 정책의 내용을 실현하는 과정 또는 정책을 구체화하고 실체화하는 과정이다. 특히 사회복지정책 집행의 경우 재분배정책으로서 정치적 성격이 강하다고 볼 수 있다. 그 결과 재분배 목적에 정치적 반대나 집단의 압력, 로비 등으로 원래의 목표가 변질되어 클라이언트가 불리한 입장에 놓일 수도 있으며, 재원확보와 서비스 전달체계 구축 정도가 사회복지정책 집행에 많은 영향을 미칠 수 있다(남기민, 2015).

바람직한 정책 집행을 위해서는 첫째, 명확한 목표수립이 필요하다. 둘째, 목표가 바람직하더라도 집행과정에 많은 비용이 들거나 적은 비용이 든다 하더라도 소수의 특권층을 옹호하는 것은 안 된다. 마지막으로 사회 환경의 변화를 고려한 탄력적인 접근이 필요하다(강영실, 2009).

(6) 정책 평가

정책을 평가한다는 것은 정책의 집행 결과가 얼마나 효과적으로 달성되었는지를 측정하는 것으로 처음 의도의 실현 여부, 처음 사회문제의 해결 기여 정도, 집행 결과 어떤 파급 효과를 야기했는지 등에 대한 체계적인 조사·분석 및 판단 활동이다. 이 결과는 정책 확대, 축소, 폐지, 수정 등에 관한 결정과 시행에 활용한다.

정책 평가의 기준은 효과성, 효율성, 적절성, 형평성, 반응성, 적합성 등이 있다(이태영, 2008; Dunn, 1981). 효과성이란 정책목표 달성 정도로서 의도했던 정책효과가 그 정책 때문에 발생한 것인지를 살피는 것이다. 효율성은 투입에 대한 산출의 비율로서 경제적 가치로 환산하여 평가하는 것이다. 적절성은 문제해결을 위해 사용한 수단이나 방법이 바람직한 정도와 바람직한 수준에서 이루어졌는지를 평가하는 것이다. 형평성은 분배의 공정성에 의거하여 전체 사회구성원의 이익에 타당하게 분배되었는가를 평가하는 것이다. 반응성은 정책의 결과가 특정 집단의 욕구, 선호, 가치를 충족하였는지를 평가하는 것이다. 적합성은 정책 결과가 실제로 가치 있는 것인지를 평가하는 것이다.

학습 TIP 추천 사이트

- 경제협력개발기구(www.oecd.org): 전 세계 사회복지정책 분야의 현황 및 이슈에 대한 정보
- 보건복지부(www.mohw.go.kr): 사회복지정책의 전반적 현황 및 이슈에 대한 정보
- 한국보건사회연구원(www.kihasa.re.kr): 사회복지정책 관련 제반 연구 용역 정보
- 한국사회복지사협회(www.welfare.net): 사회복지에 관한 전문지식과 기술을 개발·보급하고 사회복지사의 자질향상을 위한 교육훈련 및 사회복지사 관련 정보 제공
- 한국사회복지정책학회(www.kpolicy.or.kr): 사회복지정책 분야의 전문학술연구자료에 대한 정보
- 한국사회복지행정학회(www.koweladmin.or.kr): 사회복지행정 분야의 전문학술연구자료에 대한 정보

핵심 용어

지역사회, 지역사회개발모델, 지역사회계획모델, 지역사회행동모델, 사회복지 행정, 사회복지정책

학습 실천과제

- 사회복지실천 영역에서 지역사회복지를 강조하게 된 이유를 토론해봅시다.
- 사회복지실천 영역에서 행정가가 갖추어야 할 행정원칙의 우선순위를 설정해봅시다.
- 사회복지실천 영역에서 정책이 만들어지는 과정을 자신의 말로 발표해봅시다.

CHAPTER 10 학 습 문 제

01 지역사회복지실천 이념 중 one-stop service, 서비스의 패키지화와 관련 깊은 것은 무엇입니까?

① 통합성
② 예방성
③ 탈시설화
④ 정상화
⑤ 사회통합

정답 ①

해설

지역사회복지 실천에 있어서 통합적 접근의 필요성이 부각되고 있음을 기억하도록 한다.

02 다음에서 설명하고 있는 지역사회복지 이론은 무엇입니까?

- 지역사회는 공간을 점유하는 인간 집합체로서 경쟁, 중심화, 분산 및 분리 등의 현상 존재.
- 지역사회의 변환과정을 역동적 진화과정으로 설명.

① 갈등이론
② 사회자본이론
③ 자원동원이론
④ 사회체계이론
⑤ 생태이론

정답 ⑤

해설

지역사회와 환경 간의 관계성 이해가 필요하다.

03 사회복지행정 서비스의 진행 시 기억해야 하는 이념이 아닌 것은 무엇입니까?

① 접근성
② 효과성
③ 효율성
④ 형평성
⑤ 현실성

정답 ⑤

해설

사회복지행정 서비스는 효과성, 효율성, 형평성, 접근성 측면에서 최선의 서비스를 실시해야 한다.

04 우리나라가 소득보장정책으로 채택하고 있는 제도가 아닌 것은 무엇입니까?

① 장애인연금제도 ② 국민연금제도
③ 노인장기요양보험제도 ④ 기초연금제도
⑤ 고용보험제도

정답 ③

해설

노인장기요양보험제도는 의료보장 관련 정책이다.

05 사회문제가 공공정책으로 채택되기 위한 과정 중 대표적인 개념 두 가지를 작성하세요.

정답 이슈(issue), 정책의제(agenda)

해설

사회문제 모두가 정책적으로 접근하는 것은 아니므로 문제를 이슈화하여 정책적인 의제로 채택되도록 하는 것이 필요하다.

CHAPTER

11

사회복지의 정책분야

학/습/목/표

- 사회보험 내용에 대하여 학습한다.
- 공공부조 내용에 대하여 학습한다.
- 사회서비스 전자바우처에 대하여 학습한다.

1. 사회보험

사회보험(social insurance)은 사회적 위험이 발생했을 때 현물 또는 현금급여를 행하는 제도이다. 보험의 원리를 바탕으로 질병, 장애, 실업, 노령, 사망 등에 의한 소득의 중단 및 상실에 대하여 강제적 적용을 통해 소득을 보장하는 제도로써 위험의 분산과 공동부담이라는 보험의 특성을 가지면서도 국가에 의해 강제적으로 가입되고 급여에 대한 권리가 법적으로 보장되는 특징을 갖는다.

1) 산업재해보상보험

산업재해보상보험(이하 산재보험)의 제도는 산재근로자의 생활보장을 위하여 국가가 책임을 지는 의무보험으로 적용대상이 되는 사업주로부터 소정의 보험료를 징수하여 법령이 정하는 바에 따라 산재근로자에게 보상하는 보험이다.

우리나라 5대 보험 중 가장 먼저 실시된 것으로 1963년 제정되었으며, 1964년부터 근로기준법의 적용을 받는 광업과 제조업에서 500인 이상 사업장부터 적용하였고, 1972년에는 30인 이상, 2000년 7월부터는 5인 미만 사업장으로 확대되어 시행되어 오다가 현재 1인 이상 상시 근로자가 있는 사업장의 사업주는 당연히 보험가입자가 된다.

산재보험의 급여는 산업재해가 발생하였을 경우 지급되며, 일반적으로 산업재해는 업무수행성과 업무기인성을 기본요건으로 하여 업무상 발생한 질병, 부상, 사망의 경우 급여를 지급한다. 산재보험 급여로는 요양급여, 휴업급여, 장해급여, 간병급여, 직업재활급여, 유족급여, 상병보상연금, 장의비, 특별급여 등이 있다. 보험급여의 임금 지급기준은 근로기준법상의 평균임금으로 하고 있으며, 요양급여와 같은 현물급여를 제외하고는 현금급여를 제공하는 것이 일반적이다.

산재보험은 고용노동부장관이 관장하지만 구체적 사업은 고용노동부장관의 위탁을 받아 근로복지공단에서 행하고 있다. 이곳에서는 보험가입자 및 수급권자에 관한 기록의 관리·유지, 그리고 보험료 기타 이 법에 의한 징수금의 징수업무, 보험급여의 결정 및 지급, 보험급여에 관한 심사청구의 심의·결정, 산재보험시설의 설치·운영, 근로자의 복지증진을 위한 사업, 기타 정부로부터 위탁받은 사업 등을 수행한다.

산재보험의 보험료는 2010년 1월부터 국민건강보험공단에서 징수업무를 진행하고 있으며, 보험료는 비용의 전액을 사업주가 부담하고 있다. 이는 업무재해를 기업운영의 주체인 사업주에게 비용부담의 사회적 책임을 부과하는 방식이다(신원식 외, 2011: 170-171).

2) 국민건강보험

국민건강보험은 불확실한 사회적 위험의 발생과 분만이나 사망 등으로 일시에 과다한 지출에 따른 가계의 경제적 부담을 동질의 위험에 처해 있는 다수의 위험집단을 결합(risk pooling)하여 사회적 사고가 발생한 사람의 어려움을 덜어주기 위하여 국가가 법으로 정하여 실시하는 강제가입방식의 사회보험이다. 가입자는 소득과 재산에 따라 보험료를 산출하고 이를 주 재원으로 보험급여를 제공함으로써 국민보건의 향상을 도모하고 사회보장을 증진시키기 위한 의료보장제도이다.

우리나라는 1963년 의료보험법에 따라 개인의 선택에 맡기는 임의적용에서 출발하여, 1976년 법 개정을 통하여 1977년 공무원 사립학교 교직원 의료보험법이 따로 만들어져 1979년부터 실시되었다. 1988년 농어촌 지역에 의료보험이 실시되었고, 1989년에는 도시지역의 자영업자를 대상으로 의료보험이 실시됨으로써 전 국민 의료보험시대가 열리게 되었고, 2003년 7월부터 지역·직장의료보험이 통합되었다.

국민건강보험 가입자는 국내에 거주하는 국민으로 의료급여를 받는 자는 대상에서 제외되며, 적용대상은 직장가입자와 지역가입자로 구분한다. 국민건강보험의 급여는 피보험자나 피부양자가 질병, 부상, 분만, 사망 등과 같은 보험사고가 발생하였을 때 보험자가 지급하는 급여를 말하는데, 이에는 법정급여, 부가급여, 현물급여, 현금급여 등으로 이루어진다.

국민건강보험의 운영은 재정과 관리를 담당하는 국민건강보험공단을 통해 중앙집중관리방식으로 운영되고 있으며, 재정은 원칙적으로 가입자가 부담하도록 되어 있다. 이중 직장가입자인 경우 사업주와 공동으로 부담하며, 지역가입자는 사신의 소득과 재산, 자동차 등을 고려하여 부담하도록 하고 있으며, 보험료의 징수는 국민건강보험공단에서 실시한다(신원식 외, 2011: 168-170).

3) 국민연금

국민연금제도는 국가가 운영하는 사회보험의 일종으로 가입자인 국민이 노령, 폐질, 사망으로 소득능력이 상실 또는 감퇴된 경우 본인이나 그 유족에게 경제적으로 안정된 생활을 보장할 수 있도록 연금형태의 급여를 제공하는 장기적 소득보장제도이다. 우리나라에서 시행되는 전 국민을 대상으로 하는 공적연금제도에는 국민연금, 공무원연금, 군인연금, 사립학교교직원연금 등이 있으며, 각 연금제도에는 노령연금, 유족연금, 장애연금, 반환일시금과 같은 급여가 있다.

우리나라의 국민연금은 1973년 국민복지연금법으로 처음 입법화되었으나 실시하지 못하다가 1988년부터 시행되었다. 도입 당시에는 전 국민을 대상으로 하지 않고 10인 이상 사업장의 피용자를 대상으로 시작하였으며, 1992년 5인 이상의 사업장으로 확대, 1995년 7월에 농어촌 주민으로 확대, 1999년 4월부터 도시지역 거주자까지 가입하게 되어 전 국민 연금시대를 맞이하게 되었다.

국민연금의 가입대상자는 국내 거주자로 18세 이상 60세 미만의 국민이고 국민연금 가입 사업장에 종사하는 외국인과 국내거주 외국인도 해당된다. 다만 특수직 연금가입자는 제외된다. 가입대상은 반드시 가입해야 하는 당연적용 가입대상과 본인의 선택에 의한 임의적용 가입대상이 있다.

국민연금제도의 운영 주체는 보건복지부장관을 규정함으로써 국영방식을 채택하고 있으나 효율적 운영을 위해 국민연금공단에 위탁·운영하고 있어 국영의 위탁관리방식이 혼합되어 있다. 공단은 독립법인으로서 법인격을 가지며, 보건복지부장관의 감독을 받는다. 재정은 가입자들이 납부한 보험료로 운영된다(신원식 외, 2011: 167-168).

4) 고용보험

고용보험제도는 노동자의 직업능력을 개발하고 적극적 취업알선을 통해 고용구조를 조정하는 노동시장정책 수단들을 포함하는 것으로 실업보험보다는 고용보험이라는 생산적 의미를 가지고 있다.

고용보험은 실업예방, 고용촉진 및 근로자의 직업능력 개발·향상의 도모, 국가의 직업지도·직업소개 기능 강화, 실업한 근로자에게 급여 실시 등을 통하여 근로자의 생활 안정과 구직활동을 촉진하여 경제·사회발전에 이바지함을 목적으로 하는 사회보험이다.

이 제도는 1993년 고용보험법이 제정되고, 1995년 7월부터 30인 이상 사업장에서 적용되었으며, 1998년 10월부터 근로자 1인 이상 고용하는 모든 사업장에 확대·적용되었다. 고용보험의 적용대상은 근로자가 있는 모든 사업 또는 사업장이며, 당연적용사업과 임의적용사업으로 나뉜다.

고용보험의 사업은 소극적 노동시장정책이라고 할 수 있는 실업급여, 모성보호급여가 있고, 적극적 정책이라고 할 수 있는 고용안정·직업능력개발사업으로 나눌 수 있다. 소극적 정책에 해당하는 실업급여는 실직자에게 구직급여, 취업촉진수당, 상병급여, 그 밖의 연장급여를 지급하고, 취업촉진수당으로 조기재취업수당, 직업능력개발수당, 광역구직활동비, 이주비 등을 지급하며, 모성보호급여로는 육아휴직급여, 산전·산후휴가급여를 지급한다.

적극적 정책으로는 근로자를 감원하지 않고 고용을 유지하거나 실직자를 채용하여 고용을 늘리는 사업주에게 비용의 일부를 지원하여 고용안정을 유지하기 위한 고용안정사업으로 고용창출사업, 고용조정사업, 고용촉진사업 등을 통해 다양한 지원을 하고 있다. 또한 직업능력을 높이기 위한 직업능력개발사업으로 사업주에 대해서 직업능력개발훈련 지원, 유급휴가훈련 지원, 훈련시설 장비 설치비용 지원 등이 있으며, 근로자에 대해서는 수강장려금 지원, 근로자 학자금 대부 및 지원 등이 실시되고 있다.

관리운영은 고용노동부가 직접 관장하지만, 보험가입자의 관리업무 등은 사업장을 대상으로 근로복지공단에 위임하여 진행하고 있다. 재원은 보험가입자로부터 실업급여와 고용안정·직업능력개발사업에 각각 보험료를 징수한다. 이 중 실업급여 사업에 해당하는 보험료는 사업주와 근로자가 각각 50%씩 부담하고, 고용안정·직업능력개발사업에 해당하는 보험료는 사업주가 전액 부담한다(신원식 외, 2011: 171-172).

5) 노인장기요양보험

노인 인구수의 급속한 증가는 장기요양을 요하는 노인의 수도 급증할 것이며, 노인부양의 다양한 문제는 가족이나 국가, 사회 모두에게 큰 부담이 될 것이다. 이에 우리나라에서는 2008년 7월부터 노인장기요양보험제도의 실시를 통하여 노인성 질병 등으로 인하여 일상생활 수행이 어려운 노인 또는 장애인에게 신체활동 또는 가사지원 등의 장기요양급여를 사회적 연대원리에 의해 제공하고 있다.

노인장기요양보험제도의 대상자로는 65세 이상 노인, 또는 65세 미만의 자로서 치매·뇌혈관성 질환 등 노인성 질병을 가진 자로서 6개월 이상 거동이 현저히 불편하여 일상생활을 혼자서 수행하기 어렵다고 인정되는 자를 그 수급대상자로 하고 있다. 여기에서 65세 미만자의 노인성 질병이 없는 일반적인 장애인은 제외된다. 처음에는 1~3등급 체계였다가 2014년 5등급 체계로 개편되었다. 그리고 2018년에는 인지지원등급을 신설하여 신체적 기능 상태와 관계없이 모든 치매질환 어르신까지 장기요양서비스 대상자가 될 수 있도록 개선되었다.

요양급여의 종류에는 크게 세 가지가 있는데, 심신의 상태, 생활환경, 가족의 욕구 등을 고려하여 제공하고 있다. 첫째, 재가급여로서 재가장기요양기관에서 제공하는 방문요양, 방문목욕, 방문간호, 주·야간보호, 단기보호, 그 밖의 서비스를 실시한다. 둘째, 시설급여는 장기요양기관이 운영하는 「노인복지법」 제34조에 따른 노인전문병원을 제외한 노인의료복지시설 등에 장기간 입소하여 신체활동 지원 및 심신기능의 유지·향상을 위한 교육·훈련 등을 제공하는 장기요양급여가 있다. 셋째, 특별현금급여로서 도서·벽지 등 장기요양기관이 현저히 부족한 지역 등에서 불가피하게 가족으로부터 요양급여를 받은 경우 지원되는 현금 급여로서 가족요양비, 특례요양비, 요양병원간병비 등이 있다.

재원은 순수사회보험의 형태가 아니고 국고보조와 사회보험가입자의 장기요양보험료, 서비스 이용자의 본인 일부 부담금이 포함된 혼합형으로 국민건강보험공단에서 운영한다(이태희 외, 2011: 238-244).

2. 공공부조

공공부조란 최소한의 인간다운 생활을 영위하기 위해서는 반드시 필요한 사회보장제도로서 국가가 빈곤층을 대상으로 최저수준에 미달하는 사람들에게 물질적·비물질적 급여를 제공하여 최저생활을 유지할 수 있도록 하며, 자립을 지원하는 제도이다.

1) 국민기초생활보장

우리나라의 대표적인 공공부조 제도로서 1961년 생활보호법이 제정되어 생활보호제도로 불리다가 2000년 10월 1일부터 국민기초생활보장제도의 실시로 연령에 관계없이 소득이 최저생계비 이하에 해당하는 모든 저소득계층은 국가로부터 생계비와 의료비의 지원을 받게 되었다. 과거 생활보호법의 시혜적 성격에서 벗어나 절대빈곤 계층의 기초생활을 국가가 보장한다는 면에서 국민적 권리로서의 수급권을 부각시켰다.

현재 수급권자의 선정은 소득과 재산을 일원화하여 소득인정액 기준과 부양의무자 기준, 그리고 근로능력 등을 조사하여 일정한 심사를 통과해야 수급권을 획득할 수 있다. 이때 소득에는 근로소득, 사업소득, 재산소득, 기타소득, 추정소득 등이 있으며, 재산에는 일반재산, 금융재산, 승용차 등을 조사하여 소득으로 환산한다.

대상자 선정 시 보통은 가구 단위를 원칙으로 하지만 의료급여 특례, 교육급여 특례, 자활급여 특례처럼 개인 단위로 해당하는 경우에 선정하고 있으며, 급여 대상자는 신청에 의해 제공받는 신청주의를 원칙으로 한다.

국민기초생활보장제도에서는 최저생활보장의 원칙, 보충급여의 원칙, 자립지원의 원칙, 개별성의 원칙, 가족부양 우선의 원칙, 타 급여 우선의 원칙, 보편성의 원칙이 적용되어 급여가 이루어진다. 급여의 종류로는 생계급여, 주거급여, 자활급여, 교육급여, 해산급여, 장제급여, 의료급여 등이 제공되는데, 이때에는 매년 기준액의 제시를 통해 지급액이 결정된다.

국민기초생활보장제도의 재원은 일반조세를 통한 재원조달이 주류를 이루고, 재정부담은 원칙적으로 중앙정부와 지방정부가 분담하고 있으며, 보건복지부에서 전담하고 있다.

2) 긴급복지지원제도

긴급복지지원제도는 생계곤란 등의 위기상황에 처하여 도움이 필요한 자를 신속하게 지원함으로써 이들이 위기상황에서 벗어나 건강하고 인간다운 생활을 영위하게 함을 목적으로 한다(제1조). 즉, 국민기초생활보장법 등의 지원을 받지 못하는 위기상황의 국민에게 생계를 지원하고, 위기에 몰린 가구원들의 보호를 위해 마련된 제도로서 국민기초생활보장제도에 있는 생계급여보다 신속한 대처에 주안점을 두고 긴급하게 지원하는 제도로서 2005년 12월에 긴급복지지원법을 기초로 하여 진행되었다.

긴급복지지원제도는 시급하게 보호를 필요로 하는 가구에 대하여 신속한 지원을 위해 선지원 후조사의 과정을 밟는다. 즉, 지원 이후에 소득과 재산을 조사하여 지원의 적정성을 심사, 중단, 지원비용의 환수조치 등을 취한다. 대상자의 신속한 발굴을 위해 긴급지원법에서는 의료기관 종사자, 보육교사나 교원, 사회복지시설 종사자 및 복지위원, 공무원, 기타 등을 신고의무자로 지정하고 있다. 긴급지원의 상황은 위기를 초래한 사유(주소득자의 사망·가출, 중한 질병 및 부상, 가구구성원으로부터의 유기, 가구 내 가정폭력 또는 성폭력, 주택 화재 등)의 발생이나 생계유지 곤란 등을 말한다.

긴급지원의 내용은 생계지원(국민기초생활보장 지원과 동일한 최저생계비 지원), 주거지원(임시적 거소지원 또는 주거비 지원), 사회복지시설 이용지원, 그 밖의 지원으로 연료비, 해산비, 장제비, 전기요금 등이 매년 기준액에 준해 지원되고 있으며, 민간단체와 연계하여 상담, 정보제공 등이 이루어진다. 단, 다른 법률에 의하여 동일한 내용의 구호보호나 지원을 받고 있는 경우에는 이 법에 의한 지원을 하지 아니한다고 규정하고 있다(제3조).

3) 의료급여

의료급여제도는 1961년 생활보호법 중 의료보호사업 규정을 둠으로써 의료보호가 처음으로 법제화되었으나, 의료 내용의 빈약으로 인하여 그 실효성을 거두지 못하다가 1977년 의료보호에 관한 규칙의 제정을 통하여 본격화하기 시작하였다. 그 후 2001년 5월 의료급여법으로 전면 개정되어 의료보호가 의료급여로 변경되면서 국민보건의 향상과 국민의 복지증진을 달성하기 위하여 직접적이고 구체적인 사회제도가 되었으며, 저소득층의 의료복지를 위한 중요한 수단이 되고 있다.

의료급여의 대상자는 1종 수급권자와 2종 수급권자로 구분되는데, 1종 수급권자는 국민기초생활보장법수급자 중 근로무능력 가구, 희귀난치성질환 중증질환(암환자, 중증화상환자만 해당) 등록자, 시설수급자, 그리고 행려환자와 타법적용자로는 이재민, 의상자 및 의사자, 입양아동(18세 미만), 국가유공자, 국가무형문화재보유자, 북한이탈주민(새터민), 5·18민주화운동 관련자, 노숙인 등이 해당된다. 2종 수급권자는 국민기초생활보장대상자 중 1종 수급 대상이 아닌 가구가 해당된다.

행정업무는 국민건강보험공단에서 담당하며, 심사평가원에서 의료급여법에 의한 서비스나 현물에 대해 심사를 담당한다. 국가와 지방자치단체에서 부담하는 급여비용은 의료급여기금으로 운영되고 있다.

4) 기초연금제도(2014.7. 시행, 기초노령연금제도 폐지)

기초노령연금법에 의하여 2008년 1월부터 70세 이상의 노인을 대상으로 지급되던 것이 2008년 7월부터는 65세 이상의 노인으로 확대 지급되고 있다. 그리다가 2014년 7월부터 기초연금제도로 명칭이 변경되면서 1인당 최대 334,810원(2024년 현재) 지급된다. 이 제도는 소득이나 재산이 전혀 없는 노인가구가 점점 증가하고 있고, 이로 인한 부양 자녀들의 경제적 부담이 크다고 판단되기 때문에 이전에 지급되던 경로연금(1998.7.1. 기준 65세 이상인 저소득 노인대상으로 월 3만 5천 원에서 5만 원까지 지급하는 제도)에서 수급대상자를 65세 이상 전체 노인 중 소득과 재산이 적은 60%의 노인으로 확대하면서 시행된 제도이다.

소득은 실제 소득과 소득환산액으로 계산되며, 소득이 높거나 재산이 많은 경우 소득인정액의 차이에 따라 감액 지급되고 있으며, 부부가 모두 연금대상일 경우 최고급여액은 1인 급여액의 두 배에서 20%가 감액되어 지급되었다.

기초연금의 행정은 읍·면사무소나 동 행정복지센터에서 담당하고 있으며, 국민연금공단지사에서도 신청서를 접수받고 있다. 재원은 국가와 지방자치단체가 조달하는데 국가는 노인인구 비율과 재정자립도에 따라 그 비율이 달라진다.

2014년 7월부터 기초노령연금 제도가 폐지되고, 기초연금 제도가 시행되었다. 기초연금이란 어려운 노후를 보내시는 어르신들을 도와드리기 위한 제도로 만 65세 이상의 어르신 중에서 소득·재산을 환산한 소득인정액이 일정 수준 이하이면 기초연금을 받을 수 있다.

여기서, 소득인정액이란 월 소득 평가액과 재산의 월 소득환산액을 합산한 금액을 말한다. 이때, 공무원연금, 사립학교교직원연금, 군인연금, 별정우체국연금 수급권자 및 그 배우자는 원칙적으로 기초연금 수급대상에서 제외된다.

3. 사회서비스 전자바우처

1) 사회서비스란

사회서비스란 일반적인 의미에서 개인 또는 사회 전체의 복지증진 및 삶의 질 향상을 위해 사회적으로 제공되는 서비스를 말하며 공공행정(일반행정, 환경, 안전), 사회복지(보육, 아동, 장애인, 노인 보호), 보건의료(간병, 간호), 교육(방과 후 활동, 특수 교육), 문화(도서관, 박물관, 미술관 등 문화시설 운영)를 포괄하는 개념이다.

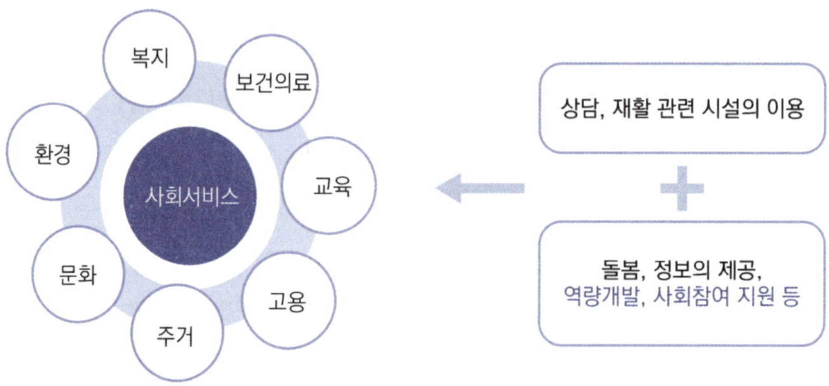

2) 전자바우처란

바우처(voucher)는 이용 가능한 서비스의 금액이나 수량이 기재된 증표(이용권)로 전자바우처는 서비스 신청, 이용, 비용 지불/정산 등의 전 과정을 전산시스템으로 처리하는 전달수단을 말한다.

사회서비스의 방식 중 하나이다. 가장 기본적으로는 제한된 특정 상품이나 서비스에 대한 보조 지원 제도를 말한다. 다만 현금을 그냥 준다면 '보조금'이라고 하는 반면 바우처는 '현물' 내지 '특정 현물로만 교환이 가능한 상품권' 등의 지원 방식이다. 우리나라에서는 '사회서비스 이용 및 이용권 관리에 관한 법률'이 사회서비스이용권 제도를 규정하고 있다.

(1) 바우처의 특징

바우처의 특징은 상품을 이용할 수 있는 구매력을 제공하고, 정책목적이나 취지에 따라 선택권을 조정 및 통제가 가능하다는 점이다. 이때, 구매하는 상품의 종류, 양, 범위 등 제한이 가능하고, 이용의 합리성 제고를 위한 사부남(본인부담금) 도입 등이 가능하다. 그리고. 수요자와 공급자에게 별도 자격기준 설성이 가능하다. 즉, 수요 측면에서는 소득기준, 장애인, 외국인, 연령 등이 있고, 공급 측면에서는 자격이나 면허, 품질인증 등이 있다.

(2) 바우처의 형태

바우처의 형태는 쿠폰형으로 장애인활동지원, 산모·신생아 건강관리 지원 사업, 가사·간병 방문 지원사업 등이 있고, 포인트형으로는 금액결제와 유사한데, 지역사회서비스투자사업, 발달재활서비스, 언어발달지원사업, 여성청소년생리대바우처지원사업, 기저귀조제분유지원사업, 에너지바우처사업, 첫만남이용권 등이 있다.

(3) 바우처의 구성

바우처의 구성은 본인부담금과 정부지원금에 의해서 쿠폰형과 포인트형이 있다.

(4) 바우처의 생성

바우처 생성이란 서비스 대상자의 바우처 카드에 일정량의 서비스를 이용할 수 있는 권한을 부여하는 바우처 카드의 기능을 활성화시키는 것을 의미한다.

핵심 용어

공공부조, 국민기초생활보장, 긴급복지지원제도, 의료급여, 기초연금제도, 사회서비스

학습 실천과제

- 사회보험 종류에 대해서 토론해 봅시다.
- 공공부조의 내용에 대해서 토론해 봅시다.
- 사회서비스가 나아갈 방향에 대해서 토론해 봅시다.

CHAPTER 11 학 습 문 제

01 공공부조의 원칙에 해당하지 않는 것은?

① 최저생활보장의 원칙
② 보충급여의 원칙
③ 자립지원의 원칙
④ 개별성의 원칙
⑤ 선별성의 원칙

정답 ⑤

해설

공공부조의 일반 원칙은 최저생활보장의 원칙, 보충급여의 원칙, 자립지원의 원칙, 개별성의 원칙, 가족부양 우선의 원칙, 타 급여 우선의 원칙을 준수한다.

02 긴급지원제도에 대한 설명이 아닌 것은?

① 선지원, 후심사
② 대상자는 수급자 이외의 자
③ 중복지원 가능
④ 신속한 처리 가능
⑤ 위기상황에 지원

정답 ③

해설

다른 법률 지원 우선의 원칙에 의해서 다른 법률에 따라 긴급지원의 내용과 동일한 내용의 구호·보호나 지원을 받고 있는 경우에는 '긴급복지지원법'에 따른 긴급지원이 제외된다.

03 다음 중 세대 간의 소득재분배유형에 해당하는 서비스는?

① 연금제도
② 건강보험
③ 공공부조
④ 국민연금
⑤ 고용보험

정답 ④

해설

경제활동 세대의 소득이 노령세대의 소득으로 분배되는 세대 간 소득재분배는 국민연금이 크다. 연금제도는 장기적 재분배에, 공공부조·건강보험·고용보험은 세대 내 소득재분배에 해당한다.

04 사회보험에 해당하지 않는 것은?

① 산업재해보상보험 ② 연금보험
③ 국민건강보험 ④ 고용보험
⑤ 노인장기요양보험

정답 ②

해설

우리나라에서 시행 중인 사회보험은 국민연금, 국민건강보험, 고용보험, 산업재해보상보험, 노인장기요양보험이 있다.

05 최소한의 인간다운 생활을 영위하기 위해서 반드시 필요한 사회보장제도로서 국가가 빈곤층을 대상으로 최저수준에 미달하는 사람들에게 지원하는 서비스는?

① 국민건강보험
② 산업재해보상보험
③ 노인장기요양보험
④ 공공부조
⑤ 연금제도

정답 ④

해설

공공부조는 사회보장제도의 하나로서 모든 국민이 인간다운 생활을 영위하도록 하기 위해 생활유지능력이 없거나 어려운 국민의 최저생활을 보장하고 자립을 지원하는 국민생활의 질을 향상시키기 위한 복지제도이다.

CHAPTER

12

사회복지의 실천영역

학/습/목/표

- 대상별 실천영역인 아동, 청소년, 여성, 노인, 장애인, 가족 등에 대하여 학습한다.
- 직능별 실천영역인 학교, 병원 등에 대하여 학습한다.

1. 대상별 실천영역: 아동·청소년복지

1) 아동복지의 기본 개념

아동복지란 아동의 건강한 삶을 보장하기 위한 국가와 사회 그리고 민간단체의 다양한 노력들, 즉 법과 정책, 그리고 행정뿐 아니라 전문가에 의한 구체적인 서비스를 총칭하는 말이다.

아동복지라는 말은 보다 넓은 의미를 가지는 것으로 아동의 신체적·지능적·정서적 발달에 관하여 모든 아동의 복지를 지키며 보호하고자 하는 공·사단체의 사회적·경제적·보건적 활동과 일체를 이루는 것을 말한다. 또한 사회복지 프로그램에서 넓은 범위에 있어서 아동복지란 주로 아동과 그 가족의 복지, 그리고 보다 광의로는 모든 아동의 복지 증진에 관한 것이라고 하여 '광의의 실체로서의 아동복지'의 개념에 입각하고 있다고 할 수 있다.

(1) 좁은 의미의 아동복지

일반적으로 좁은 의미의 아동복지란 보호를 요하는 아동을 중심으로 한 복지활동을 말하되, 비교적 개인이나 민간단체를 중심으로 이루어지는 활동을 말한다.

(2) 넓은 의미의 아동복지

넓은 의미의 아동복지란 일반 아동과 그 가족을 대상으로 다양한 복지 주체들이 서로 유기적인 관련하에 체계적으로 복지활동을 전개하는 것을 말한다. 여기에서 일반 아동이란 보호가 필요한 아동에 대응되는 대상이나, 실제적으로는 보호를 요하는 아동을 포함한 모든 아동이란 의미로 사용되고 있다.

광의의 입장에서 내린 정의로 카두신(Kadushin, 1984)은 모든 아동의 행복과 사회적응을 위해 심리적, 사회적 및 타고난 잠재능력을 길러 주는 각종의 활동을 아동복지로 보았다. 그리고 코스틴(Costin, 1981)은 아동복지를 가족생활을 강화하기 위한 사회복지의 한 분야로서 아동과 그 가정의 안녕을 위한 것이라고 정의하였다.

오늘날에는 대부분 광의의 정의를 취하고 있는바, 아동복지란 "보호를 요하는 상태에 있는 아동은 물론 모든 아동이 가족 및 사회의 일원으로 건강하고 건전하게 성장할 수 있도록 개인, 민간 및 국가가 서로 협력하여 벌이는 활동"으로 정의할 수 있다.

2) 아동의 권리

권리란 인간의 여러 가지 욕구에 대한 사회적 표명이다. 즉, 여러 가지 욕구가 사회에 의하여 인식되고 주창될 때 권리라고 표현하는 것이며, 따라서 권리의 내용은 욕구로 간주된다.

UN이 아동권리협약에 따라서 세 가지 기본 원칙하에 아동의 기본 권리를 네 가지로 규정하고 있으며 그 기본 원칙은 다음과 같다.

① 아동의 연령 기준으로서, 이 협약의 대상인 어린이를 18세 이하의 자로 정의하고 있다.

② 무차별의 원칙으로, 아동의 권리는 인종, 국적, 종교를 초월하여 모든 아동에게 해당된다.

③ 아동 최선의 이익 우선원칙으로 모든 조치 및 정책들은 아동에게 가장 유익한 방향으로 결정되어야 한다.

이러한 기본 원칙하에 아동은 생존권, 보호권, 발달권, 참여권의 네 가지 기본 권리를 누려야 함을 규정하고 있다(한국아동학대예방협회, 1994).

(1) 생존권

생명을 유지하며 또 그 최상의 건강과 의료 혜택을 받을 권리

- 위협 요인: 굶주림과 영양실조, 신체적 학대를 포함한 성인에 의한 공격, 빈곤, 보호시설에 수용된 아동 환경, 범죄에 개입한 아동(갱, 구걸, 마약, 절도 등), 집 없는 아동과 고아, 다양한 종류
- 피해아동: 거리의 아동(비행, 가출 등), 학대당하는 아동, 성적으로 착취당하는 아동, 부모에게 버려진 보호시설의 아동

(2) 보호권

차별대우와 착취, 학대와 방임, 가족과의 인위적 분리 등으로부터 보호를 받을 권리

- 위협 요인: 경제적 착취, 정신적 학대, 전쟁, 방임과 유기, 혹사, 차별대우
- 피해 아동: 위법 행위를 한 아동, 돌봐 주는 사람이 없는 아동, 성적으로 학대당하는 아동, 거리의 아동

(3) 발달권

육체적·정서적·도덕적·사회적 성장에 필요한 정규 교육, 비정규 교육을 포함한 모든 종류의 놀이, 여가, 정보, 문화 활동, 사상, 양심, 종교의 자유를 누릴 권리, 국적과 이름을 가질 권리

- 발달의 필요조건: 정보와 자료, 교육, 놀이와 오락 활동 등, 문화 활동 참여, 사상, 양심 및 종교의 자유, 건강과 신체적 발달, 표현의 권리

(4) 참여권

자신의 의사를 표현할 자유와 자기 생활에 영향을 주는 일에 대하여 말할 수 있는 권리, 아동 자신의 능력에 부응하여 적정한 사회활동에 참여할 기회를 가질 권리

- 참여의 필요조건: 자신의 견해를 자유롭게 표현할 권리, 정보를 얻을 권리, 집회 참여의 자유와 결사 및 참여의 권리 단계

3) 청소년의 개념과 특성

(1) 청소년의 개념

역사적으로 청소년이란 용어가 등장하기 시작한 것은 그리 오래지 않다. 농경 사회에서는 어른 아니면 아이였고 청소년이라는 개념은 존재하지도 않았다. 그러나 산업혁명과 의무교육의 등장은 인간의 발달단계에서 청소년기를 고유한 발달시기로 인식하게 하는 데 결정적인 영향을 미쳤다. 산업화는 교육받은 노동력을 필요로 하였으며 특히 학교 교육의 의무화는 청소년들이 교육기간 동안 노동시장에 유입되지 않고 경제활동에서 제외되는 특권을 주었는데 이러한 요인들이 본격적으로 청소년기를 인식하게 하는 계기가 되었다.

청소년의 개념을 보다 명확하게 정의하기 위해서는 청소년기를 어떻게 구분하는가가 중요한데, 이러한 기준으로는 신체적 특성에 의한 구분, 연령에 따른 구분 등이 있다.

먼저 청소년기에 나타나는 신체적 특성(월경, 사정의 시작)으로 청소년기를 구분하는 경우이다. 이러한 방법은 청소년기를 구분하는 가장 일반적인 방법이지만 개인에게 나타나는 신체적인 징후들이나 사춘기의 특성이 나타나는 시기들이 사람에 따라 각각 상이하기 때문에 보편적인 기준을 제시하는 데 한계가 있다. 더욱이 청소년기가 언제 끝나는지는 더욱 분명치 않은데, 이는 사춘기 때 나타나는 신체적 특성으로 청소년의 시작은 쉽게 알 수 있다고 하더라도 청소년기가 끝나는 시점은 신체적인 징후로 판단되기보다는 그 사회에서의 역할 기대를 충족시키고 책임질 수 있는 시점으로 간주되기 때문이다.

청소년기를 구분하는 또 다른 방법은 연령에 의한 구분이다. 1985년 UN에서 공식으로 규정한 청소년(young people)의 개념은 '15세부터 24세 사이의 집단'이며, UN 기구 중의 국제식량기구(FAO)에서는 '10세부터 24세까지 사이의 결혼 여부를 불문한 남녀 인구부문'을 청소년으로 규정하고 있다. 또 UN 사무국이 UN 회원국 및 비정부단체들을 상대로 조사한 설문 결과에는 하한 연령을 7세부터 잡는 나라(1개국)도 있고, 상한 연령도 30세(10개국), 35세(4개국)까지 각양각색으로 나타난 것으로 되어 있다(이봉철, 1992). 한편, 우리나라의 경우 그동안 법의 성격에 따라 청소년의 연령이 다소 상이하게 규정되고 있었다. 청소년기본법에 명시되어 있는 청소년은 '9세 이상 24세 미만의 자'이며, 민법에서는 '만 20세'를 성년이라고 규정하고 있다. 또한 청소년보호법에서는 '19세 미만'을 보호의 대상인 청소년으로 규정하고 있었다. 뿐만 아니라 아동복지법에서는 아동을 18세 미만으로 규정하고 있었다. 민법에서의 미성년자는 19세 미만으로, 그리고 선거법상의 선거연령은 더 일찍 18세부터로 개정하였었다. 마찬가지로 소년법에서도 하향조정이 이루어져서 최근 소년법 적용의 연령을 한 살 낮추어 19세 미만으로 개정하였다. 이것은 그동안 우리나라에서 20세 이상을 성인으로 취급하던 것을 한 살 낮추어 19세 연령은 성인으로 간주한다는 것을 의미한다.

이처럼 청소년이란 개념은 통일되게 정의되지 않고 다양하게 사용되고 있다. 청소년의 연령을 후설하는 청소년의 신체·생리·심리·정서적인 특징이 강하게 나타남으로써 아동과는 확연한 발달 특성상의 차이를 보이는 시기인 12~13세부터, 그리고 그러한 특징이 사회적 역할로 인하여 상당 부분 완화되는 대학생 전의 연령까지로 한정하고자 한다.

(2) 청소년의 특성

청소년기는 부모의 보호가 절대적으로 필요한 아동기에서 성인기로 이행하는 과도기에 해당된다. 이 시기는 의존적인 아동기와 독립적인 성인기의 심리적 특성을 함께 공유하여 아동도 성인도 아닌 양 집단 사이에 존재하는 주변인(marginal person)으로서의 특질을 갖는 시기라는 점에서 인간에게 있어 다른 어떤 발달단계보다도 중요성을 많이 내포하고 있다. 청소년은 건전하고 밝은 심성으로 바람직하게 자랄 수 있는 가능성과 잘못 성장할 수 있는 가능성의 양면성을 동시에 지니고 있다. 그러기에 청소년기는 제2의 탄생기, 부적응 시기, 제2의 반항기, 고민·고통의 시기, 초조 불안의 갈등 시기, 행동의 중용이 없는 시기, 질풍노도와 같은 어려운 시기라고 불린다.

이렇듯 청소년기는 인생에서 단순히 스쳐 가는 하나의 과정이 아니라 독특한 요구와 도전을 함축하는 시기이기 때문에 특별한 관심을 필요로 한다. 특히, 산업사회에서 기술이 고도화되고 사회구조가 복잡해질수록 직업과 사회적 역할 수행에 필요한 준비기로서의 청소년기가 길어지게 된다(한국청소년연구원, 1993).

청소년기가 길어진다는 것은 단순히 시간의 길고 짧음의 문제로만 끝나는 것이 아니라 그로 인한 경제적 부담은 물론 청소년들로 하여금 사회역할 구조에 흡수되지 못함으로써 갖는 소외감, 사회·심리적 독립성과 자율성을 제약받음으로써 갖는 좌절감, 불만 등을 낳는 결과를 빚어낸다. 뿐만 아니라, 사회구조가 복잡해지고, 개인별 직업과 사회적 역할이 다양해지면서 이 시기 동안 겪는 청소년의 욕구와 갈등 또한 다양해지고 있다.

구체적으로 청소년기의 특성을 신체·생리적 특성과 심리·사회적 특성으로 대별해서 살펴보면 다음과 같다.

① 신체·생리적 특성

청소년 시기에 나타나는 신체·생리적 변화로는 첫째, 호르몬의 변화이다. 청소년기에는 그 어떤 시기보다도 안드로겐(androgen: 남성 호르몬)과 에스트로겐(estrogen: 여성 호르몬)이 왕성하게 분비되는 시기이다. 이러한 호르몬들은 청소년들의 신체·생리적 발달에 중요한 역할을 하는데, 예를 들면 남자의 경우 외부 생식기, 신장의 증가, 목소리의 변화 등, 여자의 경우 가슴과 자궁의 발달, 뼈대의 변화 등 제2차 성징을 나타나게 한다.

둘째, 신장과 체중의 증가이다. 청소년기는 유아기 이후 인간의 발달단계에서 가장 왕성한 신체적 발육이 일어나는 시기로서 남녀 모두 신장과 체중이 급격히 증가한다.

셋째, 성적 측면에서의 성숙이다. 1차적으로 남녀를 구분하는 1차 성징은 청소년기 이전에 부분적으로 완성되지만 청소년기에는 성인과 같은 생식능력을 갖게 될 뿐 아니라 생식과는 직접적인 관련이 없지만 남녀를 구분하는 데 중요한 요인인 2차 성징들이 발달하게 된다. 따라서 남자의 경우 음낭이 나타나고 고환이 자라면서 체모가 나타나고 정자의 사정을 하게 되며, 여자의 경우 내부의 성기관(2개의 난소, 나팔관, 자궁, 질)이 성장하면서 월경이 시작되고 유두가 발달되고 음모가 자라게 된다.

이처럼 청소년기는 신체적으로는 거의 성인과 같은 체격을 갖추고 남녀 모두가 성과 관련하여 성인의 역할이 가능하다. 이러한 신체·생리적 특성은 청소년에게 다음과 같은 영향을 미친다.

첫째, 유아기나 아동기에 비해 청소년기는 자신의 신체변화에 대해 자각을 하게 되므로 자신의 신체에 대한 관심이 많다.

둘째, 자신의 신체변화와 친구들의 변화 정도를 비교함으로써 자신의 신체발달이 정상적인지 아닌지를 고민하게 되고 심지어는 신체적 열등감을 갖기도 한다. 이렇게 청소년이 자신의 신체를 어떻게 평가하는가는 청소년의 성격이나 자아존중감, 대인관계 형성에 중요한 변수로 작용한다. 예를 들어 비만이나 작은 키는 청소년들의 가장 심각한 고민거리 중의 하나이다.

셋째, 성호르몬의 분비는 성적 욕구의 발달을 동반하며 성적 욕구는 죄의식과 충동조절의 문제를 초래한다. 청소년들이 성에 관심을 가지거나 성적 욕구를 갖는 것은 성호르몬의 분비가 왕성해지는 청소년기에 지극히 자연스런 현상이지만 상당수의 청소년들은 성적 욕구를 가지고 있는 것에 대해 심리적인 불안감이나 수치심, 죄책감 등 부정적인 정서를 가지고 있으며 특히 성적 충동을 제대로 조절하지 못하면 임신, 근친상간, 이상 성행위, 성폭행 등의 문제를 일으킬 수 있다.

② 인지적 특성

피아제(Piaget)의 이론에 따르면, 청소년기는 형식적 조작기에 해당된다(이춘재 외, 1988). 이 시기는 눈앞의 현실세계를 뛰어넘어 자신이 경험해 보지 못한 이상이나 가능성의 세계, 추상적인 것에 대한 사고가 발달하게 되고 조합적 사고가 발달하여 어떤 문제에 직면하였을 때 여러 가지 요인들을 고려하여 논리적이고 체계적으로 문제해결을 시도한다. 이러한 인지 발달은 청소년의 심리와 행동에 다음과 같은 영향을 미친다.

첫째, 자아정체감(self identity)이 형성되고, 발전하는 동시에 정체감 형성의 위기를 경험한다. 자아정체감은 전 생애에서 인간이 획득해야 할 발달과업인 동시에 청소년기의 중요한 과업이다. 그것은 개인이 가지고 있는 다양한 지위와 역할 또는 시간의 경과에 관계없이 연속되고 일관된 모습을 갖는 것으로 내가 보는 나와 타인의 눈에 비치는 내가 조화감을 이루어야 하며, 이 세상에서 유일한 존재라는 실존의식을 의미한다. 이러한 자아정체감의 형성은 자신과 타인에게 신뢰감을 주고, 정신적 안정감을 주고, 삶의 가치를 명료화하게 한다. 논리적이고 추상적인 사고 발달에 따라 자신이 누구인가 하는 근원적인 의문을 갖고 자신과 자신을 둘러싼 환경과의 상호작용을 통해 자신의 정체감을 찾기 시작한다.

그러나 정체감 형성에 따른 위기를 극복하지 못하는 경우에는 자신을 있는 그대로 수용하지 못하고 미래의 전망에 대하여 불안해지며 이에 대처할 자신의 잠재력에 자신을 갖지 못하게 된다. 이에 자신에게 부과되는 역할로부터 도피하거나 때로는 반발함으로써 자신의 갈등을 해소하려 한다.

둘째, 자기중심적이다. 청소년기의 자아중심성은 가상청중(imaginary audience)과 개인적 우화(personal fable)라는 개념에서 잘 나타난다. 가상청중이란 청소년기에 나타나는 과장된 자의식을 반영하는 개념으로 자신이 타인의 집중적인 관심과 주의의 대상이 되고 있다고 생각하는 것을 말한다. 개인적 우화란 청소년이 자신을 특별한 존재로 여기는 경향을 의미한다. 즉, 아무도 자신의 경험이나 감정을 진실로 이해하지 못하고 있다고 생각하거나 자신은 특별한 사람이기 때문에 위험으로부터 안전하다고 생각하는 경우이다. 예를 들어, 청소년들이 성관계를 할 때 자신에게는 임신과 같은 문제가 닥치지 않을 것이라고 임신의 위험에서 자신을 제외시키는 행위 등이 여기에 해당된다.

셋째, 도덕성의 발달이다. 청소년기의 도덕적 사고와 행동은 아동기와는 질적으로 다르며 그들의 인지적 성숙과 사회 환경적 역할 변화에 의해 크게 영향을 받게 된다. 청소년기의 도덕성 발달 특성은 콜버그(Kohlberg)의 도덕성 퇴행문제, 도덕적 상대주의 개념, 길리건(Gilligan)의 대인 지향적 도덕성 이론에 의해 설명된다. 먼저 도덕성 퇴행은 청소년기의 최고 과업인 자아정체감의 혼미로 인하여 청소년들이 사회적 규범과 법률을 절대적 도덕률로 받아들이고 이를 준수하던 단계(4단계)에서 사회적 구속을 벗어나기 위하여 규범을 배척하는 단계(2단계)로 이행하게 된다는 것이다.

특히 콜버그는 이것이 구조적인 후퇴가 아니라 더욱 높은 단계의 도덕수준으로 발전해 나가기 위한 이행과정이라고 해석하고 있다. 도덕적 상대주의란 모든 사람들이 준수해야 할 객관적이며 보편타당한 도덕률을 부정하고 개인적이며 주관적인 관점에서 도덕성을 판단하는 것을 의미한다(송명자, 1995).

또한 길리건은 인간관계에서 보살핌, 책임, 애착, 희생 등을 강조하는 대인 지향적 도덕성 이론을 강조하면서 특히 청소년기에는 자기이익 지향보다는 타인을 배려하고 책임지려는 이타적인 부분이 크게 발달함을 강조하고 있다.

넷째, 사회적 이해력이 발달함으로써 자신이 경험하지 않았더라도 상대방이 갖고 있는 감정이나 느낌을 정확하게 파악하게 되고, 더 나아가 상대방의 감정이나 느낌을 그대로 느끼기도 한다. 따라서 사회적 상호작용이 활발하게 된다.

③ 정서적 특성

청소년기는 급격한 신체 발달과 더불어 사회적으로 요구되는 과다한 과업으로 인해 정서적으로 불안정한 상태이다. 청소년기에 보이는 정서적 특성과 이러한 특성이 청소년의 심리와 행동에 미치는 영향들은 다음과 같다.

첫째, 감정의 기복이 심하고 예민하다. 사소한 일에 예민하고 쉽게 우울하며 낙담에 빠진다. 화를 잘 내기도 하고 불안정하게 보인다.

둘째, 수줍음이 많다. 지나치게 남을 의식하기 때문에 마음과 행동이 자유롭지 못하고 특히 이성 앞에서 부끄러움을 많이 느낀다. 그러나 종종 수줍음을 감추기 위해 겉으로는 과장된 행동을 보이기도 한다.

셋째, 열성적이며 호기심과 모방성이 강하다. 어떤 일에 쉽게 흥분하며 현실감을 잃고 곧잘 열중해서 그 일에 빠진다. 또한 자신의 관심사를 가정에서 지역사회로 확대시키기 시작함으로써 귀가 시간이 늦고 외출이 잦으며 특히 우상을 만들어 맹목적으로 추종하는 경향도 있다.

④ 사회적 특성

청소년기는 부모로부터 분리되고자 하는 시기로서 부모와의 관계에서 잦은 갈등이 일어나고 동성친구나 이성친구 등 또래집단에 몰두한다. 구체적으로 살펴보면 다음과 같다.

첫째, 부모로부터 개별화되고자 한다. 개별화란 청소년이 부모와 정서적인 유대를 지속하면서 자신을 부모와는 다른 독특한 한 사람의 인격체로 인식하고 경험해 가는 심리적인 과정이다. 이러한 영향으로 애착대상이 부모에서 친구들로 바뀌며 부모와는 상이한 가치관이나 생각들을 하게 되고 그것을 내면화하게 된다. 이런 청소년들의 개별화 노력은 성인으로 독립하는 데 있어 절대적으로 필요한 요소이다. 그러나 부모들이 이러한 과정을 자연스러운 성장과정으로 인정하지 않고 부모에 대한 도전이나 반항으로 인식할 때 부모와 자녀 간의 갈등이 증폭될 수 있다.

둘째, 동성이나 이성친구 등 또래집단(peer group)에 몰입한다. 청소년 이전 시기부터 또래관계는 유지되어 오지만 청소년기에 들어서는 그 이전과는 구별되게 서로 간에 심리적으로 관여하는 정도가 매우 깊어지고 비밀을 털어놓을 수 있는 친밀한 관계를 형성한다. 이처럼 비슷한 발달단계에서 비슷한 경험을 하고 있는 또래와의 관계는 청소년으로 하여금 자신의 정체감을 형성하고 유지하는 데 필요한 심리적·사회적 지지를 얻게 한다. 이 시기에 또래친구들로부터 충분한 심리적·사회적 지지를 받지 못하면 부정적인 자아상의 확립은 물론 사회적 거부와 배척의 감정 또는 고립감을 느끼게 되기도 한다.

이상에서 청소년기의 일반적인 발달 특성을 살펴보았다. 그러나 이러한 발달은 개인차가 클 뿐 아니라 또한 개개인에 있어서도 여러 측면에서의 발달이 동시에, 그리고 동일한 속도로 일어나지 않는다는 점을 유의해야 한다. 따라서 이상에서 언급한 일반적인 발달 특성만으로 청소년의 개개인을 이해하기에는 제한적이며 이러한 보편적인 특성을 토대로 하면서도 청소년 개개인의 독특한 경험과 개별성을 고려하는 것이 무엇보다도 중요하다.

2. 대상별 실천영역: 여성복지

1) 여성복지의 개념

여성복지에 대한 개념을 정의하려는 시도와 노력들은 1990년대 후반부터 이루어졌다.

김인숙(2000: 35)은 '여성 개인의 능력 고양'과 '정책적·실천적 차원의 모든 조직적 활동'을 첨가하여 사회구조적 차원과 함께 여성 개인적 차원을 포함시켰다. 그래서 여성복지는 '여성이 국가나 사회로부터 남성과 동등하게 권리를 보장받을 수 있도록 가부장적 가치관과 이에 근거한 각종 법, 사회제도를 개선하는 것뿐 아니라 여성 개인의 능력을 고양시킴으로써 여성의 인간다운 삶을 보장하기 위한 정책적·실천적 차원의 모든 조직적 활동'으로 정의하였다.

김미혜(1997: 39–40)는 여성복지의 걸림돌로써 가부장제와 함께 '자본주의제도'를 포함시켰으며, '양성평등'이라는 용어를 직접 사용하였다. 그래서 여성복지는 "여성이 국가나 사회로부터 남성과 동등하게 인간다운 삶을 누릴 수 있는 권리를 보장받으며 이를 위해 가부장적 가치관과 자본주의에 의한 생산역할에 기초한 법과 기타 사회제도를 개선하여 양성평등의 사회를 실현하려는 모든 실천적 노력을 포함하는 개념"으로 정의하였다.

조흥식(2000: 80)은 여성복지는 "모든 여성이 한 사회의 구성원으로서 삶의 질을 영위할 수 있도록 여성의 욕구나 문제를 해결하기 위하여 사회구성원들이 공·사 차원에서 행하는 공동체적 노력"으로 정의하여 '삶의 질'이라는 적극적인 태도를 강조하였으며 '여성의 욕구와 문제해결'이라는 점에 초점을 맞추었다.

이렇게 다양한 정의들을 살펴보면 여성복지의 개념 정의와 강조점의 변천을 알 수 있으며 다음의 사항에는 대체적인 합의가 이루어진 것으로 나타나고 있다. 즉, 여성복지는 양성평등의 실현이라는 궁극적 목표와 불평등의 원인으로 가부장제와 자본주의의 구조적 모순을 지적하고 여성복지의 범주는 가부장제와 자본주의에 근거한 법과 사회제도의 개선이며, 접근방법으로는 정책적 차원과 실천적 차원의 개입을 모두 포함하는 노력이라는 점이다.

따라서 여성복지에 대한 정의는 "양성평등을 실현하고 여성의 삶의 질을 높이기 위해서 여성을 억압하는 가부장제와 자본주의에 근거한 법과 사회제도를 개선하기 위한 노력과 함께 여성 개인의 능력 개발과 여성의 욕구와 문제해결을 위한 정책적·실천적 개입을 통한 노력"으로 정의할 수 있다. 이와 같은 여성복지에 대한 개념 정의는 여성복지가 나아가야 할 방향에 대한 큰 틀을 제공하고 있다.

2) 여성복지의 대상

우리나라 여성복지 발달사를 살펴보면 여성복지의 대상이 시대적 변화와 욕구의 증대에 따라 대상도 확대됐다는 것을 알 수 있다. 초기에는 여성을 위한 사회적 개입과 노력은 요보호여성들을 중심으로 발달해 왔다. 따라서 1980년대까지는 전쟁미망인, 윤락녀, 미혼모 등의 요보호여성이 주를 이루었다. 이후 여성의 사회 참여가 늘어나면서부터 근로여성을 위한 복지가 요구되었다. 일반여성들도 남성 중심의 사회에서는 불이익과 성차별의 피해를 당하고 있으며, 필요로 하는 자원을 확보할 수 있는 기회가 부족하다는 점에서 여성복지의 대상이 되고 있다. 이렇게 여성복지의 대상은 요보호여성에서 근로여성과 일반여성을 포함하는 여성 모두로 그 대상이 확대되어 왔다.

3) 여성복지의 방법

여성복지의 방법으로는 정책적 접근과 실천적 접근이 이루어지고 있다. 정책적 접근으로는 법과 제도적인 개입이 이루어지며, 실천적 접근은 임상적이고 직접적인 접근으로 개인적인 변화를 통한 사회의식의 발달 등이 있다.

(1) 정책적 접근

정책적 접근으로는 여성가족부의 여성정책 전반에 걸친 활동과 함께 사회복지 분야의 여성복지정책을 통해서 시행되고 있다. 여성정책은 여성과 관련된 다양한 분야, 즉 교육, 노동, 문화, 복지, 경제, 보건, 인권, 환경, 가족 등에 대한 정부의 정책으로서 사회정책의 한 분야이다.

여성복지정책이 사회정책의 한 분야로 성립될 수 있는 근거는 산업화에 따른 사회적 위험성, 여성취업을 둘러싼 비형평성, 여성에 대한 낙인, 여성 생활의 질이라는 측면이다. 우리나라의 여성복지정책은 요보호여성과 일반여성으로 대상을 구분하고 있으나, 여성복지정책의 내용 범주를 분명히 보여줄 수 있는 기준은 해당 정책이 목표로 하는 표적이 무엇인가에 따라 구분된다.

여성 개인의 욕구 충족을 일차적 표적 대상으로 하는 우리나라의 복지정책으로는 매매춘 여성과 가출 여성, 성폭력 피해 여성과 일반여성을 위한 복지정책을 들 수 있고, 보호자로서의 역할을 지원하는 대표적 정책은 미혼모 및 저소득 모자가정에 대한 지원과 영유아 보육정책 등이 있다. 그리고 의존자로서의 여성 차별적 복지정책으로는 공공부조정책과 국민연금, 산재보험, 고용보험 등에 나타나고 있다. 이처럼 여성 개인의 욕구 충족을 일차적 표적 대상으로 하는 여성복지정책과 보호자로서의 여성 역할을 지원하는 정책은 주로 사회복지 서비스 형식을 통해 이루어지고 있고, 의존자로서의 여성 차별적 복지정책은 사회보험과 공공부조의 형태로 이루어지고 있다. 또한, 고용노동부의 여성정책은 근로여성들을 위한 성보호와 아동양육에 관한 사항만으로 범위를 한정하고 있다.

(2) 실천적 접근

실천적 접근은 임상적이고 직접적인 접근으로 개인적인 변화를 통한 사회의식의 발달 등이 해당된다. 실천적 접근법은 여성의 자율성을 증가시키고, 여성과 남성 간의 권력 불균형을 감소시키는 의식 고취를 강조한다. 여성에 대한 임상적 개입은 사회복지의 다양한 임상방법을 적용함으로써 가능하다. 그러나 여성이 가진 고유한 특성과 조건을 고려하여 여성복지적 차원에서 사용되는 임상적 개입은 여성중심적 상담이 대표적이다. 여성중심적 상담은 기존의 많은 임상적 접근에 여성중심적 관점을 부가하여 여성의 문제해결을 도와주는 방법이다. 따라서 기존의 다양한 이론적 접근들, 예를 들면 인지치료나 정신분석적 접근을 여성 중심적으로 활용하는 것이다. 현재 우리나라에서 많이 활용되고 있는 것으로는 개인중심의 전화 상담과 의식향상훈련이 있다. 최근에는 여성 스스로 힘을 부여함으로써 문제를 해결해갈 수 있게 하는 능력 고취(empowerment)에 많은 관심이 모이고 있다.

4) 여성복지의 범주

여성복지의 범주를 대상별로 나누어 보면 다음과 같다.

(1) 주요 문제를 중심으로 한 구분

가정폭력, 성폭력, 성매매, 빈곤, 그리고 이중차별로는 노인여성, 성매매와 미혼모, 결혼과 가정에서의 문제가 있을 수 있다. 주요 문제를 중심을 분류할 경우, 저소득 모자가정, 가출여성, 학대받는 여성, 저임금 근로여성 등으로 한정되는 단점이 있다.

(2) 모성역할을 중심으로 한 구분

일반적으로 여성은 모성의 역할을 하도록 기대되고 가족을 보살피는 노동에 일차적으로 책임이 주어진다. 모성을 중심으로 구분할 경우 성 역할의 불균형 문제가 있고, 가족과 직결되기 때문에 가족복지 및 아동복지와 중복되기도 하며 여성을 어머니로 한정한다는 측면에서 진정한 여성복지라 하기에는 한계가 있다.

(3) 생애주기를 중심으로 한 구분

생애주기를 중심으로 한 구분으로는 먼저, 보편적이고 규범적인 일생의 사건들을 중심으로 접근하면 교육생활, 직업생활, 가족생활이 포함된다. 사회복지는 주로 여성의 직업생활과 가족생활에 개입하여 고용의 기회 및 승진차별, 국민연금 제도상의 차별, 아동보육지원의 결여, 모성에 대한 제도적 지원결여, 여성노인에 대한 불충분한 의료보장, 배우자의 사망으로 인한 가족 내 역할 재적응 등의 문제를 해결하고자 한다. 다음으로는 생애주기 동안 발생하는 위기를 중심으로 접근한다. 생애주기 동안 겪을 수 있는 사건들은 이혼, 가족구성원의 갑작스러운 사망, 여성의 실직, 보살핌을 필요로 하는 가족 구성원의 발생 등을 들 수 있다.

3. 대상별 실천영역: 노인복지

1) 노인의 개념

국제노년학회(1951)에서는 노인을 인간의 노화과정에서 나타나는 생리적·심리적·환경적 변화 및 행동적 변화가 복합적으로 상호작용하는 과정에 있는 사람이라고 규정하며 다음의 다섯 가지 특성을 지닌 사람을 의미한다고 설명하고 있다(권중돈, 2009).

첫째, 환경변화에 적절히 적응할 수 있는 조직기능이 감퇴하고 있는 사람
둘째, 생체의 자체 통합능력이 감퇴되고 있는 사람
셋째, 인체의 기관, 조직 기능에 쇠퇴현상이 일어나는 시기에 있는 사람
넷째, 생활상의 적응능력이 결손 되어 가고 있는 사람
다섯째, 조직의 예비능력이 감퇴하여 적응이 되지 않는 사람

한편 노인을 단순히 숫자적 개념으로 본다면 법률상으로 규정된 노인의 연령기준은 「고용상 연령차별금지 및 고령자고용촉진에 관한 법률」에서는 고령자를 55세 이상인 자로, 국민연금법에서는 노령연금 수급기준을 60세 이상으로, 노인복지법이나 국민기초생활보장법에서는 65세 이상인 자로 규정하고 있다. 또한 통계 작성 시에는 고령화 사회는 전체인구 중 65세 이상 인구비율이 7% 이상 14% 미만인 사회를 의미하며, 고령사회는 14~20% 미만인 사회를, 초고령사회는 20% 이상인 사회를 의미한다(통계청, 2011).

2013년부터 현행 60세부터 지급되는 노령연금의 지급 시점이 달라지며 69년 이후 출생한 사람의 경우, 국민연금의 수령 나이가 60세에서 65세로 늦추어졌다. 자신의 나이에 따라 국민연금 수령 연령(나이)이 달라지므로, 자신에게 해당되는 시점을 참고해야 한다. 이것은 국민연금액 부족에 따른 현상과 고령사회로의 진입 등 복합적인 요인에 의해서이다.

2) 노인인구의 변화와 사회적 영향

(1) 고령화 속도

통계청이 발표한 자료에 의하면 우리나라 출산율은 1960년 6명에서 2020년 0.84명으로 급격히 감소했다. 대표적인 '저(低)출산' 국가인 일본(2003~2005년)이나 독일(1992~1995년)과 비교해도 3~4배 높다.

반면 평균수명은 지속적으로 증가하고 있는데, 1970년에 전체 인구의 평균

수명은 61.93세에 불과하였으나 약 40년 후인 2009년에는 80.55세로 거의 20세가 증가하였다. 실제로 한국인의 사망률은 보건의료기술의 발달, 질병 퇴치, 영양상태 증진, 생활습관 개선 등에 기인하여 급격하게 낮아졌다. 이와 같은 요인들은 앞으로도 계속 사망률 감소에 기여하는 방향으로 변화할 것이며 그에 따라 한국인의 평균수명은 지속적으로 증가할 것이다. 통계청의 2020년도 인구추계에 의하면 한국인의 평균수명이 2060년에는 남자 88.3세, 여성 92.0세로 증가할 전망이다.

(2) 농촌지역의 고령화

우리나라의 인구고령화는 지역별 격차가 상당히 크다는 것이 또 하나의 특징으로 도시지역에 비해 농촌지역이 훨씬 빠르게 고령화가 진행되고 있다.

2020년 인구주택 총 조사 결과 65세 이상 인구비율은 시·도 중 전남이 23.7%로 가장 높은 반면, 세종이 9.5%로 가장 낮았고 강원, 전북, 전남, 경북 지역은 65세 이상 인구 비율이 20%를 초과한 것으로 나타났다.

시·군·구별로 65세 이상 인구비율을 보면 경북 의성이 42.4%로 가장 높았고, 다음은 전남 고흥과 경북 군위 순으로 높았다. 특히 전북 완주 등 110개 시·군·구는 65세 이상 인구 비율이 20%를 초과하여 고령화가 급속히 진전되고 있음을 알 수 있다(〈표 12-1〉 참조).

▼ **표 12-1** 2020 시·도 및 시·군·구별 65세 이상 인구 비율 (단위: %, 내국인 기준)

상 위		하 위		상 위		하 위	
시·도	비 율	시·도	비 율	시·군·구	비 율	시·군·구	비 율
전 남	23.7	세 종	9.5	경북 의성	42.4	울산 북구	8.1
경 북	21.6	울 산	12.6	전남 고흥	41.9	경기 화성	8.8
전 북	21.3	경 기	13.3	경북 군위	41.0	대전 유성	9.3
강 원	20.6	인 천	14.1	경남 합천	40.1	경기 시흥	9.4
부 산	19.3	대 전	14.2	전남 보성	39.6	경북 구미	9.6

출처: 통계청.

(3) 고령화가 미치는 영향

① 인구구조 및 생활주기의 변화

인구고령화는 인구 구성비에도 변화를 가져왔다. 앞으로의 인구 구성비를 보면 0~14세 유소년인구 비중과 15~64세 생산연령인구 비중은 감소할 것이고, 65세 이상 고령인구 비중은 급속히 증가할 것으로 예상된다.

2020년 현재 65세 이상 인구가 전체 인구에서 차지하는 비율은 15.7%로 지속적인 증가추세를 나타내고 있어 향후 2040년에는 34.4%, 2070년에는 46.4%에 이를 것으로 전망된다.

▼ 표 12-2 주요 연령계층별 인구 (단위: %)

구분	1960	1980	2000	2020	2040	2070
구성비	100.0	100.0	100.0	100.0	100.0	100.0
0~14세	42.3	34.0	21.1	12.2	8.8	7.5
15~64세	54.8	62.2	71.7	72.1	56.8	46.1
65세 이상	2.9	3.8	10.8	15.7	34.4	46.4

출처: 통계청.

가족의 구성형태를 보면 가족은 핵가족 형태를 취하고 있으며, 이와 더불어 가족의 생활주기도 변화하고 있다.

가족생활주기란 남녀의 결혼으로 새로운 가족을 형성하고 자녀를 출산하여 양육·교육하면서 가족이 확대되고 자녀가 성장한 후 독립하면서 가족이 축소되기 시작하여 부부가 사망함으로써 완료·소멸되는 가족의 변화과정을 말한다.

가족형성기, 확대기, 축소기는 단축되고 있으며 완료기는 길어지고 있다(박석돈 외, 2009).

② 노년부양비의 증가

통계청에서 발표한 「2020년 고령자 통계」에 따르면, 2019년 65세 이상 고령자 중 '노후준비가 되어 있다'고 응답한 비율은 48.6%로, 주된 노후준비 방법은 '국민연금'이 31.1%로 가장 많고, 다음은 '예금·적금·저축성보험(27.9%)', '부동산 운용(14.6%)', '기타 공적연금·사적 연금(21.1%)', '퇴직급여(4.7%)' 순으로 나타났다.

노후준비를 하고 있지 않은 고령자(51.4%)의 경우 '준비할 능력 없음'이 61.1%로 절반을 넘었고, '자녀에게 의탁'할 계획도 29.2%로 나타났다.

한편 2020년 노년부양비는 21.8이며, 이는 생산 가능 인구 4.6명이 노인 1명을 부양하는 것과 같은 의미이다. 현재의 저출산이 지속될 경우 2030년에는 생산 가능 인구 3명이 1명을, 2040년에는 생산 가능 인구 2명이 1명을 부양해야 할 것으로 전망된다.

이와 더불어 2020년 노령화 지수는 129.3으로 유소년인구(0~14세) 100명당 65세 이상 인구가 130명으로 고령인구가 유소년인구를 초과했으며, 인구절벽 현상이 점차 가속화되고 있는 모습을 보이고 있다.

▼ 표 12-3 노년부양비 및 노령화 지수(단위: 해당 인구 100명당 명, 명)

구분	1990	2000	2010	2020	2030	2040
노년부양비[1)]	7.4	10.1	15.0	21.8	38.6	60.5
노령화지수[2)]	20.0	34.3	67.7	129.3	301.6	389.5
노인 1명당 생산가능인구(명)[3)]	13.5	9.9	6.6	4.6	2.6	1.7

출처: 통계청, 장래인구추계, 2020.

주: 1) 노년부양비 = (65세 이상 인구/15~64세 인구) × 100.
2) 노령화지수 = (65세 이상 인구/0~14세 인구) × 100.
3) 노인 1명당 생산가능 인구 = 15~64세 인구/65세 이상 인구.

③ 사회보장비의 증가

인구고령화는 사회보장비 특히 공적연금 보험료의 부담증가, 연금재정의 문제, 빈곤노인에 대한 공공부조비용 증가, 의료비용의 증가에 따른 국민건강보험의 재정 악화 등 전반적인 사회적 부담이 증가하게 된다. 특히 고령노인들의 증가는 건강보호 및 수발문제에 대한 대책은 물론 이에 대한 비용조달 문제가 야기되고 있다(이해영, 2011).

3) 노인문제와 노인복지

(1) 노인문제

현대사회생활에서 노인이 직면하게 되는 문제는 다양하다. 이러한 다양한 노인문제를 해결하기 위해서는 구체적인 노인문제와 더불어 문제의 원인에 대해 이해하는 노력이 필요하다.

① 빈곤문제

노후생활에서 가장 근본적으로 문제가 되는 것은 '소득의 상실'로 인한 경제적 빈곤이다. 경제적으로 불안정해지면 노인의 전반적인 삶의 질이 떨어지는데 이처럼 노인빈곤의 원인은 다음과 같다(이영철 외, 2007).

가. 노인은 신체적·정신적 기능이 쇠퇴하여 경제활동에서 경쟁력을 확보하는 것이 어려우며 이에 따른 압력은 퇴직으로 이어진다.

나. 전문화, 분업화, 새로운 기술의 개발 등에 의해 새롭게 창출되는 직업은 노인계층이 대처하기 어렵다.

다. 대한민국 노인들은 자녀의 양육과 교육비의 과다지출로 인해 경제적인 면에서 노후를 대비하지 못한 경우가 많다.

라. 사회보장제도가 초기단계에 있는 경우 소득보장정책의 혜택을 받지 못할 뿐만 아니라 연금제도의 미성숙으로 급여액은 임금수입액에 비해 현격하게 줄어든다.

② 질병문제

노인들의 건강상태는 연령이 증가할수록 약화되는데, 이와 더불어 관절염, 요통, 고혈압, 당뇨병, 뇌졸중, 암과 같은 성인병과 우울증, 치매, 섬망 등과 같은 정신질환은 만성적이고 퇴행적이어서 노인 자신뿐만 아니라 가족의 기능을 어렵게 하고 심지어 가족해체의 문제로 심화되기도 한다. 섬망(譫妄)은 혼돈(confusion)과 비슷하지만 심한 과다행동(예를 들어 안절부절못하고, 잠을 안 자고, 소리를 지르고, 주사기를 빼내는 행위)과 생생한 환각, 초조함과 떨림 등이 자주 나타나는 것을 말한다.

③ 역할상실 문제

현대의 급격한 사회변화는 세대 간의 의식 및 가치관의 격차를 벌리고 이에 따라 노인의 지위는 격하되고 있다. 노인은 의료기술의 발달과 생활수준의 향상으로 긴 노년의 기간을 갖는 데 반해 정년퇴직제도에 의해 사회활동에서 제외되는 경향이 많다. 따라서 역할상실과 목표상실, 자신에 대한 무가치함을 느껴 삶의 동기를 잃고 우울과 자살충동 등으로 죽음을 재촉하는 경우가 발생하기도 한다(김형수 외, 2011).

④ 고독과 소외문제

핵가족 및 노인부부 세대, 독거노인 세대 증가와 같은 가족구조의 변화는 노인들의 고독과 소외의 요인으로 작용한다.

(2) 노인복지

노인복지는 만 65세 이상 노령인구에 대한 복지서비스를 의미한다. 복지서비스의 대상인구인 노인인구는 1980년대 이후부터 지속적으로 증가하는 추세를 보이고 있다. 2020년 현재 65세 이상 노인인구는 812만 명에 이른다. 이러한 노인인구의 증가는 고령사회에 대한 범사회적 준비가 필요하다는 사회적 문제인식을 공유하게 되었다.

노인복지서비스는 특별한 전환점을 보이는 시점에 이르기 전까지는 주로 시설을 통한 수용과 보호의 대상으로 인식되어 왔으며, 잔여적 개념의 복지서비스를 제공해 왔다.

노인복지서비스는 노인복지법 제정(1981)에 따라 노인복지서비스 체계를 구성하기 시작하였고 노인복지장기발전계획(1999) 이후, 인구고령화에 대한 범사회적 문제로 인식하기 시작하였으며 고령사회대책 및 사회통합 기획단(2003), 고령화 및 미래사회위원회(2004)의 운영 등을 통해 구체적인 제도도입의 모색을 시작하였고 2005년 저출산 고령사회기본법, 2007년 노인장기요양보험법과 기초노령연금법의 입법화를 통해 노인보건 및 복지의 한 단계 도약을 이루었다.

이외에 경로당과 노인복지관을 통해 여가문화 생활을 지원하고 있으며, 결식이 우려되는 노인에 대한 무료급식 지원 사업, 교통시설 이용 및 공공시설 이용 시 감면과 할인서비스를 제공하는 경로우대제 등이 있다.

4. 대상별 실천영역: 장애인복지

1) 장애와 장애인복지의 개념

(1) 장애의 개념

장애의 개념은 국가마다 사회적, 문화적, 경제적, 정치적 수준 또는 그 시대에 따라서 달라질 수 있으므로 정의하기는 쉽지 않다. 즉, 법적으로 규정하고 있는 장애개념이 그 나라에서 어떤 사람을 장애인으로 간주하고 있는가에 따라서 달라질 수 있다는 점이다.

사전적 의미로 장애(障礙)는 '어떤 사물의 진행을 가로막아 거치적거리게 하거나 충분한 기능을 하지 못하게 함. 또는 그런 일', 그리고 '신체 기관이 본래의 제 기능을 하지 못하거나 정신 능력에 결함이 있는 상태'로 살펴볼 수 있고, 장해(障害)는 '하고자 하는 일을 막아서 방해함. 또는 그런 것'이다. 다만, 장애와 장해라는 용어가 사용되어 혼동되는 경우가 있는데, 장해라는 용어가 사용된 것은 산업재해보상보험법 등 법률의 제정 당시 일본의 법률을 참고하면서 영향을 받았기 때문이다. 그리고 장애우(障碍友)라는 용어를 사용하는데, 주체성이 결여된 객체적 존재, 즉 도움이나 동정의 대상으로 인식될 수 있는 의미라는 점에서 이 용어를 사용하는 것에 대해 장애인 단체 등에서 반대하는 의견이 있다. 따라서 장애인에 대한 가장 일반적인 표현은 '장애를 가진 사람'(the person with disability)이라는 점이다.

1975년 UN의 '장애인권리선언'에서는 장애인을 '선천적이든 후천적이든 신체적 또는 정신적 능력의 결함으로 인하여 일상의 개인 또는 사회생활에 필요한 것을 확보하는 데 스스로는 완전히 혹은 부분적으로 행할 수 없는 사람'으로 정의하고 있다.

① 세계보건기구(WHO)의 장애 개념

가. 국제장애분류(ICIDH)의 개념

1981년 '세계장애인의 해'로 정하고 행동계획을 결의하면서 개인적 특질인 기능장애(손상, impairments), 손상으로 인한 기능적 제한인 능력장애(disabilities), 그리고 장애의 사회적 결과인 불리(사회적 장애, handicaps)를 구별해야 할 필요성을 강조하였다. 국제장애분류(International Classification of Impairments, Disabilities, and Handicaps: ICIDH)를 살펴보면, 기능장애(impairments)는 심리적, 생리적, 해부학적 구조나 기능의 손실 또는 비정상을 의미하는데, 병리적 상태가 외재화된 것을 의미한다. 능력장애(disabilities)는 기능장애에서 야기된 것으로서 흔히 정상으로 간주되는 범위나 정상적인 방식으로써 활동을 수행하는 능력에 있어서의 제약이나 결여를 의미한다. 사회적 불리(handicaps)는 기능장애나 능력 장애에서 야기되는 것으로서 연령, 성, 사회문화적 요인에 따른 정상적인 역할의 수행을 제약 또는 방해하는 개인에 대한 불이익을 의미한다.

나. 국제장애분류(ICIDH-2)의 개념

1997년 세계보건기구(WHO)에서는 장애는 기본적으로 환경과 개인이라는 상황적 요인을 포함한 장애 개념을 채택하고 있으며, 크게 손상, 활동장애, 참여의 장애로 구분하고 있다. 질병이나 손상(1차)을 전제로 기능장애(2차)나 사회적 불리(3차)로 발전되는 것이 아니라 환경과의 상호적인 관계 속에서 보다 포괄적인 장애를 규정하게 되었다. 이로 인해 장애의 개념이 개인뿐만 아니라 사회환경적 맥락이 더욱 강조되고 있다. 손상은 신체 구조나 물리적, 심리적 기능상의 상실이나 비정상을 의미하고, 활동 및 활동제한(일상생활과 관계된 개인의 활동) 그리고 참여 및 참여제한(사회적 현상)에 대해 장애개념을 포함시키게 되었다.

다. 국제기능장애건강분류(ICF)의 개념

2001년 5월에 세계보건위원회는 ICF를 세계적으로 통용될 수 있도록 승인하였다. ICF는 ICIDH-2에서 제시되고 있는 대부분의 내용을 계승하면서, 분류체계와 언어사용을 보다 긍정적이며, 환경지향적인 맥락에서 수정한 결과라고 할 수 있다. ICF에서는 개인적인 장애나 질병과 상황적 맥락(환경적 요소와 개별적 요소)과의 상호작용에 의하여 기능과 장애를 설명하였다. 즉, 특정 영역에서의 개인들의 기능 수준은 건강상태와 상황적 맥락의 상호작용 결과라고 보았다.

② 장애 개념의 새로운 변화

장애 당사자의 자기결정과 선택에 대한 강조, 장애를 규정하는 개념이 단순 모델에서 복합 모델로 전환하고 있다는 점, 그리고 장애의 개념 규정에서 환경적 요인들을 점차 강조하는 추세에 있으며, 장애의 개념 규정에서 긍정적인 용어사용을 강조하고 있는 점 등으로 요약된다(김용득, 2002).

③ 우리나라의 장애인 개념

'장애인'이라는 개념은 장애인복지 관련법에 근거하는데, 장애인복지 관련

법을 통해 장애인의 개념을 살펴보면 아래와 같다.

가. 장애인복지법: 제2조에는 '장애인'이란 신체적·정신적 장애로 오랫동안 일상생활이나 사회생활에서 상당한 제약을 받는 자를 말한다.

나. 장애인 고용촉진 및 직업재활법: 제2조에는 '장애인'이란 신체 또는 정신상의 장애로 장기간에 걸쳐 직업생활에 상당한 제약을 받는 자로서 대통령령으로 정하는 기준에 해당하는 자를 말한다.

다. 장애인·노인·임산부 등의 편의시설증진에 관한 법률: 제2조에는 '장애인 등'이라 함은 장애인·노인·임산부 등 생활을 영위함에 있어 이동과 시설이용 및 정보에의 접근 등에 불편을 느끼는 자를 말한다.

라. 장애인 차별금지 및 권리구제 등에 관한 법률: 제2조에는 ① 이 법에서 금지하는 차별행위의 사유가 되는 장애라 함은 신체적정신적 손상 또는 기능상실이 장기간에 걸쳐 개인의 일상 또는 사회생활에 상당한 제약을 초래하는 상태를 말한다. ② 장애인이라 함은 제1항에 따른 장애가 있는 사람을 말한다.

(2) 장애의 범주

1981년 「심신장애자복지법」에서는 장애인을 신체적, 정신적 결함에 따라 장기간 일상생활 및 사회생활에서 제약을 받는 사람으로 정의하고, 장애 범주를 지체장애, 시각장애, 청각장애, 언어장애, 정신지체 등 다섯 가지로 분류하였고, 1989년 12월 30일 「장애인복지법」으로 완전히 개정되었고, 2000년에 재개정을 거치면서 기존의 장애 범주에서 신장장애, 심장장애, 발달장애, 뇌병변장애, 정신장애를 추가하였다. 또한 2003년 7월부터 호흡기장애, 간장애, 안면장애, 장루 및 요루장애, 간질장애를 추가하여 법정 장애의 분류는 총 15가지로 되었다.

한국의 「장애인복지법」에서는 장애인을 '신체적·정신적 장애로 인하여 장기간에 걸쳐 일상생활 또는 사회생활에 상당한 제약을 받는 자'로 규정하고,

크게 신체적 장애와 정신적 장애로 나누고 있다. 신체적 장애는 외부 신체기능장애와 내부 기관장애로 나눠볼 수 있고, 정신적 장애는 지적장애, 정신장애 그리고 자폐성장애로 살펴볼 수 있다. 「장애인복지법」 제32조의 규정에 의하여 장애인으로 등록할 수 있는 사람은 아래 장애의 분류에 해당되는 사람으로서 살펴보면 다음과 같다.

▼ 표 12-4 우리나라 장애의 범주

대분류	중분류	소분류	세분류
신체적 장애	외부 신체기능의 장애	지체장애	절단장애, 관절장애, 지체기능장애, 변형 등의 장애
		뇌병변장애	뇌의 손상으로 인한 복합적인 장애
		시각장애	시력장애, 시야결손장애
		청각장애	청력장애, 평형기능장애
		언어장애	언어장애, 음성장애, 구어장애
		안면장애	안면부의 추상, 함몰, 비후 등 변형으로 인한 장애
	내부기관의 장애	신장장애	투석치료 중이거나 신장을 이식받은 경우
		심장장애	일상생활이 현저히 제한되는 심장기능 이상
		간장애	일상생활이 현저히 제한되는 만성·중증의 간기능 이상
		호흡기장애	일상생활이 현저히 제한되는 만성·중증의 호흡기 기능 이상
		장루·요루장애	일상생활이 현저히 제한되는 장루·요루
		뇌전증 장애	일상생활이 현저히 제한되는 만성·중증의 뇌전증
정신적 장애	발달장애	지적장애	지능지수와 사회성숙지수가 70 이하인 경우
		자폐성장애	소아청소년 자폐 등 자폐성 장애
	정신장애	정신장애	조현병(정신분열병), 분열형 정동장애, 양극성 정동장애, 반복성 우울장애

출처: 장애인복지법 시행령 〈별표 1〉 (개정 2021.04.13.)

(3) 장애인복지의 개념과 기본이념

사회복지가 모든 인간의 삶의 질을 향상해 인간다운 삶을 살 수 있도록 인간의 행복을 증진하는 것을 목적으로 한다면 장애인복지는 장애인도 비장애인처럼 지역사회 내에서 어떠한 차별도 받지 않고 생활할 수 있도록 인간으로서의 존엄한 권리를 보장하고 삶의 질을 개선하여 행복을 증진할 수 있도록 하는 데 목적을 둔다.

장애인복지의 목적은 장애인의 인간적 존엄성 존중, 생명 존중, 생존권 존중 등의 내용을 담고 있는 추상적 개념을 가진 장애인복지이념(기본적 인간 권리 실현)의 현실적 수행, 즉 개인의 전인적 능력 개발이며, 사회 접근권 보장, 기회균등권 보장 등의 사회환경 개선, 통합주의적 이념의 가시적 현실 가치로 장애인복지의 궁극적인 목적인 장애인의 사회통합에 있다.

장애인복지법 제3조(기본이념)에 의하면 장애인복지의 기본이념은 "장애인의 완전한 사회참여와 평등을 통하여 사회통합을 이루는 데에 있다."고 하였다. 즉, 장애인이 우리 사회의 완전한 주체로 생활할 수 있는 환경과 조건을 갖춤으로써 완전한 참여와 평등을 통한 사회통합을 이루는 데 있다. 그리고, 장애인복지의 이념으로 인간의 존엄성, 평등, 정상화, 사회통합, 자립생활 등이 있는데, 이를 살펴보면 다음과 같다.

① 인간의 존엄성

우리나라 헌법 제10조에서 "모든 국민은 인간으로서의 존엄과 가치를 가지며, 행복을 추구할 권리를 가진다."고 선언하고 있다. 이처럼 장애 유무와는 상관없이 인간으로서 누려야 할 마땅한 권리라는 점에서 장애인복지는 인간의 존엄성과 인권존중에서 비롯되며, 불평등과 차별에 대항해서 인간존엄과 평등사회의 창조를 위해 저항해 가는 원리이며, 가치인 것이다(손광훈, 2004).

② 평등

평등은 사회복지 실천의 기본 이념 중 하나이다. 장애인에 대한 차별과 편견은 장애인과 관련된 복지정책이나 제도적인 측면에서 부정적인 영향을 준다. 따라서 장애 유무와는 상관없이 장애를 가진 사람도 비장애인과 동일한 의무와 권리가 인정되고 평등한 기회를 보장받아야 하며, 이는 장애인복지를 위한 원칙의 시작이라고 할 수 있다(정영숙 외, 2003).

③ 정상화

정상화 이론은 장애인을 특별 대우하는 것이 아니라 지역사회에서 비장애인과 동등하게 대우하고, 보편적인 생활을 영위할 수 있도록 사회·환경적 조건을 정비하는 것을 말한다. 정상화이론은 1960년대 후반 정신지체인에 대한 서비스 실천의 원칙으로 제기된 이론으로 시설보호에 반대하며 일상적인 생활 형태와 리듬을 강조하는 개념이다. 즉, 비장애인과 비슷한 생활 형태와 리듬을 갖는 삶을 강조하면서 개인의 성장과 발달에서 정상적인 발달 경험, 인생주기에서의 선택의 자유, 정상적인 이웃과 같이하는 정상적인 가정에서의 삶, 지역사회에 통합된 삶을 강조하면서 시설 집중화에 대하여 반대한다. 또한 정상화는 지역사회에 거주해야 한다는 면에서는 탈시설화와 동일하지만 탈시설화는 시설수용의 비인도성에서 출발하였지만 시설의 비용 측면을 보다 강조한 흐름이다. 즉, 정상화는 재정 투입의 대폭적인 증대를 통한 서비스 질의 향상을 주장하며 근본적으로 정상화를 위해서는 시설수용의 경우보다 더 많은 예산을 투입해야 함을 강조한다.

④ 사회통합

장애인의 사회통합이란 장애인과 비장애인이 더불어 사는 사회를 말하며, 장애인이 차별 없이 모든 사회활동에 참여하는 복지사회 구현을 의미한다. 즉, 사회통합이란 사회에 장애인이 공존할 수 있도록 하고, 동시에 장애인도 기본적인 시민의 권리를 실현할 수 있도록 하며, 한 개인이 인격적으로 존중받고, 사회활동과 대인관계를 통해서 사회적으로 인정받는 사회구성원으로서의 참여를 말한다. 또한 사회통합은 장애인이 사회생활을 하는 데 있어서 장애를 제거해 주는 것이다. 이를 통해 장애인이 의미 있는 사회참여를 할 수 있도록 하는 것이다.

⑤ 자립생활

자립생활이란 신체적, 정신적, 사회적으로 다른 사람에게 의존하지 않고 장애인 자신이 삶의 주체가 되어 자기결정권과 자기선택권을 행사하며, 자신의 생활 전반에 대하여 통제권을 가지고 살아가는 것을 의미하는 이념이다. 장애인의 자립생활은 개별적인 일을 관리하고, 스스로의 선택에 의해 지역사회의 일상적인 생활에 참가하고 생산적인 일을 포함하는 사회적인 역할을 수행하여 사회구성원으로 존재하는 것이다. 즉, 장애인이 자신의 자유의지에 따라 삶을 영위할 수 있는 자유가 있음을 의미한다. 이를 위해 자립생활을 위한 서비스 내용으로 자립생활기술훈련, 활동지원서비스, 동료상담, 권익옹호, 보장구 지원 등이 이루어진다.

2) 장애인복지의 필요성

(1) 인간의 존엄성과 국민의 권리보장

세계인권선언문에서 "인간은 모두 태어나면서부터 자유로우며 존엄과 권리에 있어 평등하다."를 표방했듯, 인간은 장애 여부와는 상관없이 인간답게 생활하며, 인간으로서 그 존엄성을 인정받고 생활할 권리를 지닌다는 점이다. 인권은 '인간이라면 누구나 누려야 할 보편타당한 권리'라는 점에서 사회적 환경이나 개인이 처한 상황에 따라 그 권리의 차이를 보여서는 안 된다.

따라서 장애인복지는 장애인의 역량을 강화시켜 그들의 잔존능력이 보다 향상될 수 있도록 하며, 그들을 둘러싼 사회환경적 조건을 정상화시켜 장애인이 사회구성원으로서 가치 있는 사람으로 존재할 수 있도록 해야 한다. 이것이 장애인도 비장애인처럼 인간으로서 마땅히 누려야 할 권리이다.

(2) 장애 유발요인 증가

농업사회에서 정보화 사회로 넘어오는 과정에서 과학기술의 발전은 인간생활의 편리함과 행복을 가져다주었지만 그에 따른 부작용으로 산업재해, 교통사고 그리고 공해와 오염으로 인한 환경문제와 질병 등과 같은 장애발생 요인을 증대시킨 원인이기도 하다. 최근에 발표된 「2020년 장애인실태조사」(2021)에서도 후천적 장애발생률이 높아지고 있는 상황이다. 따라서 누구나 후천적 질병과 사고 등에 의해 장애인이 될 수 있음을 생각해본다면 모든 사회구성원은 장애인복지에 대한 관심과 장애 예방과 장애로 인해 대처할 수 있는 장애인복지 대책이 필요하다.

5. 대상별 실천영역: 가족복지

1) 가족복지의 정의와 필요성

(1) 가족복지의 정의

가족(family)이란 전통적으로 혼인, 혈연 및 입양을 통해서 이루어진 관계자들의 집단이며, 이들은 의식주의 해결을 공동으로 하고 정서적·정신적 유대와 공동체적 생활방식을 갖는 집단이라고 정의하면서 현대사회에서는 가족구성원의 필요에 따라 일상생활을 함께 영위하는 집단까지 포함시키는 광의의 정의를 의미하였다.

복지(welfare)란 안녕(well-being)의 의미로 사용되고 있는데 더할 나위 없이 좋고 만족스러운 삶이며 건강, 행복의 조건들이 만족스러운 안녕의 상태를 말한다. 그리고 공적 구제(public relief)의 의미도 포함되면서 인간의 평안한 삶을 위한 적극적인 사회적 노력이라 할 수 있다. 이처럼 가족복지란 가족의 복지를 추구하기 위한 인간의 공동체적 노력을 의미한다고 하겠다.

가족복지의 개념은 문화적 양상에 따라 다양한 의미를 나타낼 수 있으므로 여러 학자의 정의를 살펴보면 다음과 같다(이소희 외, 1998: 45-47; 조흥식, 1997: 54-57 추가 재인용).

모토무라(本村汎, 1981: 143-144)는 가족복지사업이란 가족이 사회로부터 기대되고 있는 고유의 기능, 즉 생식의 기능, 성적욕구 충족의 기능, 자녀양육과 사회화의 기능, 가족의 정서적 안정의 기능 및 공동의 가계유지 기능을 그 가족이 실현할 수 있도록 원조하는 것이라 하였다.

김기태 외(1999)는 가족이 일시적 혹은 장기적으로 당면하고 있는 생활상의 곤란함, 즉 빈곤, 질병, 실업, 가족관계의 붕괴, 행동상의 문제, 신체적 혹은 정신적 장애 등으로 가족의 긴장을 완화하고 문제를 해결하며 가족의 기능을 강화하는 것을 목적으로 하는 조직행동이라고 하였다.

김상규 외(1983)는 가족복지란 한마디로 가족의 행복을 유지시키는 것을 말하는데, 국민의 생활권의 기본이념에 입각하여 가족생활을 보장하는 사회적 모든 노력(제도적, 정책적, 기술적 서비스)을 총칭하는 것이라 하였다.

김만두(1982)는 가족복지란 가족의 집단성을 확립하도록 하고, 개개 가족구성원의 인격의 성장과 발달을 원조하며, 항상 변화하는 사히에 대응하여 적극적인 적응능력을 가질 수 있는 가족, 즉 대사회적으로 적응하는 가족으로서의 확립이라고 하는 목표를 가지고 전개하는 활동이라고 하였다.

전준우(1988)는 가족복지란 가족이 안고 있는 여러 가지 문제 상황에서 가족을 통합시키고 적응하도록 서비스를 제공하기 위한 사회적 집단의 노력으로 수행되는 조직적 활동을 의미한다고 하였다.

김영모(1960: 61)는 가족복지란 가족의 생활을 강화하고, 가족 내의 관계를 강화하며, 가족성원의 사회적응 기능을 강화하기 위하여 정부와 민간이 개입을 하는 사회적 대책이라고 하였다.

이상의 정의에 근거하여 가족복지란 가족복지를 추구하기 위한 사회구성원들의 공동체적인 노력을 말하며, 가족문제의 해결, 예방, 인간의 상호적 기능수행의 활성화, 생활의 질적 향상 등에 직접적으로 관심을 갖는 전문적인 지식과 기술을 동원한 제도적·정책적·기술적 서비스와 실천과정을 포함한다.

(2) 가족복지의 필요성

자녀출산과 고령화사회 문제의 대두로 자녀의 출산과 양육·교육의 문제와 노인들의 부양과 돌봄이 산업화 이전에는 가족구성원의 보호와 부양으로 해결될 수 있었으나 산업화 이후 가족을 급격히 변화시키면서 가족이 수행하던 많은 기능이 축소되고 변화함으로써 가족복지서비스가 가족기능을 보완하고 대체하게 되었다. 가족복지의 필요성을 다양한 측면에서 살펴보면 다음과 같다(최경석, 2003).

① 가족의 기능 약화

산업화 이후 핵가족, 여성의 사회진출, 노인인구증가로 어린이와 노인을 가족이 지속적으로 보호해야 하는 책임이 예전보다 강조되고 있다는 것이다(Zimmerman, 1995). 따라서 가족이 지닌 주요 기능이 약화되어 스스로의 힘으로는 해결할 수 없는 많은 문제를 안고 있는 한편 가족에게 부과되는 책임은 더 강조되고 있으므로, 가족이 그 책임을 잘 수행할 수 있도록 다양한 가족복지서비스가 필요하다고 본다.

② 가족에 대한 개입관점의 변화

1890년대 이전까지 자유주의 국가에서 가족구성원의 보호는 가족의 책임으로 간주하여 국가가 가족에 개입하는 것이 오히려 문제를 일으킨다는 입장을 취했지만, 이러한 관점은 이제 낡은 이데올로기로 간주된다. 특히 기혼여성의 취업증가는 가족에 대한 국가개입을 꺼리는 보수적 입장을 취하고 있는 국가에서조차 가족에게 적극 개입하는 계기를 마련해 주었다. 사회문제의 해결에 국가가 개입하는 것을 바람직하지 않게 여기는 신자유주의자들조차도 사회복지제도의 개혁을 추진하면서 사회복지의 축소를 위하여 가족제도를 강화하는 가족복지프로그램을 집중 지원하는 경향이 있다(김윤재 외, 2007).

③ 다양한 가족형태의 등장과 욕구의 다양화

오늘날 가족의 구조와 규모는 대가족에서 핵가족과 소가족으로 바뀌어 가면서 문제유형의 가족으로 한부모가족, 맞벌이가족, 이혼가족, 재혼가족, 소년소녀가족, 미혼모가족, 미혼부가족, 동성애가족, 독거노인과 조손가족 등으로 바뀌었다. 다양한 형태의 문제가족의 증가는 가족들의 욕구를 충족시켜주는 가족복지서비스가 필요하고 가족복지서비스 대책이 필요하다.

④ 가족은 사회문제 해결의 효율적 단위

가족은 인간과 사회의 문제를 해결하는 데 있어서 효율적인 단위라는 사실이 강조되고 있다. 가족은 개인과 다른 가족들과 끊임없이 상호작용하면서 나름대로 독특한 역할이나 규칙을 만들어내고 서로가 서로에게 영향을 주고받기 때문에(김유숙, 2003), 가족의 존재를 부정하였던 사회주의 국가에서조차도 오늘날에 와서는 가족이 사회체계의 핵심적 단위이자 문제해결을 위한 효과적 단위임을 인정하게 되었다는 것은 의미심장한 일이다. 결국 현대사회에서는 인간의 문제를 해결하고자 하는 접근방법으로 개인을 대상으로 한 개별적 접근보다 가족을 단위로 한 접근이 문제해결에 있어서 보다 효과적이라고 여겨 오게 되었다. 최근 들어 문제해결에 인간을 가족과 분리시켜 생각할 수 없을 만큼 개별적인 접근보다 가족을 단위로 한 가족치료(상담)가 문제해결에 효과적이라는 결과가 나온 것도 한 예로(최경석 외, 2001) 가족은 가족복지의 문제해결에 아주 중요한 요소로 보고 있다.

2) 가족복지정책의 필요성

(1) 산업화에 따른 가족기능의 변화

우리나라는 1970년대 이후부터 고도의 산업화 발전에 따라 사회변화 속에서 가족의 변화 또한 급속도로 다양하게 변화해 왔다.

가족은 사회에 노동력과 노동자의 재생산 기능을 제공하고, 국가나 사회가 담당할 수 없는 사적인 기능을 수행하기 때문에 사회유지를 위해 매우 중요함으로 가족의 변화가 사회에 끼칠 수 있는 영향력은 상당한 것이다. 따라서 가족이 안정적으로 기능을 다 하면 사회발전에 촉매가 되지만 가족의 기능이 불안정해지면 사회 또한 위태로워질 수 있는 것이다.

이에 따라 사회의 변동이 심화되고 가족의 변화가 가속화되면서 이에 대한 가족 스스로 대처능력이 부족하고, 그동안 수행해 왔던 복지기능 중 많은 부분을 사회에 이양함으로 오늘날 가족 내부의 많은 갈등과 문제들을 사전에 예방하고 해결할 수 있는 도구로서 가족복지정책이 절실히 필요하게 되었다.

(2) 사회적 변화요인

가족의 변화를 일으킨 요인들을 우리 사회의 변화 속에서 찾아보면 다음과 같다.

첫째, 가족구조의 단순화이다. 통계청 자료에 의하면 1975년 평균가구원 수가 5.0명에서 2017년 2.48명, 2047년 2.03명까지 감소할 것이며, 또한 1세대 가구가 2017년 28.5%에서 2047년에는 37.3%로 증가하는 반면, 4인가구는 2017년 17.7%에서 2047년에는 7.0%로 감소할 것으로 전망하고 있다(통계청, 2019).

둘째, 여성의 경제활동 증대와 가족부양 기능의 약화이다. 여성취업 증가에 의해 맞벌이 부부가 증가하고 취업 이외에도 경제적·사회적 분야 등 다양한 영역에서 여성의 적극적인 활동이 증가하게 되었다. 1985년 41.9%이던 여성의 경제활동 참여율이 2020년에 52.8%로 증가하였고, 기혼여성의 경제참여

활동도 유사한 수준으로 증가하였다. 최근에는 전체 가족의 1/3이 맞벌이가족으로 파악되고 있어, 가족의 부양을 책임지던 여성이 사회로 나와 활동을 하게 되므로 가족의 부양기능이 점점 약화된 것이다.

셋째, 빈곤가족이 증가하고 있다. 이혼 등으로 인한 가족해체는 가족위기로 이어져 부적절한 아동양육과 노인부양 이외 빈곤의 세습화 등 여러 문제점들이 드러나고 있다. 통계청 자료에 따르면 상대적 빈곤율은 2020년 15.3%로 지난 2014년의 18.2%에서 크게 개선되지 않고 있다. OECD 자료로 보면, 2018년 기준 한국의 상대적 빈곤율(16.7%)은 미국(17.8%)에 비해 낮지만 영국(11.7%), 독일(10.4%), 프랑스(8.5%) 등에 비해서는 높다.

또한 전체 아동빈곤율에 비해 한부모가구의 아동빈곤율은 1.5배, 조손가구의 아동빈곤율은 5배가 높다(한국아동단체협의회, 2006). 이는 빈곤의 대물림 현상을 초래할 가능성이 높다는 것이다. 따라서 빈곤을 예방하고 빈곤가족의 자립 및 자활을 증대시킬 수 있는 가족정책의 필요성이 대두되는 것이다.

넷째, 자녀양육에 대한 부담이 증가하고 있다. 양육비용의 과다지출은 가계부담으로 이어지고 저출산 현상을 초래하며 노후준비에 차질을 빚게 될 것이다. 한국보건사회연구원의 '2021년도 가족과 출산조사' 보고서에 따르면 대학졸업 때까지의 자녀 1인당 양육비는 월평균 72만 원으로, 23년 동안 총 1억 9872만 원이 드는 것으로 나타났다. 이 조사에서 양육비 지출항목은 어린이집·유치원 이용료(수업비, 특별활동비 등), 공교육비(초중고 및 대학교 등록금, 방과후 학교), 사교육비(학원, 학습지, 과외 등), 돌봄비용(조부모 돌봄, 친인척 돌봄, 비혈연 돌봄), 기타 비용(의복, 장난감, 분유, 기저귀, 육아 용품비, 용돈, 의료비, 교통비, 통신비 등) 등이다. 이중 기타 비용(34.9%)을 제외하면 사교육비(26%)가 가장 많았다고 한다. 특히 도시지역과 부모의 교육 수준이 높을수록 사교육비가 높은 것으로 조사됐다. 따라서 국가와 지방정부는 저출산 극복과 아동양육에 대한 부담을 낮기 위해 양육비 및 교육비 지원 등에 관심을 가져야 하고, 공교육을 활성화시키기 위한 노력이 요구된다.

3) 가족문제 예방을 위한 실천

(1) 예비부부

① 예비부부의 의미

예비부부는 결혼을 앞두고 성장배경이 다른 두 사람의 성적·경제적 결합을 사회로부터 공인받고자 준비하는 관계라 정의할 수 있다. 이렇게 혼인에 대한 정의가 변화되며 가족에 대한 가치관들이 혼동되는 사회에서 우리는 새로운 가족의 형성이 시작인 결혼에 대해 깊이 생각해보며, 예비부부들을 대상으로 막연한 환상 속의 결혼이 아닌 현실적인 것에 대한 나를 알고 상대방을 아는 구체적인 사항들을 자세히 알아보고 학습하는 기회가 필요하다.

② 예비부부교육의 필요성

예비부부교육은 현대사회에서 급증하는 결혼생활의 부적응을 미리 예방하기 위한 취지에서 예비부부들을 대상으로 이들이 가진 잠재력을 개발하여, 미래 가족생활의 기능을 더욱 활성화시키도록 돕는 매우 효과적인 교육 방안이며, 독립된 자아를 이루고, 이들이 독립된 개체로서 보다 바람직한 상호작용을 통해 서로를 수용하고, 건강한 관계를 정립할 수 있도록 지식, 태도, 기술 면에 도움을 제공할 수 있는, 적절한 교육프로그램을 통해 결혼관계에서 나타날 문제들에 대한 적응과 해결능력을 강화시킬 수 있는 매우 효과적인 사회적 교육이다.

(2) 부부교육

① 부부교육의 필요성

미래에도 사람들은 결혼 또는 이와 유사한 절차를 거쳐 부부관계를 형성, 유지할 것이다. 그러나 한편으로 부부관계에는 여러 가지 이유로 인하여 현재보다도 더 많은 난관이 있을 것으로 예상하기도 한다. 그러므로 부부관계를 원만하게 유지하기 위해서는 더 한 층 노력이 요구된다. 부부교육은 부부관계 향상을 위한 효과적인 접근방법 중의 하나이다. 따라서 부부교육의 필요성은 부부관계 존재의 필연성과 부부관계 유지의 어려움에 근거하여 설명될 수 있겠다.

부부는 가족의 중심적인 구성원으로서 가족의 기능이나 건강성을 결정짓는 중요한 역할을 한다. 뿐만 아니라 부부의 관계 특성은 가족구성원이나 사회에 끼치는 영향이 대단하다. 흔히 개인의 성장발달이나 사회의 안정에 있어서 중요한 요소로 가정의 안정을 첫째로 드는데, 가정의 안정이란 정확하게 말하면 부부관계의 안정을 의미한다.

② 부부관계 향상을 위한 가족생활교육

모든 인간관계와 마찬가지로 부부관계는 역동적이며 변화무쌍한 관계이다. 가족생활주기, 가족을 둘러싼 내·외적 사건 등을 포함하는 수많은 요소들은 부부관계에 긍정적인 혹은 부정적인 영향을 미치게 된다. 따라서 행복한 결혼생활을 하기 위해 부부는 자신들의 문제에 성공적으로 대처할 수 있는 능력과 잠재력을 갖고 있다. 그러나 많은 부부들이 문제해결의 중요성을 인식하지 못하거나 문제해결 방법을 알지 못해 당면한 문제들을 건설적으로 해결하는 데 어려움을 겪으며, 그 결과 부부관계가 악화되기도 한다. 따라서 부부에게 결혼생활에 대한 올바른 이해와 부부 성장에 필요한 지식 및 상호작용 기술을 배울 수 있는 교육적 기회를 제공하는 것은 매우 의미 있는 일이다(유영주·이창숙, 2000).

(3) 부모교육

① 부모교육의 필요성

부모교육은 자녀를 낳고 양육하기 시작한 인류의 역사와 함께 시작되었고, 우리 사회의 변화에 따라 더욱 증가하고 계속되어 오고 있다. 특히 코메니우스의 모성교육의 중요성에 대한 언급 이후로 강조되어 온 부모교육의 필요성은 과학적·객관적 사실에 기초한 부모교육의 중요성에 대한 논의와 함께 그 필요성이 더욱 부각되고 강조되고 있다. 이와 같이 인류의 역사와 함께 지속적으로 논의되고 있는 부모교육의 필요성은 그 시대의 인간관, 교육, 사회, 문화, 역사, 경제적 상황에 의하여 많은 영향을 받는다(이은화, 1997).

(4) 은퇴준비 교육

① 은퇴준비 교육의 필요성

은퇴의 의미는 두 가지 측면에서 생각해볼 수 있다. 우선 긍정적인 면에서 보면, 은퇴란 후배들에게 사회적 책임과 의무, 승진의 기회를 넘겨주고, 막중한 책임과 역할에서 벗어나는 자연적인 노년기의 과제이다. 또한 개인이 원하는 삶을 시작할 수 있는 도전의 기회이다.

반대로 부정적인 측면에서 보면 은퇴는 다양한 심리·사회적 스트레스와 함께 위기가 될 수도 있다. 은퇴로 인해 직업이 가진 심리·사회적 기능들을 더는 누릴 수 없기 때문이다. 우선 수입 감소로 경제적 어려움에 처할 수 있다. 그리고 사회적 지위와 인정, 유대관계의 상실로 자존심과 사기가 저하되고 외로움과 소외감을 느낄 수 있다(김애순, 2006).

6. 직능별 실천영역: 학교사회복지

1) 학교사회복지의 개념

(1) 학교사회복지의 정의와 목적

코스틴(Costin, 1977)에 의하면 학교사회복지는 학교가 학생 개개인의 지적·사회적·정서적 욕구와 문제해결에 관심을 갖도록 도와주며, 이를 통해 모든 학생들이 학교에서 공평한 교육기회와 성취감을 제공받을 수 있도록 학교현장에서 활동하는 전문적인 사회사업 분야라고 정의하였다(한인영 외, 1997: 38 재인용). 앨런-미어즈 외(Allen-Meares et al., 2004)는 학교사회복지란 아동·청소년들이 문제해결과 의사결정능력, 즉 유능감을 습득하고 변화에 잘 적응하여 계속적 학습에 대한 책임감을 받아들일 수 있도록 가르치고 학교의 중심 목적을 달성하는 것을 도와 학생의 삶의 질을 높이는 것이라고 하였다(윤철수·진혜경·안정선, 2006: 81 재인용).

전미학교사회복지협회는 학교사회복지를 공교육체계에서 학교 교육의 목적을 달성하는 것을 지원하고 학생들이 학교에 적응을 잘할 수 있도록 도와주며, 이를 위해 학교, 가족, 지역사회가 수행하는 노력을 조정하고 영향을 미치는 활동이라고 정의하였다(윤철수·진혜경·안정선, 2006: 82 재인용).

윤철수·진혜경·안정선(2006: 83)은 학교사회복지란 학교에서 전문가인 학교사회복지사가 학생의 심리사회적 문제의 예방 및 해결을 통해 학교 교육 목적을 달성할 수 있도록 학생, 학교, 가족 및 지역사회를 대상으로 사회복지의 기술과 지식을 활용하여 개입하는 활동이라고 정의하였다.

한국학교사회복지사협회는 학교사회복지는 학교에서 일어나는 학생의 문제를 개인의 문제만이 아닌 개인을 둘러싼 환경과의 상호작용의 문제로 보고 이러한 심리사회적 문제들을 학생-학교-가정-지역사회의 연계를 통해 예방하고 해결하는 과정을 말한다. 또한 모든 학생이 자신의 잠재력과 능력을 최대로 발휘할 수 있도록 최상의 교육환경과 공평한 교육기회를 제공하여 궁극적으로 교육의 본질적 목적을 달성하고 학생 복지를 실현할 수 있도록 도와주는 교육기능의 한 부분이며 사회복지의 전문분야라고 정의하였다(www.kassw.or.kr).

학교사회복지의 목적은 첫째, 모든 학생에게 자신의 교육적 욕구에 적합한 공평한 교육기회를 제공하는 것, 둘째, 학교생활에 잘 적응하여 자신의 심리사회적 기능을 향상시킬 수 있도록 돕는 것, 셋째, 학생의 삶의 질을 향상시켜 학생 복지를 실천하여 학교 교육의 목적을 달성할 수 있도록 돕는 것, 넷째, 학교와 지역사회와의 연계체계를 확립하여 학교 교육에 지역사회를 참여시키는 것으로 제시하였다(윤철수·진혜경·안정선, 2006).

(2) 학교사회복지의 기능

학교사회복지의 기능은 첫째, 학교 부적응의 징후가 있는 학생문제를 조기 발견하고 예방하는 기능, 둘째, 학생이 학교생활 속에서 잠재력을 최대한 개발할 수 있도록 하는 기능, 셋째, 개별 및 집단사회사업을 통한 직접적인 개입부터 지역사회 자원을 발굴하여 연계·조직·동원하는 기능, 넷째, 교사와 학생 간의 관계 개선의 노력과 학교 내의 문제해결을 위한 전문가팀을 구성하여 효과적인 원조관계를 형성하는 기능, 다섯째, 학교-학부모-지역사회 관계자와의 상호협력체계를 구성하는 기능, 여섯째, 정신건강의 입장에서 학생에게 장애요인을 개선하고 교육적 분위기를 구성하는 기능, 일곱째, 학생문제에 대한 새로운 중재방법을 제공하고 활용하는 기능이 있다(장수한, 2010).

2) 학교사회복지의 필요성

1990년대 중반 이후 경제위기와 청소년문제의 사회문제화를 경험하게 되면서, 기존 교육에 대한 문제의식과 청소년이 가장 많은 시간을 보내는 학교에 대한 사회복지의 관심이 높아지기 시작하였다.

학생 개인의 능력과 노력에 의해 성장하기보다는 부모의 사회·경제적 지위에 따라 교육기회와 학생의 교육적 성취도가 결정되는 상황에 이르게 되었다. 부모의 가난, 낮은 학력, 이혼, 다문화 배경 등으로 인해 학생의 교육목적이 성취되지 못한 채 학교 부적응과 학교 무단이탈, 집단 따돌림, 학교폭력, 자살 등의 사회문제가 발생하기 시작했다.

따라서 교육기관 내에 교육전문가뿐 아니라 보건·영양 전문가 외에도 사회복지·상담 등 다양한 기관과 전문가들의 협력을 통해 학생에 대한 관심이 요구되고 이들이 사회 낙오자로 전락되지 않도록 하기 위해 학생, 학교, 가정, 지역사회 차원의 개입이 절실하다는 점에서 학교사회복지사업이 필요하게 되었다.

3) 학교현장과 연계되어 진행되고 있는 사회복지 개입

(1) 위스타트 사업(www.westart.or.kr)

위스타트(We Start) 운동은 우리 모두가 나서서 저소득층 아동들에게 복지(Welfare)와 교육(Education), 건강 서비스를 입체적으로 제공해 삶의 동등한 출발선(Start)을 마련해 주자는 취지로 2004년 5월 3일 각계의 동참 속에 출범하여 '가난의 대물림을 끊자'라는 모토(신조)로 시작되었다.

위스타트는 저소득층 아동 밀집지역에 센터(마을)를 짓고, 세 분야 전문가(사회복지사·보육교사·간호사)를 배치하여 아동 개인별로 인생 장애물을 파악, 개인별 해법을 붙여주는 '맞춤형 사례관리'를 국내에 처음 실용화한 전문 운동단체로, 대상자의 강점을 강화시켜주는 전략도 사용하게 된다.

'Start'는 특히 여러 선진국에서 쓰고 있는 빈곤아동 지원사업의 일반명칭으로, 미국은 Head Start, 영국은 Sure Start, 캐나다는 Fair Start, 호주는 Best Start라는 아동복지 프로그램을 개발, 빈곤층 아동들이 공정한 교육, 복지의 출발 선상에 설 수 있도록 힘을 쏟고 있다.

위스타트(We Start) 운동본부는 '위스타트(We Start) 마을 만들기' 사업을 핵심사업으로 하여 교육 출발선 만들기, 건강지킴이, 후견인 맺기, 희망의 집 꾸미기 등의 사업을 진행하고 있다.

① Children Start

위스타트(We Start) 운동은 맞춤형 서비스를 통한 복지·교육·건강의 균등한 기회를 지원함으로써 모든 아동들이 그들의 꿈을 키워가며 행복한 삶을 영위할 수 있도록 아동과 청소년의 인권과 권리를 보장하고자 한다.

② Community Start

위스타트(We Start) 운동은 지역주민이 주체가 되어 더불어 살아가는 지역사회 공동체를 만들기 위하여, 지역사회의 네트워크를 구축하고, 주민 참여를 촉진하기 위한 다양한 지역사회 조직활동을 지원하고자 한다.

③ Family Start

위스타트(We Start) 운동은 아동과 가족이 자신의 삶을 스스로 개척하고, 지역사회의 책임감 있는 성원으로 성장할 수 있도록 아동과 가족 스스로의 강점을 발견하고 이를 키워나갈 수 있는 다양한 역량강화 활동을 지원하고자 한다.

위스타트(We Start) 운동은 아동, 가족, 지역사회 강점기반 및 역량강화를 위해 연령별, 욕구별 강점기반 맞춤형 프로그램, 발달단계에 맞는 복지, 교육, 건강프로그램, 부모교육, 부모자조모임, 가족역량강화지원, 지역사회 네트워크 구축, 지역자원개발, 자원봉사 활성화 및 지역주민 참여, 마을 공동체 만들기 등을 진행하고 있다.

(2) 드림스타트 사업(www.dreamstart.kr)

드림스타트 사업의 목표는 건강하고 행복한 사회구성원으로 성장시키고자 함이고, 이를 위해 건강·영양의 증진, 모성건강증진과 학대·방임아동 보호 등 포괄적 돌봄서비스, 인지발달지원·학습능력 증진을 통해 빈곤아동 개개인의 능력 함양 및 공평한 출발기회를 보장하여 빈곤아동의 가난 대물림의 경로를 차단하고자 하는 능동적 복지 사업으로, 2007년에는 희망스타트 시범사업(16개 시·군·구 지역)을 진행하다 2008년에 드림스타트 사업으로 사업명이 전환되어 32개소가 실시되었으며, 2012년에는 전국 181개소가 운영 중이다.

드림스타트의 운영 모형은 드림스타트 사업지역별 특성에 맞는 사업운영을 위해 사업지역을 네 가지로 구분하고 각 유형별 특성화된 세부 운영기준을 마련하고자 하였다. 사업지역 유형 구분의 기준은 시·군·구를 단위로, 지역의 기본요소(면적, 인구, 법적지위), 위기요소(빈곤, 아동빈곤, 아동취약성), 자원요소(재원, 가용 복지자원)를 고려하여 네 가지 유형으로 구분하였고, 유형은 대도시 자치구, 대도시 기초단체, 중소도시 기초단체, 농산어촌 기초단체로 나뉘었다.

드림스타트 사업 추진체계 및 운영은 보건복지부가 사업을 총괄하고, 드림스타트 센터(전담공무원과 전문인력(민간)이 상주하며, 시·군·구(읍·면·동) 단위로 (1개소씩 설치) 설치·운영된다.

① **전담 공무원**

사회복지·간호·보건·행정 분야 각 1인씩, 최소 3인(팀장 포함)을 두고, 지역사정 및 정보(지원, 서비스 네트워크 등)에 밝은 인원을 우선적으로 고려하여 관련분야 자격증 소지자, 실무경험 3년 이상인 자 등을 우선 선발한다.

② **민간전문인력**

사업의 원활한 수행을 위해 지자체 자체예산부담 공무원 이외에 민간전문인력을 건강(건강, 영양 등 방문 보건서비스 지원, 지역 내 보건 연계망 구축, 의료 개입 및 응급지원 서비스 등), 보육(보육·조기교육 프로그램 지원, 가정방문 조기교육 수행 및 관리 등), 복지(정서 및 사회성 발달 프로그램 지원, 자원봉사자 및 학교연계 프로그램 관리 등) 영역별로 자격증 소지자를 우선 채용하며, 단, 학교사회복지사업(학교 내 상주하는 경우에 한함) 운영센터의 경우는 수행 인력 1인 추가 채용 필요성이 인정되므로 4명까지 채용을 허용하는 것으로 하였다.

드림스타트 사업의 서비스 대상은 임산부를 포함한 0~만 12세(초등학생 이하)의 저소득 아동 및 가정 중 드림스타트 사업지역에 거주하는 해당 연령대 아동과 그 가족, 임산부를 대상으로 위기의 정도에 대하여 사정을 통해 고·중위기 아동을 서비스 대상으로 선정하여 진행한다.

드림스타트 사업의 서비스 내용으로는 가정방문을 통한 사례관리로 빈곤아동의 성장, 발달에 필요한 신체·건강, 인지·언어, 정서·행동 등 아동 발달에 필요한 필수 서비스를 제공하고, 이외 아동의 개별적 욕구와 상황에 맞춰 선택적 서비스를 제공하는 맞춤형 통합서비스를 제공하고자 한다.

드림스타트 사업의 기대효과는 아동에 대한 정부의 역할과 책임을 강화하고, 빈곤아동 및 그 가족에 대해 구체적이고 체계적 개입을 시도, 수요자인 아동 중심의 사전 예방적 통합서비스 체계를 도입하고자 하는 것이다.

(3) 교육복지우선지원사업(eduzone.kedi.re.kr)

교육복지우선지원사업의 추진배경으로 1990년대 중반 이후 소득불평등 정도가 악화되어 중산층이 감소하고 빈곤층은 증가하며, 국제결혼가정 및 북한이탈주민 가정 등 새로운 취약계층이 확대되었다. 그리고 지역별, 학교별 계층 분화 및 교육적 성취에 대한 계층 영향력이 증가하고, 취약계층의 교육기회 불평등을 완화하고 교육적 성장을 지원할 수 있는 정책 추진에 대한 요구가 확대되었다.

교육복지우선지원사업의 의의로는 모든 아동·청소년의 교육적 성취를 위한 통합지원시스템 구축, 학교 중심 지역교육공동체 구축, 모든 이를 위한 교육 실현에 있다.

교육복지우선지원사업은 '교육복지투자우선지역지원사업'이라는 이름으로 2003년 서울, 부산을 시작으로 8개 지역에 대한 시범사업을 시작하면서 현재까지 진행되고 있으며, 사업지원 체제로는 사업지원 협의회로 중앙 교육복지우선지원사업 지원협의회, 광역 교육복지우선지원사업 지원협의회가 있고, 연구·지원센터로 중앙 연구·지원센터, 시·도(연구) 지원센터(팀)가 있다. 그리고 사업추진 체제로 시·도 교육청에 사업전담팀, 지역 교육청에 지역사업운영협의회, 사업전담팀, 지역별 영유아 교육·보육기관 협의체, 학교에는 사업전담팀, 교육복지위원회, 지역기관 협의회가 있다.

교육복지우선지원사업의 사업내용은 학습능력 증진, 문화·체험 활동 지원, 심리·정서 발달 지원, 교사와 학부모 지원, 복지 프로그램 활성화, 영유아 교육·보육 활성화 지원 등이다.

① 교육복지(프로젝트) 조정자

교육복지(프로젝트) 조정자의 자격 요건은 4년 이상 교육, 문화, 복지 분야에서 활동 경험이 있는 자, 2년 이상 지역 네트워크 활동 경험이 있는 자로 하고, 주요 역할로는 학교와 지역사회 요구를 파악하고 이를 반영하는 지역별 지원 사업 추진 계획 수립 및 실행, 지역 내 학교 간, 지역사회기관 간 및 학교와 지역사회 기관과의 연계, 교육복지우선 지원사업 운영협의회 실무 운영 지원, 지역 교육청 교육복지전담팀 내 실무 담당, 해당 지역 및 학교에 대한 우수사례 제공 및 홍보, 단위학교 프로그램의 효과적 운영을 위해 지역사회 연계가 가능하도록 하며, 단위학교의 교장, 담당교사, 지역사회 교육전문가와의 상설 대화 창구 역할 수행 등을 담당한다.

② 교육복지사(지역사회 교육전문가)

교육복지사(지역사회 교육전문가)의 자격 요건은 1년 이상 교육, 문화, 복지 분야에서 활동 경험이 있는 자, 1년 이상 지역 네트워크 활동 경험이 있는 자로 하고, 주요 역할은 학교와 지역사회 요구를 파악하고, 이를 반영하는 학교별 교육복지우선지원사업 추진 계획 수립에 참여, 학교 밖의 지역 자원 발굴 및 연계, 집중 지원 대상 학생 발굴 및 관리, 지역 내 학교 간, 지역사회기관 간 및 학교와 지역사회 기관과의 연계, 단위학교 교육복지 우선지원사업 실무 운영 지원 등을 담당한다.

(4) Wee 프로젝트(www.wee.go.kr)

Wee[We(우리들)+education(교육), We(우리들)+emotion(감성)의 합성어]는 학교, 교육청, 지역사회가 연계하여 학생들의 건강하고 즐거운 학교생활을 지원하는 다중의 통합지원 서비스망이다. Wee는 학습부진 및 학교부적응 학생뿐만이 아닌 일반 학생들도 Wee를 통해 행복한 학교생활을 할 수 있도록 학교에는 Wee 클래스, 지역 교육청에는 Wee 센터, 시·도 교육청에는 Wee 스쿨이 운영되고 있다.

① Wee 클래스

Wee 클래스는 단위학교 내 상담실 설치 및 운영으로 전문상담교사 및 전문상담사를 배치한다. 개인 및 집단상담, 특성화 프로그램을 운영하고, 학교 내 부적응 학생 조기 발견·예방 및 학교 적응력 향상을 지원한다. 또한 Wee 센터(혹은 지역사회 유관기관) 의뢰 및 연계 활동 등을 한다.

② Wee 센터

Wee 센터는 교육(지원)청 내 설치 및 운영하며, 전문상담교사, 전문상담사, 임상심리사, 사회복지사 등 전문인력을 배치하며, 위기학생에 대한 진단-상담-치유의 통합적 원스톱 서비스를 지원한다. 또한 심층 심리검사 및 평가와 지역사회 내 유관기관과의 연계를 통한 문제해결을 지원한다.

③ Wee 스쿨

Wee 스쿨은 시·도 교육청 단위로 설치 및 운영하며, 교과교사, 전문상담교사, 전문상담사, 임상심리사, 사회복지사, 치료사 등 전문가팀을 배치하고, Wee 클래스, Wee 센터에서 의뢰 받은 학생에게 치유 프로그램의 제공 및 학교복귀를 지원한다. 또한 고위기 학생의 장기간 치료 및 교육과 교과활동, 직업진로교육, 방과 후 활동, 상담활동 등 프로그램을 운영한다.

7. 직능별 실천영역: 의료 및 정신건강사회복지

1) 의료사회복지의 개념과 발달

(1) 의료사회복지의 개념

의료사회복지(medical social work)란 의료분야에서 이루어지는 사회복지로서 질병을 가진 개인에게 개인적 질병과 관련된 사회적 문제를 의료진과의 협력하에 사회복지사의 전문적 개입을 통해 환자를 원조하는 과정이다. 일본 후생성의 정의에 의하면 의료사회복지란 의료 및 보건기관 등의 의료팀의 일부분으로서 사회과학의 입장에서 의사의 진단을 도와주며, 환자 질병의 치료와 예방, 갱생의 장애요소인 환자 자신의 문제나 그 가족의 경제적, 정신적 혹은 사회적인 문제를 만족스럽게 해결해 나갈 수 있도록 개인과 그 가족을 원조하는 과정이다(장인협, 2003).

즉, 의료사회복지란 사회복지의 한 분야로서 의료시설 내에서 전문기술을 가진 사회복지사가 사회복지의 입장에서 의료의 목적을 달성하는데 협력하는 것이다. 또한 질병의 원인이 될 수도 있고 치료의 효과를 더디게 할 수도 있는 환자의 사회적, 정신적, 경제적인 문제를 만족스럽게 해결 또는 조정할 수 있도록 하고 환자가 퇴원 후에도 정상적인 사회기능을 하도록 환자뿐 아니라 환자의 가족까지도 돕는 활동이다.

이처럼 의료사회복지란 질병을 가진 개인과 환경의 상호작용관계에 초점을 두고 의료팀의 일원으로서 환자 및 가족의 사회기능 향상을 위해 전문적 실천방법을 활용하여 건강 증진과 질병예방을 위하여 다양한 활동을 수행하는 사회복지의 한 전문 분야라고 할 수 있다.

(2) 우리나라 의료사회복지의 발달

우리나라에서 현대적 의료사회복지의 시작은 1883년에 캐나다 선교사에 의해 개설되어 무료진료를 겸했던 세브란스병원으로 볼 수 있다. 이후 1958년 한노병원에서 결핵환자와 그 가정을 대상으로 돕기 시작하였는데, 전문적 사회복지 실천 서비스보다는 결핵약 배급이나 구호물자 공급 등 물질적 원조가 주였다. 1962년 국립정신병원에 이어 가톨릭의대 성모병원에서도 신경정신과장인 김종인 교수의 요청에 따라 정신질환자의 진단과 치료 및 사후지도를 위한 치료팀의 일원으로서 활동을 하기 시작하였다. 그러다가 1973년 의료법 시행령(제24조 제2항 제5호)에 따라 종합병원에 사회복지사의 채용을 의무화함으로써 병원에 사회복지사가 정식으로 배치됨으로써 의료사회복지활동의 법적 근거가 마련되었다(종합병원에는 사회복지사업법의 규정에 의한 사회복지사 자격을 가진 자 중에서 환자의 갱생, 재활과 사회복귀를 위한 상담 및 지도 업무를 담당하는 요원을 1인 이상 둔다). 같은 해에 '대한의료사회사업가협회'가 창립되었고, 1977년 의료보험제도의 확대 실시와 함께 의료사회복지사의 일부 서비스가 보험수가로 인정받게 되었다. 2000년에는 협회의 명칭을 대한의료사회복지사협회로 변경하였으며, 한국사회복지사협회의 산하단체로 등록하였다. 최근 들어 대형 병원이 증가하면서 의료사회복지 서비스도 경쟁적으로 확대되었고, 그에 따라 전문성도 확대되고 있다.

의료사회복지사들은 개별적으로, 의료기관별로 그리고 필요에 따라서는 대한의료사회복지사협회를 중심으로 사회적 변화와 요구에 대응하기 위하여 많은 노력을 기울여 오고 있다. 그러나 의료사회복지활동에 대한 보험급여 인정 범위의 확대, 지역사회 건강보호 사회복지기관과의 협력체계 구축, 연구체계와의 공동 노력 등 앞으로 해결해 나아가야 할 과제들도 많이 안고 있다(홍영수 외, 2010 재인용).

2) 정신건강 영역에서의 개념과 이해

(1) 정신건강사회복지의 개념

정신건강사회복지는 정신적·정서적 장애를 가진 환자와 그 가족, 그리고 지역사회를 대상으로 질병의 예방, 치료, 재활을 통하여 인간의 육체적 고통을 해결함과 동시에 전인적 서비스를 제공하는 전문적 실천영역이다. 요컨대, 환자 자신뿐만 아니라 환자와 상호작용을 하고 있는 사람과 그 환경을 위시하여 광범위한 측면에 도움을 준다고 할 수 있다. 정신건강사회복지 실천은 주로 병원의 정신과와 정신병원, 지역사회정신건강복지센터, 알코올상담센터, 사회복귀시설 등에서 이루어지고 있다.

(2) 정신건강사회복지사의 접근방법과 역할

정신건강사회복지사(mental health social worker)는 정신건강 분야에서 다른 전문직과 협력하면서 개인 및 가족 문제에 영향을 미치는 심리적·사회적·환경적 요인을 분석하고 실천기술과 지역사회 자원을 활용하여 돕는 데 초점을 둔다.

① 개별적 접근

가. 약물치료 접근

정신건강사회복지사의 경우 약물치료를 직접 시행하는 것은 아니지만, 환자와 가족에게 약물복용의 중요성을 이해시키고, 약물치료를 잘 받아 재발을 예방하도록 교육하고 상담하는 역할을 한다.

나. 심리·사회적 사정

정신장애가 발병하고 재발하는 데 영향을 미치는 요인을 평가하고, 환자의 문제점과 강점, 이용가능한 자원에 대해 사정한다.

다. 개별 면담

정신장애인의 욕구와 관련 정보를 얻는 수단인 동시에 정신장애인의 사고와 감정을 이해하고 갈등 해소를 도와주는 방법이다.

라. 일상생활기술훈련(daily living skills training)

오랫동안 입·퇴원을 반복하는 만성 정신장애인은 혼자서 독립적으로 자신의 생활을 영위하는 데 필요한 능력이 점점 더 부족해져서 사회복귀가 어려워지게 된다. 따라서 위생관리, 세탁, 외모 관리, 의복관리, 청소, 요리 등의 일상생활을 독립적으로 영위하는 데 필요한 기술들을 훈련하는 것이 필요하다.

② 집단적 접근

가. 집단활동

집단활동은 치료적 활동(미술, 음악, 오락, 공예, 작문 등)을 통해 정신장애인들의 창조성, 적극성, 자발성을 키워 주고, 사회적으로 고립되어 있는 그들을 타인과 어울릴 수 있도록 도와주는 치료 프로그램이다.

나. 사회기술훈련(social skill training)

급·만성 정신질환을 앓고 있는 모든 환자에게 시행될 수 있으며, 교육 및 사회기술이 거의 없는 사람부터 정서적 표현방법이나 사회기술을 배우기를 원하는 사람까지 누구나 이용할 수 있는 효과적인 치료방법이다. 그중에서도 기본적인 요소는 의사소통 기술훈련이다.

다. 자조모임(self help group)

자조모임은 비슷한 문제를 가진 사람들끼리 자발적으로 서로를 이해하고 문제 대처방식을 배우며, 변화 동기를 부여하기 위해 도움을 주고받는 모임이다.

라. 가족교육 및 치료

가족교육은 가족들에게 정신장애를 이해시키고 문제 상황에 대처하고 정신장애인과 대화할 수 있도록 교육하여 궁극적으로 정신장애의 재발을 예방하고 사회적 재활을 돕고자 하는 것이다.

③ 지역사회 접근

가. 부분입원과 주간보호

정신장애인이 장기간의 입원생활에서 벗어나 지역사회로 돌아가고자 할 때 그들의 사회적 기능을 향상시켜 지역사회 적응을 준비시키는 중간 단계로서 낮병원(day hospital), 밤병원(night hospital)과 같은 부분입원과 지역사회에 있는 정신건강복지센터나 사회복귀시설에서의 주간보호프로그램이 있다.

나. 직업재활

정신장애인이 직업을 확보하고 유지할 수 있도록, 직업적 서비스를 제공하며, 직업 정착에 관련하는 지속적이고 종합적인 원조를 통해 정신장애인이 사회에 복귀하여 정상적인 생활을 하여 사회에 통합하도록 함을 목적으로 한다.

다. 사례관리

사례관리(case management)는 정신질환자가 가장 효율적인 서비스를 제공받아 지역사회 내에서 그들이 원하는 삶을 살아갈 수 있도록 하는데 그 목적을 두고 있다. 정신장애인이 지역사회의 공식적·비공식적 자원을 효과적으로 활용할 수 있도록 사례관리자 혹은 사례관리팀을 지정하여 욕구 충족 및 목적달성에 필요한 서비스와 자원을 개발·연결하고 조정하는 역할을 한다. 특히 탈시설화(deinstitutionalization)와 지역사회 내에서의 보호운동을 배경으로 하여 서비스의 포괄성, 지속성, 연계성, 개별화를 지향한다(윤철수 외, 2010).

핵심 용어

아동복지, 아동의 권리, 아동과 환경, 청소년기, 여성복지, 노인복지, 장애인복지, 가족복지, 학교사회복지, 의료 및 정신건강사회복지

학습 실천과제

- 대상별 사회복지에 대해서 토론해 봅시다.
- 대상별 실천영역 내용에 대해서 토론해 봅시다.
- 직능별 사회복지에 대해서 토론해 봅시다.

CHAPTER 12 학습문제

01 다음 중 UN 아동권리협약에 의한 아동의 기본권리가 아닌 것은?

① 생존권 ② 보호권
③ 발달권 ④ 참여권
⑤ 노동권

정답 ⑤

해설

UN 아동권리협약에 의한 아동의 기본권리에는 생존권, 보호권, 발달권, 참여권이 있다. 노동권은 근로의 능력과 의욕을 지닌 사람이 사회적으로 근로할 기회의 보장을 요구할 수 있는 권리로 아동의 기본권리와는 관계가 없다.

02 다음 중 노인의 연령기준이 65세 이상인 법률을 모두 고르시오.

① 고용상 연령차별금지 및 고령자고용촉진에 관한 법률
② 노인복지법 ③ 기초연금법
④ 국민연금법 ⑤ 노인장기요양보험법

정답 ②, ③, ⑤

해설

① 근로자의 정년 60세, ④ 수급 개시연령 62세(2021년 기준)

03 다음 장애인복지의 이념 중에서 〈보기〉에 해당되는 것은 무엇인가?

가. 장애인을 특별 대우하는 것이 아니라 지역사회에서 비장애인과 동등하게 대우하고, 보편적인 생활을 영위할 수 있도록 사회 · 환경적 조건을 정비하는 것을 말한다. 나. 지역사회에서 거주해야 한다는 면에서는 탈시설화와 동일하다. 다. 재정 투입의 대폭적인 증대를 통한 서비스 질의 향상을 주장한다.

① 인간의 존엄성 ② 평등
③ 정상화 ④ 사회통합
⑤ 자립생활

정답 ③

해설

정상화는 장애인들도 그들의 생활이 제한되거나 분리되어서는 안 되며, 정상인들과 동등한 사회 구성원으로서 존중되어야 한다는 사회적 가치를 강조하여 표현한 개념이다.

04 다음 학교사회복지의 특성에 대한 설명 중 옳지 않은 것은?

① 학교사회복지는 학교사회복지사가 사회복지의 이론과 기술을 적용하는 사회복지의 독특한 영역이라는 점이다.
② 학교사회복지의 목적은 사회복지의 목적 추구는 물론 학교 교육의 목적달성을 돕는 것이다.
③ 개입의 초점은 단순한 학생의 심리사회적 문제가 아니라 학생과 환경의 역기능적 문제에 초점을 둔다.
④ 학교사회복지의 기능이 학생의 직접적인 문제의 예방 및 해결은 물론 가정-학교-지역사회와의 연계, 조정을 중요하게 다룬다.
⑤ 학교사회복지의 주된 실천의 장은 학교뿐이며, 학교 교육과 관련된 교육체계까지는 포함하고 있지 않다.

정답 ⑤

해설

학교사회복지의 주된 실천의 장은 학교뿐 아니라 학교교육과 관련된 교육체계까지 포함하고 있다.

05 다음 중 장애의 범주에 해당되지 않는 것은?

① 뇌병변 장애
② 시각 장애
③ 청각 장애
④ 신장 장애
⑤ HIV(인체면역결핍바이러스) 감염

정답 ⑤

해설

외국은 HIV(인체면역결핍바이러스) 감염인의 장애인정이 되고 있으나, 현재 우리나라의 장애의 범주에는 해당되지 않고 있다.

CHAPTER

13

사회복지 실천의 쟁점

학/습/목/표

- 시설보호와 커뮤니티 케어에 대해 설명할 수 있다.
- 개인의 변화와 사회개혁에 대해 설명할 수 있다.
- 당사자주의와 사회복지실천에 대해 설명할 수 있다.

1. 시설보호와 커뮤니티 케어

시설보호(institutional care)와 커뮤니티 케어(community care, 지역사회보호)는 어떤 관계인가? 각각의 개념에 대한 이해와 차이를 살펴보고 무엇을 추구하고 정책과 제도가 어떠한 방향으로 나아가는지 이해하는 것은 매우 중요하다.

1) 시설보호의 이해

시설보호(institutional care)는 노인이나 장애인 등 사회적 보호가 필요한 사람들이 일정한 시설에서 보호서비스와 함께 의식주를 제공받으면서 장기적으로 또는 단기적으로 거주하는 형태의 사회적 보호이다.

(1) 시설보호의 발전과정

사회복지의 역사 속에서의 보호시설은 빈곤구호에 대한 공적인 대응책으로서 시작되었다. 즉, 구빈법 시대의 빈민원에서 이루어지던 시설보호는 사회의 질서를 유지하기 위한 구빈의 한 접근방법이었고, 산업혁명 이후에 빈민에 대한 사회적 통제와 노동력 훈련이 중요하게 대두되었을 때의 시설이란 일반 시민들의 거주환경과 삶으로부터 격리된 환경에서 노동하는 곳을 의미하였다. 즉, 시설보호를 받던 이들은 보호받을 자격이 있는 극소수로 한정되었다. 이 보호시설의 특징은 첫째, 다른 대안을 갖지 못한 이들에게 제공되는 문화적, 사회적인 의미의 '마지막 장소(last resort)'이자 마지막 선택 혹은 다른 선택의 여지가 없을 때 이용하는 곳이며(Hugman, 1994), 둘째, 개개인의 특성을 감안하지 않고 어떤 종류의 의존 욕구를 가졌다는 점에서 보호시설에 입소한 이들을 모두 동일하게 취급하였다는 점이다(한혜경, 1999).

시설보호 중 신체자유, 통신자유, 종교자유, 사생활자유, 생존권, 재산권과 노동권, 자기결정권 등의 인권침해 사례가 제시되면서 시설보호에 대한 문제점이 몇 곳의 시설에서 문제가 발생하면서 '정상화 원칙(Normalization principle)'에 대한 사회적 공감이 이루어지면서 시설을 통하지 않는 그리고 시설 밖의 보호에 대한 선호가 광범위하게 확대되었고(Hugman, 1994) 시설보호의 개혁은 두 가지 방향으로 나타났다. 하나는 시설의 벽을 깨뜨리려는 노력으로써 시설 내 생활의 융통성을 최대한 보장하는 것이다. 즉, 자신의 생활을 스스로 통제하도록 하고, 다른 사람과의 관계도 계속 유지하게 하는 것이다. 또한 시설을 지역사회에 개방하여 시설에 거주하지 않는 사람에게도 주간보호와 같은 서비스를 제공하려는 노력이 이루어졌다. 다른 하나는 시설 형태를 변화시키는 것으로서 대규모 집단 단위로 보호하던 것을 지양하고, 6~10명의 소규모 단위로 생활하는 시설(small group living)을 통해 가정 같은 분위기 속에서 가정 내 관계유형과 행동을 유지시키려는 것이었다(한혜경, 1999).

(2) 시설보호에 대한 대안으로서의 지역사회보호 개념의 등장과 발전

시설보호의 대안으로 지역사회보호(community care) 개념이 등장하게 되었다. 원래 지역사회보호의 개념은 세계 제2차 대전 이후에 정신질환 치료제의 도입으로 인해 정신병원의 폐쇄와 탈시설화가 이루어졌던 정신건강 분야에서부터 사용되기 시작하였다. 지역사회보호라는 용어를 공식적으로 사용한 최초의 문서는 1957년의 정신병과 정신장애에 관한 왕립법률위원회 보고서로서 정신장애인의 보호를 병원으로부터 지역사회로 전환할 것을 권고하는 내용을 담고 있다. 이 과정에서 시설거주자가 시설이 아닌 자신의 집에서 서비스를 제공받을 수 있다는 점과 시설보호보다 비용효과적이라는 점에서 강조되기 시작하였다(한혜경, 1999).

2) 커뮤니티 케어의 이해

커뮤니티 케어(community care, 지역사회보호)는 사회적 보호가 필요한 요보호 대상자들에게 가능한 한 그들의 가정 또는 그와 유사한 지역사회 내 환경에서 서비스를 제공하는 사회적 돌봄의 형태이다. 본 교재에서는 커뮤니티 케어를 '지역사회 통합돌봄'으로 사용하고자 한다.

(1) 지역사회 통합돌봄의 개념적 특성

지역사회 통합돌봄을 이해하기 위해 먼저 지역사회로 번역되는 '커뮤니티(community)'와 '케어(care)'를 먼저 이해할 필요가 있다.

① 지역사회(커뮤니티)의 개념

거주지와 근접한 지역을 의미하는 지리적·물리적 범위를 벗어나 네트워크를 뜻하기도 한다(Means et al., 2008). 학술적으로는 기술적, 규범적, 도구적 세 가지 측면에서 설명할 수 있다.

▼ 표 13-1 커뮤니티의 개념

구분	의미
기술적 측면	공통으로 무엇인가를 공유하거나 상호교류를 하는 사람들의 집단이나 네트워크
규범적 측면	연대, 참여, 긴밀성이 발견되는 장소의 의미
도구적 측면	지역사회 환경을 유지하고 변화시키는 행위 주체이며 서비스 정책적 개입이 발생하는 위치

자료: 박성준 외(2019)를 참고하여 재구성

② 돌봄(케어)의 개념

'케어'는 일반적으로 '돌봄'으로 번역되며, 헬드(Held, 2006)는 "돌봄은 먹이기, 씻기 등 기능적 돌봄만을 의미하는 것이 아니라 배려, 상호 존중과 신뢰와 같은 '관계적 성격'을 가지는 것이며, 돌봄을 이용하는 사람이 가치 있는 존재이자 사랑받고 있음을 느끼는 것이 중요하다"라고 하였다(석재은, 2014). 그리고 키테이(Kittay, 2016)는 인간은 생애주기별로 누군가의 돌봄을 받아 생을 이어가고 성장하며, 돌봄관계에서 '인간의존의 사실(fact of human dependency)'을 강조하고 있다. 누가 돌봄을 책임져야 하고 돌봄은 누가 제공하는지, 돌봄이 잘

되고 있는지, 그리고 돌봄관계에 속한 양자 모두를 지원하는 문제는 사회적 책임과 정치적 의지의 문제라고 보았다(정덕진 외, 2020).

③ 지역사회 통합돌봄의 개념

'커뮤니티 케어'는 돌봄이 필요한 이들이 지역사회 구성원과의 교류 및 연대를 통해 일상생활에 필요한 다양한 욕구를 충족시키며, 돌봄관계 안에서의 생존과 성장의 의미를 포함한다. 커뮤니티 케어의 정책적 측면에서 볼 때, 케어의 대상과 내용을 어떠한 범위까지 포함시킬 것인지(예. 유료 또는 무료, 시설보호 또는 재가서비스), 시설이나 병원에 대한 의존을 줄이는 것이 지역사회 기반의 서비스 확대와 직결되는 것인지 등 다양한 관점과 우려도 제기되고 있다. 이때, 병원 입원이나 시설의 입소를 줄이고 서비스 이용자의 거주지를 중심으로 한 지역사회에서의 돌봄으로 정책적 전환을 시도한다는 점이다(정덕진 외, 2020).

커뮤니티 케어는 돌봄과 관련된 보편적 권리이자 공공성을 강화하는 취지를 지니고 있다. 커뮤니티 케어는 돌봄 서비스 수급권을 시민의 권리(사회권)로 실체화하는 의미를 지니며, 시민의 권리는 당연히 지방정부에 주장할 수 있어야 한다. 수급권은 권리이므로 소득이나 재산기준에 의해서 서비스 수급권이 발생하는 것이 아니라 '서비스 욕구에 대한 인정'에서 곧장 수급권이 발생하는 것이다. 따라서 커뮤니티 케어는 돌봄과 관련 영역의 보편적 권리임을 나타내고 이를 공공책임으로 추진한다는 기본적 선언과 마찬가지이다(이태수 외, 2018).

보건복지부 커뮤니티 케어 정책의 핵심은 돌봄을 지역사회에서 제공하도록 하는 지역사회 중심의 돌봄체계 구축이다. 이는 중앙정부 주도가 아닌 지방정부 주도, 즉 지역주도형으로 커뮤니티 케어사업을 진행한다는 의미이다. 이에 커뮤니티 케어는 지역사회 내에서의 돌봄과 지역사회에 의한 돌봄으로 접근하되, 지방분권의 구조에서 고려되어야 한다. 또한 케어의 세 가지 차원인 보건의료서비스, 장기요양 및 복지서비스, 자립생활지원이 연속적·통합적으로 제공될 수 있어야 한다(김승연 외, 2018: 117). 한편 제2차 사회보장기본계획에서는 지역사회 중심의 통합적 서비스 이용체계 구축으로 돌봄 서비스 확대 및 관련 사업 육성하는 돌봄경제(Care Economy) 활성화를 통해 삶의 질 향상과 함께 사회서비스 일자리 확충의 전략으로 제시하고 있다.

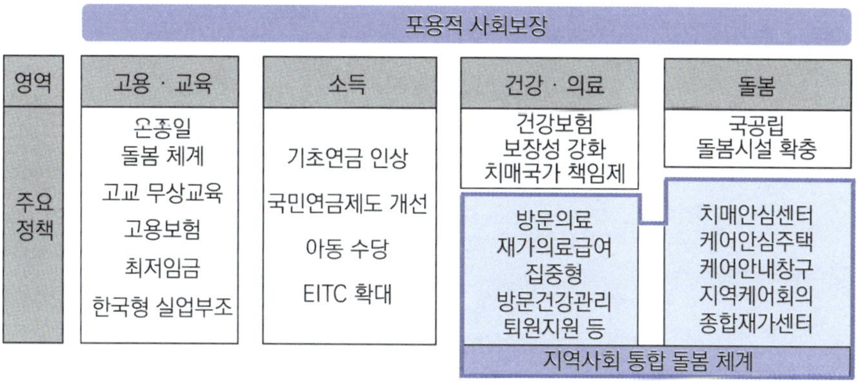

출처: 보건복지부(2019). 제2차 사회보장기본계획(2019~2023)

▲ 그림 13-1 지역사회 통합돌봄체계의 범주

(2) 지역사회 통합돌봄(노인 대상)의 세부내용

지역사회 통합돌봄 사업 중 노인 대상 통합돌봄의 모델은 노인의 삶의 질 향상을 위한 재가 서비스 강화와 건강관리 증진, 지역사회로의 복귀 지원을 목표로 한다. 2018년에 발표된 노인 대상 커뮤니티 케어 기본계획은 4대 핵심 과제(주거지원 인프라 확충, 방문형 의료서비스, 요양·돌봄 재가서비스, 서비스 연계 자율형 전달체계)를 중심으로 제시되었다.

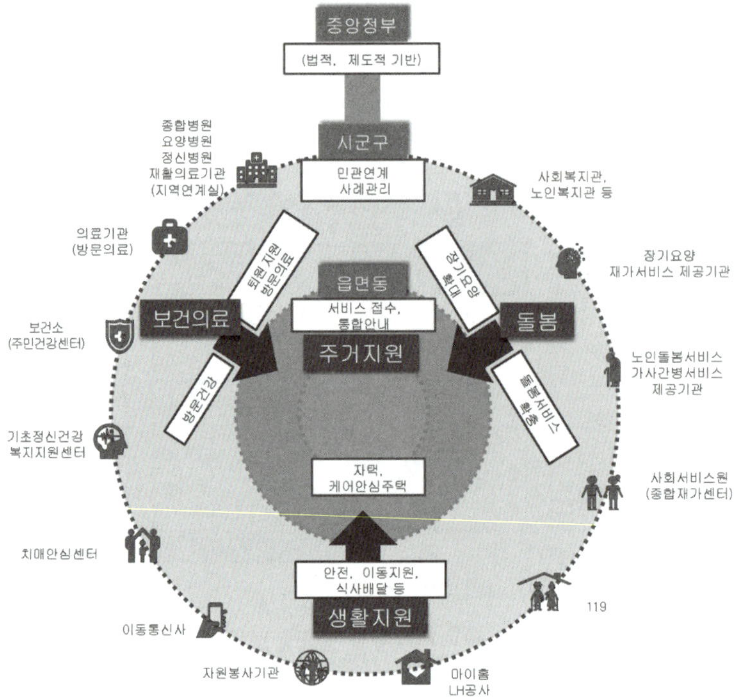

출처: 보건복지부(2018). 지역사회 통합돌봄 기본계획(1단계: 노인 커뮤니티 케어)

▲ 그림 13-2 커뮤니티 케어 제공 개요

보건복지부의 지역사회 통합돌봄 선도사업은 예방적 차원에서 진행되고 있어 재가노인이 노인장기요양보험제도로의 진입 예방과 사회적 입원을 예방하는 등의 목적을 가지고 있어 재가노인의 생활지원을 포함한 돌봄서비스와 건강·주거·의료 관련 사업으로 구성되었다(황경란, 2019: 69). 보건복지부의 노인통합돌봄모델을 보면, 시설보호 노인이 지역사회 복귀를 희망하는 경우에는 퇴원 관련 평가와 퇴원계획 수립, 지역사회 복귀 시 필요한 서비스를 연계하고, 노화, 질병 등으로 입원의 위험성이 있는 노인의 경우 지역사회에서의 삶을 영위할 수 있도록 방문 진료와 재가 서비스를 연계한다. 이외에도 주거환경 개선 및 케어안심주택 등 노인 친화적 주거서비스를 지원한다.

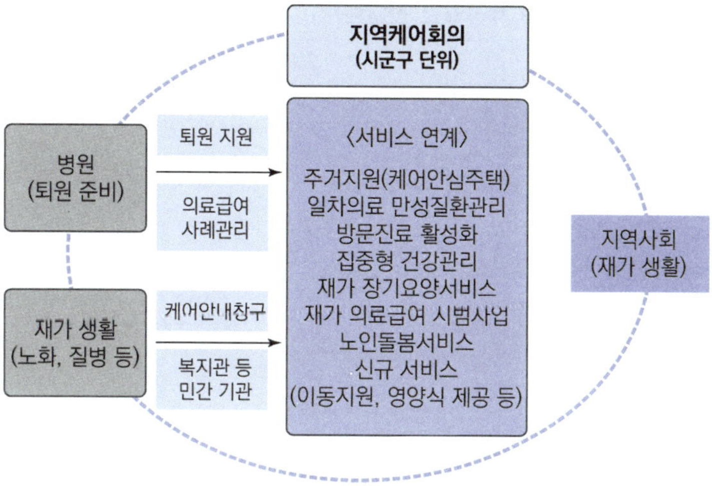

출처: 보건복지부(2018). 지역사회 통합돌봄 기본계획(1단계: 노인 커뮤니티 케어)

▲ 그림 13-3 노인 지역사회 통합돌봄 모델

① 지역사회 통합돌봄 선도사업의 이해

우리나라의 현재 노인돌봄제도는 지역사회 계속 거주를 지원하는 통합적 돌봄을 제공하는 데 한계가 있다. 노인에게 의료적·비의료적 돌봄 필요가 연쇄적으로 나타나지만 우리나라의 보건의료서비스와 복지서비스 간 체계적인 연계가 안 되어 돌봄서비스가 유기적으로 제공되지 못하고 있다. 이로 인해 급성기 치료의 장기화, 재활이 안 되는 회복기, 만성적인 장기요양 상태에 놓이게 된다(김승연 외, 2018: 113).

② 노인돌봄 서비스 제공의 전달체계와 서비스 종류

노인돌봄서비스를 포함한 사회서비스는 지역의 다양한 공공기관과 서비스 제공기관의 연계가 중요하며, 수요자의 욕구를 중심으로 서비스 신청에서부터 제공까지 통합적인 서비스 전달체계가 필요하다. 하지만 사업별로 별도의 전달체계를 두고 있어 사업 분야가 다양하지만 서비스 제공이 분절적이며, 민간기관과 시장 영역에 맡겨지면서 통합적인 서비스 제공은 더욱 요원해지고 있다.

▼ 표 13-2 노인돌봄 서비스 제공기관 전달체계

구분	보건의료	요양	복지
광역	광역치매센터		독거노인종합지원센터
시·군·구	• 정신건강복지센터 • 치매안심센터, 보건소 • 건강보험공단 (장기요양사례관리사) • 의료급여사례관리사	• 양로시설 • 노인공동생활가정 • 노인복지주택	• 희망복지지원단 • 노인맞춤돌봄서비스 • 노인복지관 • 재가노인지원센터
읍·면·동	보건지소		찾아가는 동 행정복지센터
기타	요양병원	• 노인요양시설 • 노인요양공동생활가정 • 주야간보호/단기보호 • 방문요양/방문목욕/방문간호	데이케어센터

출처: 김승연 외(2018: 114).

지역사회에서 서비스를 받을 수 있는 다양한 돌봄제도가 마련되어 있으나, 대상자 조건을 충족해야 하고 중복서비스 이용이 쉽지 않아 노인의 실질적인 복합적 욕구에 대응하기 어렵다. 노인통합돌봄은 신체적·정신적·사회적 기능이 저하된 노인이 지역사회에서 존엄하게 살아갈 수 있도록 보건·의료, 요양, 주거영역의 공적서비스와 지역주민 등 비공식적 자원체계의 서비스 교환을 포함한 돌봄을 의미한다. 이는 노인이 신체·정신적인 기능저하로 일상생활의 불편함이 있더라도 지역사회 계속거주를 희망할 경우, 직접적인 서비스 지원과 지역공동체의 역량강화를 지원하는 것이다. 또한 기존 노인돌봄서비스 지원체계의 지원을 받지 못하는 사각지대를 발굴하고 보편적이고 예방적인 접근을 통해 노인의 삶의 질 향상을 도모한다(정덕진 외, 2020).

▼ 표 13-3 노인돌봄서비스의 종류

서비스 유형	서비스 대상	서비스 내용
노인장기 요양서비스	• 65세 이상 노인 • 65세 이하 노인성질환자 (등급판정 1~5등급)	• 재가급여(방문요양, 방문목욕, 방문간호, 주야간보호, 단기보호) • 시설급여(노인요양시설, 노인요양공동생활가정에서 서비스 제공)
노인맞춤 돌봄서비스	• 65세 이상 노인 중, 기초생활수급자, 차상위, 기초연금수급자 • (유사중복사업 수혜자 제외)	안전지원, 사회참여, 생활교육, 일상생활지원, 연계서비스(민간후원)
재가노인 지원서비스	• 기초생활수급자, 차상위계층 등 경제적 취약노인으로 긴급지원이 필요한 노인 • 경도인지장애, 알코올의존 등의 신체적, 정신적 어려움이 있는 위기노인	일상생활지원, 정서지원, 주거환경개선 등

출처: 황경란(2019: 11)을 참고하여 재구성.

3) 시설보호와 커뮤니티 케어의 공존

시설보호의 대안으로 커뮤니티 케어(지역사회보호)에 대한 관심이 높아지고 다양한 경보시스템이니 인터콤 등 새로운 기술의 발달도 재가복지를 가능하게 하고, 확산시키는 요인으로 작용했으나(Hugman, 1994) 서구에서는 "보호의 계속성(continuum of care)"을 보장해야 한다는 원칙이 나타났다. 즉, 서비스 이용자의 건강상태와 질병 정도에 따라 다른 욕구를 가지며, 다른 수준의 보호를 필요로 한다는 점을 강조하며, 서비스 이용자의 선호나 욕구를 고려하지 않은 채 시설보호 혹은 재가복지라는 한 가지 서비스만을 제공하는 방식을 지양하고, 소비자인 서비스 이용자가 자신의 욕구에 가장 적합한 서비스나 장소를 찾아 선택할 수 있도록 다양한 수준의 프로그램을 배열해야 한다는 뜻을 내포한다(Huttman, 1985). 다시 말해서 시설보호와 재가복지인 커뮤니티 케어 등의 서비스 이용이 일방적인 방향이 아닌 자유롭게 이동하면서 서비스 상호보완 관계 속에서 제공될 수 있다면 가장 좋은 형태가 아닌가 생각된다. 더욱이 OECD 국가들이 정책적으로 재가복지를 강조함에도 불구하고 시설보호는 계속되고 있다는 점에서 시설보호의 기능을 재가복지가 대신할 수 없다는 점도 간과해서는 안 된다. 그런 점에서 시설보호와 재가복지라는 양 보호방식을 동시적이고 균형적으로 발전시켜 가는 정책을 기본방향으로 삼고 시설보호의 기반 확립과 재가복지서비스의 질적 수준을 높여야 한다(한혜경, 1999).

2. 개인의 변화와 사회개혁

로마니신(Romanyshyn)(1971)의 사회복지 개념의 변화(變化)를 살펴보면, '개인의 변화(Individual change)'에서 '사회개혁(social reform)'의 방향을 제시하였다. 다시 말해서 선별적이고 특수한 서비스를 제공해 최저의 생계조건만을 보장하는 개인적인 개혁인 잔여적(종속적) 성격에서 시민의 권리로서 최적의 조건을 보장받도록 하는 보편적이고 사회 전체 구조의 개혁을 하는 제도적 성격으로 진화되었다고 보았다. 개인의 변화와 사회개혁을 설명하기 위해 자선조직협회와 인보관 운동을 활용하여 설명해 보고자 한다.

1) 개인의 변화

개인의 변화는 사람이 가진 문제의 원인을 개인의 도덕적 결함에 있다고 보면서 그 해결을 위해 도덕적으로 개인을 변화시켜야 한다는 것을 의미한다.

(1) 자선조직협회의 활동 목적

자선조직협회는 자선단체 간 협력을 도모하고, 적절한 조사를 통해 빈민들에게 알맞은 원조를 제공하며, 빈민의 구걸 행위를 방지하여 빈민의 생활조건을 개선하는 데 활동의 목적을 가졌다.

(2) 자선조직협회의 빈곤관

자선조직협회의 빈곤관은 빈곤의 원인을 개인의 도덕적 결함이나 나태함에서 찾는 개인주의적 빈곤관을 가졌다. 이러한 빈곤관은 사회경제적인 기회와 조건이 빈곤문제에 미치는 영향을 무시하였다.

(3) 자선조직협회의 활동내용

자선조직협회는 교육을 잘 받은 중산층 부인이 우애방문원으로 임명되어 활동하였으며, 빈민의 도덕성을 향상시키지 않으면 빈곤문제가 해결될 수 없다고 보았다. 이에 빈민에게 물질적인 도움을 주기보다는 우애방문원들이 정기적으로 가정을 방문하여 지도했다. 즉, 가정방문 시 서비스를 제공하기 전에 면담, 기록, 자산조사, 사례연구 등을 수행하였고, 빈민에게 근면, 절제, 절약을 가르치고 도덕성을 향상시키려고 하였다. 이때, 구제를 받을 가치가 있다고 판단되는 빈민에게만 전문적인 복지서비스를 제공하였고, 구제를 받고 있는 자의 생활은 구제를 받지 않고 일하는 자의 생활수준보다 낮아야 한다는 '열등처우의 원칙'을 적용하였다. 또한, 자선의 오남용을 막고 빈민들의 의존문화를 근절하는 데 초점을 두었다.

2) 사회개혁

사회개혁은 사회문제의 원인을 구조적인 것, 즉 사회제도의 결함에서 찾으려는 경향이 강해지면서 사회개혁을 강조하는 것을 의미한다.

(1) 인보관 운동의 활동 목적

인보관 운동은 빈곤의 원인을 개인적인 성격결함에 의해 찾는 것을 비판하면서 빈곤한 사람과 함께 거주하면서 빈곤문제를 해결해야 한다는 인식하에 사회개혁적 접근을 하고자 하였다.

(2) 인보관 운동의 빈곤관

인보관 운동은 빈곤을 개인적 문제가 아닌, 산업화와 도시화에 의해 발생되는 각종 사회문제의 산물이자 환경적인 문제로 인식하였다. 즉, 빈곤의 원인을 사회구조적인 요인, 환경적 요인에서 찾고자 하였다.

(3) 인보관 운동의 활동내용

인보관 운동은 대학생과 종교인, 지식인이 참여하여 빈곤문제에 대해 사회개혁적 접근을 시도하였다. 즉, 빈민들의 생활조건과 사회개혁의 필요성에 관해 빈민들을 교육하고 그들에게 정보를 제공했으며, 사회문제, 건강문제에 관해 사회적 관심을 불러일으켰다.

3. 당사자주의와 사회복지실천

1) 패러다임 전환과 당사자주의

당사자주의(Consumerism)를 이해하기 위해 자립생활 패러다임에 대한 이해가 필요하다. NCIL(전미장애인자립생활협회)의 정의를 '삶에 대한 자신의 결정에 대하여 타인의 개입 또는 보호를 최소한으로 하여 자신의 의지로 선택하고 결정하는 모든 과정에 장애인 당사자가 참여하는 과정이다'라고 정의하였다(조재훈, 2007).

(1) 자립생활 모델의 실천이념

장애인 복지서비스의 핵심적인 이념으로 '자립생활 모델'이 제시되었는데, 이 모델에서 강조하는 실천이념이 '당사자주의(Consumerism)'이다. 당사자주의는 '소비자주의'에서 비롯된 용어로 서비스 혹은 상품의 소비자에게 이익을 옹호, 보호하며 이러한 서비스나 활동을 제공하는 사람들의 활동, 기술, 훈련, 효과, 성과 및 결과물을 조사하기 위해 마련된 사회운동이나 흐름을 말한다(Barker, 1987). 이러한 소비자 중심주의는 판매자나 서비스 공급자에 대한 불신에서 출발한다. 상품의 신뢰성과 서비스의 적절성을 평가하는 것은 소비자의 몫으로 장애인 정책에 있어서도 소비자운동을 통한 소비자 주권의 신장을 위한 변화가 일어난 것이다(Dejong, 1981). 기존의 재활패러다임에서는 전문가 중심의 문제해결이었으나 새로운 패러다임에서는 전문가 중심이 아닌 장애인 당사자 중심의 접근을 강조하고 있다. 이는 자신의 문제해결과 이익에 대한 1차적인 판단자는 장애인 당사자들이며, 서비스의 내용과 결정에 있어서도 당사자들의 의견이 가장 우선시되어야 한다는 점을 내포한다.

(2) 자립생활과 당사자주의(컨슈머리즘, Consumerism)의 개념

자립생활(independent living)은 독립생활, 자율생활이라고도 말한다. 자립생활에서 중요한 것은 자신의 삶의 결정은 타인이 아닌 자신이라는 점이다. 그래서 장애인의 자기결정권을 강조하고, 일상생활에서는 도움을 요청하는 것 역시 자신의 판단과 결단으로 생활하는 경우에는 자립으로 생각한다. 당사자주의(컨슈머리즘, Consumerism)는 소비자 주권 운동으로, 1960년대 후반 이후 기술혁신에 의한 신제품의 대규모 개발, 대량 소비 붐과 함께 불량품, 과대광고, 부당한 가격인상 및 유해식품 등의 부작용이 세계적으로 확대됨에 따라 소비자들이 힘을 모아 이러한 왜곡된 현상을 시정하고 자신들의 권리를 지키려는 운동을 말한다. 예를 들어 대규모 불매운동 등이 있다(이종수, 2009).

2) 외국의 당사자주의 전개

자립생활운동의 시작은 1972년 버클리의 자립생활센터, 1974년 보스턴 자립생활센터 등의 설립과 1973년에 마련된 재활법 등의 계기로 발전하기 시작하였다(Dejong, 1981). 이는 장애인 문제에 있어서 장애인 자신이 주체가 될 것을 요구하고 있는 자립생활(independent living) 패러다임이 부각되었다. 자립생활 패러다임의 실천적 이념으로 자기결정과 당사자주의를 중요하게 인식하였으며, 이러한 당사자성은 소비자운동(Consumerism)을 근거로 하고 있다(오혜경 외, 2000). 장애인 문제에 있어서도 전문가가 아닌 서비스의 실제적인 소비자인 장애인은 자신의 관심사에 대한 최적의 판단자라는 소비자 주권을 강조하였고, 이는 자립생활이 가지는 철학적 핵심조건이 되었다(Dejong, 1981). 그리고 당사자주의 서비스의 구성 체계에서 서비스 철학을 당사자들이 자신의 자립생활 목표를 정하고 조절하며, 자기관리나 주장을 그리고 동료 간의 지지 등이 매우 중요한 철학적 요소가 되었다(조재훈, 2007).

3) 당사자주의와 사회복지실천

다양한 사회복지실천현장에서 사회복지사와 원조관계를 형성하는 사회복지 서비스 이용자인 클라이언트에 대해 어떠한 시각, 관점을 갖고 사회복지실천을 행하는가는 사회복지사뿐만 아니라 클라이언트에게도 매우 중요하다. 즉, 장애인복지를 위한 다양한 사회복지정책과 제도가 만들어지고, 서비스가 행해져도 장애인 당사자가 중심이 아닌 수동적인 입장에서 접근이 이루어진다면 사회복지서비스가 주는 긍정적 효과는 단기적인 효과로 끝날 수 있다. 따라서 장애인 복지를 실현하기 위해서는 장애인 당사자가 전부 스스로 해야 된다는 의미가 아닌 사회복지 전문가와 협조적인 관계 속에서 파트너로서 장애인 당사자가 중심이 되어야 한다. 이것은 장애인 복지뿐만 아니라 사회복지 실천대상 모두에게 해당된다. 그리고 장애인 복지를 실현하기 위한 과정에서 장애를 가진 장애 개인이 당사자임은 생태학적으로 틀림없는 사실이지만, 사회학적인 측면에서는 장애인을 둘러싼 모든 환경을 포함하는 의미로 보아야 할 것이다(에이블뉴스, 2005.12.5). 예를 들어, 장애인 자신을 가장 잘 알고 대변할 수 있는 가족, 자신의 권리를 대신 주장할 수 있는 단체, 재활과 자립을 돕는 전문가 집단 또한, 지원을 위한 행정조직과 구성원 등이 해당된다.

즉, 장애를 가진 개인의 삶의 질을 향상시키는 모든 사람과 조직, 사회환경이 포함된 포괄적인 개념의 접근이어야 한다. 여기에서 당사자는 'party'로서 이해관계가 직·간접적으로 관계된 모두를 일컫는 말이며, '장애인 당사자'라고 할 때 장애인 문제와 이해관계가 연결된 사람을 가리킨다(에이블뉴스, 2005.12.13).

그렇다면, 당사자주의와 사회복지실천 측면에서 사회복지 서비스를 이용하고자 하는 당사자와 그를 위한 환경 속에 있는 모두가 포함된 포괄적 의미로 접근하면서 당사사가 제외된 서비스 제공이 아닌 서비스 전 과정에 당사자가 참여할 수 있도록 구조적인 접근이 이루어져야 할 것이다.

핵심 용어

시설보호, 커뮤니티 케어, 사회개혁, 당사자주의, 사회복지실천

학습 실천과제

- 시설보호와 커뮤니티 케어가 무엇이며, 사회복지실천 접근에 대해 토론해 봅시다.
- 개인의 변화와 사회개혁이 사회복지실천과 어떤 관계가 있는지 논의해 봅시다.
- 당사자주의와 사회복지실천의 관계에 대해 기술해 봅시다.

CHAPTER 13 학습문제

01 일정한 시설에서 보호서비스와 함께 의식주를 제공받으면서 장기적 혹은 단기적으로 거주하는 형태의 사회적 보호를 무엇이라고 하는가?

① 재가보호
② 커뮤니티 케어
③ 지역사회조직화
④ 시설보호
⑤ 단기보호

정답 ④

해설

시설보호는 일정한 시설에서 보호서비스와 함께 의식주를 제공받으면서 장기적 혹은 단기적으로 거주하는 형태의 사회적 보호를 말한다.

02 사회적 보호가 필요한 요보호 대상자들에게 가능한 한 그들의 가정 또는 그와 유사한 지역사회 내 환경에서 서비스를 제공하는 사회적 돌봄의 형태를 무엇이라고 하는가?

① 재가보호
② 커뮤니티 케어
③ 지역사회조직화
④ 시설보호
⑤ 단기보호

정답 ②

해설

커뮤니티 케어는 사회적 보호가 필요한 요보호 대상자들에게 가능한 한 그들의 가정 또는 그와 유사한 지역사회 내 환경에서 서비스를 제공하는 사회적 돌봄의 형태이다.

03 노인돌봄 서비스 제공기관의 성격이 다른 것은?

① 희망복지지원단
② 노인맞춤돌봄서비스
③ 노인복지관
④ 재가노인지원센터
⑤ 노인 요양원

정답 ⑤

해설

노인 요양원은 입소시설로 시설보호에 해당되고, 나머지는 노인이 자신의 거주공간에서 생활하면서 기관 방문 및 연계를 통해 서비스를 제공받을 수 있다.

04 다음 빈곤의 원인을 개인의 도덕적 결함에 있다고 보는 것과 관계된 것은?

① 인보관 운동
② 사회개혁
③ 사회구조적인 요인과 환경적 요인
④ 대학생과 종교인, 지식인
⑤ 자선조직협회

정답 ⑤

해설

자신조직협회는 빈곤의 원인을 개인의 도덕적 결함에 있다고 보고 가정 방문시 면담, 조사, 교육 등을 활동하였다.

05 사회복지 실천에 있어서 당사자가 참여해야 한다고 보는 입장은?

① 자유주의
② 개인주의
③ 전문가 중심주의
④ 당사자주의
⑤ 병리주의

정답 ④

해설

당사자주의는 전문가 중심이 아닌 장애인 당사자 중심의 접근을 강조하면서 당사자가 참여해야 한다고 말한다

CHAPTER

14

전문직으로서의 사회복지

학/습/목/표

- 전문직의 개념을 설명할 수 있다.
- 사회복지사의 활동과 전문성에 대해 설명할 수 있다.
- 사회복지사의 노동조건과 처우에 대해 생각해볼 수 있다.
- 사회복지사의 윤리강령에 대해 설명할 수 있다.

1. 전문직의 이해

1) 전문직의 정의

전문직이란 사회적 지위가 높고 장기간의 교육훈련을 통해서 특정 분야에 대한 전문적인 지식이나 기술을 습득하여 자격을 획득하고 직업적 자립성이 높으며 직업윤리가 요구될 뿐만 아니라 전문적인 직능단체가 조직되어야 한다. 특히 중요한 것은 업무의 내용이나 조건의 주요한 부분을 전문직만이 소유할 수 있는 권한이 부여되어 있다는 점에서 조직의 지배로부터 자율성을 가지고 있다고 볼 수 있다.

2) 전문직의 속성 이해

그린우드(Greenwood)는 「전문직의 속성」(1957)에서 다섯 가지를 제시하였다. 이에 사회복지직은 전문직이며, 지속적으로 전문직화를 추구하는 과정에 있다고 평가했다. 그린우드가 제시한 전문직이 갖춰야 할 속성은 다음과 같다(김상균 외, 2008; 이경준 외, 2020).

(1) 체계적 이론

전문직이 수행하는 기술(skill)의 바탕이 되는 이론의 체계적 본체(systematic body of theory)를 갖추어야 한다. 이러한 체계적 이론을 갖추기 위한 훈련은 비교적 장기간의 공식적 학교 교육을 통해서만 가능하다고 본다.

(2) 전문적(전문인의) 권위

전문직에 의한 서비스의 대상은 흔히 클라이언트라고 하고 비전문직의 대상은 소비자(고객)라 한다. 중요한 차이는 클라이언트의 서비스에 대한 내용과 양을 전문가가 결정하는 반면 소비자의 경우는 소비자 스스로가 결정하는 데 있다.

(3) 사회적 인가(재가)

공동체나 사회의 승인 여부에 따라 전문직에 부여되는 권한과 특권은 달라진다. 사회는 특정 지식과 기술 등을 갖춘 집단에게 전문직이라는 권한을 부여함으로써 사회적으로 승인하게 되는데 일반적으로 자격시험 관장 같은 독점적 권한을 부여한다.

(4) 전문직 문화

전문직에는 고유의 전문직 문화가 존재한다. 전문직에는 다른 전문직과 구별될 수 있는 고유한 가치, 규범, 상징들이 존재한다. 또한 전문직이 하는 일은 일종의 소명으로 보며, 그 자체가 수단이 아니고 목적이 되어야 함을 강조한다.

(5) 윤리강령

전문직은 전문직 자체의 윤리강령을 가지고 있다. 전문직의 특권은 때로 남용의 위험이 있으므로 이러한 남용의 위험을 막기 위하여 전문직은 자체 규범체계를 갖고 있는데, 이것이 전문직의 윤리강령이다. 윤리강령의 마련 이유는 전문적 행위의 판단을 전문직의 속성(고도의 기술과 지식)상 전문직 자체 내에서 할 수밖에 없다는 것이다.

2. 사회복지사의 활동과 전문성

1) 사회복지사의 활동

1970년대 사회복지사업종사자로 시작하여 1983년 5월 사회복지사업법이 개정되면서 사회사업가 또는 사회사업종사자의 명칭이 "사회복지사"로 규정되어 사회복지사 자격증이 발급되기 시작하였다. 이후 사회사업은 사회사업학의 학문적 체계에서 사용되고, 사회복지사의 영문표기는 "SOCIAL WORKER"로 사용하고 있으며, 우리나라는 사회복지사업법 제11조 제1항의 규정에 의하여 "사회복지에 관한 전문지식과 기술을 가진 자"를 사회복지사로 규정하고 있다.

(1) 사회복지사의 자격(제11조)

보건복지부장관은 사회복지에 관한 전문지식과 기술을 가진 사람에게 사회복지사 자격증을 발급할 수 있다. 사회복지사의 등급은 1급과 2급이 구분되고, 등급별 자격기준 및 자격증의 발급절차 등은 대통령령으로 정하며, 사회복지사 1급 자격증을 받고자 할 때는 국가시험에 합격해야 한다. 국가시험은 보건복지부장관이 시행하되, 시험의 관리는 대통령령으로 정하는 바에 따라 시험관리능력이 있다고 인정되는 관계 전문기관에 위탁할 수 있다.

학습 TIP 사회복지사 3급 자격 폐지

사회복지사 3급 자격은 사회복지사의 전문성 강화 등의 이유로 2019년 1월 1일부터 삭제(폐지)되었다. 한편 「사회복지사업법」에 따른 국가자격은 사회복지사(1, 2급), 정신건강사회복지상, 의료사회복지사, 학교사회복지사 등이다(2018년 개정, 2020년 시행)

- 1970년 「사회복지사업법」 제정 당시에는 '사회복지사업종사자'라는 명칭을 사용하였으며, 1983년 개정에서 '사회복지사'라는 명칭을 사용하게 되었다.
- 1997년 개정된 「사회복지사업법」에 따라 2003년부터 사회복지사 1급 국

가자격시험을 실시하게 되었다.

(2) 사회복지사의 결격사유(제11조의 2)

다음 각 호의 어느 하나에 해당하는 자는 사회복지사가 될 수 없다.

- 피성년후견인 또는 피한정후견인
- 금고 이상의 형을 선고받고 그 집행이 끝나지 아니하였거나 그 집행을 받지 아니하기로 확정되지 아니한 사람
- 법원의 판결에 따라 자격이 상실되거나 정지된 사람
- 마약·대마 또는 향정신성의약품의 중독자
- 「정신건강증진 및 정신질환자 복지서비스 지원에 관한 법률」 제3조 제1호에 따른 정신질환자. 다만, 전문의가 사회복지사로서 적합하다고 인정하는 사람은 그러하지 아니하다.

(3) 사회복지사의 자격취소(제11조의 3)

보건복지부장관은 사회복지사가 다음 각 호의 어느 하나에 해당하는 경우 그 자격을 취소하거나 1년의 범위에서 정지시킬 수 있다. 다만, 제1호부터 제3호까지에 해당하면 그 자격을 취소하여야 한다.

1. 거짓이나 그 밖의 부정한 방법으로 자격을 취득한 경우
2. 제11조의2 각 호의 어느 하나에 해당하게 된 경우
3. 자격증을 대여·양도 또는 위조·변조한 경우
4. 사회복지사의 업무수행 중 그 자격과 관련하여 고의나 중대한 과실로 다른 사람에게 손해를 입힌 경우
5. 자격정지 처분을 3회 이상 받았거나, 정지 기간 종료 후 3년 이내에 다시 자격정지 처분에 해당하는 행위를 한 경우
6. 자격정지 처분 기간에 자격증을 사용하여 자격 관련 업무를 수행한 경우

보건복지부장관은 제1항 제4호에 해당하여 사회복지사의 자격을 취소하거나 정지시키려는 경우에는 제46조에 따른 한국사회복지사협회의 장 등 관계 전문가의 의견을 들을 수 있다. 제1항에 따라 자격이 취소된 사람은 취소된 날부터 15일 내에 자격증을 보건복지부장관에게 반납하여야 한다. 보건복지부장관은 제1항에 따라 자격이 취소된 사람에게는 그 취소된 날부터 2년 이내에 자격증을 재교부하지 못한다.

(4) 유사명칭의 사용금지(제11조의 4)

이 법에 따른 사회복지사가 아니면 사회복지사 또는 이와 유사한 명칭을 사용하지 못한다.

(5) 사회복지사의 채용 및 교육 등(제13조)

① 사회복지사의 채용

사회복지법인 및 사회복지시설을 설치·운영하는 자는 대통령령으로 정하는 바에 따라 사회복지사를 그 종사자로 채용하고, 보고방법·보고주기 등 보건복지부령으로 정하는 바에 따라 특별시장·광역시장·특별자치시장·도지사·특별자치도지사(이하 "시·도지사"라 한다) 또는 시장·군수·구청장에게 사회복지사의 임면에 관한 사항을 보고하여야 한다. 다만, 대통령령으로 정하는 사회복지시설은 그러하지 아니하다.

보건복지부

「사회복지시설 관리안내」의 '사회복지시설 종사자 관리' 부문을 살펴보면 공개모집, 공개모집 원칙의 예외, 종사자 채용계약 시 준수사항, 종사자 등 결격사유 조회 시 유의사항 등이 명시되어 있다.

② **사회복지사의 보수교육**

보건복지부장관은 사회복지사의 자질 향상을 위하여 필요하다고 인정하면 사회복지사에게 교육을 받도록 명할 수 있다. 다만, 사회복지법인 또는 사회복지시설에 종사하는 사회복지사는 정기적으로 인권에 관한 내용이 포함된 보수교육(補修敎育)을 받아야 한다. 사회복지법인 또는 사회복지시설을 운영하는 자는 그 법인 또는 시설에 종사하는 사회복지사에 대하여 제2항 단서에 따른 교육을 이유로 불리한 처분을 하여서는 아니 된다. 보건복지부장관은 제2항에 따른 교육을 보건복지부령으로 정하는 기관 또는 단체에 위탁할 수 있다. 제2항에 따른 교육의 기간·방법 및 내용과 제4항에 따른 위탁 등에 관하여 필요한 사항은 보건복지부령으로 정한다.

(6) 사회복지의 날(제15조의2)

국가는 국민의 사회복지에 대한 이해를 증진하고 사회복지사업 종사자의 활동을 장려하기 위하여 매년 9월 7일을 사회복지의 날로 하고, 사회복지의 날부터 1주간을 사회복지주간으로 한다. 국가와 지방자치단체는 사회복지의 날의 취지에 적합한 행사 등 사업을 하도록 노력하여야 한다.

(7) 사회복지사업법에 의한 법정 단체

사회복지사업법에 의한 법정 단체로 한국사회복지사협회와 한국사회복지협의회가 운영 중에 있다.

① **한국사회복지사협회**

사회복지사는 사회복지에 관한 전문지식과 기술을 개발 및 보급하고 사회복지사의 자질 향상을 위한 교육훈련을 실시하며, 사회복지사의 복지증진을 도모하기 위하여 한국사회복지사협회를 설립한다. 협회는 법인으로 하되, 협회의 조직과 운영 등에 필요한 사항은 대통령령으로 정한다. 협회에 관하여

이 법에서 규정한 사항을 제외하고는 민법 중 사단법인에 관한 규정을 준용한다.

② **한국사회복지협의회**

사회복지에 관한 다음의 업무를 수행하고자 전국 단위의 한국사회복지협의회와 시·도 단위의 시·도 사회복지협의회를 두며, 필요한 경우에는 시·군·구 단위의 시·군·구 사회복지협의회를 둘 수 있다. 중앙협의회, 시·도협의회 및 시·군·구협의회는 이 법에 따른 사회복지법인으로 하되, 사회복지법인의 운영에 필요한 재산 소유의무(제23조 제1항)에 대한 규정은 적용하지 아니한다.

(8) 사회복지사의 활동분야

사회복지사는 국가자격으로 자격취득을 통해 다양한 실천영역에서 활동하고 있다. 이때, '사회복지사' 명칭이 아닌 경우도 있으나, 그 업무를 수행하기 위해서는 사회복지사 자격취득을 필수로 하며, 복지 관련 업무를 수행하는 조직의 관련 부처에 따라 사회복지사가 아닌 다른 명칭으로 불리기도 한다. 그 중 일반영역과 확장영역으로 나눠 살펴보고자 한다.

① **일반영역**

사회복지사의 활동분야 중 일반영역으로 공적사회복지영역과 사회복지기관 및 시설 영역, 보건의료영역으로 나눠 살펴보면 다음과 같다.

가. 공적사회복지영역

사회복지사업법(제14조)에 의하면, 사회복지사업에 관한 업무를 담당하게 하기 위하여 시·도, 시·군·구 및 읍·면·동 또는 복지사무전담기구에 사회복지사 자격증을 가진 사회복지전담공무원을 두도록 규정하고 있어 활동하고 있다.

나. 사회복지기관 및 시설 영역

지역복지사업, 아동복지, 노인복지, 장애인복지, 모자복지 등의 민간 사회복지기관 영역에서 활동하고 있다.

다. 보건의료영역[의료법, 정신건강증진 및 정신질환자 복지서비스 지원에 관한 법률(정신건강복지법)에서 규정]

사회복지를 주목적으로 운영되는 기관은 아니지만 2차 현장으로 병원 등의 의료기관과 정신건강 관련 기관에서 활동하는 사회복지사가 있다.

- 의료사회복지사: 병원이나 진료소에서 임상치료팀의 일원으로 질병의 직·간접적인 원인이 되고 치료에 장애가 되는 환자의 심리·사회적인 문제들을 해결하도록 도와주며, 환자가 퇴원한 후에도 정상적인 사회기능을 발휘할 수 있도록 환자와 그의 가족에게 전문적인 사회복지서비스를 제공하는 사회복지사가 활동하고 있다.
- 정신건강사회복지사: 사회복지사 1급 자격증 소지자 중에서 정신건강분야의 전문적인 지식과 기술을 가지고 정신질환자의 개인력 및 사회조사, 정신질환자에 대한 사회사업지도 및 방문지도, 사회복귀 촉진을 위한 생활훈련 및 직업훈련, 정신질환자와 그 가족에 대한 교육·지도 및 상담업무, 정신질환 예방 활동 및 정신건강에 관한 조사연구를 하는 사회복지사가 활동하고 있다. 예를 들어, 정신건강증진시설로 국립 및 공립 정신병원, 정신요양시설, 정신재활시설, 정신건강복지센터, 국가트라우마센터, 중독관리통합지원센터, 정신건강연구기관 등이 있다. 정신건강전문요원 중 하나인 정신건강사회복지사(구. 정신보건사회복지사)는 법정 국가자격으로 「정신건강증진 및 정신질환자 복지서비스 지원에 관한 법률[(2016년 개정, 2017년 시행)」 구. 정신보건법(1995년 제정, 1996년 시행)]을 따른다.

② 확장영역

사회복지사의 활동분야 중 확장영역으로 학교, 자원봉사센터, 교정기관, 군부대 및 기업체 등에서 활동 중인 학교사회복지사, 자원봉사활동관리 전문가, 교정사회복지사, 군사회복지사, 산업사회복지사 등으로 나눠 살펴보면 다음과 같다.

가. 학교사회복지사

학생 개개인의 지적, 사회적, 정서적 욕구와 문제해결에 관심을 갖도록 도와주며, 이를 통하여 모든 학생들이 학교에서 공평한 교육기회와 성취감을 제공받을 수 있도록 사회복지의 다양한 실천방법을 활용하는 사회복지사를 말한다. 학교사회복지사 민간자격시험은 2005년부터 실시되었고, 2018년 「사회복지사업법」 개정(2020년 시행)으로 국가자격이 되었다.

나. 자원봉사활동관리전문가

자원봉사자들을 모집, 배치, 상담, 훈련하고 자원봉사자 활용 프로그램의 개발과 시행, 평가하는 사회복지사를 말한다.

다. 교정사회복지사

법무부산하의 교정시설에서 범죄인의 재활과 범죄 예방에 개입하고 있는 사회복지전문직은 교정사회복지사로 통칭되고 있다.

라. 군사회복지사

군대 내의 의무직에 속하여 환자의 상담과 복귀를 위한 복지업무를 담당하는 사회복지사로, 병과분류 764/의무병과·의무행정·사회사업으로 분류되고 있다.

마. 산업사회복지사

기업체에서 노동자들의 비복지적 문제의 개선을 위해 사회복지학의 전문지식을 활용하여 문제해결을 수행하는 사회복지사를 말한다.

(9) 사회복지사의 역할

사회복지사는 실천현장에서 어떤 상황인가에 따라 고정된 역할이 아닌 다양한 역할을 병행하여 수행한다(이윤로, 2008; 이경준 외, 2020). 따라서 자신이 활동하고 있는 현장과 만나는 사람과의 관계 속에서 적절한 역할을 수행할 수 있어야 한다.

① 가능케 하는 자(enabler)

가능케 하는 자의 역할이란 클라이언트 스스로 내적인 처리능력과 자원을 발견하도록 하여 자신의 노력으로 변화를 가져오는 것을 가능케 하는 자의 역할을 한다. 사회복지사는 클라이언트의 욕구 및 문제를 분명하게 파악하도록 돕고, 자신의 문제를 효과적으로 다룰 수 있는 자신의 능력을 개발시켜 주는 역할을 수행한다. 가능케 하는 자는 클라이언트의 표현을 격려하고, 감정의 분출을 촉진하며, 미래에 대한 희망을 전하고, 저항·양가감정을 줄여주며, 개인의 강점이나 사회적 자원을 발굴하고 지지해 주는 역할을 수행한다.

② 중개자(Broker)

중개자의 역할이란 클라이언트가 지역사회 내에 있는 서비스체계나 자원을 활용할 수 있도록 돕거나 안내해 주는 역할을 말한다. 중개자는 사례관리의 핵심적 기능으로 중개자는 자원을 파악하고 대안 자원 중 선택권을 클라이언트에게 제공하고, 의뢰기관과 클라이언트와의 연결해 준다. 사회복지사는 클라이언트 의뢰한 이후 적절한 도움을 받았는지 지속적인 확인과 추적 조사가 필요하다.

③ 중재자(Mediator)

중재자의 역할이란 관련된 사람들 사이의 분쟁에 개입하여 타협점을 찾고, 화해를 통해 상호 만족스러운 동의에 도달하도록 돕는 활동을 말한다. 여기서 중재자는 중립적이며 논쟁에 어느 한쪽 편도 들지 않고, 양자의 입장을 이해하도록 노력해야 한다. 예를 들어 이혼하는 부부간의 분쟁, 이웃 간의 갈등, 집주인과 세입자 분쟁, 노사 간 분쟁, 범죄피해자와 가해자 간의 갈등 등에서 중재자의 역할을 할 수 있다.

④ **옹호자**(Advocate)

옹호자의 역할이란 클라이언트 및 가족의 권리를 옹호하고 대변하며 정책 변화를 모색하기 위한 활동 수행하는 활동을 말한다. 클라이언트 입장에서 일을 진행하고 대변하는 것으로 클라이언트가 필요한 것을 얻을 힘이 거의 없을 때 적절하다. 예를 들어 여성의 고용차별, 노숙인의 인권침해에 대항한 새로운 법률제정 운동 등에서 옹호자의 역할을 할 수 있다.

⑤ **행동가**(Activist)

행동가의 역할이란 주로 지역사회 수준에서 클라이언트의 이익이나 권리가 침해당하는 사회적 조건(사회적 불평등, 차별) 등을 인식하여 클라이언트가 인권을 보호받고 행사할 수 있는 사회를 만들기 위한 활동에 참여하는 것이다. 행동가는 사회 불의, 불평등, 박탈 등에 관심을 갖고 갈등, 대면, 협상 등을 활용하여 사회적 환경이 개인의 욕구를 보다 잘 충족하도록 변화시키도록 노력한다. 이를 위해 행동가는 소외 집단을 위해 지역사회 욕구를 조사하고, 분석하며 자원 활성화 등을 위해 노력한다.

⑥ **협상가**(Negotiator)

협상가의 역할이란 하나 혹은 그 이상의 문제로 갈등하고 있는 사람들을 함께 모아 상호 수용이 가능한 합의에 도달하도록 협상하고 타협안을 찾아 서로 화해하고 수용하며 의견 일치를 이루어 내도록 돕는 역할을 말한다. 여기서 사회복지사는 중립적인 입장에 머물 수 없고 의견을 가지고 적극 개입하게 되며, 중재자(중립 입장)와 달리 협상가는 어느 한 편과 같은 동맹관계를 맺는다.

⑦ **교육자**(Educator)

교육자의 역할이란 클라이언트의 사회적 기능이나 문제해결능력이 향상될 수 있도록 교육프로그램 및 정보 제공하는 것이다. 사회복지사는 교육자의 역할 수행을 위해 전문적 지식과 정확한 정보를 알아야 하며 훌륭한 의사소통기술을 갖고 있어야 한다. 예를 들어 부모교육, 직업훈련, 분노조절기법 교육 등에서 교육자의 역할을 수행한다.

⑧ **조정자**(Coordinator)

조정자의 역할이란 상이한 사람들과 기관을 조직화된 방식으로 함께 묶어 서비스의 중복 및 상호 간 갈등을 피하기 위해 협상과 합의를 이끌어내는 활동을 말한다. 조정자는 다양한 기관으로부터 서비스 조정 또는 동일 기관 내 상이한 부서 간 협력을 조정하게 된다.

⑨ **조사연구자**(Researcher)

조사연구자의 역할이란 문헌연구, 실천 결과 평가, 프로그램 장단점 사정, 지역사회 욕구 조사 등을 하는 것이다. 조사연구자는 전문적 이론과 기술을 발전시키고 사회복지실천 및 프로그램의 질 향상에 기여할 수 있다.

⑩ **촉진자**(Facilitator)

촉진자의 역할이란 클라이언트들의 변화노력을 격려하고 촉진하는 집단지도자의 역할을 말한다. 예를 들어 치료집단, 교육집단, 자조집단, 가족치료집단 등에서 집단이 기능하도록 돕고, 집단 내 지지를 자극하며, 집단 상호작용을 관찰 및 체계적인 피드백을 제공하게 된다.

⑪ **훈련가**(Trainer)

훈련가의 역할이란 기관, 조직 차원에서 직원들의 전문성 계발을 위해 직원세미나 혹은 워크숍, 슈퍼비전 등에 참여하여 직원 교육 및 훈련 실시하는 것을 말한다.

⑫ **계획가(Planner)**

계획가의 역할이란 지역사회 주민이 원하는 것이 무엇인지 파악하여 서비스 개선에 필요한 정책이나 서비스 또는 프로그램을 개발하는 활동을 말한다.

⑬ **동료와 모니터(Colleague and Monitor)**

동료와 모니터의 역할이란 전문가로서 윤리적 행동 준수 격려 및 전문가협회 및 조직에 참여하여 동료 간 상호지지 제공 및 다른 전문가와의 협력관계 도모하는 활동을 말한다.

2) 사회복지사의 전문성

(1) 사회복지실천의 전문적 기반

① 과학적 기반과 예술적 기반

사회복지실천은 과학과 예술의 조화라고 한다. 과학은 현상을 관찰, 확인, 기술하고, 실험적으로 조사하여 이론적으로 설명하는 것이며, 예술은 어떤 일을 능숙하게 수행하는 기술로 학습만으로는 배울 수 없는 직관적인 능력을 발휘해야 한다. 그러나 과학성과 예술성 각각에만 의존하면 기계적인 실천이 되거나 전문성이 떨어지거나 비효과적인 실천이 될 수 있다. 따라서 사회복지실천이 전문성을 갖기 위해서는 과학성과 예술성이 조화가 되어야 한다.

가. 사회복지실천의 과학적 기반

사회복지실천의 과학적 기반이라는 의미는 사회복지 실천을 행하기 위해서 사회복지서비스 이용자의 특성을 이해하고, 문제의 원인과 사회현상, 사회적 조건과 문제, 사회정책과 프로그램, 사회복지 전문직, 다양한 실천이론과 지식에 근거를 두고 이를 적용 및 활용하는 것을 의미한다. 예를 들어, 객관적 관찰, 실험적 조사, 개입기술 훈련, 이론적 설명, 이용자 만족도 및 욕구조사 등이 있다.

나. 사회복지실천의 예술적 기반

사회복지실천의 예술적 기반이라는 의미는 사회복지사의 개인적 특성이나 예술적 혹은 직관적 능력을 활용하는 것 혹은 클라이언트의 정서적 측면에 개입하는 사회복지사의 심리적 특성 혹은 능력을 말한다. 예를 들어, 감정이입적인 의사소통능력, 진실성, 개인적인 가치, 직관적 능력, 판단력, 사회적 관심 등이 있다.

② 사회복지사의 지식 기반

사회복지실천의 전문적 기반 중에 과학적 기반은 사회복지사가 과학적 이론과 지식을 바탕으로 사회복지실천을 수행해야 한다는 것을 의미한다. 사회복지사가 과학적 이론과 지식에 근거하여 실천하기 위해서는 다양한 지식이 필요하다. 사회복지사에게 필요한 지식은 사회복지대상자에 관한 이해에서부터 실천과정, 사회정책에 이르기까지 다양하며, 구체적인 내용은 인간행동과 발달에 관한 지식, 인간관계와 상호작용에 관한 지식, 실천이론과 모델에 관한 지식, 특정 분야나 대상 집단에 대한 지식, 사회정책과 서비스에 관한 지식, 사회복지사 자신에 관한 지식 등이 포함된다(김혜란 외, 2010).

가. 햅워스 등이 제시한 사회복지사에게 필요한 지식

사회복지사는 인간의 행동과 사회환경, 사회복지정책과 서비스, 사회복지실천방법, 조사 및 연구에 관한 지식 등이 필요하다.

- 인간의 행동과 사회환경에 관한 지식: '환경 속의 인간'이라는 시각에서 개인이 속한 가족, 집단, 조직, 지역사회 영역에 있어서 생태, 심리, 사회적 발달에 관한 지식은 사회복지사가 다양한 실천현장에서 활동하는 상황에서 매우 중요한 기본 지식이 된다. 이에 인간행동과 사회환경 등의 교과목에 대한 이해가 충실하게 이뤄져야 한다.
- 사회복지정책과 서비스에 관한 지식: 사회복지사가 활동하는 현장에서 필요한 사회복지정책과 제도 등에 대한 이해와 사회복지 대상자의 권리

옹호 및 사회문제 해결을 위한 아젠다(agenda)를 제시하여 정책을 만들 수 있는 지식이 필요하다. 이에 사회복지행정론, 사회복지정책론, 사회복지법제론, 사회서비스론 등의 교과목에 대한 이해가 충실하게 이뤄져야 한다.

- 사회복지실천방법에 관한 지식: 사회복지사가 활동하는 클라이언트 체계 수준에 따라 필요한 지식을 갖춰야 한다. 다시 말해서, 클라이언트 체계는 개인 및 가족수준, 집단수준, 지역사회수준으로 분류할 수 있는데 이를 미시(micro), 중범위(mezzo), 거시(macro)로 보기도 한다. 효과적인 실천을 위해서는 차원을 포괄하는 총체적이고 통합적인 지식과 기술이 필요하다. 이에 사회복지실천론, 사회복지실천기술론 교과목에 대한 이해가 충실하게 이뤄져야 한다. 영역별 국가자격으로 사회복지사, 학교사회복지사, 정신건강사회복지사, 의료사회복지사 자격취득과 건강가정사, 성폭력 및 가정폭력 상담원 자격취득을 통해 전문영역을 갖추는 것도 필요하다.
- 조사 및 연구에 관한 지식

  사회복지사는 자신이 만나는 사회복지 대상자의 욕구에 대한 이해가 매우 중요하다. 이를 위해 사회복지 조식에서는 욕구조사를 실시하고, 서비스 이용에 대한 만족도 조사를 실시하여 과학적 기반에 의한 증거기반 실천이 가능하도록 활동해야 한다. 이에 사회복지조사론, 사회복지조사방법론 교과목에 대한 이해가 충실하게 이뤄져야 하고, 관련 자격으로는 사회조사분석사 자격취득을 통해 전문성을 갖추는 것도 필요하다.

나. 존슨 등이 제시한 사회복지사의 지식기반

사회복지실천현장에서 만나는 사회복지 대상자는 다양한 영역의 욕구를 갖고 있으며, 그에 따른 사회적 위험도 사회복지사가 직접적, 간접적으로 처음 접하는 경우의 지식과 기술을 필요로 하는 경우도 있다. 이에 광범위한 인문학적 지식, 인간과 인간의 상호작용, 사회상황에 대한 기초지식, 실천이론과 특정 분야 및 클라이언트 집단에 대한 지식 그리고 지식 사용에 있어 창조적이고 심사숙고적인 태도와 능력이 필요하다. 마지막으로 사회복지사로서 '자기 자신에 대한 인식'을 통해 사회복지사의 직업윤리를 준수하고 책임감을 갖고 활동해야 한다.

다. 사회복지실천지식의 차원

사회복지실천의 이론적 기초를 제공하는 전문지식은 매우 다양하다. 그러나 사회복지 실천지식 중 사회복지실천에 영향을 주는 구체성의 정도에 따라 패러다임, 시각(관점), 이론, 모델, 실천지혜 등으로 구분해볼 수 있다.

- 패러다임: 패러다임은 가장 추상적인 개념적 틀로서 세계관과 현실에 대한 인식 방향을 결정하는 역할을 한다. 사회복지실천에는 의료적 개념의 패러다임(1900년대 전후), 생태적 개념의 패러다임(1960년대), 소비자 중심의 패러다임(1980년대)이 있다.
- 시각(관점): 시각(관점)은 패러다임보다 조금 더 구체적인 수준에서 사회복지실천에 영향을 주는 실천지식이다. 이는 개념적 준거틀로서 관심 영역과 가치, 대상들을 규정한다. 사회복지실천의 시각(관점)에는 병리적 관점, 강점 관점, 생태체계적 관점 등이 있다.
- 이론: 이론은 특정 현상을 설명하기 위한 가설이나 개념, 의미의 집합체이다. 사회복지실천을 위한 이론 중에는 정신분석이론, 인지행동이론, 체계이론 등이 있다.
- 모델: 모델은 일관된 실천활동의 원칙과 방식을 구조화시킨 것으로서 실천과정에 직접적으로 필요한 기술적 적용방법을 제시한다. 모델은 이론을 기반으로 한 구체적인 개입기술을 포함하며 사회복지사가 구체적으로 실천활동을 할 수 있게 해준다. 사회복지실천기술론을 통해 학습하게 되는 모델 중에는 정신역동모델, 심리사회모델, 인지행동모델, 과제중심모델, 위기개입모델, 역량강화(동기부여) 모델, 증거기반실천모델 등이 있다.
- 실천지혜/직관/암묵적 지식: 실천지혜는 사회복지 실천현장에서 경험적, 귀납적으로 만들어진 지식을 말한다. 실천지혜는 이론적 토대가 없고 구체적으로 명시할 수 없는 지식이지만 실천현장에서 서비스를 제공하는

과정에 미치는 영향은 무시할 수 없다.

(2) 사회복지실천기술에 대한 이해

① 사회복지실천기술의 개념과 특징

사회복지 실천기술이란 로봇처럼 모든 클라이언트, 모든 문제, 모든 상황에 똑같은 방식으로 적용할 수 있는 단순 테크닉(technique)이 아니라, 사회복지가 전문직으로 가지고 있는 가치와 전문적 지식을 바탕으로 한 일련의 행위라고 할 수 있다(김주연, 2007). 사회복지 실천기술은 사회복지사가 사회복지 실천현장에서 활동을 수행하는 과정에서 지식을 효과적으로 이용하고 적용할 수 있게 해 주는 능력 혹은 방법을 말한다.

사회복지실천기술의 특징에는 사회복지의 지식과 가치를 조화시켜 행동으로 옮기는 실천요소로 클라이언트의 욕구에 반응하여 클라이언트의 사회적 기능을 향상시키려는 목적을 갖는다. 그리고 지식을 기반하기 때문에 개발 및 학습이 가능하고, 특정 상황에 맞는 실천기술을 활용할 수 있는 능력이 필요하다. 또한, 특정 이론에만 국한되지 말고, 다양한 이론과 실천기술을 상황에 맞게 적절한 선택과 활용이 가능할 수 있도록 훈련이 필요하다.

② 사회복지실천기술의 유형과 내용

사회복지실천기술의 유형을 기초기술과 필요한 기술로 나눠 살펴보면 다음과 같다.

가. 사회복지실천의 기초기술

엄명용 외(2008)는 사회복지실천의 기초기술을 다음과 같이 나눠 제시하였으며, 이러한 기술은 사회복지실천의 상황에 따라 각각 별도로 활용되기도 하지만, 통합적으로 혼합되어 사용되는 경우가 더 많다(오봉욱 외, 2015b).

- 면담 기술: 의사소통 및 관여 기술
- 사정 기술: 개인과 환경의 상호작용 맥락에서 문제나 어려움의 발견

- 개입 기술: 문제나 어려움을 해결하기 위한 기술
- 팀워크 기술: 문제해결을 위해 다른 전문직과 합동하려고 노력하는 기술
- 지지망 구축기술: 개입효과의 지속성을 유지함으로써 클라이언트의 자립 유도
- 협상 기술: 클라이언트 복지와 관련된 주변 체계와의 협상 기술
- 평가 및 종결 기술: 클라이언트와 사회복지사의 협력적 노력의 결과를 평가하고 클라이언트의 자립 생활을 위해 종결하는 기술

나. 사회복지실천가로서의 필요한 기술

사회복지실천가로서 필요한 기술은 다양하다. 그중 몇 가지만 살펴보면, 경청기술, 자료를 찾아 의미 있게 조합하는 능력과 기술, 원조관계 형성기술, 신뢰감 형성기술, 협력기술, 교육기술, 명확하게 말하고 글을 쓰는 기술, 이론을 실천상황에 맞게 적용하는 기술, 문제해결에 필요한 정보를 파악하는 기술, 기관이나 자신의 실무에 관해 조사연구를 수행하는 기술 등이 있다(NASW, 1981).

다. 개입 차원에 따른 실천기술

사회복지실천기술은 사회복지사가 개입하는 클라이언트 체계 수준에 따라 다양하다. 그 수준은 미시, 중범위, 거시 등으로 구분되며, 효과적인 실천을 위해 세 가지 영역을 포괄하는 총체적인 지식과 기술이 필요하다(Kirst-Ashman & Hull, 1993: 장인협, 2001).

- 미시적 차원의 기술: 미시적 차원의 실천은 개인, 부부, 가족을 포함하는 다양한 클라이언트 체계를 대상으로 하며, 사회복지사는 클라이언트와 일대일로 접촉하여 직접 서비스를 제공한다. 미시적 차원의 기술에는 대인관계기술, 면접기술 등이 해당된다.
- 중범위 차원의 기술: 중범위 차원의 실천은 학교, 직장, 이웃에서의 동료 간의 관계에 개입하여 변화시키는 것으로, 중범위 실천의 기술에는 집단

역동성을 활용하는 기술, 미시 수준의 관계형성기술 및 의사소통기술을 집단에 적용하는 기술 등이 해당된다.

- 거시적 차원의 기술: 거시적 차원의 실천은 서비스를 직접 제공하는 것이 아니라 사회계획과 지역사회조직과정을 포함하고, 지역사회행동체계를 원조하는 전문적인 변화매개자로서 역할을 수행한다. 거시적 차원의 기술에는 주민조직기술, 해결협상기술, 클라이언트 옹호기술, 대변기술 등이 있다.

③ 사회복지실천의 가치

사회복지실천의 가치는 기본적인 가치로 기본적 권리에 대한 존중, 개인적 자유에 관한 헌신성, 자기결정에 대한 존중과 지지, 사회적 책임감 등이 필요하며, 사회복지 전문직의 가치로 개인의 존엄성과 독특성에 대한 존중, 자기결정의 원리, 사회적 형평성의 원리, 개인의 복지에 대한 사회와 개인 공동의 책임 등을 제시하였다(엄명용 외, 2011).

3. 사회복지사의 노동조건과 처우

1) 사회복지사의 노동조건

사회복지 실천현장에서 활동하는 사회복지사의 근로활동은 「근로기준법」 등 관계법령에 의한 근로기준을 적용하여 시설종사자의 기본적 생활을 보장 및 향상시키며, 사회복지시설 관리의 효율성과 민주성을 기할 것을 제시하고 있다. 만약, 세부적인 사항에 대해 궁금한 경우 고용노동부 고객상담센터에 문의하며, 유권해석이 필요한 경우 "지방노동관서 근로개선지도과"에 문의하여 진행한다.

(1) 법률 및 자치법규에 의한 규정

① 법률

사회복지사 등의 처우 및 지위 향상을 위한 법률이 제정, 시행되고 있으며, 약칭, 사회복지사법이라 불리고 있다. 이 법률의 목적은 사회복지사 등에 대한 처우를 개선하고 신분보장을 강화하여 사회복지사 등의 지위를 향상하도록 함으로써 사회복지 증진에 이바지하는 것을 목적으로 한다.

「사회복지사 등의 처우 및 지위 향상을 위한 법률」

제3조(사회복지사 등의 처우개선과 신분보장) ① 국가와 지방자치단체는 사회복지사 등의 처우를 개선하고 복지를 증진함과 아울러 그 지위 향상을 위하여 적극적으로 노력하여야 한다.

② 국가와 지방자치단체는 사회복지사 등의 보수가 사회복지전담공무원의 보수수준에 도달하도록 노력하여야 한다.

③ 국가는 사회복지사 등의 적정 인건비에 관한 기준을 마련하여야 하며, 지방자치단체는 해당 기준을 준수하기 위하여 노력하여야 한다.

④ 보건복지부장관과 지방자치단체의 장은 사회복지사 등의 보수 수준 및 지급실태, 제3항에 따른 기준의 지방자치단체별 준수율 등에 관하여 3년마다 조사·공표하여야 한다.

⑤ 사회복지사 등은 사회복지법인 등의 운영과 관련된 위법·부당 행위 및 그 밖의 비리 사실 등을 관계 행정기관과 수사기관에 신고하는 행위로 인하여 징계 조치 등 신분상 불이익이나 근무조건상 차별을 받지 아니한다.

② 자치법규

자치법규인 「서울특별시 사회복지사 등의 처우 및 지위향상에 관한 조례」는 「사회복지사업법」 및 「사회복지사 등의 처우 및 지위 향상을 위한 법률」에 따라 최일선에서 활동하는 사회복지사 등의 보수수준을 사회복지전담공무원 수준으로 도달하도록 하는 등 처우 및 지위를 향상하도록 함으로써 서울특별시의 사회복지 증진에 이바지하는 것을 목적으로 한다.

「서울특별시 사회복지사 등의 처우 및 지위향상에 관한 조례」

제6조(사회복지사 등의 신분보장) ① 사회복지사 등은 사회복지기관 운영과 관련된 위법·부당 행위 및 그 밖에 비리 사실 등을 관계 행정기관과 수사기관에 신고하는 행위로 인하여 징계조치 등 신분상 불이익이나 근무조건상 차별을 받지 아니한다.

② 시장은 사회복지사 등이 제1항과 같은 신고행위로 인하여 신분상 불이익이나 근무조건상 차별을 받은 경우 관계 공무원에게 조사하게 할 수 있으며, 조사결과에 따라 필요한 조치를 취할 수 있다.

제9조(처우개선 등 사업) ① 시장은 사회복지사 등의 처우개선 등을 위하여 다음 각 호의 사업을 추진하여야 한다.

1. 사회복지사 등의 보수체계 일원화를 위한 사업
2. 사회복지사 등의 처우개선 및 지위향상을 위한 조사·연구사업
3. 사회복지사 등의 역량강화를 위한 교육 및 훈련지원 사업
4. 비정규직 사회복지사 등의 처우개선을 위한 사업
5. 그 밖에 사회복지사 등의 복지증진을 위하여 시장이 필요하다고 인정하는 사업

② 시장은 제1항의 사업을 추진하는 데 필요할 경우 전문기관이나 단체에 위탁할 수 있으며, 이 경우 예산의 범위에서 경비를 지원할 수 있다.

(2) 사회복지시설 종사자의 노동인권

최근 사회복지시설 종사자를 대상으로 노동인권 및 안전에 관한 조사가 실시된 결과를 살펴보면, 선후배 및 동료사회복지사, 서비스 이용자와 이용자의 가족에 의한 폭언과 폭력, 성폭력과 성희롱 등의 범죄피해 경험이 있음이 조사되었다.

서울시 사회복지시설 직장 내 괴롭힘 실태조사(2019) 결과 중에는 괴롭힘의 발생 이유로 '직원퇴사를 유도하기 위한 방편', '권력이 상급자에게 집중됨', '인사 및 급여체계의 구조적 한계(경직된 승진과 예산구조로 직원이 괴롭힘에 동조함)' 등이 제시되었고, 괴롭힘의 영향으로 '신체적, 정신적 건강 악화, 업무능률 저하' 등이 제시되었다. 그리고 시설 운영의 부조리한 관행(견제 및 직원대변 조직 부재, 괴롭힘 발생 등)과 시설 예산 횡령과 비민주적 시설운영 등이 조사되었다. 이는 사회복지종사자의 근무의지와 의욕에 부정적인 영향을 미치며, 사회복지

서비스의 질을 낮추는 결과를 가져온다. 또한, 종사자의 근무유지 기간이 짧아지고, 이직률이 높아지며, 사회복지사로서의 자긍심이 낮아지면서 퇴사하는 경우로 연결될 수 있다.

따라서 사회복지법인과 시설의 인권 책무로서 존중의 의미로, 스스로가 인권침해를 하지 않는 노력이 필요하며, 제3자에 의한 인권침해로부터 보호와 인권실현을 위한 적극적 조치를 취할 수 있도록 교육과 제도 마련 등이 실현되어야 할 것이다.

(3) 사회복지시설 종사자 중 '최고관리자'의 경우

사회복지시설의 시설장은 시설 위탁과정에서 법인에 의해 채용되어 상근으로 근무한다. 이때, 상근의무란, 휴일 기타 근무를 요하지 않은 날을 제외하고 일정한 근무계획하에 매일 소정의 근무시간 중 상시 그 직무에 종사하여야 하는 것을 말한다. 시설장은 시설 내 종사자가 자신의 업무를 잘 수행할 수 있도록 총괄관리를 하면서 지역사회 자원연계 등 시설 전반적인 업무를 수행한다. 그러나 최근 시설장의 근로계약이 1년 단위로 진행되는 경우가 있어서 근로의욕 상실과 사회복지시설의 비전과 미션을 수행하는 데 어려움이 발생하고, 법인 이사회 등의 영향을 받아 문제가 발생하기도 한다. 이에 시설장의 책임감 부여뿐 아니라 근로를 위한 노동조건에 대해서도 관심이 요구된다.

(4) 사회복지시설 종사자 중 비정규직의 경우

사회복지시설 종사자 중 비정규직 인력에 대해 차별 문제의 시정을 위해 관계법령 등을 준수하도록 되어 있다.

「기간제 및 단시간 근로자 보호 등에 관한 법률」

제2장 기간제근로자

제4조(기간제근로자의 사용) ① 사용자는 2년을 초과하지 아니하는 범위 안에서(기간제 근로계약의 반복갱신 등의 경우에는 그 계속 근로한 총기간이 2년을 초과하지 아니하는 범위 안에서) 기간제근로자를 사용할 수 있다. 다만, 다음 각 호의 어느 하나에 해당하는 경우에는 2년을 초과하여 기간제근로자로 사용할 수 있다. 〈개정 2020. 5. 26.〉

1. 사업의 완료 또는 특정한 업무의 완성에 필요한 기간을 정한 경우
2. 휴직·파견 등으로 결원이 발생하여 해당 근로자가 복귀할 때까지 그 업무를 대신할 필요가 있는 경우
3. 근로자가 학업, 직업훈련 등을 이수함에 따라 그 이수에 필요한 기간을 정한 경우
4. 「고령자고용촉진법」 제2조 제1호의 고령자와 근로계약을 체결하는 경우
5. 전문적 지식·기술의 활용이 필요한 경우와 정부의 복지정책·실업대책 등에 따라 일자리를 제공하는 경우로서 대통령령으로 정하는 경우
6. 그 밖에 제1호부터 제5호까지에 준하는 합리적인 사유가 있는 경우로서 대통령령으로 정하는 경우

② 사용자가 제1항 단서의 사유가 없거나 소멸되었음에도 불구하고 2년을 초과하여 기간제근로자로 사용하는 경우에는 그 기간제근로자는 기간의 정함이 없는 근로계약을 체결한 근로자로 본다.

제5조(기간의 정함이 없는 근로자로의 전환) 사용자는 기간의 정함이 없는 근로계약을 체결하고자 하는 경우에는 해당 사업 또는 사업장의 동종 또는 유사한 업무에 종사하는 기간제근로자를 우선적으로 고용하도록 노력하여야 한다.

제3장 단시간근로자

제6조(단시간근로자의 초과근로 제한) ① 사용자는 단시간근로자에 대하여 「근로기준법」 제2조의 소정근로시간을 초과하여 근로하게 하는 경우에는 해당 근로자의 동의를 얻어야 한다. 이 경우 1주간에 12시간을 초과하여 근로하게 할 수 없다.

② 단시간근로자는 사용자가 제1항의 규정에 따른 동의를 얻지 아니하고 초과근로를 하게 하는 경우에는 이를 거부할 수 있다.

③ 사용자는 제1항에 따른 초과근로에 대하여 통상임금의 100분의 50 이상을 가산하여 지급하여야 한다.

제7조(통상근로자로의 전환 등) ① 사용자는 통상근로자를 채용하고자 하는 경우에는 해당 사업 또는 사업장의 동종 또는 유사한 업무에 종사하는 단시간근로자를 우선적으로 고용하도록 노력하여야 한다.
② 사용자는 가사, 학업 그 밖의 이유로 근로자가 단시간근로를 신청하는 때에는 해당 근로자를 단시간근로자로 전환하도록 노력하여야 한다.

제4장 차별적 처우의 금지 및 시정
제8조(차별적 처우의 금지) ① 사용자는 기간제근로자임을 이유로 해당 사업 또는 사업장에서 동종 또는 유사한 업무에 종사하는 기간의 정함이 없는 근로계약을 체결한 근로자에 비하여 차별적 처우를 하여서는 아니 된다.
② 사용자는 단시간근로자임을 이유로 해당 사업 또는 사업장의 동종 또는 유사한 업무에 종사하는 통상근로자에 비하여 차별적 처우를 하여서는 아니 된다.

2) 사회복지사의 처우

사회복지 실천현장에서 활동하는 사회복지사의 처우는 「사회복지 종사자 인건비 가이드라인」을 통해 살펴볼 수 있다. 업무상 인건비 가이드라인은 예결산 업무, 급여 관련 업무에서 많이 사용된다. 이때, 「사회복지 종사자 인건비 가이드라인」은 의무사항이 아닌 권고사항으로 최저 임금만 받고 열악한 환경에서 근무하는 사회복지사들도 있다. 또한 호봉상승도 매년 불발되는 경우가 많고, 다른 직종이나 호봉상승이 보장되는 영역으로 이직하는 경우도 있다. 이에 사회복지사의 처우 개선 문제 중 인건비(급여)에 대한 보장이 될 수 있도록 관심이 요구된다.

(1) 사회복지시설 종사자 기본급 권고 기준

2022년 사회복지시설 종사자 인건비 권고 기준을 살펴보면 「사회복지사업법」 제2조에 따라 사회복지사업을 행할 목적으로 설립된 사회복지시설에 대해 적용되며, 동 인건비(기본급) 지급기준을 우선 적용하되, 봉급 및 수당 기준 등은 개별 시설유형과 지방자치단체 예산사정 등에 따라 별도로 마련이 가능하다.

(2) 사회복지시설 종사자 수당 기준

사회복지시설 종사자의 수당의 종류에는 명절 휴가지, 시간 외 근무수당, 가족수당 등이 있으며, 지급대상과 지급액은 다음의 기준을 살펴보면 된다.

▼ 표 14-1 사회복지시설 종사자 수당 기준

수당의 종류	지급대상	지급액	지급회수 및 지급일
명절 휴가비	재직 중인 종사자(육아휴직, 병가휴직 등 장기휴직 제외)	봉급액의 120%	봉급액의 60%씩 연 2회, 설과 추석이 속한 달의 보수지급일(또는 설과 추석 전 15일 이내에 관장이 정한 날)
시간 외 근무수당 등	규정된 근무시간 외에 연장근로를 한 종사자	연장근로 시간당 [통상임금(보수월액)×1/209×1.5]	연장근로를 한 다음 달 보수 지급일(단, 12월은 당월에 지급)
가족수당	부양가족이 있는 종사자	부양가족 1인당 20,000원(배우자 40,000원, 둘째 자녀 60,000원, 셋째 이후 자녀 100,000원)	매월 급여 지급일에 지급(세부기준은 공무원 기준 준용)

(3) 사회복지시설 사회복지사 사회초년생 초봉

사회복지시설에 취업한 사회초년생인 사회복지사가 받게 되는 초봉은 기본급여 사회복지시설 종사자의 수당의 종류에는 명절 휴가지, 시간 외 근무수당, 가족수당 등이 있으며, 지급대상과 지급액은 다음의 기준을 살펴보면 된다.

사회초년생 사회복지사의 초봉

1) 기본급여 A 원 × 12달 = B 원
2) 명절수당(보너스) 120%(60% 연 2회로 나눠 지급) = C 원
2) 가족수당(미혼인 경우) = D 원
3) 시간 외 근무수당(기관 상황에 따라 적용이 달라짐) = E 원
4) 기타 수당: 종사자 특별수당, 법인 지원수당 등 = F 원
   단, 사회보험료, 주민세 등의 세금 = G 원(군 복무 등 경력 산정 추가)

따라서 사회초년생 사회복지사의 연봉은 세전 B+C+D+E+F =H원

(4) 사회복지시설 종사자 중 비정규직 인력의 처우

사회복지시설 종사자 중에는 정규직 인력이 아닌 비정규직인 인력이 있다. 예를 들어, 노인복지관의 경우 노인일자리 전담인력, 노인맞춤돌봄서비스 전담인력이 근무 중이다. 각각의 사업별 안내서를 살펴보면 전담인력의 처우가 명시되어 있으며, 정규직 직원과 동일하게 근무하지만 비정규직 인력의 처우가 낮다. 이는 곧 근무유지 기간과 근로의욕에 영향을 미치게 되어 서비스 이용자에게 부정적인 영향을 줄 수 있기 때문에 관심이 요구된다.

(5) 사회복지시설 종사자 보수수준 관리

지방자치단체는 월별로 종사자의 정확한 보수 및 수당을 파악하고, 시설에서 종사자 입퇴사 보고 등을 위해 사용 중인 「사회복지시설정보시스템」내 급여 및 회계 기능사용 조치 후 확인을 해야 한다.

4. 사회복지사 윤리강령

1) 윤리강령의 개념과 기능

(1) 윤리강령의 개념

윤리강령은 전문직이 윤리적 실천을 수행할 수 있도록 행동기준과 원칙을 정해놓은 구체적인 지침이다.

(2) 윤리강령의 기능

윤리강령의 기능은 전문가들이 자신의 전문직 가치에 맞게 실천할 수 있는 판단 기준을 제공하는 것이다. 전문직 실천가들에게 전문가로서 지켜야 할 기본 윤리적 행위가 무엇인지, 전문가로서 하지 말아야 할 비윤리적 행동이 무엇인지를 판단하는 기준을 제시한다. 윤리강령은 전문직을 외부의 규정으로부터 보호하는 기능과 전문직 실천대상을 보호하는 기능을 갖는다.

(3) 윤리강령의 등장배경

사회의 가치관과 개인의 가치관 및 윤리관이 급격하게 변하면서 이전에는 나타나지 않았던 다양한 갈등이 발생하게 되었고 이를 해결하기 위해 윤리강령이 등장했다.

2) 사회복지사 윤리강령

(1) 사회복지사 윤리강령의 개념

사회복지사 윤리강령은 사회복지 가치 기준에 맞게 실천해야 할 행동기준과 원칙을 정해놓은 지침이다.

(2) 사회복지사 윤리강령의 기능

사회복지사 윤리강령의 기능은 사회복지실천 현장에서 윤리적 갈등이 생겼을 때, 사회복지사가 전문직 가치 기준에 맞는 행동이 어떤 것인지를 판단할 수 있는 지침과 기준을 제공하는 것이다. 사회복지사 윤리강령은 스스로 자기규제 기능을 가짐으로써 사회복지 전문직의 전문성을 확보하고 외부로부터 전문직도 보호하고 클라이언트도 보호한다.

3) 우리나라의 사회복지사 윤리강령

우리나라의 사회복지사 윤리강령은 전문, 윤리기준, 사회복지윤리위원회의 구성과 운영에 관한 내용으로 구성되어 있다(한국사회복지사협회, 2022).

(1) 전문

사회복지사는 인본주의·평등주의 사상에 기초하여, 모든 인간의 존엄성과 가치를 존중하고 천부의 자유권과 생존권의 보장 활동에 헌신한다.

특히 사회적·경제적 약자들의 편에 서서 사회정의와 평등·자유와 민주주의 가치를 실현하는 데 앞장선다. 또한, 도움을 필요로 하는 사람들의 사회적 지위와 기능을 향상시키기 위해 저들과 함께 일하며, 사회제도 개선과 관련된 제반 활동에 주도적으로 참여한다. 사회복지사는 개인의 주체성과 자기결정권을 보장하는 데 최선을 다하고, 어떠한 여건에서도 개인이 부당하게 희생되는 일이 없도록 한다.

이러한 사명을 실천하기 위하여 전문적 지식과 기술을 개발하고, 사회적 가치를 실현하는 전문가로서의 능력과 품위를 유지하기 위해 노력한다. 이에 우리는 클라이언트·동료·기관 그리고, 지역사회 및 전체사회와 관련된 사회복지사의 행위와 활동을 판단·평가하며 인도하는 윤리기준을 다음과 같이 선언하고 이를 준수할 것을 다짐한다.

(2) 윤리강령의 목적

한국사회복지사 윤리강령은 사회복지 전문직의 가치와 윤리적 실천을 위한 기준을 안내하고, 윤리적 이해가 충돌할 때 고려해야 할 사항을 제시하고자 한다. 한국사회복지사 윤리강령의 목적은 다음과 같다.

1. 윤리강령은 사회복지 전문직의 사명과 사회복지 실천의 기반이 되는 핵심 가치를 제시한다.
2. 윤리강령은 사회복지 전문직의 핵심 가치를 실현하기 위한 윤리적 원칙을 제시하고, 사회복지 실천의 지침으로 사용될 윤리기준을 제시한다.
3. 윤리강령은 사회복지 실천 현장에서 발생하는 윤리적 갈등 상황에서 의사 결정에 필요한 사항을 확인하고 판단하는 데 필요한 윤리 기준을 제시한다.
4. 윤리강령은 사회복지사가 전문가로서 품위와 자질을 유지하고, 자기 관리를 통해 클라이언트를 보호할 수 있도록 안내한다.
5. 윤리강령은 사회복지의 전문성을 확보하고 외부 통제로부터 전문직을 보호할 수 있는 기준을 제공한다.
6. 윤리강령은 시민에게 전문가로서 사회복지사의 역할과 태도를 알리는 수단으로 작용한다.

(3) 윤리강령의 가치와 원칙

사회복지사는 인간 존엄성과 사회정의라는 사회복지의 핵심 가치에 기반을 두고 사회복지 전문직의 사명을 다하기 위해 노력해야 한다. 이러한 핵심 가치와 관련해 사회복지 전문직이 준수해야 할 윤리적 원칙을 제시한다.

핵심 가치 1. 인간 존엄성

윤리적 원칙: 사회복지사는 인간의 존엄성과 가치를 인정하고 존중한다.

- 사회복지사는 개인적·사회적·문화적·정치적·종교적 다양성을 고려하며 개인의 인권을 보호하고 존중한다.
- 사회복지사는 클라이언트의 자율성을 존중하고, 자기 결정을 지원한다.
- 사회복지사는 클라이언트가 역량을 강화하고, 자신과 환경을 변화시킬 수 있도록 지원한다.
- 사회복지사는 사회복지 실천 과정에서 클라이언트의 개입과 참여를 보장한다.

핵심 가치 2. 사회정의

윤리적 원칙: 사회복지사는 사회정의 실현을 위해 앞장선다.

- 사회복지사는 개인적·집단적·사회적·문화적·정치적·종교적 차별에 도전하여 사회정의를 촉진한다.
- 사회복지사는 개인, 가족, 집단, 지역사회의 다양성을 존중하는 포용적 지역사회를 만들기 위해 노력한다.
- 사회복지사는 부적절하고 억압적이며 불공정한 사회제도와 관행을 변화시키기 위해 사회의 다양한 구성원들과 협력한다.
- 사회복지사는 포용적이고 책임 있는 사회를 만들어 가기 위해 연대 활동을 한다.

(4) 사회복지사의 윤리기준

Ⅰ. 기본적 윤리기준

1. 전문가로서의 자세

1) 인간 존엄성 존중

가. 사회복지사는 모든 인간의 존엄, 자유, 평등을 위해 헌신해야 하며, 사회적 약자를 옹호하고 대변하는 일을 주도해야 한다.

나. 사회복지사는 모든 인간의 고유한 존엄성과 가치를 인정하고 존중하며, 이를 기반으로 사회복지를 실천한다.

다. 사회복지사는 클라이언트의 성, 연령, 정신·신체적 장애, 경제적 지위, 정치적 신념, 종교, 인종, 국적, 결혼상태, 임신 또는 출산, 가족 형태 또는 가족 상황, 성적 지향, 젠더 정체성, 기타 개인적 선호·특징·조건·지위 등을 이유로 차별을 하지 않는다.

라. 사회복지사는 다양한 문화의 강점을 인식하고 존중하며, 문화적 역량을 바탕으로 사회복지를 실천한다.

마. 사회복지사는 문화적으로 민감한 실천을 제공하기 위해, 사회복지 실천 과정에서 자신의 개인적·사회적·문화적·정치적·종교적 가치, 신념과 편견이 클라이언트와 동료 사회복지사에게 미칠 수 있는 영향을 고려하여 자기 인식을 증진하기 위해 힘쓴다.

2) 사회정의 실현

가. 사회복지사는 사회정의 실현과 클라이언트의 복지증진에 헌신하며, 이를 위한 국가와 사회의 환경변화를 위해 노력한다.

나. 사회복지사는 사회, 경제, 환경, 정치적 자원에 대한 평등한 접근과 공평한 분배가 이루어지도록 노력한다.

다. 사회복지사는 개인적·집단적·사회적·문화적·정치적·종교적 특성에 근거해 개인이나 집단을 차별·억압하는 것을 인식하고, 이를 해결 또는 예방하기 위해 노력해야 한다.

2. 전문성 개발을 위한 노력

1) 직무 능력 개발

가. 사회복지사는 클라이언트에게 최상의 서비스를 제공하기 위해, 지식과 기술을 개발하는 데 최선을 다하며 이를 활용하고 공유할 책임이 있다.

나. 사회복지사는 사회적 다양성의 특징(성, 연령, 정신 · 신체적 장애, 경제적 지위, 정치적 신념, 종교, 인종, 국적, 결혼 상태, 임신 또는 출산, 가족 형태 또는 가족 상황, 성적 지향, 젠더 정체성, 기타 개인적 선호 · 특징 · 조건 · 지위 등), 차별, 억압 등에 대해 교육을 받고 이에 대한 이해를 증진하기 위해 노력한다.

다. 사회복지사는 변화하는 사회복지 관련 쟁점에 대응할 수 있도록 실천기술을 향상하고, 새로운 실천기술이나 접근법을 적용하기 위해 적절한 교육, 훈련, 연수, 자문, 슈퍼비전 등을 받도록 노력한다.

라. 사회복지사는 사회복지 실천에 필요한 정보통신 관련 지식과 기술을 습득하기 위해 노력하며, 이를 사용하는 과정에서 발생할 수 있는 윤리적 문제를 인식하고 정보통신 관련 지식과 기술을 활용하도록 한다.

2) 지식기반의 실천 증진

가. 사회복지사는 사회복지 실천과정에서 평가와 연구 조사를 함으로써, 사회복지 실천의 지식 기반형성에 기여하고, 궁극적으로 사회복지 실천의 질적 향상을 위해 노력한다.

나. 사회복지사는 평가나 연구 조사를 할 때, 연구 참여자의 권리를 보장하기 위해, 연구 관련 사항을 충분히 안내하고 자발적인 동의를 얻어야 한다.

다. 사회복지사는 연구 과정에서 얻은 정보를 비밀보장의 원칙에서 다루며, 비밀보장의 한계, 비밀보장을 위한 조치, 조사자료폐기 등을 연구 참여

자에게 알려야 한다.

라. 사회복지사는 평가나 연구 조사를 할 때, 연구 참여자의 보호와 이익, 존엄성, 자기 결정권, 자발적 동의, 비밀보장 등을 고려하며, 「생명윤리 및 안전에 관한 법률」 등 관련 법령과 규정에 따라 연구윤리를 준수한다.

3. 전문가로서의 실천

1) 품위와 자질 유지

가. 사회복지사는 전문가로서의 품위와 자질을 유지하고, 자신이 맡고 있는 업무에 대해 책임을 진다.

나. 사회복지사는 자신의 이익을 위해 사회복지 전문직의 가치와 권위를 훼손해서는 안 된다.

다. 사회복지사는 전문가로서 성실하고 공정하게 업무를 수행한다.

라. 사회복지사는 부정직한 행위, 범죄행위, 사기, 기만행위, 차별, 학대, 따돌림, 괴롭힘 등 불법적이고 부당한 일을 행하거나 묵인해서는 안 된다.

마. 사회복지사는 자신의 소속, 전문 자격이나 역량 등을 클라이언트에게 정직하고 정확하게 알려야 한다.

바. 사회복지사는 클라이언트, 학생, 훈련생, 실습생, 슈퍼바이지, 직장 내 위계적 권력 관계에 있는 동료와 성적 관계를 형성해서는 안 되며, 이들에게 성추행과 성희롱을 포함한 성폭력, 성적·인격적 수치심을 주는 행위를 해서는 안 된다.

사. 사회복지사는 한국사회복지사협회 등 전문가단체의 활동에 적극적으로 참여하여, 사회정의 실현과 사회복지사의 권익 옹호를 위해 노력한다.

2) 자기 관리

가. 사회복지사는 정신적·신체적 건강 문제, 법적 문제 등이 사회복지 실천과정에서의 전문적 판단이나 실천에 부정적 영향을 주거나 클라이언

트의 이익을 저해하지 않도록, 동료, 기관과 함께 적절한 조치를 하도록 노력한다.

나. 사회복지사는 클라이언트에게 최상의 사회복지서비스를 제공하기 위해 사회복지사 자신의 정신적·신체적 건강, 안전을 유지·보호·관리하도록 노력한다.

3) 이해 충돌에 대한 대처

가. 사회복지사는 클라이언트의 이익을 우선으로 고려하고, 이해 충돌이 있을 때는 아동, 소수자 등 취약한 자의 이해와 권리를 우선시한다.

나. 사회복지사의 개인적 신념과 사회복지사로서 직업적 의무 사이에 이해 충돌이 발생할 때 동료, 슈퍼바이저와 논의하고, 부득이한 경우 클라이언트가 적절한 지원을 받을 수 있도록 클라이언트를 다른 사회복지사에게 의뢰하거나 다른 사회복지서비스로 연결한다.

다. 사회복지사는 전문적 가치와 판단에 따라 업무를 수행하는 과정에서, 기관 내외로부터 부당한 간섭이나 압력을 받아서는 안 된다.

4) 경제적 이득에 대한 실천

가. 사회복지사는 클라이언트의 지불 능력에 상관없이 복지서비스를 제공해야 하며, 이를 이유로 차별해서는 안 된다.

나. 사회복지사는 필요한 경우에 제공된 서비스에 대해 공정하고 합리적으로 이용료를 책정할 수 있다.

다. 사회복지사는 업무와 관련해 정당하지 않은 방법으로 경제적 이득을 취해서는 안 된다.

Ⅱ. 클라이언트에 대한 윤리기준

1. 클라이언트의 권익옹호

사회복지사는 클라이언트의 이익을 최우선의 가치로 삼고 이를 실천하며, 클라이언트의 권리를 존중하고 옹호한다.

2. 클라이언트의 자기결정권 존중

1) 사회복지사는 사회복지 실천과정에서 클라이언트의 자기 결정을 존중하고, 클라이언트를 사회복지 실천의 주체로 인식하여 클라이언트가 자기 결정권을 최대한 행사할 수 있도록 돕는다.
2) 사회복지사는 의사결정이 어려운 클라이언트에 대해서는 클라이언트의 이익과 권리를 보장하기 위한 적절한 조치를 취해야 한다.

3. 클라이언트의 사생활 보호 및 비밀 보장

사회복지사는 클라이언트의 사생활을 존중하고 보호하며, 전문적 관계에서 얻은 클라이언트 관련 정보에 대해 비밀을 유지한다. 그러나 클라이언트 자신과 타인에게 해를 입히거나 범죄행위와 관련된 경우에는 예외로 할 수 있다.

4. 정보에 입각한 동의

사회복지사는 클라이언트의 알 권리를 인정하고 동의를 얻어야 하며, 클라이언트가 받는 서비스의 목적과 내용, 범위, 합리적 대안, 위험, 서비스의 제한, 동의를 거절 또는 철회할 수 있는 클라이언트의 권리 등에 대해 정확하고 충분한 정보를 제공한다.

5. 기록 · 정보 관리

1) 클라이언트에 대한 사회복지 실천 기록은 사회복지사의 윤리적 실천의 근거이자 평가·점검의 도구이기 때문에 중립적이고 객관적으로 작성해

야 한다.

2) 사회복지사는 클라이언트가 자신과 관련된 기록의 공개를 요구하면 정당한 비공개 사유가 없는 한 정보에 접근할 수 있도록 해야 한다.

3) 사회복지사는 클라이언트에 대한 문서 정보, 전자 정보, 기타 민감한 개인 정보를 보호해야 한다.

4) 사회복지사가 획득한 클라이언트 관련 정보나 기록을 법적 사유 또는 기타 사유로 제3자에게 공개할 때는 클라이언트에게 안내하고 동의를 얻어야 한다.

6. 직업적 경계 유지

1) 사회복지사는 클라이언트와의 전문적 관계를 자신의 개인적 이익을 위해 이용해서는 안 된다.

2) 사회복지사는 업무 외의 목적으로 정보통신기술을 사용해 클라이언트와 의사소통을 해서는 안 된다.

3) 사회복지사는 어떠한 상황에서도 클라이언트와 사적 금전 거래, 성적 관계 등 부적절한 행동을 해서는 안 된다.

4) 동료의 클라이언트를 의뢰받을 때는 기관 및 슈퍼바이저와 논의하는 과정을 거쳐야 하며, 클라이언트에게 설명하고 동의를 얻은 후 서비스를 제공한다.

5) 사회복지사는 정보처리기술을 이용하는 것이 클라이언트의 권리를 침해할 위험성이 있다는 사실을 인식하고 직업적 범위 안에서 활용한다.

7. 서비스의 종결

1) 사회복지사는 클라이언트에게 제공되는 서비스가 더 이상 클라이언트의 이해나 욕구에 부합하지 않으면 업무상 관계와 서비스를 종결한다.

2) 사회복지사는 개인적 또는 직업적 이유로 클라이언트와의 전문적 관계를 중단하거나 종결할 때 사전에 클라이언트에게 충분히 설명하고, 다

른 기관 또는 다른 전문가에게 의뢰하는 등 필요한 조치를 취한다.

3) 사회복지사는 클라이언트의 고의적·악의적·상습적 민원 제기에 대해 소속기관, 슈퍼바이저, 전문가 자문 등의 논의 과정을 거쳐 서비스를 중단하거나 거부권을 행사할 수 있다.

Ⅲ. 사회복지사의 동료에 대한 윤리기준

1. 동료

1) 사회복지사는 존중과 신뢰를 기반으로 동료를 대하며, 전문가로서의 지위와 인격을 훼손하는 언행을 하지 않는다.
2) 사회복지사는 사회복지 전문직의 권익 증진을 위해 동료와 다른 전문직 동료와도 협력하고 협업한다.
3) 사회복지사는 동료의 윤리적이고 전문적인 행위를 촉진해야 하며, 동료가 전문적인 판단과 실천이 미흡하여 문제를 발생시켰을 때 윤리강령과 제반 법령에 따라 대처한다.
4) 사회복시사는 다른 전문직의 동료가 행한 비윤리적 행위에 대한 윤리강령과 제반 법령에 따라 대처한다.
5) 사회복지사는 동료의 직무 가치와 내용을 인정하고 이해하며, 상호 간에 민주적인 직무 관계를 이루도록 노력해야 한다.
6) 사회복지사는 동료들에게 정보통신기술을 사용한 비윤리적 행위를 하지 않는다.
7) 사회복지사는 동료가 적법하게 업무를 수행하는 과정에서 부당한 조치를 당하면 동료를 변호하고 원조해 주어야 한다.
8) 사회복지사는 동료에게 행해지는 어떤 형태의 차별, 학대, 따돌림 또는 괴롭힘과 자신의 전문적 권위를 행사하는 다른 동료와의 부적절한 성적 행동에 가담하거나 이를 용인해서는 안 된다.
9) 사회복지사는 슈퍼바이지, 학생, 훈련생, 실습생, 자신의 전문적 권위를

행사하는 다른 동료와의 성적 행위나 성적 접촉과 성적 관계에 관여해서는 안 된다.

2. 슈퍼바이저

1) 슈퍼바이저는 슈퍼바이지가 전문적 업무수행을 할 수 있도록 지원하고 슈퍼바이지는 슈퍼바이저의 전문적 지도와 조언을 존중해야 한다.
2) 슈퍼바이저는 전문적 기준에 따라 슈퍼비전을 수행하며, 공정하게 평가하고 평가 결과를 슈퍼바이지와 공유한다.
3) 슈퍼바이저는 개인적인 이익 추구를 위해 자신의 지위를 이용해서는 안 된다.
4) 슈퍼바이저는 사회복지사 수련생과 실습생에게 인격적·성적으로 수치심을 주는 행위를 해서는 안 된다.

Ⅳ. 기관에 대한 윤리기준

1) 사회복지사는 기관의 사명과 비전을 확인하고, 정책과 사업 목표를 달성하기 위해 노력해야 한다.
2) 사회복지사는 소속기관의 활동에 적극적으로 참여함으로써 기관의 성장과 발전을 위해 노력해야 한다.
3) 사회복지사는 기관의 부당한 정책이나 요구에 대해 전문직의 가치와 지식을 근거로 대응하고, 제반 법령과 규정에 따라 해결하도록 노력해야 한다.

Ⅴ. 사회에 대한 윤리기준

1) 사회복지사는 자신이 일하는 지역사회를 이해하고, 클라이언트가 지역사회에서 서로 도우며 함께 살아가도록 지원해야 한다.
2) 사회복지사는 정치적 영역이 클라이언트의 권익과 사회복지 실천에 미

치는 영향을 인식하여 사회정의 실현을 위한 사회정책의 수립과 법령 제·개정을 지원·옹호해야 한다.

3) 사회복지사는 사회재난과 국가 위급 상황에서 문제를 해결하기 위해 적극적으로 활동해야 한다.
4) 사회복지사는 지역사회, 국가, 나아가 전 세계와 그 구성원의 복지증진, 삶의 질 향상을 위해 적극적으로 노력해야 한다.
5) 사회복지사는 인간과 자연이 서로 떨어져 살 수 없음을 깨닫고, 인간과 자연환경, 생명 등 생태에 미칠 영향을 생각하며 실천해야 한다.

학습 TIP 한국 사회복지사 윤리강령 제정 연혁

- 1973.02. 윤리강령 초안 제정 결의
- 1982.01.15. 사회복지사 윤리강령 제정
- 1988.03.26. 제1차 사회복지사 윤리강령 개정
- 1992.10.22. 제2차 사회복지사 윤리강령 개정
- 2001.12.15. 제3차 사회복지사 윤리강령 개정
- 2021.07.05 제4차 사회복지사 윤리강령 개정
- 2023.04.11 제5차 사회복지사 윤리강령 개정

핵심 용어

전문직, 사회복지 전문성, 사회복지사의 노동조건, 사회복지사의 처우, 사회복지사의 윤리강령

학습 실천과제

- 사회복지직은 전문직인지에 대해 논의해 봅시다.
- 사회복지사에게 윤리강령이 왜 중요한지 토론해 봅시다.
- 사회복지사의 노동조건과 처우에 대해 논의해 봅시다.

CHAPTER 14 학 습 문 제

01 사회복지 전문직에 관한 설명으로 옳은 것을 모두 고른 것은?

ㄱ. 전문적인 이론체계를 갖고 있음
ㄴ. 개인의 변화와 사회적 변혁에 관심을 둠
ㄷ. 미시 및 거시적 개입방법을 모두 이해해야 함
ㄹ. 타 분야 전문가와의 협업을 위해 고유한 정체성의 발전은 불필요함

① ㄱ, ㄴ
② ㄱ, ㄷ
③ ㄴ, ㄷ
④ ㄱ, ㄴ, ㄷ
⑤ ㄱ, ㄷ, ㄹ

정답 ④

해설

사회복지직의 고유한 정체성을 확립하고 발전시켜야 타 전문직과의 협업이 효과적으로 잘 이루어질 수 있다.

02 우리나라 사회복지사 윤리강령에는 다음과 같은 조항이 있다. 사회복지실천의 가치 중 어떤 가치에 관한 내용인가?

사회복지사는 어떠한 상황에서도 클라이언트와 부적절한 성적인 관계를 유지해서는 안 된다.

① 진실성 고수
② 클라이언트의 알 권리
③ 전문가로서의 실천(품위와 자질 유지)
④ 비밀보장
⑤ 자원의 공정한 분배

정답 ③

해설

한국 사회복지사 윤리강령 중 3. 전문가로서의 실천에 명시하고 있다.

03 다음은 '한국 사회복지사 윤리강령' 중 어디에 속하는가?

> 사회복지사는 클라이언트의 지불능력에 상관없이 서비스를 제공해야 하며, 이를 이유로 차별 대우해서는 안 된다.

① 기본적 윤리기준
② 클라이언트에 대한 윤리기준
③ 동료에 대한 윤리기준
④ 사회에 대한 윤리기준
⑤ 기관에 대한 윤리기준

정답 ①

해설

우리나라 사회복지사 윤리강령 중 사회복지사의 기본적 윤리기준은 전문가로서의 자세, 전문성 개발을 위한 노력, 경제적 이득에 대한 태도를 제시한다. 그 중 '경제적 이득에 대한 태도'에 해당된다.

04 사회복지실천 지식의 차원을 구체성이 높은 순서에 따라 옳게 나열한 것은?

① 패러다임 – 관점 – 이론 – 모델 – 실천지혜
② 모델 – 실천지혜 – 이론 – 패러다임 – 관점
③ 실천지혜 – 관점 – 모델 – 이론 – 패러다임
④ 실천지혜 – 모델 – 이론 – 시각 – 패러다임
⑤ 관점 – 이론 – 모델 – 실천지혜 – 패러다임

정답 ④

해설

구체성이 높은 순서에 따라 제시된 것은 실천지혜 – 모델 – 이론 – 시각 – 패러다임 순으로 제시된 것이다.

05 사회복지실천 기술에 대한 설명으로 옳지 않은 것은?

① 사회복지사의 기본적 자질이 중요하며, 학습을 통해 습득하지 못한다.
② 클라이언트의 복지와 관련된 주변 체계와의 협상기술이 필요하다.
③ 사회복지실천의 가치와 지식에 근거를 둔다.
④ 특정 상황에 맞는 실천기술을 활용하고 응용하는 능력이 필요하다.
⑤ 특정 이론에만 국한하지 말고, 상황과 문제에 맞게 적절하게 활용할 수 있어야 한다.

정답 ①

해설

사회복지사가 가진 기본적 자질에 따라 달라질 수 있지만 지식을 기반한다는 점에서 개발 및 학습이 가능하다.

CHAPTER

15

사회복지의 전망

학/습/목/표

- 사회적 가치와 제도의 변화를 이해할 수 있다.
- 4차 산업혁명시대의 사회복지를 이해할 수 있다.
- 사회복지의 변화에 대응할 수 있다.

1. 사회적 가치와 제도의 변화

미래사회의 변화에 대처하는 사회복지사가 되려면 인구 구성 및 가족 구조의 변화 그리고 삶과 일(노동) 방식의 변화를 통해 사회적 가치와 제도의 변화 과정에 대한 이해가 필요하다.

1) 인구 구성의 변화

전 세계의 인구는 빠르게 고령화되어 가고 있으며, 동시에 출산율도 감소하고 있다. 우리나라의 출산율 감소는 세계적인 추세보다도 더 빠르게 진행되는 현실에 직면해 있으며, 인구구조의 변화는 우리나라의 성장잠재력에 부정적 영향을 가져올 것이다. 인구구조의 변화는 대표적으로 출산율의 감소와 노년인구의 증가 그리고 가족 형태의 다양화로 나타난다.

(1) 출생, 사망, 혼인의 변화

2021년 10월 통계청의 인구동향[1)] 자료에 의하면, 출생아 수는 2019년 302,676명에서 2020년 272,337명으로 감소하고 있으며 사망자 수는 2019년 295,110명에서 2020년 304,948명으로 증가하여 자연감소가 나타나고 있음을 알 수 있다. 또한 혼인이 2019년 239,159건에서 2020년 213,502건으로 감소하고 있어 점점 더 출생아 수 감소가 예상되고 있다.

1) 인구동향 조사는 인구규모 및 구조의 변동요인인 출생·사망·혼인·이혼 현황을 파악하여 정책수립의 기초자료 및 연구자료 등으로 제공하기 위해 실시한다.

▼ 표 15-1 인구동태 건수와 동태율

연도	인구동태 건수					인구 동태율				
	출생	사망	자연 증가[2]	혼인	이혼	조출생률	조사망률	자연 증가율	조혼인율	조이혼율
2015년	438,420	275,895	162,525	302,828	109,153	8.6	5.4	3.2	5.9	2.1
2016년	406,243	280,827	125,416	281,635	107,328	7.9	5.5	2.5	5.5	2.1
2017년	357,771	285,534	72,237	264,455	106,032	7.0	5.6	1.4	5.2	2.1
2018년	326,822	298,820	28,002	257,622	108,684	6.4	5.8	0.5	5.0	2.1
2019년	302,676	295,110	7,566	239,159	110,831	5.9	5.7	0.1	4.7	2.2
2020년	272,337	304,948	-32,611	213,502	106,500	5.3	5.9	-0.6	4.2	2.1

출처: 통계청(2021.10), 인구동향 보도자료.

(2) 1인 가구 증가

2020년 1인가구의 연령대별 비중을 보면, 20대가 19.1%로 가장 많고, 30대(16.8%), 50대(15.6%)와 60대(15.6%), 40대(13.6%) 등의 순으로 나타나고 있다. 성·연령대별 비중에는 여자는 60대 이상 고령층(45.1%)의 비중이 높고, 남자는 30~50대(56.9%)의 비중이 높아, 성별에 따른 1인가구의 연령대가 확연히 다름을 알 수 있다. 1인가구의 사유는 본인의 학업·직장(24.4%)과 배우자의 사망(23.4%), 혼자 살고 싶어서(16.2%) 등으로 조사되었다(그림 15-1 참고).

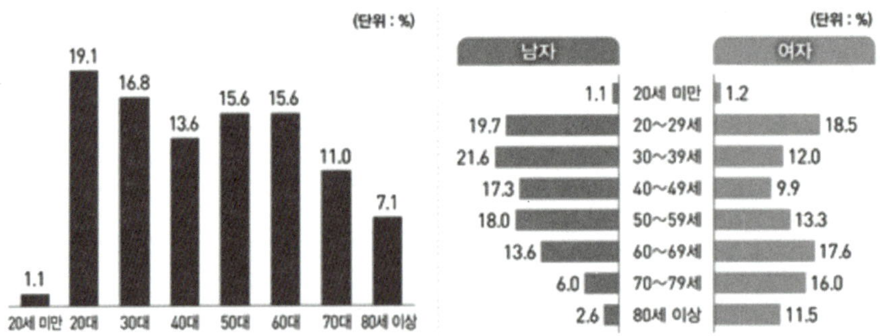

출처: 통계청(2021.12), 2021 통계로 보는 1인 가구 보도자료.

▲ 그림 15-1 1인가구 연령대별 / 성·연령대별 비중(2020)

2) 자연증가(출생아 수 - 사망자 수)

(3) 고령자 증가

2021년 9월 29일 발표된 통계청의 2021 고령자 통계[3] 보도자료에 의하면, 급속한 고령화로 인하여 2021년 65세 이상 고령인구가 16.5%, 2025년 20.3%, 2060년 43.9%가 될 것으로 예상되면서 우리사회는 2025년 초고령사회로 진입할 것으로 전망되고 있다(그림 15–2 참고).

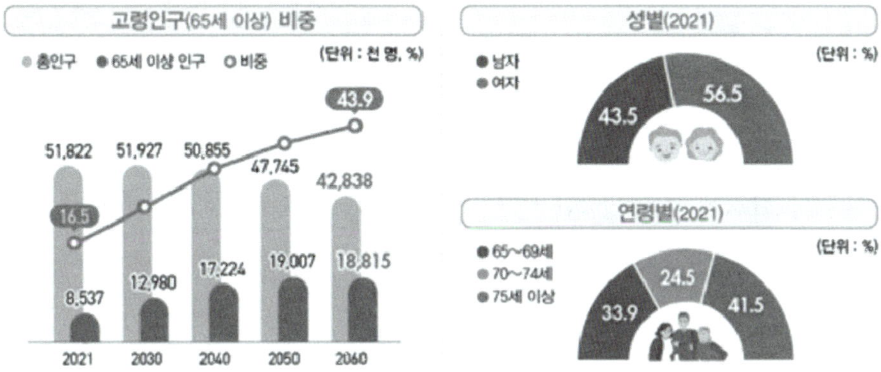

출처: 통계청(2021.09), 2021 고령자 통계 보도자료.

▲ 그림 15–2 고령인구(65세 이상), 성별, 연령별 비중

2020년 가구주 연령이 65세 이상인 고령자 가구는 473만 2천 가구로, 이 중 35.1%인 166만 1천 가구가 혼자 사는 고령자 1인 가구로서 연령대별로는 70대 비중이 44.1%로 가장 높고, 성별로는 여자가 71.9%이다. 혼자 사는 고령자 가구는 계속 증가하여 2037년에는 현재(2021년)의 2배 수준인 335만 1천 가구, 2047년에는 405만 1천 가구에 이를 것으로 전망되고 있다(그림 15–3 참고).

3) 통계청에서는 2003년부터 매년 「노인의 날(10.2.)」에 맞추어 고령자 관련 통계를 수집·정리한 「고령자 통계」를 작성하고 있다.

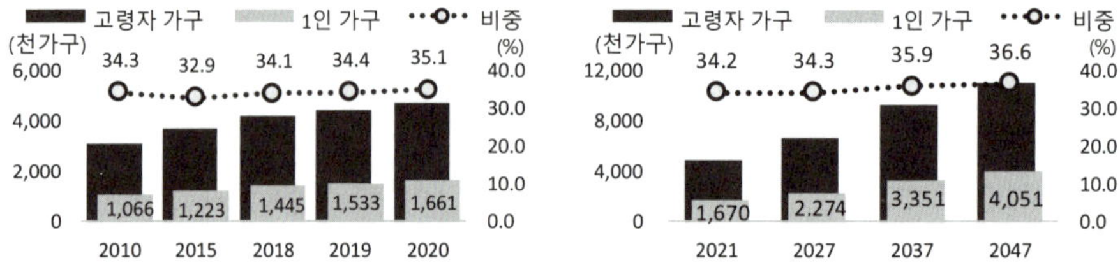

출처: 통계청(2021.09), 2021 고령자 통계 보도자료.

▲ 그림 15-3 고령자 1인가구 비중, 고령자 1인가구 추계비중

(4) 총인구 감소

2021년 12월 9일 발표된 통계청 장래인구추계[4](2020~2070) 자료에 의하면, 우리나라 총인구는 2020년 현재 5,184만 명에서 향후 10년간은 연평균 6만 명 내외로 감소해 2030년 5,120만 명 수준으로 감소하고, 2070년에는 3,766만 명(1979년 수준)에 이를 전망이라고 한다(그림 15-4 참고).

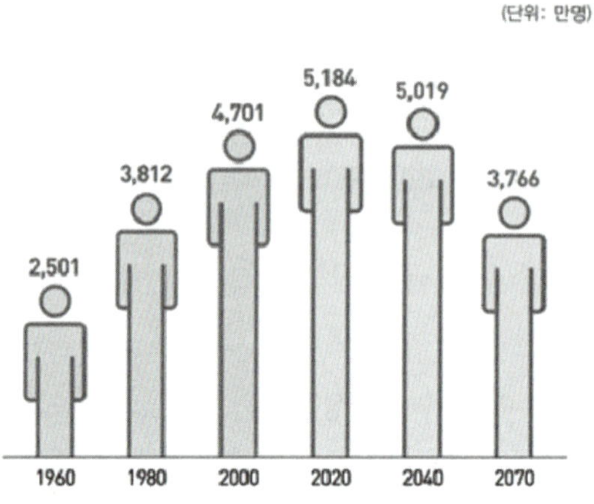

출처: 통계청(2021.12), 장래인구추계(2020~2070) 보도자료.

▲ 그림 15-4 총인구

4) 이 자료는 2020년 인구총조사(등록센서스) 결과와 최근까지의 인구변동요인(출생·사망·국제이동) 추이를 반영해 미래 인구변동요인을 가정하고, 향후 50년(2020~2070년) 간의 장래인구를 전망한 결과이다.

주요 연령별 인구구성비는 <그림 15-5>를 통해 알 수 있듯이 우리나라는 2020년 현재 생산연령인구는 총인구의 72.1%(3,738만 명), 65세 이상 고령인구는 15.7%(815만 명), 0~14세 유소년 인구는 12.2%(631만 명)인 것으로 나타나고 있어 인구구성비가 점점 노인인구중심으로 변화함을 예상할 수 있다. 2070년에는 생산연령인구는 46.1%, 고령인구는 46.4%, 유소년인구는 7.5%를 차지하게 되어 생산연령인구는 2020년 3,738만 명에서 2030년 3,381만 명, 2070년 1,737만 명(총인구의 46.1%) 수준으로 빠르게 감소하게 되어 국민 절반이 노인인구구조가 예상되고 있다.

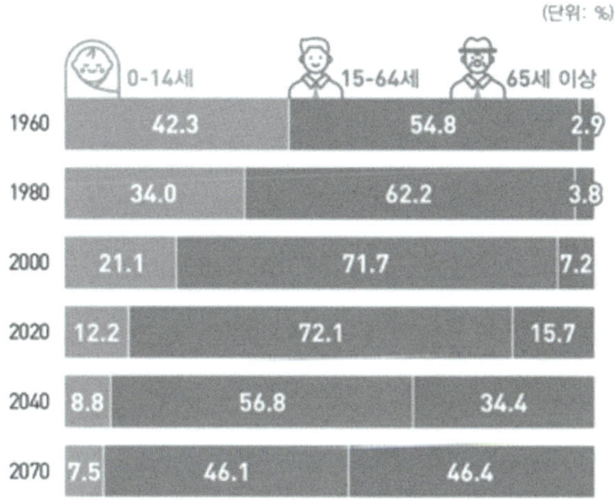

출처: 통계청(2021.12), 장래인구추계(2020~2070) 보도자료.

▲ 그림 15-5 주요 연령별 인구구성비

2020년 현재 인구피라미드는 30~50대가 두터운 항아리형이나, 2070년에는 60세 이상이 점차 두터워지는 역삼각형 구조로 변화될 전망이다. 이는 1960년대 우리나라 인구구조와 비교해 볼 때 약 100년의 기간에 급속도로 생산가능 인구가 줄고 노령인구가 늘어나는 인구구조로 저출산과 고령화로 인해 국가 전반적인 인구구조의 위험한 상황을 예측할 수 있다(그림 15-6 참고).

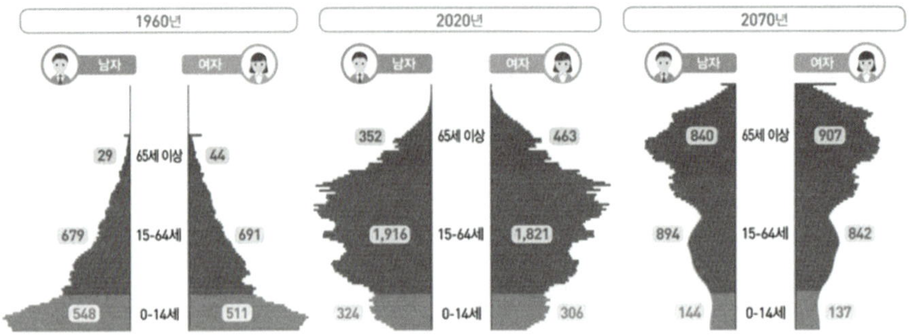

출처: 통계청(2021.12), 장래인구추계(2020~2070) 보도자료.

▲ 그림 15-6 인구피라미드

2) 가족구조의 변화

저출산·고령화 등의 사회적 문제가 야기하는 인구구조 및 동태적 변화로 가족구조는 빠르게 핵가족화·소가족화되고 있다. 또한, 가구주의 고령화·여성화, 맞벌이 가족, 한부모가족 등 신사회 위험에 노출된 가족이 증가하는 추세를 보이고 있어 자녀양육 및 가족돌봄 기능 공백 등 가족복지 기능이 약해지고 있다.

여성가족부의 2020년 가족실태조사 결과, 1인 가구는 전체 가구의 30.4%로 2015년(21.3%) 대비 두드러지게 증가하였다. 부부와 미혼자녀로 이루어진 가구는 31.7%로 2015년 대비 12.5% 감소하였다.

▼ **표 15-2 세대 및 가족형태: 2015년 조사와 비교**

(단위: %)

세대별	2020년		2015년	
	가구 구성별	비율	가구 구성별	비율
1세대 가구	부부	22.1	부부	15.9
	기타	0.7	가구주+미혼형제자매	0.6
			기타	0.1
	소계	22.8	소계	16.6
2세대 가구	부부+자녀	31.7	부부+미혼자녀	44.2
	부모+자녀부부	0.1	부부+양친	0.1
	부+자녀부부	0.1	부부+한부모	0.4
	모+자녀부부	0.4		
	부+자녀	1.8	부+미혼자녀	2.0
	모+자녀	7.9	모+미혼자녀	7.4
	조부모+손자녀	0.2	조부모+미혼손자녀	0.3
	조부 또는 조모+손자녀	0.3	한조부모+미혼손자녀	0.5
	기타	0.7	부부+미혼자녀_부부미혼형제자매	0.2
			기타	1.4
	소계	43.2	소계	56.4
3세대 가구	부모+자녀부부+손자녀	0.3	부부+미혼자녀+양친	0.8
	부+자녀부부+손자녀	0.1	부부+미혼자녀+부	0.4
	모+자녀부부+손자녀	1.4	부부+미혼자녀+모	2.7
	부모+부+손자녀	0.2	기타	1.7
	부친+부+손자녀	0.0		
	모친+부+손자녀	0.3		
	부모+모+손자녀	0.2		
	부친+모+손자녀	0.0		
	모친+모+손자녀	0.3		
	기타	0.4		
	소계	3.2	소계	5.7
4세대 이상 가구		0.0		0.0
1인 가구		30.4		21.3
비혈연 가구		0.5		-

출처: 여성가족부(2021.05), 2020년 가족실태조사[5] 결과 보고자료.

5) 본 조사는 「건강가정기본법」 제20조에 따라 가족의 삶에 대한 기초 자료를 수집하여 중장기 정책의 비전과 목표 수립에 활용하기 위해 3년마다 실시하는 국가 승인 통계이다(2020년 「건강가정기본법」개정으로 기존 5년 주기에서 3년 주기로 변경되었으며,

(1) 가족 개념의 변화

일반적으로 가족이란 결혼과 자녀출산 그리고 부모 부양의 개념으로 인식되어 왔다. 2018년 11월 6일 발표된 통계청의 2018년 사회조사[6] 결과 보도자료에 의하면, 13세 이상 인구 중 "남녀가 결혼을 하지 않더라도 함께 살 수 있다"고 생각하는 사람은 56.4%로 계속 증가하고 있으며 결혼에 대해서 "해야 한다"고 생각하는 사람의 비율은 48.1%로 절반 이하로 낮아져 가족 개념의 변화가 빠르게 변화하고 있음을 알 수 있다. <그림 15-7> 부모와 동거관련 자료에 의하면, 2018년 부모가 자녀와 동거하는 비율은 27.1%로 2008년(38.0%)에 비해 10.9%p 감소하고, 부모만 따로 사는 경우는 계속 증가하여 69.5%로 나타나고 있다.

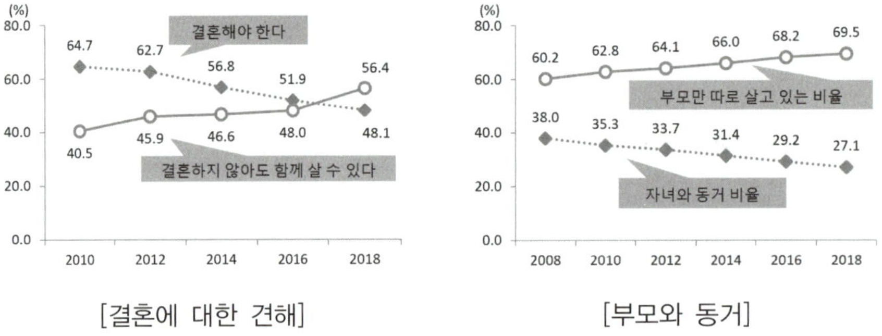

출처: 통계청(2018.11), 2018년 사회조사 결과 보도자료.

▲ 그림 15-7 결혼에 대한 견해와 부모와 동거 비율

직전 조사는 2015년에 실시되었다). 이번 조사는 대상 가구의 12세 이상 가구원 면접을 통해 가구 특성, 가족에 대한 인식과 태도, 가족 형성 및 변화, 가족관계, 일과 돌봄 등을 조사하였고, 1인가구 생활 실태 등을 파악하기 위한 설문 문항을 처음으로 추가했다.

6) 사회조사는 사회지표체계 10개 부문 중 매년 5개 부문에 대해 2년 주기로 조사를 실시하고 있다. 2018년 사회조사 결과는 5개 부문(가족, 교육, 보건, 안전, 환경)에 대하여 전국 25,843 표본 가구 내 상주하는 만 13세 이상 가구원 약 39,000명을 대상으로 2018.5.16.~5.31. 동안 조사하여 집계한 결과 자료이다.

(2) 다양한 가족 유형

현재 우리나라에는 다양한 가족 유형이 있다.

① 한부모가족[7] ② 조손 가족[8] ③ 다문화 가족[9] ④ 맞벌이 가족 ⑤ 장애아를 둔 가족 ⑥ 북한이탈주민[10] 가족 ⑦ 군인 가족 ⑧ 수형자 가족 ⑨ 재혼가족으로 구분할 수 있다.

3) 삶과 일(노동) 방식의 변화

오늘날 여성의 경제활동 참여 증가와 양성평등 의식이 확산됨에 따라 남성과 여성이 모두 일과 가정생활을 병행하는 시대가 되었다. 일과 가정은 개인의 삶에 있어서 중요한 부분으로 인식되고 있다. 통계청 2023년 사회조사 결과 자료에 의하면 다음과 같은 변화를 보여주고 있다.

우리 사회의 전반적인 생활 여건이 2년 전과 비교하여 변화가 없다는 응답이 48.7%로 가장 많고, 그다음은 좋아졌다(39.1%), 나빠졌다(12.2%) 순으로 조사되었다. 그리고 보건의료서비스와 관련하여 2년 전과 비교하여 변화가 없다는 응답이 47.8%로 가장 많고, 그다음이 좋아졌다(45.7%), 나빠졌다(6.5%) 순으로 조사되었다. 사회보장제도와 관련하여 2년 전과 비교하여 변화가 없다는 응답이 47.8%로 가장 많고, 그다음이 좋아졌다(42.7%), 나빠졌다(9.5%) 순으로 나타났다. 문화·여가 생활 여건과 관련하여 2년 전과 비교하여 변화가 없다는 응답이 49.8%로 가장 많고, 그다음이 좋아졌다(39.4%), 나빠졌다(10.8%) 순으로 나타났다.

---

7) 한부모가족이란 모자가족 또는 부자가족을 말한다.
8) 조손 가족이란 부모 없이 할아버지 혹은 할머니와 손자 혹은 손녀가 함께 거주하는 가족 형태를 말한다. 부모의 취업이나 자녀의 학업, 또는 부모의 이혼, 재혼, 사별 등의 이유로 인해 조부모와 손자 손녀가 살아가는 가족의 형태이다.
9) 다문화 가족이란 국내에 거주하고 있는 국제결혼 가족이나 외국인 근로자 가족을 통상적으로 지칭하며, 이주민 가족 등을 포함한다.
10) 북한이탈주민이란 북한에 주소, 직계가족, 배우자, 직장 등을 두고 있는 사람으로서 북한을 벗어난 후 외국 국적을 취득하지 않은 사람을 말한다.

향후 필요하거나 늘려야 한다고 생각하는 공공시설은 보건의료시설(27.9%), 공원·녹지·산책로(17.1%), 사회복지시설(14.8%), 공영 주차 시설(14.4%) 순으로 조사되었고, 연령대가 높을수록 보건의료시설을 늘려야 한다고 생각하는 비중이 높으며, 문화예술시설은 연령대가 낮을수록 늘려야 한다고 생각하는 비중이 높았다. 향후 필요하거나 늘려야 한다고 생각하는 복지서비스는 고용(취업)지원 서비스가 23.8%로 가장 높고, 그다음은 보건의료·건강관리 서비스(18.7%), 소득지원 서비스(16.6%) 순으로 나타났다. 연령대별로는 60세 이상을 제외한 전 연령대에서 고용(취업)지원 서비스가 가장 높고, 60세 이상은 보건의료·건강관리 서비스가 가장 높았다.

2. 4차 산업혁명시대의 사회복지

4차 산업혁명에 따른 사회 전반의 변화는 두려움을 가져온다. 이러한 변화를 두려워하지 않고 도전과 혁신의 길에 나설 수 있도록 사회안전망이 설계되고 실행될 때 우리 사회는 변화 속에서 안정을 찾게 될 것이다. 새로운 변화에 안정을 찾기 위해 변화하는 4차 산업혁명시대의 사회복지에 대해 살펴보고자 한다.

1) 4차 산업혁명시대의 도래

대통령 직속 4차산업혁명위원회[11] 권고안(2019.10.25.)에 따르면, 4차 산업혁명[12]은 전 세계가 마주한 현실이다. 단기적으로는 '인공지능[13](artificial intelligence, AI)'의 등장, 중장기적으로는 '과학기술'의 유례없이 빠른 발전 속도에 따른 사회 전반의 변혁을 의미한다. 4차 산업혁명의 시대정신은 뷰카[14](VUCA)로 요약된다. 큰 변혁의 시대에는 과거 또는 기존의 규칙을 의심해야 한다. 정교한 계획으로 미래를 준비하거나 정부를 포함한 특정인이나 집단이 앞에서 이끌어가는 방식은 더 이상 유효하지 않다. 오히려 '끊임없는 도전'과 '현명한 시행착오'를 통한 미래 개척이 더욱 효과적이다. 국가의 나아갈 방향과 비전, 그리고 정책을 총괄적으로 재고할 시기다.

---

11) https://www.4th-ir.go.kr
12) 4차산업혁명(4th Industrial Revolution; 4IR)이라는 용어는 2016년 1월 다보스 세계경제포럼(The World Economic Forum; WEF)에서 클라우스 슈밥이 인더스트리 4.0 개념을 의제로 한 발표에서 최초로 소개하였다. 4차산업혁명은 2012년 독일이 제시한 인더스트리 분류 개념 인더스트리 4.0(Industry 4.0)에 근원을 두고 있으며, 세계경제포럼에서 거론된 후 전 세계로 확산되었다.

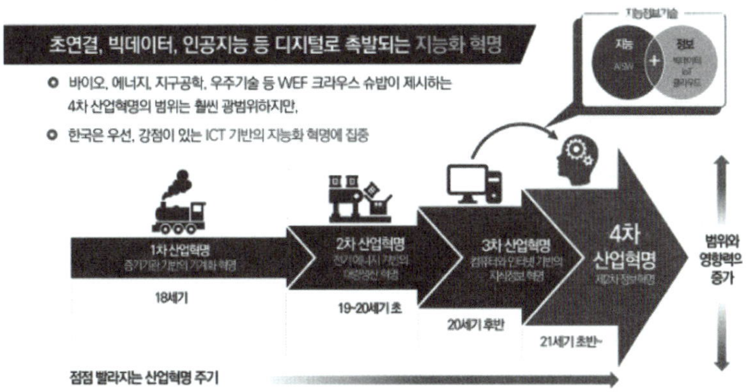

출처: 대통령 직속 4차 산업 혁명위원회.

13) 인공지능은 초연결 사회의 방대한 데이터를 학습하는 기계가 지적 업무를 수행할 수 있게 된다는 점에서 과거와 큰 차이를 보인다.
14) 변동성(Volatility), 불확실성(Uncertainty), 복잡성(Complexity), 모호성(Ambiguity)이 특징이다. 인공지능과 과학기술의 빠른 발전 속도로 인한, '뷰카'의 시대이다.

2) 4차 산업혁명시대의 사회보장

(1) 4차 산업혁명시대의 사회보장의 한계점

4차 산업혁명으로 인한 변화는 기존 사회보장체제의 한계를 드러내고 있다. 산업사회의 전형적인 고용관계에 기반하여 노동소득 상실위험에 대응하도록 설계된 현재의 사회보험 중심 사회보장체계는 증가하고 있는 디지털 플랫폼 노동 형태를 포함하지 못하는 등 사회안전망의 사각지대가 확대되고 있다. 또한 지식 및 지능정보기술을 가진 소수에게 부와 소득이 집중될 수 있는 구조는 경제·사회적 불평등이 심화될 우려를 제기한다. 혁신 기술에의 접근 및 활용이 더욱 중요해지면서, 정보격차 문제는 더욱 중요해질 수 있으며 기존과는 다른 새로운 정보격차가 나타날 가능성도 존재한다(4차 산업혁명위원회 권고안, 2019).

(2) 4차 산업혁명시대의 사회보장의 장점

4차 산업혁명은 복지에 상당한 편익과 기회를 제공할 수 있다. 지능 정보기술의 혁신으로 시민들은 공간을 뛰어넘어 사회 규범과 의제를 스스로 생성하고 논의를 이끌어가는 등 적극적 시민으로 변모할 수 있다. 또한 스마트 헬스와 돌봄 기술은 건강 수명을 연장하고, 장애를 넘어 사회참여 기회를 확대하고, 돌봄노동의 부담을 덜어주는 등 삶의 질 향상을 위한 새로운 기회를 제공한다. 빅데이터 및 인공지능의 활용은 개인 맞춤형 복지 제공의 가능성을 높여준다(4차산업혁명위원회 권고안, 2019).

(3) 4차 산업혁명시대의 사회보장의 변화

4차 산업혁명이 가져올 여러 가지 변화를 종합해 볼 때 중요한 것은 기술혁신이 궁극적으로 모든 사람들의 삶의 질 향상에 기여할 수 있도록 사회제도를 구축하는 것이다. 기술혁신 성과의 공유를 통해 삶의 안정성을 보장하고 이를 기반으로 혁신적 도전이 활성화되는 '지속가능한 혁신적 포용사회'를 만들어 나가야 한다. 이를 위한 권고 방향은 다음과 같다.

첫째, 사회구성원의 안정적 삶을 보장할 수 있도록 4차 산업혁명 시대에 조응하는 사회안전망을 혁신해야 한다.

둘째, 불평등 완화를 위해 4차 산업혁명의 성과를 합리적으로 공유할 수 있는 사회적 기제를 만들어야 한다.

셋째, 4차 산업혁명의 기술혁신 혜택을 보편적으로 누릴 수 있는 사회를 만들어 나가야 한다(4차산업혁명위원회 권고안, 2019).

(4) 4차 산업혁명시대의 사회보장의 변화 권고 내용

이에 따른 사회보장 관련 구체적인 권고 내용은 다음과 같다.

첫째, 다양한 노동형태, 노동방식, 삶의 방식을 포용할 수 있는 사회보장체계 혁신을 모색하여야 한다. 산업사회의 표준적 고용근로 관계에 기반한 사회보험 중심 사회보장체계의 한계를 넘어설 수 있도록 보편적인 개별시민권에 기반한 다양한 사회적 위험을 포괄적으로 보장하는 새로운 사회보장체계로의 전환을 모색할 필요가 있다. 개별 사회보험 제도별로 수급자격의 예외적 인정범위를 확대하는 전략은 사각지대 해소에 한계가 있으며, 오히려 도덕적 해이를 초래할 수도 있다. 보편적 시민권에 입각하여 소득상실 위험에 관계없이 포괄적으로 보장하는 새로운 사회보장체계를 만드는 전략이 사각지대 없는 사회안전망은 물론, 혁신적 도전을 즐기는 시민의 성장을 지지할 수 있을 것이다. 최근에 논의되고 있는 기본소득 사례처럼 고용 형태와 관계없이 누구에게나 최소한의 급여를 제공할 수 있는 제도의 도입을 고민하는 것도 필요하다.

둘째, 사회보장 재원을 폭넓게 다원화해야 한다. 과세기반 확대 및 과세체계 합리화, 그리고 재정의 효율화를 통해 안정적인 사회보장 기금을 조성해야 한다. 또한 기술혁신의 경제적 성과를 합리적으로 공유할 수 있도록 사회적 배분체계를 제도화함으로써 4차 산업혁명의 사회적 수용성을 높임과 동시에 불평등을 완화해야 한다. 이러한 맥락에서 불평등 완화를 위한 재원을 4차 산업혁명을 통해 이익을 얻는 주체들이 부담하도록 하는 방안을 고려할 수 있다. 모든 사람들이 사회보장 혜택을 누리게 되는 만큼 공평하게, 사회 구성원 모두가 재정에 대한 책임도 함께 부담해야 한다.

셋째, 기술혜택의 보편적 향유를 위해 기술개발 기획단계부터 사람을 중심에 두는 범용설계(Universal Design) 적용 원칙을 강화하며, 삶의 질 향상을 위한 혁신 기술의 공공 활용을 확대하여야 한다. 이를 위해 복지수요와 산업영역 간 소통이 가능한 사용자 참여형 기술혁신 방식인 리빙랩(living lab) 등을 활성화해야 한다. 또한 개발된 돌봄 기술 및 로봇 등의 신기술이 공공 서비스에 활용될 수 있도록 정부의 적극적인 투자와 제도적 기반 마련이 필요하다(4차산업혁명위원회 권고안, 2019).

3. 사회복지의 대응

1) 사회복지의 대응

지금까지 살펴본 바와 같이 우리 사회가 저출산, 고령화 등으로 빠르게 변화되어 가고 있다. 빠른 변화에 예비사회복지사로서 대처할 수 있는 사회복지의 대응을 살펴보고자 한다.

(1) 사회격차 해소와 포용성

다함께 공존하며 생활할 수 있는 공정 사회를 실현하기 위해서는 사회적 약자를 우대하여 그들이 소외되거나 차별받지 않도록 정부 정책을 실행해야 한다. 이를 위한 정책으로는 고용[15], 교육[16], 주택[17], 경제[18], 사회 등 다양

15) 고용 분야에서는 취업 기회를 제공할 때 남녀의 성비 균형을 맞추는 양성평등 채용목표제와 불리한 여건에 있는 장애인과 사회적 약자인 저소득층을 의무적으로 고용

한 분야에 걸쳐 사회적 약자를 보호하는 정책이 시행되어야 한다. 중소 자영 상인을 보호하는 제도, 다문화 가정에 대해 복지를 확대하는 제도, 노인과 청소년을 우대하는 제도 등을 통해 사회적 약자를 배려하고 더 나아가 그들을 포용하는 제도가 시행되어야 한다.

(2) 기본소득[19)]

우리 사회는 그동안 가구 중심의 복지지원을 기본으로 실행해 왔다. 하지만 기본소득이 추구하는 가장 기본적인 취지는 노동과 소득을 분리하고, 모두의 인간다운 삶을 보장한다는 것으로, 인간의 실질적인 자유를 영위할 수 있는 일종의 '기본권'으로 접근한다. '권리'로 간주되는 만큼 '가구'가 아닌 '개인'에게 지급되며, '실질적 자유'의 취지에 따라 현물이 아닌 현금 지급을 원칙으로 한다.

① 기본소득 개념 발전과정

모두에게 조건 없이 소득을 제공한다는 기본소득의 아이디어는 18세기 철

하는 제도를 시행해야 한다.

16) 교육 분야에서는 유아 교육기관부터의 장애인통합교육제도와 대학 입시에서는 충분한 교육적 혜택을 받지 못하는 농어촌 출신이나 사회적 배려 대상자를 우대하는 특례 입학 제도를 시행해야 한다.

17) 주택 분야에서는 임대주택 확대와 임대주택단지와 일반단지를 구별하는 사회계층의 구성이 아닌 통합적인 주택정책으로 저소득층의 주거복지가 안정적으로 이루어질 수 있는 정책을 시행해야 한다.

18) 경제 분야에서는 사회적 약자와 저소득층이 물가와 사회구조변화에 적응할 수 있도록 정책 시행 시기를 조정해야 한다. 또한 소득, 직업의 안정적인 생활이 될 수 있도록 최저임금인상 등의 정책 시행에 단계 및 산업구조 인력별 차별 도입 등의 사회 전반적인 연계가 될 수 있는 정책을 고려 시행해야 한다. 이를 통해 경제발전으로 더 큰 사회격차가 아닌 계층이동이 가능할 수 있도록 지원해야 한다.

19) 기본소득은 중앙정부나 지방정부가 모든 개인에게 자산조사나 근로 취업에 대한 요구 등의 조건 없이 지급하는 소득을 말한다. 노동과 소득을 분리하고, 구성원 모두의 인간다운 삶을 보장한다는 의미의 '기본권' 차원에서 출발하며, 기초생활수급이나 실업수당과 같은 기존 사회보장제도와 달리 공동체 구성원이라면 평생 동안, 충분한 금액을 규칙적으로 지급하는 복지 정책이다.

학가 토마스 페인이 처음 주장했는데(다음백과사전), 토지가 공공재이므로 지대 수입을 모두에게 일정하게 지급하자고 주장했다. 프랑스의 초기 사회주의자 샤를 푸리에는 수렵, 채집, 방목 등의 '기본적 자연권' 대신 최소 생계를 만족시킬 수 있는 것을 시민들에게 제공해야 한다고 봤다. 그를 이은 조셉 샤를리에는 1848년 토지의 임대료에 해당되는 금액을 모든 시민에게 매월 지급하는 토지 배당을 실시하자고 주장했다.

20세기에는 정치사상가들의 아이디어를 넘어 실질적인 토론이 이루어지기 시작했다. 특히 1960~1970년대 미국에서 기본소득 주장이 큰 호응을 얻었다. 제임스 토빈 등 여러 노벨경제학상 수상자들이 '시민보조금(demogrant)'이라는 이름으로 기본소득 제도를 지지했다. 신자유주의의 창사자로 알려진 밀튼 프리드먼과 조지 스티글러도 '마이너스 소득세'를 주장하며 대열에 합류했다.

이는 정치운동으로도 번져 저명한 흑인 운동 지도자 마틴 루터 킹 목사는 1968년 암살당하기 전 쓴 책에서 "빈곤을 해결하는 가장 쉬운 방법은 기본소득 보장"이라고 제안하기도 했다. 닉슨 대통령은 가족단위로 일정 소득을 보장하는 프로그램을 추진했으나 의회의 반대에 부딪혔고, 1972년 민주당 대통령 후보였던 맥거번도 기본소득 공약을 내세웠으나 패배했다. 미국 뉴저지와 시애틀, 캐나다 매니토바 등에서는 사회적 실험이 벌어지기도 했다.

1980년대 초반 이후 덴마크와 네덜란드, 독일 등 북서유럽의 몇몇 나라들에서 기본소득 제안이 활발하게 토론됐다. 1986년 현대 기본소득 이론의 주창자 중 한 명인 판 파레이스 등 유럽의 기본소득 연구자들은 기본소득유럽네트워크를 결성했고 2004년 기본소득지구네트워크[20](BIEN, basic income earth network)로 발전시켰다. BIEN은 전 세계 기본소득 지지자들의 연대기구로

20) 기본소득지구네트워크는 기본소득 실현을 목적으로 기본소득 논의를 이끄는 국제 네트워크다. 1986년 기본소득유럽네트워크를 시작으로 2004년 유럽에서 전 지구로 범위가 확대됐다. 현재(2021년 기준) 한국을 포함한 29개 국가가 가입했다. 1, 2년에 한 번씩 BIEN 대회를 개최하며 2016년 제16차 BIEN 대회가 서울에서 개최됐다. 기본소득지구네트워크가 명시하는 기본소득은 무조건성, 보편성, 개별성, 정기성, 현금성의 요소를 갖춘다.

2009년 한국에도 기본소득한국네트워크[21)]가 조직됐다.

② 기본소득 해외 사례[22)]

기본소득 제도는 우리나라에서는 최근에 정치권을 중심으로 논쟁이 뜨거워지고 있다. 다음백과사전에 따르면 해외도 핀란드 등 선진국에서 일부 지역 혹은 계층을 대상으로 실시해 기존 복지제도를 대체할 정책으로 가능한가를 따져보고 있으며, 인도나 아프리카 나미비아에서 벌어신 기본소득 실험에서는 기본소득 지급이 빈곤을 해결하는 방안으로 상당한 효과를 낸다는 사실이 입증됐지만 아직은 실험단계에 머물고 있다.

가. 알래스카 영구기금

미국 알래스카주는 기본소득 제도를 안정적으로 운영 중이다. 1974년~1982년까지 8년 동안 알래스카 주지사를 맡았던 제이 해먼드는 알래스카주가 보유하고 있는 많은 석유 자원이 시민들을 위해 쓰여야 한다고 주장했고, 석유 수입의 일부를 자금으로 사용해 1976년 알래스카 영구기금을 조성했다. 초기에는 거주한 햇수에 비례해 배당금을 매년 지급하는 형식을 제안했으나, 미국 연방대법원이 평등보호 조항에 위배된다고 판결을 내렸고, 1982년부터 6개월 이상 거주한 주민에게 지난 5년간의 석유 수입에 기반한 배당금 형태로 기본소득을 지급하는 방식으로 수정됐다. 배당은 1982년 1000달러를 지급한 것을 시작으로 지속되고 있으며 가장 높은 금액은 2008년의 3,269달러였다. 기본소득제도는 알래스카를 미국에서 가장 평등한 곳이 되도록 돕고 있는 것으로 평가된다.

---

21) 기본소득한국네트워크 홈페이지(https://basicincomekorea.org). 기본소득을 한국사회에서 실현하기 위해 2009년에 설립되었고, 2010년 기본소득지구네트워크(Basic Income Earth Network; BIEN)의 제13차 BIEN 총회에서 17번째 가입국으로 승인되었습니다. 극심한 양극화와 불안정한 삶, 지구 자원 고갈과 기후변화로 인한 생태위기와 차별적 고통의 문제를 해소하는 “사회적 생태적 전환”을 실현하는 과정에서 기본소득이 중심 역할을 하도록 활동한다.

22) 본 내용은 다음백과사전의 기본소득으로 검색된 자료를 사용하였다.

나. 인도 마디야프라데시

인도의 노동조합이자 여성운동단체인 SEWA(자영업여성연합: Self-Employed Women's Association)는 2011년 6월부터 2012년 8월까지 마디아프라데시주에서 유니세프의 지원을 받아 기본소득 실험을 실시했다. 성별, 연령에 상관없이 성인 1인당 200~300루피(약 3300~5000원), 어린이 1인당 100~150루피(약 1600~2500원)를 매달 현금으로 직접 지급했다. 결과 어린이 영양실조가 크게 개선됐고, 학교 출석률이 높아졌으며, 소득수준이 향상됐다.

다. 아프리카 나미비아

아프리카 나미비아의 오미타라 지역에서는 민간단체들이 합작해 2008년 1월부터 2009년 12월까지 지역주민 930명에게 매달 100나미비아 달러(1만 4,000~1만5,000원)를 지급하는 기본소득 실험이 실시됐다. 결과 빈곤율과 실업률이 큰 폭으로 낮아졌고 소득 상승률이 증가했다. 임금과 농업생산량, 자영업 소득도 증가했다.

라. 스위스

스위스의 '조건 없는 기본소득을 위한 시민단체 모임'은 2011년부터 기본소득을 보장하자는 헌법 개정 시민운동을 실시해 약 1년 반 만에 총 12만 6000명의 서명을 모아 연방의회에 제출했다. 발의 내용은 헌법에 '연방 정부는 조건 없는 기본 소득을 도입한다'는 조항을 신설하는 것으로 재원과 규모는 법률로 정하도록 했다. 기본소득의 보장액은 약 2500 스위스 프랑(한화 약 289만 원) 수준으로 알려졌으나 시민단체 모임에서 주장하는 액수로 구속력은 없었다. 이러한 발의안을 두고 2016년 6월 5일 국민 투표가 시행되어 찬성 23%, 반대 77%로 부결됐다. 그러나 스위스의 국민투표는 개념조차 낯선 '기본소득'을 두고 국민투표까지 실시했다는 점에서 전 세계의 이목을 끌었다.

마. 핀란드

핀란드는 1980년대부터 복지체계의 경직성 등을 비판하며 기본소득제도가 논의되기 시작했으며 2007년 핀란드 녹색당이 440유로 기본소득 지급을 공약으로 제시하면서 논의가 본격화됐다. 핀란드 정부는 2017년부터 실업급여를 받는 이들 중 2000명을 무작위로 선발해 월 560유로(한화 73만 원)의 기본소득을 지급하는 2년간의 시범사업을 시행했다. 성공적으로 평가되면 지급대상을 프리랜서, 소기업과, 파트타임 근로자 등 저소득 그룹으로 단계적으로 확대해 나간다는 계획이다.

(3) 사회서비스 전자바우처

사회서비스란 일반적인 의미에서 개인 또는 사회 전체의 복지증진 및 삶의 질 향상을 위해 사회적으로 제공되는 서비스를 말하며 공공행정(일반행정, 환경, 안전), 사회복지(보육, 아동, 장애인, 노인 보호), 보건의료(간병, 간호), 교육(방과 후 활동, 특수 교육), 문화(도시관, 박물간, 미술관 등 문하시설 유영)를 포괄하는 개념이다. 바우처란 이용 가능한 서비스의 금액이나 수량이 기재된 증표(이용권)로 전자바우처는 서비스 신청, 이용, 비용 지불/정산 등의 전 과정을 전산시스템으로 처리하는 전달수단을 말한다.

① 사회서비스 전자바우처 도입배경

기존 사회복지서비스는 공급자 지원방식으로 이루어져 수요자의 선택권이 제한되었으며 시장 창출에 한계가 있었다. 이 한계를 줄이고자 수요자 중심의 직접 지원방식으로 변경하며 바우처(서비스 이용권) 제도를 도입하였다. 수요자 직접지원 방식으로 변경되어 공급기관의 허위·부당 청구 등 도덕적 해이를 최소화할 수 있는 장점과 자금흐름의 투명성과 업무 효율성이 확보되게 되었다. 정보 집적 관리를 통한 사회서비스 발전기반 마련을 위해 금융기관 시스템을 활용한 "전자식 바우처" 추진이 필요하게 되어 도입되었다.

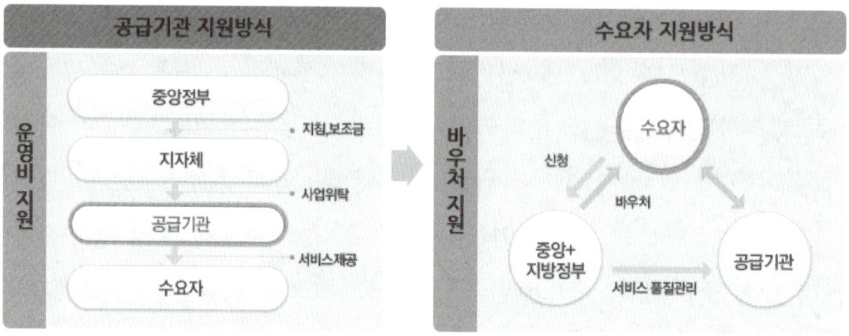

출처: 사회서비스 전자바우처 홈페이지(https://www.socialservice.or.kr)

▲ 그림 15-11 공급기관 지원방식에서 수요자 지원방식으로 전환

② 사회서비스 전자바우처 추진 경과

2007년 장애인활동보조(장애인활동지원)사업[23]과 지역사회서비스투자사업[24] 시행으로 시작된 사회서비스 바우처사업은 2008년 산모신생아건강관리사업[25], 가사간병방문지원사업[26], 임신출산진료비지원[27] 사업으로 확대 시행되었다. 2009년 발달재활서비스[28] 사업이 시행되고, 2010년 언어발달지원사업이 시행되었다. 2014년 노인돌봄(단기가사)사업, 발달장애인부모심리상담서비스[29] 사업이 추가로 시행되고, 2015년 청소년산모 임신출산 의료비지원[30], 저소득층

23) 장애인의 일상생활과 직장생활에서의 활동을 신체, 가사, 사회활동을 포함하여 지원하는 서비스이다.
24) 지역의 수요 및 특성에 맞게 사회서비스를 대상자에게 바우처 방식으로 제공하고 이용할 수 있도록 하는 사업이다.
25) 산모와 신생아의 전문 건강관리사가 직접 가정을 방문하여 돌봐드리는 사업이다.
26) 중증질환자 및 장애인, 한부모가정, 소년·소녀 가정에게 제공하는 가사/간병 지원서비스이다.
27) 출산 친화적 환경 조성과 태아의 분만 및 산모의 건강관리를 위해 임신·출산 관련 진료비를 전자바우처로 일부 지원하는 사업이다.
28) 장애아동의 기능 향상과 행동발달을 위한 서비스를 지원하는 사업이다.
29) 발달장애인 부모에게 심리, 정서적으로 전문 심리상담 서비스를 지원하는 사업이다.
30) 청소년 산모의 건강관리 및 건강한 태아 분만을 위하여 임신·출산 관련 의료비 일부를

영아 기저귀 조제분유 지원[31], 에너지바우처 사업[32], 2017년 아이돌봄지원 사업[33], 2019년 발달장애인지원(주간활동서비스, 방과후활동서비스[34]) 사업, 2022년 4월에는 2022년 출생아부터 첫만남이용권 사업[35]이 시행된다.

2) 사회복지 영역의 대응

사회복지정책의 대응방향과 복지정책의 구현조건 그리고 사회보장과 사회복지서비스 분야의 전망을 제시하고자 한다.

(1) 사회복지정책의 대응방향

지금까지 살펴본 바와 같이 우리 사회가 저출산, 고령화 등으로 빠르게 변화되어 가고 있다. 이러한 변화에 직면하여 복지정책의 대응방향이 필요하다.

먼저 생산력 변화에 따르는 경제성장 전략과 연관된 복지정책이 시행되어야 한다. 세계 경제의 성장 동력이 더 이상 저임금 노동에 근거한 대량 생산과 저가 수출의 구시대적 방식으로는 한계에 이르렀으며 이러한 산업 구조로는 중국과 인도 등과 경쟁할 수 없는 상황에 도달해있다. 또한 인구의 감소에 따른 사회경제 및 인구계층 상의 구조가 변화되므로 이에 따른 복지정책의 전환도 절실히 요구되고 있다.

또한, 우리 사회에서 우려되는 것은 양극화와 중산층 붕괴이다. 소득격차는 개선되지 않고 있으며 우리나라는 1997년 외환위기 이후 완전히 달라졌다.

지원하는 사업이다.

31) 저소득층 가정의 영아를 위해 건강한 아기의 양육을 지원하고자 기저귀·조제분유를 제공하는 사업이다.

32) 에너지 취약계층에게 지급하여 지역난방, 등유, LPG, 전기, 도시가스, 연탄을 구입할 수 있도록 에너지 바우처를 지원하는 사업이다.

33) 아이돌보미가 만 12세 이하 아동이 있는 맞벌이 가정에 방문하여 아동을 돌봐 주는 아이돌봄서비스 사업이다.

34) 방과 후 청소년 발달장애학생이 안전한 돌봄을 받을 수 있도록 지원하는 사업이다.

35) 2022년 출생 아동부터 첫만남 이용권 200만 원을 지급하여 생애초기 아동양육에 따른 경제적 부담을 경감하기 위한 사업이다.

지난 25년 동안 경제와 산업의 거대한 양극화가 진행됐고, 대기업과 중소기업 간의 격차와 정규직과 비정규직 간의 격차라는 노동시장의 이중구조가 고착화되고 말았다. 중산층이 무너졌고 상층과 하층 간에는 거대한 격차가 발생했다.

(2) 복지정책의 구현조건

복지 정책을 구현하기 위해서는 기본적으로 복지재원이 확보되어야 한다. 그동안 사회복지기관 운영에서 나타난 문제점을 보완하기 위해 복지서비스 전달체계를 보완 구축하고 농어촌지역을 대상으로 소규모통합복지사업을 시행할 수 있는 제도가 시행되어야 한다.

① 복지재원확보

복지사회 구현에 있어 가장 중요한 것이 재원확보이다. 아무리 좋은 정책도 재원확보 방안이 모색되지 않으면 실행할 수 없을 것이다. 재원확보는 현재의 재정 총량 내에서의 재원확보와 새로운 재원발굴을 통한 재원확보방법으로 구분할 수 있다.

현재의 재정 상황을 고려할 때 복지재원을 확보할 수 있는 대안 마련이 필요하다. 우리나라의 조세부담률[36]은 20% 초반으로 매년 상승 중이다. 증세는 국민적 저항이 있는 만큼, 쉽지는 않다. 먼저 소득세에서는 공제·감면 축소가 필요하고, 부동산세 등 세율조정을 통한 세금 확보와 자영업자와 법인세 등을 높일 수 있는 전략이 필요하다. 새로운 재원확보 방안으로는 복지세를 신설하여 사회적 약자를 위한 재원을 확보해야 한다.

② 복지서비스 전달체계 구축

2010년 시행된 사회복지통합관리망[37]을 보완하여 시행된 차세대 시스템을

36) 조세부담률은 국내총생산(GDP)에서 국세, 지방세 등 조세가 차지하는 비율로, 국민의 조세 부담을 측정하는 대표적인 지표다.

37) 2010년 '행복e음' 사회복지통합관리망은 각종 사회복지 급여·서비스 지원 대상자의

통해 기초보장을 비롯한 복지급여 '모니터링과 모든 복지보조금 사용'을 통해 복지서비스 및 관리체계가 형성되어야 한다.

차세대 시스템에 탑재한 복지멤버십[38]은 국민에게 필요한 복지서비스를 맞춤형으로 안내하는 방식이다. 기존 수급자와 수급희망이력관리제 신청자 등은 1차 개통과 동시에 복지멤버십 제도를 이용할 수 있다.

③ 통합복지사업 시행

인구밀집도가 낮은 농어촌지역을 대상으로 통합복지사업의 시행이 필요하다. 지방자치단체가 예산을 투입하고 직접 운영하여 통합복지사업을 시행해서 도시와 농어촌 간의 복지서비스 양극화를 방지해야 한다. 그동안 사회복지사업은 분야별로 세분화되어 기관 설립 및 운영되어 왔으나 농어촌지역의 경우 인구밀집도가 낮고 시설 접근성이 낮기 때문에 지역별로 소규모 통합복지사업 센터를 운영하여 저출산과 초고령화 사회로 인한 소규모 복지사업 실행을 통해 지역사회 인력 활용과 안정적인 복지서비스가 효과적으로 시행될 수 있을 것이다.

자격 및 이력에 관한 정보를 통합관리하고 지자체의 복지업무 처리를 지원하는 시스템이다. 기존 새올 행정시스템(시·군·구 업무지원시스템) 중 복지 분야를 분리하여 중앙에 통합 구축하는 정보시스템으로 개발되었다. 2013년 범부처 복지사업을 통합한 '사회보장정보시스템'을 선보였고, 2021년 차세대 시스템은 이들 시스템을 보완한 새로운 복지정보 전달 체계이다.

38) 복지멤버십 가입자는 자신의 소득과 재산, 인적 사항을 토대로 '수급 가능성'을 판정받은 후 이용 가능한 복지서비스를 문자와 전자우편 등을 통해 안내받을 수 있다. 복지멤버십을 통해 안내받을 수 있는 복지서비스는 ▲생계급여 ▲의료급여 ▲주거급여 ▲교육급여 ▲기초·차상위 자활 ▲차상위계층 확인 등 15가지다.

(3) 사회보장 분야의 전망

사회보장기본법[39]의 용어의 정의에 의하면, 사회보장이란 출산, 양육, 실업, 노령, 장애, 질병, 빈곤 및 사망 등의 사회적 위험으로부터 모든 국민을 보호하고 국민 삶의 질을 향상시키는 데 필요한 소득·서비스를 보장하는 사회보험, 공공부조, 사회서비스를 말한다.

① 사회보험

사회보험이란 국민에게 발생하는 사회적 위험을 보험의 방식으로 대처함으로써 국민의 건강과 소득을 보장하는 제도를 말한다. 사보험[40]과 달리 사회보험[41]은 국가가 시행 주체가 되어 전 국민을 대상으로 강제성을 갖고 시행된다는 점에서 사보험과 차이가 있다. 사회보험을 통해 국가가 시행하는 사회안전망으로서의 기능을 수행하고 있다. 사회보험의 문제는 재정 적자로 인한 문제를 해결하기 위해 특수직역연금[42]과의 통합관리와 국가 차원의 보험제도의 대폭적인 개편과 함께 구조조정이 불가피하다.

② 공공부조

공공부조란 국가와 지방자치단체의 책임하에 생활 유지 능력이 없거나 생

39) 사회보장기본법은 사회보장에 관한 국민의 권리와 국가 및 지방자치단체의 책임을 정하고 사회보장정책의 수립·추진과 관련 제도에 관한 기본적인 사항을 규정함으로써 국민의 복지증진에 이바지하는 것을 목적으로 한다.

40) 사보험은 민간보험, 즉 사회보험이나 공보험과 반대되는 개념이다. 사보험은 자발적 가입이 원칙으로 개인 희망과 개인 지불능력에 따라 더 많은 양의 보호를 받을 수 있다.

41) 사회보험(social insurance)이란 국민에게 발생 가능한 각종 사회적 위험에 보험방식을 통해 대처함으로써 국민의 생활, 건강, 소득 등을 보장하려는 제도를 가리킨다. 구체적으로는 ① 1963년 시행된 산업재해보상보험(업무상 재해를 입었을 경우 신속한 보상 및 복귀 지원) ② 건강보험(질병, 상해, 사망 등의 사고가 발생할 경우 의료서비스를 제공) ③ 1988년 도입된 국민연금(퇴직, 노령, 사망 등에 따른 당사자 및 유족의 생활보장) ④ 1995년 시행된 고용보험(실직자의 생활 안정 및 재취업 지원) ⑤ 2008년 7월 시행된 노인장기요양보험(노인성질환으로 일상생활이 어려운 노인 등에게 가사·시설서비스 지원)으로 구분된다.

42) 공무원연금, 사학연금(사립학교교직원연금), 군인연금, 별정우체국직원연금 등이 있다.

활이 어려운 국민의 최저생활을 보장하고 자립을 지원하는 제도를 말한다. 공공부조[43]제도인 국민기초생활보장 수급자의 생계보장 수준은 현재 최저생계비[44] 수준에 그치고 있다. 지원수준 및 범위가 매우 한정적이라는 문제점을 안고 있고, 지원수준도 미흡하여 큰 효과를 거두지 못하고 있다. 삶의 질 향상을 추진하기 위해서는 빈곤계층에 대한 최저생활보장과 자립기반의 조성이 최우선시되어야 할 것이다. 이를 위해서는 국민기초생활보장 수급자의 범위 확대 및 생활보장 수준의 향상 등 제도개선이 이루어져야 할 것이다.

③ 사회서비스

사회서비스란 국가·지방자치단체 및 민간부문의 도움이 필요한 모든 국민에게 복지, 보건의료, 교육, 고용, 주거, 문화, 환경 등의 분야에서 인간다운 생활을 보장하고 상담, 재활, 돌봄, 정보의 제공, 관련 시설의 이용, 역량 개발, 사회참여 지원 등을 통하여 국민의 삶의 질이 향상되도록 지원하는 제도를 말한다. 우리나라 과거의 사회복지정책은 소득보장에 주안점을 두었으나 오늘날에는 모든 국민에게 적절한 서비스를 제공하여 삶의 질을 향상시키는 방향으로 발전되고 있다. 그동안 시행되던 복지서비스 체계가 시설보호 중심에서 재가보호로, 사후치료적인 서비스에서 예방적 서비스로 전환되어야 할 것이다.

43) 공공부조는 모든 국민이 인간다운 생활을 영위하기 위한 일종의 사회보장제도이다. 과거에는 '공적부조'라는 용어를 사용하였으나, 1995년 12월 30일 제정된 「사회보장기본법」에서 '공공부조'라는 용어로 변경하였다. 공공부조는 생활유지능력이 없거나 생활이 어려운 자에게 국가 및 지방자치단체의 비용부담으로 필요한 보호를 행하며 이들의 최저생활을 보장과 자립 촉진을 목적으로 하는 경제적 보호제도라 할 수 있다.

44) 인간으로서 건강하고 문화적인 생활을 유지하기 위하여 소요되는 최소한의 비용을 최저생계비라 한다. 최저생계비는 보건복지부장관이 일반국민의 소득·지출수준과 수급권자의 생활실태, 물가수준 등을 고려해 중앙생활보장위원회의 심의·의결을 거쳐 매년 최저생계비를 결정·공표한다.

(4) 사회복지서비스 분야의 전망

사회복지사업법[45]에 의하면, 사회복지서비스란 국가·지방자치단체 및 민간부문의 도움을 필요로 하는 모든 국민에게 「사회보장기본법」 제3조 제4호[46]에 따른 사회서비스 중 사회복지사업을 통한 서비스를 제공하여 삶의 질이 향상되도록 제도적으로 지원하는 것을 말한다.

▼ 표 15-3 사회복지서비스 사회복지사[47]의 활동분야

공적사회복지	사회복지기관 및 시설	보건의료	기타 분야
사회복지전담공무원[48]	지역복지, 아동복지, 노인복지, 장애인복지, 한부모복지 등의 민간 사회복지기관	의료사회복지사[49], 정신건강사회복지사[50]	학교사회복지사, 자원봉사활동관리자, 교정사회복지사, 군사회복지사[51], 산업사회복지사[52]

45) 사회복지사업법은 사회복지사업에 관한 기본적 사항을 규정하여 사회복지를 필요로 하는 사람에 대하여 인간의 존엄성과 인간다운 생활을 할 권리를 보장하고 사회복지의 전문성을 높이며, 사회복지사업의 공정·투명·적정을 도모하고, 지역사회복지의 체계를 구축하고 사회복지서비스의 질을 높여 사회복지의 증진에 이바지함을 목적으로 한다.

46) 사회서비스란 국가·지방자치단체 및 민간부문의 도움이 필요한 모든 국민에게 복지, 보건의료, 교육, 고용, 주거, 문화, 환경 등의 분야에서 인간다운 생활을 보장하고 상담, 재활, 돌봄, 정보의 제공, 관련 시설의 이용, 역량 개발, 사회참여 지원 등을 통하여 국민의 삶의 질이 향상되도록 지원하는 제도를 말한다.

47) 사회복지사업법 시행령 제6조 제1항에서는 다음의 업무를 수행하는 자를 사회복지사로 채용하도록 규정하고 있다. ① 사회복지프로그램의 개발 및 운영 ② 시설 거주자의 생활지도 업무 ③ 사회복지를 필요로 하는 자에 대한 상담업무

48) 사회복지사업법 제14조에 의하면, 사회복지사업에 관한 업무를 담당하게 하기 위하여 시·도, 시·군·구 및 읍·면·동 또는 복지사무전담기구에 사회복지사 자격증을 가진 사회복지전담공무원을 두도록 규정하고 있다.

49) 의료사회복지사는 2018년 12월 11일 사회복지사업법 개정에 의해 2020년 12월 12일 국가자격제도로 시행되었다.

① 민간자격소개: 의료사회복지사 자격관리위원회는 2008년도부터 2020년도까지 총 13회의 자격시험(연 1회)을 통하여 총 1,302명의 의료사회복지사 민간자격증 소지자를 배출하였다(*한국사회복지사협회와 그 산하단체인 대한의료사회복지사협회에서는 의료현장의 전문성 강화를 위해 자격시험관리위원회를 소집하고, 자격시험을 관리, 운영함)

① 아동·청소년복지의 전망

사회는 점점 더 부의 양극화, 교육의 양극화, 일자리의 양극화 현상이 더욱 심화 되어 가고 있다. 여성의 사회진출, 맞벌이 부부의 증가 등으로 가정문제가 심화 되어 가고 가족구조의 해체 등으로 아동·청소년 문제는 이미 우리 사회의 이슈가 된 지 오래되었다. 시설, 위탁 가정, 입양아, 청소년 학교폭력 등 아동·청소년의 문제는 갈수록 더욱 심각해질 것이다.

국가와 지방자치단체 그리고 가정과 지역사회 모두가 힘을 모아 아동·청소년 복지기관의 통합관리 및 예산지원 그리고 청소년전문 인력양성을 통해 저출산과 농어촌지역의 인구밀집도가 낮은 지역의 통합복지기관을 운영하여

---

② 근무현장: 의료사회복지사는 「의료법」 제3조 제2항 제3호에 해당하는 의료기관에서 사회복지를 실천하는 전문인력이다(*상급, 종합병원 등을 포함한 의료현장에서 총 1,302명의 자격소지자 중 1,042명의 전문인력이 종사하는 것으로 추산)

③ 주요 업무: 환자와 그 가족의 심리사회적 문제·경제적 문제·지역사회 자원연계·재활 및 지역사회복귀 문제 등에 관한 상담평가, 지원계획 수립 및 지원, 취약환자에 대한 보호와 권익 보상, 연구조사 등

④ 국가자격제도 시행: 사회복지사 1급을 소지하고 의료기관에서 수련지도자(의료사회복지사 자격소지 후 5년 이상의 의료사회복지 경력자)의 지도하에 1,000시간의 수련을 이행한 자로서 (시험과목) 법과 정책, 윤리와 철학, 의료사회복지 이론과 실제, 조사 연구, 기획 및 행정 등을 "150시간 이론교육, 20시간 학술활동, 830시간의 의료현장실습의 수련시간 이행과 수련에 대한 평가활동으로 수련과정 구성" 된다. (*출처: 보건복지부 2020년 12월 1일 보도자료)

50) 정신건강사회복지사는 "정신과 병원 및 지역사회에서 정신보건에 관한 양질의 서비스를 제공할 전문인력의 수요가 증가하게 되면서, 정신질환의 예방과 정신질환자의 의료 및 사회복귀 등의 업무를 수행할 전문지식과 기술을 갖춘 인력을 양성하기 위해 자격제도를 제정"하였다. 사회복지사 1급 자격증 소지자가 보건복지부령으로 정하는 수련기관에서 수련을 받고 보건복지부장관에게 정신건강사회복지사(수련기간 및 경력에 따라 1급, 2급으로 구분) 자격을 인정받은 자를 말한다. '정신보건법'이 '정신건강증진 및 정신질환자 복지서비스 지원에 관한 법률(약칭: 정신건강복지법)로 개정되면서 '정신보건사회복지사'의 명칭이 '정신건강사회복지사'로 변경되었다.

51) 군사회복지사는 군대에서 사병과 장교의 군생활 적응 및 성, 약물오남용문제, 동료병사와의 관계, 병영 및 가족문제를 다루는 전문인력이다.

52) 산업사회복지사는 직장에서 종사자의 사회 및 직장적응과 알코올을 포함한 약물오남용문제, 직원 간의 갈등과 왕따 문제의 상담, 가족문제 상담 등을 위한 업무를 수행하는 전문인력이다.

아동·청소년 복지사업의 안정적인 기관운영이 될 수 있도록 지원해야 한다.

② 노인복지의 전망

노인들이 안고 있는 대표적인 문제로는 빈곤, 건강, 역할 상실, 고독과 소외의 문제 등이다. 노인 문제해결을 위하여 가정과 지역사회, 국가가 함께 해결방법을 모색해 나가야 할 것이다. 노인 일자리 및 여가프로그램 활성화를 통한 삶의 질 향상을 위한 복지기관 운영과 고령 어르신을 위한 케어 및 활동지원으로 노인복지 사업의 활동 범위는 더욱 확대될 것이다.

③ 사회복지전담공무원의 전망

사회복지전담공무원은 1987년부터 도입되기 시작하여 1992년 「사회복지사업법」의 전면 개정을 통해 일선 행정기관에 사회복지전담공무원을 배치하는 법적인 근거를 마련하였다. 이전에는 지방공무원 별정직 7급으로 임용되었으나, 행정기관 내에서의 직급에 따른 갈등과 사회복지사의 전문성 문제로 인해 1994년 이후 별정직 9급으로 임용되고 있었던 부분이 변경된 것이다. 「국민기초생활보호법」에 의한 생활보호 업무를 수행하는 사회복지전담공무원은 아동복지, 노인복지, 장애인복지, 한부모복지, 영유아보육사업, 여성복지 등 사회복지사업을 수행하기 위해 임용된 공무원으로, 현재는 전국의 저소득층 밀집지역인 읍·면·주민센터(구. 동사무소) 등에서 일하고 있으며 매년 채용이 증가하고 있다.

④ 의료사회복지의 전망

사회복지사[53]는 종합병원과 정신병원 등에서 일할 수 있다. 「의료법」에 의

53) 사회복지사는 1983년 「사회복지사업법」 개정을 통해 사회복지종사자라는 명칭을 사회복지사로 변경하고, 사회복지사 자격을 3등급(1~3급)으로 구분하였다. 또한 1997년 개정을 통해 2003년부터는 1급은 국가고시에 합격자만이 취득하도록 자격제도를 변경하였다. 2017년 개정을 통해 3급을 폐지하고 1~2급으로 하며, 2018년 12월 개정을 통해 정신건강·의료·학교 영역에 대해서는 영역별로 사회복지사 1급 자격은 국가시험에 합격한 사람에게 부여하고, 정신건강사회복지사·의료사회복지사·학교사회복지사의 자격은 1급 사회복지사의 자격이 있는 사람 중에서 보건복지부령으로 정하는

하며 "종합병원에는 「사회복지사업법」의 규정에 의한 사회복지 종사자 자격을 가진 자 중에서 환자의 갱생, 재활과 사회복귀를 위한 상담 및 지도업무를 담당하는 요원을 1인 이상 둔다."(「의료법 시행령」 제24조 제2항 제5호)고 규정하고 있다. 의료사회사업이 활성화되어 있는 세브란스병원, 성모병원, 상계 백병원 등에서는 여러 명의 사회복지사가 일을 하고, 점차 그 수요가 늘어가고 있는 영역이다. 또한 「정신건강증진 및 정신질환자 복지서비스 지원에 관한 법률」에서도 정신건강전문요원으로 사회복지사를 임용하도록 규정하고 있다. 다만, 의료사회복지사나 정신건강사회복지사는 의사, 간호사, 심리사 등 다른 전문직과 함께 팀으로 일하기 때문에 학부 수준의 공부만으로는 부족한 부분이 있다. 따라서 의료기관에서 일하는 사회복지사는 학부에서는 자원봉사를 통해서 실무를 학습하고, 대학원에 진학해서 더 많은 공부를 한 후에 임용되는 경향이 있다.

⑤ 학교사회복지사의 전망

학교사회복지사[54]는 학교에서 사회복지를 실천하는 전문활동이다. 초기 우

수련기관에서 수련을 받은 사람에게 부여한다.
사회복지사가 될 수 없는 결격사유에 해당하는 자는 「사회복지사업법」 제11조의 2의 규정에 의해 사회복지사가 될 수 없다.

1. 피성년후견인 또는 피한정후견인
2. 금고 이상의 형을 선고받고 그 집행이 끝나지 아니하였거나 그 집행을 받지 아니하기로 확정되지 아니한 사람
3. 법원의 판결에 따라 자격이 상실되거나 정지된 사람
4. 마약·대마 또는 향정신성의약품의 중독자
5. 「정신건강증진 및 정신질환자 복지서비스 지원에 관한 법률」 제3조 제1호에 따른 정신질환자. 다만, 전문의가 사회복지사로서 적합하다고 인정하는 사람은 그러하지 아니하다.

54) 학교사회복지사는 2018년 12월 11일 사회복지사업법 개정에 의해 2020년 12월 12일 국가자격제도로 시행되었다.
① 민간자격소개: 학교사회복지사 자격관리위원회는 2005년도부터 2020년도까지 총 16회의 자격시험(연 1회)을 통하여 총 1,598명의 학교사회복지사 민간자격증 소지자를 배출하였다(*전문성을 갖춘 학교사회복지사 양성을 위하여 한국학교사회복지학회, 한국학교사회복지사협회, 한국사회복지사협회가 함께 컨소시엄을 구성

리나라 학교사회복지의 정착단계에서는 개별적인 상담과 집단지도가 중심이 되었다면, 향후 학교사회복지사에게 요구되는 전문성은 개별상담, 집단지도뿐만 아니라 지역사회조직도 필요하다. 전문성 증대와 함께 학교사회복지사로서의 가치와 윤리로 무장된 열정적인 학교사회복지사가 요구된다.

⑥ 군 사회복지 및 교정 사회복지의 전망

최근 군대 내에서 탈영과 폭력, 자살 등의 심각한 문제가 발생하고 있다. 군복무를 하고 있는 군인들을 대상으로 사회복지서비스를 확대해 나가야 한다. 범죄자들의 교정과 재범을 막는 것이 교정이라면 교정사업이 제대로 역할을 수행하지 못하고 있는 것이 현실이다. 향후 사회복지사들이 군대 및 교정시설 등에 적극적으로 활동하여 복지서비스가 제공될 수 있도록 하는 것도 사회복지계의 중요한 과제이다.

하여 2005년부터 학교사회복지사 자격관리위원회를 운영함).

② 근무현장: 학교사회복지사는 「초중등교육법」 제2조에 의거한 학교뿐만 아니라 교육청 및 교육지원청, 지역교육복지센터 등 교육현장에서 사회복지를 실천하는 전문인력이다(*초중고를 포함한 교육현장에서 현재 1,919명의 전문인력이 종사하고 있음('20년 11월 기준))

③ 주요 업무: 학생의 심리·사회적인 문제와 학생에게 영향을 미치는 주변 환경 전체의 변화에 대한 계획 수립 및 지원, 학교 내·외부 환경 및 욕구 조사, 사례 발굴 및 선정, 학교 내·외 네트워크 구성 및 운영, 학교사회복지 개입을 위한 기록 및 평가 등

④ 국가자격제도 시행: 사회복지사 1급을 소지하고 학교에서 수련지도자(학교사회복지사 자격소지 후 5년 이상의 학교사회복지 경력자)의 지도하에 1,000시간의 수련을 이행한 자로서, (시험과목) 학교사회복지 이론 및 실제, 교육 및 사회복지관련 법과 정책, 학교사회복지 철학과 가치, 기획 및 행정, 자원관리 등을 "150시간 이론교육, 20시간 학술활동, 830시간의 학교현장실습의 수련시간 이행과 수련에 대한 평가활동으로 수련과정 구성"된다(*출처: 보건복지부 2020년 12월 1일 보도자료).

핵심 용어

4차 산업혁명, 기본소득, 사회서비스 전자바우처, 복지재원, 사회복지통합관리망

학습 실천과제

- 사회적 가치와 제도의 변화가 사회복지현장에 어떤 영향과 변화가 예상되는지 토론해 봅시다.
- 4차 산업혁명시대의 사회복지제도에 예비사회복지사는 어떤 대처가 필요한지 논의해 봅시다.
- 사회격차 해소를 위해 사회복지정책은 어떤 변화가 필요한지 토론해 봅시다.
- 기본소득제도 시행에 대해 본인의 생각을 토론해 봅시다.
- 사회복지의 전망에 대해 생각해 봅시다.

CHAPTER 15 학습문제

01 4차 산업혁명의 시대정신은 뷰카(VUCA)로 요약된다. 이에 해당하지 않는 것은 무엇입니까?

① 변동성 ② 불확실성
③ 확실성 ④ 복잡성
⑤ 모호성

정답 ③
해설
4차 산업혁명의 시대정신은 변동성(Volatility), 불확실성(Uncertainty), 복잡성(Complexity), 모호성(Ambiguity)이 특징이다. 인공지능과 과학기술의 빠른 발전 속도로 인한, '뷰카'의 시대이다.

02 사회서비스란 일반적인 의미에서 개인 또는 사회 전체의 복지증진 및 삶의 질 향상을 위해 사회적으로 제공되는 서비스이다. 이에 해당하지 않는 것은 무엇입니까?

① 공공행정 ② 사회복지
③ 보건의료 ④ 문화
⑤ 산업

정답 ⑤
해설
사회서비스란 일반적인 의미에서 개인 또는 사회 전체의 복지증진 및 삶의 질 향상을 위해 사회적으로 제공되는 서비스를 말하며 공공행정(일반행정, 환경, 안전), 사회복지(보육, 아동, 장애인, 노인 보호), 보건의료(간병, 간호), 교육(방과 후 활동, 특수 교육), 문화(도서관, 박물관, 미술관 등 문화시설 운영)를 포괄하는 개념이다.

03. (   )이란 출산, 양육, 실업, 노령, 장애, 질병, 빈곤 및 사망 등의 사회적 위험으로부터 모든 국민을 보호하고 국민 삶의 질을 향상시키는 데 필요한 소득·서비스를 보장하는 (,   ,   )를 말한다.

정답 사회보장, 사회보험, 공공부조, 사회서비스
해설
사회보장이란 출산, 양육, 실업, 노령, 장애, 질병, 빈곤 및 사망 등의 사회적 위험으로부터 모든 국민을 보호하고 국민 삶의 질을 향상시키는 데 필요한 소득·서비스를 보장하는 사회보험, 공공부조, 사회서비스를 말한다.

04 사회복지사업법에 의해 사회복지사를 의무적으로 채용하는 업무를 모두 고르시오?

① 사회복지프로그램의 개발 및 운영
② 사회복지기관 시설관리 업무
③ 시설 거주자의 생활지도 업무
④ 노인요양원의 노인케어(목욕, 욕창방지) 업무
⑤ 사회복지를 필요로 하는 자에 대한 상담 업무

정답 ①, ③, ⑤

해설

사회복지사업법 시행령 제6조 제1항에서는 다음의 업무를 수행하는 자를 사회복지사로 채용하도록 규정하고 있다. ① 사회복지프로그램의 개발 및 운영 ② 시설 거주자의 생활지도 업무 ③ 사회복지를 필요로 하는 자에 대한 상담업무이다.

05 다음 중 사회보장의 사회서비스에 해당하지 않는 것을 고르시오?

① 상담
② 재활
③ 세금
④ 돌봄
⑤ 정보의 제공

정답 ③

해설

사회서비스란 국가·지방자치단체 및 민간부문의 도움이 필요한 모든 국민에게 복지, 보건의료, 교육, 고용, 주거, 문화, 환경 등의 분야에서 인간다운 생활을 보장하고 상담, 재활, 돌봄, 정보의 제공, 관련 시설의 이용, 역량 개발, 사회참여 지원 등을 통하여 국민의 삶의 질이 향상되도록 지원하는 제도를 말한다.

참 고 문 헌

강란혜·박미석(2005). 아동복지론. 대왕사.

강영실(2009). 사회복지정책. 신정.

강영실(2009). 사회복지정책의 이해. 신정.

강영실(2010). 장애인복지의 이해 -2판-. 신정.

강용규·김종상·염일열·최정규·임옥빈(2011). 사회복지개론. 공동체.

강욱모(2004). 한부모가족과 빈곤: 영국에서의 정책변화. 한국사회복지학, 56(1), 127-153.

강지원·이연정·임은정(2008). 복지국가 개혁동향분석: 복지국가는 축소되는가? -신제도주의적 관점에 의한 분석-. 한국사회복지학회 학술대회논문집, 441-447.

강흥구(2007). 의료사회복지 실천론. 학현사.

건강지원센터(2007). 아동양육지원사업 운영매뉴얼.

고명석(2008). 사회복지시설 종사자의 인권의식에 관한 연구, 서울기독대학교 박사학위논문.

고명석(2019). 사회복지와인권. 동문사.

고명석·박명혜·박서영·이경준·황춘화(2021). 사례중심 복지와 인권. 동문사.

공계순·박현선·오승환·이상균·이현주(2003). 아동복지론. 학지사.

국가인권위원회(2004). 유엔인권해설집: 국제인권장전.

국가인권위원회(2006). 국가인권정책기본계획 권고안(2007~2011).

국가인권위원회(2013). 사회복지분야 대학교 인권과목 개설을 위한 기초연구.

국가인권위원회(2015). 개정인권첫걸음. 국가인권위원회 인권강사 양성과정 자료집.

국회예산정책처(2022). 2023년도 예산안 총괄 분석 I. 국회예산정책처.

권선진(2007). 장애인복지론 (제2판). 청목출판사.

권영성(2010). 헌법학원론. 법문사.

권육상·김안자·형성훈·박애경·장수복(2011). 가족복지론. 동문사.

권중돈(2009). 노인복지론. 학지사.

권중돈(2011). 사회복지개론. 학지사.

권중돈(2012). 인권과 노인복지실천. 학지사.

권중돈·조학래·윤경아·이윤화·이영미(2011). 사회복지개론. 학지사.

권중돈·조학래·윤경아·이윤화·이영미·손의성·오인근·김동기(2020). 사회복지학개론. 학지사.

권중돈·조학래·윤경아·이윤화·이영미·손의성·오인근·김동기(2021). 사회복지학개론. 학지사.
권진숙 · 신혜령 · 김정진 · 김성경 · 박지영(2009). 가족복지론. 공동체.
김교성 · 유희원(2014). 복지국가의 변화 :신 · 구 사회정책에 기초한 이념형 분석. 비판과 대안을 위한 사회복지학회 학술대회 발표논문집, 973-1009.
김귀환(2021). 사회복지학개론. 정민사.
김규수(2002). 의료사회사업실천론. 형설출판사.
김규수 · 오현숙(2008). 가족치료 -이론과 실제-. 양서원.
김만두 외(1995). 현대사회복지개론. 홍익재.
김병윤 · 김길평 · 이봉수 · 김영국(2008). Management 지속가능한 시대의 경영학원론. 명경사.
김상균 · 오정수 · 유채영(2002). 사회복지윤리와 철학. 나남.
김상균 · 최일섭 · 최성재 · 조흥식 · 김혜란 · 이봉주 · 구인회 · 강상경 · 안상훈(2008). 사회복지개론. 나남출판.
김선진(2005). 서구복지국가의 정책변화를 통한 한국복지정책의 활성화방안 연구. 세종대.
김성천(2018). 사회복지학개론 원리와 실제. 학지사.
김승연 · 장익현 · 김진우 · 권혜영(2018). 한국형 커뮤니티케어 개념정립 및 추진방향. 보건복지부 · 서울연구원.
김애순 · 윤진(1997). 청년기 갈등과 자기이해. 중앙적성출판사.
김연명(2002). 김대중 정부의 사회복지정책: 신자유주의를 넘어서, 김연명 편(2002). 한국복지국가 성격 논쟁. 인간과 복지.
김용득(2002). 장애개념의 변화와 사회복지 실천 현장 함의. 한국사회복지학, 51(51), 157-182.
김원섭(2023). 한국 복지체제 발전과 윤석열 정부 복지정책의 방향, 사회보장정책을 중심으로. 분석과 대안, 7(1), 147-170.
김융일(1995). 사회복지실천론. 나남출판.
김익균(2004). 가족복지론. 교문사.
김인숙 · 김용석(2000). 사회복지실천기술연습. 나남.
김제선 · 임경선 · 최세영(2021). 사회복지학개론. 어가.
김종인(2001). 재활복지개론. 인간과 복지.
김주연(2007). 사회복지실천기술의 의의. 인권복지연구, 2, 39-75.
김태성(1993). 복지국가 유형화에 관한 연구. 한국사회복지학, 21, 36-67.
김태성(2000). 정치적 민주주의와 사회복지. 사회복지연구, 15, 19-40.
김태성 · 김진수(2001). 사회보장론. 청목출판사.
김태성 · 성경륭(2014). 복지국가론. 나남.

김태성·홍성미·조성은(2010). 사회복지개론. 청목사.
김형수 외(2011). 사회복지개론. 정민사.
김형수·김귀환·류기덕·이승준·조미숙(2011). 사회복지개론. 정민사.
김혜란·조흥식·김상균·최일성·최성재·이봉주·안상훈·구인회·강상경(2008). 사회복지개론. 나남.
김혜란·홍선미·공계순(2006). 사회복지실천기술론. 나남.
김희성(2002). 청소년의 임파워먼트 측정에 관한 연구. 한국아동복지학. 14호.
김희성(2004). 빈곤가정 청소년의 자립준비에 대한 임파워먼트의 매개효과 연구. 한국사회복지학, 56(3), 135-157.
남기민(2011). 사회복지정책론. 학지사.
남기민(2011). 사회복지학개론. 양서원.
남기민(2015). 사회복지정책론. 학지사.
남미애·김윤정·노병일·박수경·윤경아·이윤화·조성혜(2001). 여성복지론. 대학출판사.
남세진·조흥식(1995). 한국사회복지론. 나남출판.
남일재·양정하 외(2008). 사회복지개론. 공동체.
남일재·양정하(2008). 사회복지개론. 공동체.
노병일(2020). 사회보장론. 공동체.
노상학(1996). 미혼모와 혼외자를 위한 사회복지대책연구. 논문집 제27집: 185-186. 강남대학교.
대한교육연합회(1986). 청소년행동성향에 관한 연구.
도광조(2011). 사회복지개론. 양서원.
도미향·남연희(2012). 아동복지론/청소년복지론. 공동체.
도서출판 나눔의집(1999). 사회복지대백과사전. 나눔의집.
두산백과(2022). 기본적 욕구. 2022년 2월 7일 검색.
마중물(2021). 2021년 한국노인종합복지관협회 선배시민 강사 클래스 100(1기 심화과정) 시민인문학 워크북.
모지환·박상하·안진(2005). 사회보장론. 학지사.
문선화·정민숙·김종윤·이상호·장수한·김현주(2007). 장애인복지론. 양서원.
문진영(1999). 국민기초생활보장법의 제정의 쟁점과 운영방안에 관한 연구. 한국사회복지학, 38, 100-125.
박경숙(2000). 한국노동패널 특집/노동시장의 연령차별구조와 고연령층의 취업생활. 노동경제논집 특별호 23권. 한국노동경제학회.

박경숙·박능후(2000). 저소득 모자가정의 생활실태 및 자활에 영향을 미치는 요인. 경기도 저소득 모자가정 자립지원방안을 위한 심포지엄 발표문. 수원여자대학 인간성장발달연구소.

박능후(2000). 21세기 기초보장 발전방안. 2000년도 한국사회보장학회 춘계학술발표회. 한국사회보장학회.

박병현(2011). 사회복지정책론. 학현사.

박상하 외(2008). 사회복지개론. 양서원.

박석돈(2009). 노인복지론. 양서원.

박성준·이영글(2019). 커뮤니티케어 시범사업 계획평가와 개선과제. 국회입법조사처.

박신영(2003). 고령화 시대 노인주거정책 세미나. 밝은 노후를 만들어가는 사람들의 모임.

박연주(2020). 판례와 사례를 중심으로 한 인권과 사회복지. 학지사.

박영란·김종숙·임지현(2002). 여성노인의 사회참여 실태와 대책. 보건복지부.

박옥희(2006). 장애인복지론. 학문사닷컴.

박용순(2002). 사회복지개론. 학지사.

박용순(2006). 지역사회복지론. 학지사.

박자경(2007). 여성장애인 경제활동 참여 활성화 방안. 한국장애인고용촉진공단 고용개발원.

박재갑(2004). 국민의 정부 사회복지정책에 대한 고찰. 서울시립대.

박차상·강세현·김옥희·남진열·이현주(2010). 사회복지개론. 학현사.

박희경·최윤미·손영숙·정영숙·김혜원·최해림·백화정·강순화·이은경·이규미·이은순·정현희(1998). 현대 청년심리학. 학문사.

박희찬(2000). 생애주기별 서비스 모델적용과 전망, 노틀담복지관 개관 13주년 기념세미나 자료집.

배기효(2009). 사회복지개론. 창지사.

배기효·박영국·송정애·오현숙·이남순·이은영·이채식·이형렬·전영록(2021). 사회복지학개론. 창지사.

백은령·김선아·양숙미·엄미선·윤철수(2008). 사회복지실천론. 양서원.

백종만·감정기·김찬우(2015). 지역사회복지론. 나남.

변용찬 외(2006). 여성장애인의 사회통합을 위한 차별해소 방안연구.

변화순(1998). 경제위기와 변화하는 가족. 경제위기가 가족에 미치는 영향과 대책. 사단법인 한국여성민우회.

변화순·김혜영·윤홍식·한지식(2006). 이혼 후 여성의 사회경제적 지위변화. 한국여성정책연구원.

보건복지부(2008). 아동복지사업안내.
보건복지부(2017). 2017년 장애인실태조사.
보건복지부(2018.11.20.). 지역사회 통합돌봄 기본계획(안).
보건복지부(2019.01.10.). 지역사회 통합돌봄 선도사업 추진계획.
사회복지공동모금회(2022). 2022배분사업안내.
사회복지교육연구센터(2021). 사회복지사 1급 기본이론서. 나눔의 집.
생각의마을(2020). 2021년 19회 시험대비 사회복지사 1급 수험서. 공동체
생각의마을(2020). 사회복지사 1급 수험서. 에쎕 지역사회복지론. 공동체.
생각의마을(2020). 사회복지실천론. 공동체.
서울시(2019). 서울시 사회복지시설 직장 내 괴롭힘 실태조사.
서정민·전동일·오봉욱·김병년·김대건(2021). 사회복지조사론. 동문사.
석재은 외(2009). "장애인복지서비스와 노인복지서비스의 효과적 연계방안". 「장애인복지인프라개선연구Ⅱ」. 한국보건사회연구원.
석재은(2014). 장기요양서비스의 질 개념 정립과 향상 방안-현행 전략의 한계와 좋은 돌봄을 위한 현장의 목소리. 한국사회복지학, 66(1), 221-249.
성민선·조홍식·오창순·홍금자·김혜래·홍봉선·노혜련·윤찬영·이용교·조미숙·노충래·정규석·오승환·이상균·김경숙·김상곤·진혜경·윤철수·최경일·이태수·손병덕·박경현(2009). 학교사회복지의 이론과 실제 -2판-. 학지사.
성성현(2009). 가족복지론. 양서원.
손광훈(2004). 장애인복지론. 현학사.
손능수(2005). 국민기초생활보장 자활사업의 성과평가에 관한 연구. 영남대.
손병덕·백은령·성문주·신승연·오혜정·이상무·이은미·황혜원(2021). 사회복지 개론. 학지사.
손병돈(1999). 부모 부양의 동기와 재분배 효과: 가족 간 소득이전을 중심으로. 한국노년학, 19(2), 59-78.
손병돈·김기덕·권선진·박지영·이종복·이혜경·최승희(2008). 사회복지와 인권. 양서원.
송근원·김태성(2004). 사회복지정책론. 나남.
송명자(1995). 발달심리학. 학지사.
신복기·박경일·장중탁·이명현(2005). 사회복지행정론. 양서원.
신원식·김민주·김순애·박선태·박진필·이종운(2011). 사회복지개론. 공동체.
신현석(2009). 장애인복지론. 공동체.
심연수(1998). 복지국가와 정의. 인간사랑.
안상훈(2006). 스웨덴 정권교체와 한국의 복지국가, 월간복지동향, 11월호.

양석호(1991). 청소년 건전 육성을 위한 지역사회의 역할. 밝은 사회 건전한 청소년. 체육청소년부.

양옥경(2017). 사회복지 윤리와 인권. 공동체.

양점도·김도희·김혜영·박영국·박인태(2010). 사회복지개론. 공동체.

양점도·현영렬·조미숙·임희규·장정순·이문국·조성상·강준원·이예종·박경문·김진태(2008). 사회복지학개론. 광문각.

양종민(2017). 신사회적 위험과 복지국가 재구조화 연구, 1985-2010. 서울대학교 박사학위논문.

양종민(2019). 복지국가 재편 경로에 관한 유형화 연구. 비판사회정책, 63, 147-192.

양희택·박종엽(2012). 경기도 발달장애인 생애주기별 복지욕구 연구. 경기복지재단.

엄명용·김성천(2012). 사회복지 실천의 이해. 학지사.

엄명용·노충래·김용석(2008). 사회복지 실천기술의 이해. 학지사.

엄명용·노충래·김용석(2010). 사회복지실천기술의 이해. 학지사.

엄명용·노충래·김용석(2011). 사회복지실천기술의 이해. 학지사.

에이블뉴스(2005). 장애인 당사자주의를 말한다. 2005년 12월 5일 자.

에이블뉴스(2005). 장애인 당사자주의에 대하여. 2005년 12월 13일 자.

여성가족부(2008). 한부모 가정지원안내.

오봉욱·이명순·이영주·이태희·장수복·전수비·한주빈(2015). 사회복지개론. 동문사.

오봉욱·이명순·이영주·이태희·장수복·전수미·한주빈(2015a). 사회복지개론(개정판). 동문사.

오봉욱·한주빈·전수미·이효순·성치상·최종복·최세영·전동일(2015b). 사회복지실천기술론. 동문사.

오정수·유채영·김기덕·홍백의·황보람(2022). 사회복지윤리와 철학. 학지사.

오정수·최해경·정연택·류진석·유채영(2010). 사회복지학개론. 양서원.

오혜경(1999). 장애인과 사회복지 실천. 아시아미디어리서치.

오혜경·백은령·엄미선(2000). 정신지체장애인 자립생활실천모델개발을 위한 기초연구.

원석조(2002). 사회보장론. 양서원.

원석조(2013). 사회복지행정론. 양서원.

원석조(2021). 사회복지개론. 양서원.

유영준·이성희·김민경·조금랑·홍우정·오봉욱(2020). 건강가정론. 정민사.

유현석(2001). 토니 블레어의 '제3의 길'. 한국정치학회보, 35(1), 307-325.

윤찬영(2010). 사회복지의 이해. 학현사.

윤철수·노혁·도종수·김정진·김미숙·석말숙·감혜경·박창남·장은숙(2010). 사회복지개론. 학지사.
윤희숙 외(2011). 복지정책조준의 개념과 필요성. 한국개발연구원.
이경남(2007). 사회복지개론. 공동체.
이경남·김경미·김남숙·김인숙·김현주(2012). 사회복지개론. 공동체.
이경준·오봉욱·박선아·하태선·김상용·김경숙(2020). 사회복지실천론(제3판). 동문사.
이경준·오봉욱·박선아·하태선·전대성·이정미(2018). 사회복지실천론(개정판). 동문사.
이소희(2005). 아동복지론. 학현사.
이순민(2014). 사회복지 윤리와 철학. 학지사.
이영주·이예종·이용환·이재모·이준상(2011). 사회복지실천론. 교육과학사.
이영철 외(2000). 사회복지학. 양서원.
이영철 외(2002). 사회복지학 (개정1판). 양서원.
이영철 외(2005). 사회복지학. 양서원.
이영철·박미은·윤동성·엄기욱·이용교(2007). 사회복지학 (개정2판). 양서원.
이영철·박미은·윤동성·엄기욱·이용교·정민숙(2002). 사회복지학. 양서원.
이영호·심경순·김태준(2010). 정신보건사회복지의 이해 -2판-. 학지사.
이용교(2007). 디지털사회복지개론. 인간과 복지.
이원숙(2007). 가족복지론. 서울: 학지사.
이윤로(2008). 사회복지실천기술론. 학지사.
이인새·류진석·권문일·김진구(1999). 사회보장론. 나남출판.
이인재·류진석·권문일·김진구(2010). 사회보장론. 나남.
이재열(2005). 한국사회의 위험구조 변화. 정보통신정책연구원.
이재용(2018). 인권기반 사회복지시설운영론. 창지사.
이종복·전남련(2011). 사회복지실천론. 학현사.
이종수(2009). 행정학 사전. 대영문화사.
이철수(2013). 사회복지학 사전. 혜민북스.
이태수 외(2018). 포용적 복지국가에 부응한 한국의 사회서비스전달체계 재편의 방향과 실현 과제. 꽃동네대학교 산학협력단·보건복지부.
이태영(2008). 정책실천을 위한 사회복지정책론. 학현사.
이태희·나혜숙·백창환·신민정(2018). 지역사회복지론. 지식공동체.
이태희·전태숙·승금희(2014). 지역사회복지론. 창지사.
임정문·현영렬·박선태(2021). 사회복지학개론. 동문사.
임춘식·고수현·김기덕·강호성·강원돈(2007). 사회복지학개론. 공동체.

임춘식 · 고수현 · 김기덕 · 강호성 · 강원돈(2008). 사회복지학개론. 공동체.

장원종(2014). 복지정책 입법과정에 대한 실증연구. 서울시립대.

장인협 · 오정수 · 이혜경(2003). 사회복지학. 서울대학교 출판부.

전재일(2006). 사회복지개론. 형성출판사.

정덕진 · 김선미 · 이용재 · 김지혜(2020). 충청남도 노인 커뮤니티케어 활성화 방안 연구. 충청남도사회서비스원.

정미렴(2012). 매슬로의 욕구단계이론에 의거한 노인요양시설 치유환경요소의 위계에 관한 연구. 한국실내디자인학회, 21(1), 240-247.

정민숙 · 양정남 · 이형하 · 박일연 · 김혜선(2011). 사회복지개론. 공동체.

정일교 · 김만호(2010). 장애인복지론 -제3판-. 양서원.

정재훈(2005). 한국 사회복지 주체의 변화: 가족, 시장, 국가의 역할 분담 개념에 대한 비판적 고찰(보육정책을 중심으로). 한국과학기술정보연구원, 369-385.

정하선 · 김녹현 · 박선하 · 이은희 · 이태희 · 조현정(2018). 장애인복지론. 공동체.

조기현(2019). 아빠의 아빠가 됐다. 이매진.

조재훈(2007). 장애인체육의 당사자주의 시작과 방향 탐색. 한국스포츠리서치, 통권 105호, 18(6), 661-676.

조추용 · 신승연 · 임병우 · 남현희 · 박차상(2008). 사회복지개론. 창지사.

조혜정(2012). 한국 복지 정치담론의 질적 전환에 관한 연구. 중앙대.

조효제(2007). 인권의 문법. 후마니타스.

조흥식 · 권기창 · 이태수 · 박경수 · 이용표 · 엄규숙 · 박기훈(2015). 사회복지학개론(개정판). 창지사.

주정일 · 이소희(2000). 아동복지학. 교문사.

주정일 · 이소희(2003). 아동복지실천론. 교문사.

최경원(1987). 사회사업실천에 있어서 체계론적 관점에 관한 연구. 서울대학교 석사학위논문.

최선화(2009). 풀어 쓴 사회복지 실천기술 -3판-. 공동체.

최성재 · 남기민(2006). 사회복지행정론. 나남.

최영준(2011). 위험 관리자로서의 복지국가: 사회적 위험에 대한 이론적 이해. 정부학연구, 17(2), 31~57.

최윤영 · 이경준(2010). 장애인복지론. 학지사.

최일섭 · 이현주(2006). 지역사회복지론. 서울대학교출판부.

최일섭 · 정은(2008). 사회복지의 이해. 공동체.

최일섭 · 최성재(1996). 사회문제와 사회복지. 나남.

최혜경(2010). 사회복지 실천론. 학지사.

통계청(2023). 2023년 사회조사.

표갑수(2002). 사회복지개론. 나남출판.

한국보건사회연구원(2022). '2021년도 가족과 출산조사' 보고서.

한국학교사회복지사협회 부설 교육복지연구소 편(2006). 학교 교육과 복지. 양서원.

한국학교사회복지사협회(2006). 학교사회복지 직무연수 교재.

한국학교사회복지사협회(2009). 2009 학교사회복지 기초과정 연수 자료집.

한국학교사회복지사협회(2009). 제5회 학교사회복지사 자격시험 합격자 자격연수 자료집.

한국학교사회복지사협회(2010). 한국학교사회복지사협회 10주년 기념 자료집.

한국학교사회복지사협회(2012). (학교사회복지 포럼) 고등학교 현장에서의 학교사회복지 실천.

한인영·권금주·김경미·김수정·김지혜(2011). 사회복지개론. 학지사.

한인영·김혜란·홍순영(2004). 학교와 사회복지 실천. 나남출판.

한인영·홍순혜·김혜란·김기환(1997). 학교와 사회복지: 학교사회사업의 이론과 실제. 학문사.

한혜경(1999). 노인에 대한 시설보호와 재가복지의 대체관계분석: OECD 국가와의 비교연구. 한국가족복지학, 4, 361-385.

한희원(2012). 국제인권법원론. 삼영사.

함세남·이만식·김근홍·심창학·서화자·홍금자(2001). 사회복지 역사와 철학. 학지사.

현외성·권현수·박용순·박용권(1998). 사회복지학의 이해. 유풍출판사.

현외성·정쟁구·정인영·강현주·김원배·강환세·미은경·바선애·최무열·최금주·김용환·하정미·이은정(2011). 사회복지학의 이해. 양서원.

홍봉선·남미애(2001). 청소년복지론. 양서원.

홍봉선·남미애(2011). 학교사회복지론. 공동체.

홍영수(2011). 의료사회복지론. 신정.

황경란·조해진·박혜선·박지환(2019). 경기도 맞춤형 커뮤니티케어 구축방안 연구. 경기복지재단.

황선영·노병일·김세원(2012). 사회복지정책론. 창지사.

Baier, A. (1994). *Moral Prejedices: Essays on Ethics*. Cambridge: Harvard University Press.

Barker, R. L. (1987). The social work dictionary, Silver Spring, MD: NASW.

Beck, U. (1999). *World risk society*. Cambridge: Polity Press.

Beck, U. (2006). Living in the world risk society. *Economy and Society*, *35*(3),

329-345.

Berlin, I. (1969). 'Two Concepts of Liberty', in I. Berlin, *Four Essays on Liberty*, London: Oxford University Press: 118–72. New ed. in Berlin 2002: 166–217.

Bobbio, N. (1996). *Left and Right: The Significance of a Political Distinction*. Cambridge: Polity Press.

Bonoli, G. (2005). The politics of the new social policies: Providing coverage against new social risks in mature welfare states. *Policy and Politics*, *33*(3), 431-450.

Bradshaw J. (1972) "사회적 필요의 분류." in McLachlan G(ed.). 의료 문제 및 진행 상황. 일곱 번째 시리즈 NPHT / Open University Press.

Brager, G., & Specht, H. (1973). *Community organization*. New York: Columbia University Press.

Clark, C. (2000). Social Work Ethics: Politics, Principles and Practice. Palgrave.

Collier, D., & Messick, R. (1975). Prerequisites Versus Diffusion: Testing Alternative Explanations of Social Security Adoption. *The American Political Science Review*, *69*(4), 1299-1315.

DeJong, G. (1981). Environment accessibility and Independent living outcomes: Directions for Disability Policy and Research. East Lansing University Center for International Rehabilitation. Michigan State University.

Dolgoff, R., Harrington, D., & Loewenberg, F. (2005). *Ethical Decisions for Social Work Practice*(7th eds.). Thomson & Brooks/cole.

Donnelly, J. (2002). 인권과 국제정치(박정원 역). 오름.

Drucker, P. F. (1953). *The practice of management*. New York: Harper.

Dunn, W. N (1981). *Public policy analysis: An introduction*. Englewood Cliffs, NJ: Prentice-Hall.

Ebbinghaus, B. (2006). Trade union movements in post-industrial welfare states. Armingeon, K. and Bonoli, G, eds. The politics of post-industrial welfare states: adapting post-war welfare states to new social risks, 123-142. London and New York: Routledge.

Esping-Andersen, G. (1990). *The Three World of Welfare Capitalism*. NJ: Princeton University Press.

Galtung, J. (1994). *Human Rights in Another Key*, Cambridge, MA: Polity Press.

Gilbert, N., & Specht, H. (1986). *Dimensions of social welfare policy* (2nd ed,). Englewood Cliffs, NJ: Prentice-Hall.

Gorden, William E. (1965). Knowledge and Value: Their Distinction and Relationship in Clarifying Social Work Practice. *Social Work*, *10*(3), 32-39.

Hare, I. (2004). Defining social work for the 21st century: The International Federation of Social Workers' revised definition of social work. *International Social Work*, *47*(3), 407-424.

Held, V. (2006). *The Ethic of Care: Personal. Political, and Global*. Oxford University Press. 김희강·나상원 역(2017). 돌봄: 돌봄 윤리. 박영사.

Higgins, J. (1981). *States of Welfare: A Comparative Analysis of Social Policy*. Cambridge University Press.

Holzmann, R., and Jogensen, S. (2001). social risk Management: A New Conceptual Framework for Social Protection, and Beyond. *International Tax and Public Finance*, *8*(2), 529-556.

Hugman, R. (1994). *Ageing and the Care of Older People in Europe*. The Macmillan Press Ltd.

Huttman, E. D. (1985). *Social Service for the Elderly*. NY: The Fress Press.

Ife, J. (2001). *Human Rights Social Work -Towards Rights- Based Practice*. UK: Cambridge University Press.

International Federation of Social Workers. (1994). Standards in Social Work Practice meeting Human Rights, *IFSW World Conference 1994*. Colombo-Sri Lanka.

International Federation of Social Workers. (2002). *IFSW manual: Social work and the rights of the child*.

Keeney, A., Smart, A., Richards, R., Harrison, S., Carrillo, M., & Valantine, D. (2014). Human rights and social work codes of ethics: An international amalysis. *Journal of Social Welfare and Human Rights*, *2*(2), 1-16.

Kittay, E. F. (2016). *Love;'s Labor: Essays on Women. Equality, and Dependency. Taylor & Francis Group*. 김희강·나상원 역(2016). 돌봄: 사랑의 노동 - 여성, 평등, 그리고 의존에 관한 에세이. 박영사.

Korpi, W. (2006). Power resources and Employer-Centered Approaches in Explanations of Welfare States and Varieties of Capitalism-Progagonists,

Consenters, and Antagonists. *World Politics*, *58*. April.

Levy, C. S. (1973). The Value Base of Social Work. *Journal of Education for Social Work*, *9*(1), 34-42.

Lowenberg, F., & R. Dolgoff(1998). *Ethical Decisions for Social Work Practice*. Itasca: F. E. Peacock.

Macarov, D. (1978). *The Design of Social Welfare*. New York: Halt. Rinehart and Winston.

Mauss, M. (1990). The Gift: The form and reason for Exchange in Archaic Societies. Rranslated by W. D. Halls. W. W. Norton.

McGregor, D. (1960). *The human side of enterprise*. New York: McGraw-Hill.

Means, R., Richard, S., and Smith, R. (2008). *Community Care: Policy and Practice*. Palgrave.

Merrien, F. (2007). Prepared for the Conference of the Korean Academy of Social Welfare, 한국사회복지학회 창립 50주년 기념 2007년 세계학술대회.

Myles, J. (1984). Old Age in the Welfare State: The Political Economy of Public Pensions. Boston: Little Brown.

NASW(1994). *National Association of Social Workers Code of Ethics*. Washington, D. C.: Author.

NASW(1995). *Encylopedia of Social Work*. Maryland: NASW

Nathalies, M. (2006). Providing coverage against new social risks in Bismarckian welfare states: the case of long-term care. In Armingeon, K. and Bonoli, G, eds. *The politics of post-industrial welfare states: Adapting post-war welfare states to new social risks*, 227-247. London and New York: Routledge.

Opielka, M. (2008). *Christian Foundations of the Welfare State*: Strong Cultural Values in Comparative Perspective, W. van Oorschot, M. Opielka, B. Pfau-Effinger(eds), *Culture and Welfare State: Values and Social Policy in Comparative Perspective*, Cheltenham, UK: EdwardElgar, pp. 89-114.

Piven, F., & Cloward, R. (1979). *Poor people's movements: Why they succeed, how they fail*. New York, NY: Vintage Books.

Popple, P. & Leighninger. (1996). *Social Work, Social Welfare, and American Society*. 3rd. ed. Boston: Allyn & Bacon.

Reamer, F, G. (1995). Malpractice claims against social workers: First facts. *Social*

Work, 40(5).

Reichert, E. (2003). *Social work and human rights: a foundation for policy and practice*. NY: Columbia University Press.

Romanyshyn(1971). *Social Welfare: charity to justice*. New York: Random House.

Taylor, F. W. (1923). *The principles of scientific management*. New York: Harper.

Taylor-Gooby, P. (2005). New risks and social change. In Taylor-Gooby, P, ed. *New Risks, New Welfare: the Transformation of the European Welfare State*, 1-27. Oxford university Press.

Taylor-Gooby, P. (2006). *Social welfare and social investment*: Innovations in the welfare state(unpublished paper).

Thomson, N. (2005). *Understanding Social Work: Preparing for Practice*. Bloomsbury Publishing.

United Nations Center for Human Rights. (2005). 인권과 사회복지실천(이혜원 역). 학지사.

Weber, M. (1947). *The theory of Social and economic organization. Talcott Parsons*(ed.). A. M. Henderson and Talcott Parsons (trans). New York: Free press.

Wilensky, H., & Lebeaux, C. (1965). *Industrial society and social welfare*: The impact of industrialization on the supply and organization of social welfare service in the United States. NY: Free Press; London: Collier-Macmilan.

Yalom, I. D.(1985). *The Theory and Practice of Group Psychotherapy*(3rd ed.), New York: Basic Books.

Zoll, R. (2008). 오늘날 연대란 무엇인가: 연대의 역사적 기원, 변천 그리고 전망(최성환 역). 한울.

[참고 사이트]

국가인권위원회(https://www.humanrights.go.kr)

법제처(https://www.moleg.go.kr)

사회서비스 전자바우처 홈페이지(www.socialservice.or.kr)

서울주거포탈 홈페이지(https://housing.seoul.go.kr)

시사상식사전(https://terms.naver.com/list.naver?cid=43667&categoryId=43667)

주한미국대사관 및 영사관(https://kr.usembassy.gov/ko)

평생교육바우처 홈페이지(https://www.lllcard.kr)

한국민족문화대백과사전(http://encykorea.aks.ac.kr)
한국사회복지사협회 자격관리센터(lic.welfare.net)
한국사회복지사협회 홈페이지(www.welfare.net)
IFSW(https://www.ifsw.org)
SHRC(https://www.scottishhumanrights.com)
United Nations(https://www.un.org)

[인터넷 기사 참조]

사회복지공동모금회(https://chest.or.kr에서 2022.01.17. 검색)
한국사회복지관협회(https://kaswc.or.kr에서 2022.01.17. 검색)
한국사회복지사협회(www.welfare.net에서 2022.01.17. 검색)
한국자원봉사센터(www.1365.go.kr에서 2022.01.17. 검색)
한국지역자활센터협회(www.jahwal.or.kr에서 2022.01.17. 검색)
https://www.hani.co.kr/arti/society/women/989184.html
http://www.seoulilbo.com/news/articleView.html?idxno=501531

AUTHOR 저자소개

오 봉 욱

가톨릭대학교 사회복지학 박사

현) 국제사이버대학교 노인복지학과 객원교수

이 태 희

서울기독대학교 사회복지학 박사

현) 경북전문대학교 사회복지과 교수

박 서 영

연세대학교 사회복지학 박사

현) 신구대학교 사회복지과 교수
성남시다문화가족지원센터 센터장

한 주 빈

가톨릭대학교 사회복지학 박사

현) 연성대학교 사회복지과 교수

김 상 용

가톨릭대학교 사회복지학 박사

현) 국민대학교 행정대학원 사회복지학 전공 교수

사회복지학개론

초판 1쇄 발행 / 2022년 3월 2일
초판 2쇄 발행 / 2024년 3월 2일
초판 3쇄 발행 / 2025년 3월 5일

•

공저자 / 오봉욱 · 이태희 · 박서영 · 한수빈 · 김상용
발행인 / 이 중 수
발행처 / **동 문 사**

•

서울특별시 서대문구 홍제원 1길 12
(홍제동 137-8)
Tel: 02)736-3718(대), 736-3710, 3720
Fax: 02)736-3719
등록번호: 1974.04.27. 제9-17호
가격: 25,000원

•

ISBN: 979-11-6328-415-4(93330)
E-mail: dong736@naver.com
www.dongmunsa.com